Die Lieder Oswalds von Wolkenstein

Altdeutsche Textbibliothek

Begründet von Hermann Paul
Fortgeführt von Georg Baesecke, Hugo Kuhn und Burghart Wachinger

Herausgegeben von Christian Kiening

Nr. 55

Die Lieder Oswalds von Wolkenstein

Herausgegeben von Karl Kurt Klein

4., grundlegend neu bearbeitete Auflage
von Burghart Wachinger

DE GRUYTER

1. Auflage 1962: Unter Mitwirkung von Walter Weiß und Notburga Wolf hrsg. von Karl Kurt Klein. Musikanhang von Walter Salmen.
2. Auflage 1975: 2., neubearbeitete und erweiterte Auflage von Hans Moser, Norbert Richard Wolf und Notburga Wolf. Musikanhang von Walter Salmen.
3. Auflage 1987: 3., neubearbeitete und erweiterte Auflage von Hans Moser, Norbert Richard Wolf und Notburga Wolf. Musikanhang von Walter Salmen.

ISBN 978-3-11-057863-8
e-ISBN (PDF) 978-3-11-033518-7
e-ISBN (EPUB) 978-3-11-039025-4
ISSN 0342-6661

Library of Congress Cataloging-in-Publication Data
A CIP catalog record for this book has been applied for at the Library of Congress.

Bibliografische Information der Deutschen Nationalbibliothek
Die Deutsche Nationalbibliothek verzeichnet diese Publikation in der Deutschen Nationalbibliografie; detaillierte bibliografische Daten sind im Internet über http://dnb.dnb.de abrufbar.

© 2015 Walter de Gruyter GmbH, Berlin/Boston
Dieser Band ist text- und seitenidentisch mit der 2015 erschienenen gebundenen Ausgabe.
Satz: pagina GmbH, Tübingen
Druck und Bindung: CPI books GmbH, Leck
♾ Gedruckt auf säurefreiem Papier
Printed in Germany

www.degruyter.com

Inhaltsübersicht

Vorwort zur 1. Auflage —— VII
Aus der Einleitung zur 2. Auflage —— IX
Vorwort zur 4. Auflage —— X

Einleitung —— XI

    Die Überlieferung —— XI
    1. Die Haupthandschriften —— XI
    2. Streuüberlieferung —— XV
    3. Indirekte, unsichere und falsche Bezeugungen —— XXI

    Beurteilung der Überlieferung und Editionsregeln der Neubearbeitung —— XXIV
    1. Beurteilung der Überlieferung —— XXIV
    2. Regelung der Graphie —— XXV
    3. Markierung der Herausgebereingriffe im Text —— XXX
    4. Interpunktion —— XXXI
    5. Strophengestaltung und Zählung —— XXXI
    6. Lesartenapparat —— XXXII
    7. Erläuternder Apparat —— XXXII
    8. Zu den Melodien und Musiksätzen —— XXXIII

    Bibliographische Hinweise —— XXXIV

Die Texte der Handschrift B —— 1

Lieder, die nur in Handschrift A überliefert sind —— 303

Lieder außerhalb der Haupthandschriften —— 317

Synoptisch dargebotene Lieder —— 326

Konkordanz der Liednummern —— 362
Reihenfolge der Lieder in Hs. A —— 366
Die Liedanfänge in alphabetischer Ordnung —— 368

Vorwort zur 1. Auflage

Im Jahre 1803 zieht Josef Freiherr von Hormayr das Werk des tirolischen Dichters, Musikers, Sängers und Komponisten Oswald von Wolkenstein († 1445) nach langer Vergessenheit wieder ans Licht.

Sein Anruf zündet bei Beda Weber (1798–1858). Um die Mitte des vorigen Jahrhunderts gibt Weber den Dichter neu heraus (1847). In einem glänzend geschriebenen Buch über ›Oswald von Wolkenstein und Friedrich mit der leeren Tasche‹ (1850) bringt er den lange Vergessenen neu zur Geltung. Webers treibendes Ethos hat mehrere Quellen: Tirolische Heimatliebe, literarischen Ehrgeiz, publizistisches Können und die ahnungsvolle Erkenntnis der Genialität Oswalds. Da ihm in der damaligen ›öffentlichen Bibliothek‹ (jetzt Universitätsbibliothek) Innsbrucks zuerst die Hs. c in die Hände fiel, richtete er seine Ausgabe nach dieser jüngsten, zugleich unzulänglichsten der drei Oswaldischen Sammelhandschriften ein. Als er von der Wiener Handschrift Kenntnis erhielt (jetzt A) – Michael Denis hatte in seinem Verzeichnis der Hss. der Wiener Hofbibliothek schon 1799 darauf aufmerksam gemacht –, begnügte er sich, eine seitengetreue Abschrift herstellen zu lassen und sie gelegentlich vergleichend heranzuziehen. Verdienstvoll war sein Bemühen, in Anmerkungen einen ersten Kommentar, den Versuch einer grammatischen Deutung und ein ›Wortbuch zur Erklärung der Gedichte Oswalds‹ zu geben. Sein großangelegter Interpretationsversuch in dem Buch über Oswald und Friedrich (IV. von Tirol) beeinflußt die Forschung bis heute. „Der gute Glaube und die poetisch-romantische Auffassung, mit welcher er alle Nachrichten über Oswald aufgelesen hat, das Streben, aus dem Dichter einen großen Politiker und tragischen Helden zu machen, haben ihm vieles in anderem Licht [als dem urkundlichen] erscheinen lassen. Geschichtsfälschung darf man ihm nicht vorwerfen" schreibt J. Schatz. Die Weber unterlaufenen Irrtümer sind von der Forschung trotz jahrzehntelangem Bemühen bis heute nicht alle beseitigt.

Fünfzig Jahre später, um 1900, tat Josef Schatz den nächsten Schritt. Im Zusammenwirken mit dem Musikhistoriker Oswald Koller versuchte er, den ›echten‹ Oswald als Dichter und Musiker zur Geltung zu bringen und Webers phantasievolle Deutungen zu berichten. Als Kind des 19. Jahrhunderts und Erbe der stemmatologischen Editionstechnik der Lachmann-Epigonen nahm Schatz zur Grundlage seiner Ausgabe die Handschrift A. An deren Herstellung haben viele Schreiber und unterschiedliche Schreibgewohnheiten mitgewirkt. Durch ihre Gleichrichtung und Normalisierung war der Anschluß an Oswalds südbairische Mundart, das eigenste Forschungsgebiet von Schatz, am ehesten zu erzielen. Der Verständlichkeit des Dichters ist das zweifellos zugute gekommen. Erschwert hat Schatz diese durch den Versuch einer halb sach-, halb zeitgebundenen Ordnung der Lieder. Er hielt sie für richtiger als die vom Dichter selbst gewünschte, obwohl Ludwig Uhland schon ganze hundert Jahre früher erkannt hatte, daß für Ausgaben mittelalterlicher gesungener Lyrik „nicht die Zusammenstellung nach der Zeitfolge, welche bei einem großen Teil derselben ohnehin nicht bestimmbar ist, oder nach der Verwandtschaft der Gegenstände [so der Versuch Beda Webers], sondern vielmehr die Anordnung nach den Tönen die schicklichste" sei. Zu gegenteiligen Äußerungen der Kritik erklärte Schatz mit der Starrheit eines echten Positivisten, daß er seine chronologische Ordnung auch dann nicht ändern würde, wenn sich dabei ›nachweisbar Unrichtiges‹ herausgestellt hätte. Sein großes Verdienst ist neben dem Bekanntmachen des Dichters die weitere Erleichterung seiner Lesbarkeit. Im Anzeiger für deutsches Altertum hatte Edward Schröder in der Besprechung von Schatzens Wiener Akademieschrift zu ›Sprache und Wortschatz der Gedichte Oswalds von Wolkenstein‹ (1930) die Wortfülle Oswalds ›wahrhaft beklemmend‹ und Schatz – mit Recht – dort einen sicheren Führer genannt, wo Oswald aus der Mundart schöpfe. Aber selbst der beste Kenner des tirolischen Idioms werde angesichts der Eigenmächtigkeit der Wortschöpfungen dieses Künstlers, der einer der schwierigsten Dichter des deutschen Mittelalters sei und es (mit Frauenlob) bleiben werde, trotz dem Glossar von Schatz nicht mit allen Schwierigkeiten fertig werden. Diese Unentbehrlichkeit des Oswaldwörterbuchs von Schatz und seiner Spracherläuterungen ist die Ursache, warum in unserer Ausgabe neben der Eigenzählung der Verse auch die durchlaufenden Zählungen von Schatz und seine strophischen Gestaltungen übernommen worden sind. Ohne ihre Hilfe sind die Schreibungen und Worträtsel Oswalds oft nicht zu entschlüsseln.

Nach wiederum rund fünfzig Jahren tritt diese neue Ausgabe ans Licht. Sie folgt der Hs. *B,* die Oswald als ›Ausgabe letzter Hand‹ besonders sorgfältig betreut hat. Über die Grundsätze der Textgestaltung und -einrichtung wird unten Rechenschaft gegeben. Sie ist konservativ, gibt aber, den Richtlinien der ›Deutschen Texte des Mittelalters‹ sinngemäß angepaßt, nicht etwa einen diplomatischen Abdruck. Von vielen Seiten geäußerten, an sich berechtigten Wünschen – so erhob Herbert Löwenstein schon 1932 die Forderung, Wort und Ton besser aufeinander abzustimmen, als es Schatz und Koller 1902 gelungen war – konnte nur in engen Grenzen stattgegeben werden. Ihre Erfüllung bleibt einer für später geplanten neuen Großausgabe vorbehalten. Unser Musikanhang will nicht mehr sein als eine kleine Probe der musikalischen Kunst und Kompositionsweise Oswalds. Die Textausgabe bescheidet sich, ein den Willen des Dichters achtendes, dabei für wissenschaftliche Untersuchungen und praktische Übungen gleicherweise brauchbares Werkzeug darzubieten, das die notwendigsten Handreichungen geben und dabei die Größe des echten Künstlers erkennen lassen will.

Der Nachlaß Oswalds liegt nun in allen drei Haupthandschriften – *A, B* und *c* – veröffentlicht vor. Der Weg für eine tiefere Kenntnis des Dichters, Sängers u. Musikers aus der stürmisch bewegten Zeit zwischen Mittelalter und Neuzeit ist frei.

Karl Kurt Klein

Aus der Einleitung zur 2. Auflage

Eine fertige Ausgabe bearbeiten heißt in Ketten tanzen. Zur natürlichen Bindung an die überlieferten Texte kommt das Gewicht der einmal getroffenen Entscheidungen, das der freien Bewegung enge Grenzen setzt.

Die vorliegende Neubearbeitung bestätigt diese Erfahrung: Der Wunsch, die teilweise geänderte Einschätzung der Überlieferungslage, Ergebnisse der jüngsten Oswald-Forschung, sofern sie das Textverständnis direkt beeinflußt haben, und die häufig sehr förderlichen Kritiken an der ersten Auflage soweit als möglich zur Geltung zu bringen, stieß sich mehr als einmal mit der Notwendigkeit, auf die schon bestehende Regelung Rücksicht zu nehmen. Stärker einengend als das Bestreben, von den Vorzügen der ersten Ausgabe möglichst nichts preiszugeben, wirkte sich dabei die Bedingung des Verlags aus, im Textteil keine Änderungen vorzunehmen, die einen Neuumbruch der Seiten zur Folge gehabt hätten. Text und Apparat sollten nach der ersten Auflage fotomechanisch reproduzierbar bleiben. Das Interesse des Verlags und das der Leser die Anspruch auf eine erschwingliche Ausgabe haben, schienen uns diese Beschränkung wenigstens solange zu rechtfertigen, als die Voraussetzungen für eine historisch-kritische Ausgabe noch nicht erarbeitet sind.

Hans Moser,
Norbert Richard Wolf,
Notburga Wolf

Vorwort zur 4. Auflage

Sechzig Jahre nach der ersten Auflage ist es an der Zeit, diese Ausgabe einer gründlichen Revision zu unterziehen, einige Schwächen ihrer Anlage zu beseitigen und sie dem heutigen Forschungsstand und den heutigen Bedürfnissen anzupassen. Eine Überarbeitung, die die inneren Reime markieren und den textkritischen Apparat von bloß graphematischen Varianten entlasten sollte, hatte ich als damaliger Reihenherausgeber mit Christoph März verabredet. Sein früher Tod hat den Abschluss verhindert. Benutzen konnte ich elektronische Dateien, die Wolfgang Herbst als Hersteller des Max Niemeyer Verlages für ihn angefertigt hatte, im Falle des textkritischen Apparats in einer Fassung, an der Christoph März bereits gearbeitet hatte. Für die Reduzierung dieses Apparats trage dennoch ich allein die Verantwortung. Nach dem Tod von Christoph März vergingen mehrere Jahre mit der Suche nach einem neuen Bearbeiter. Als ein neues Team wegen Überlastung des einen scheiterte, habe ich angeboten, die Aufgabe zu übernehmen, allerdings, da ich mich in meinem Alter nicht mehr auf lange Grundsatzdiskussionen einlassen wollte, nur allein. Hans Moser, der gerne weiter mitgearbeitet hätte, hat meine Gründe vornehm akzeptiert und ist zurückgetreten, wofür ich ihm dankbar bin.

Neben den von Anfang an geplanten Veränderungen (Markierung der inneren Reime und Reduzierung des textkritischen Apparats) haben sich mir bei der Arbeit noch weitere Eingriffe in die bisherige Anlage der Ausgabe als sinnvoll aufgedrängt. Die wichtigsten sind eine Neuregelung der Graphie (vgl. S. XXVff.), die Ergänzung um einen zweiten Apparat, der dem elementaren Wortverständnis dienen soll (vgl. S. XXXIIf.) und, um den Preis nicht ins Unerschwingliche steigen zu lassen, der Verzicht auf den nicht mehr ganz aktuellen Melodieanhang. Dass ich, ohne die Zählung der Lieder zu ändern, einige Lieder, die ich aus unterschiedlichen Gründen synoptisch darbieten wollte, ans Ende ausgelagert habe, wird, hoffe ich, die Orientierung nicht allzu sehr beeinträchtigen.

Bei der Bearbeitung habe ich selbstverständlich versucht, die überaus rege Forschung zu Oswald von Wolkenstein zu berücksichtigen. In vielen Fällen habe ich darüber hinaus Hinweise, freundlichen Rat und praktische Hilfe erhalten. Besonders danke ich Frank Bezner, Horst Brunner, Viktoria Eschbach-Szabo, Kurt Gärtner, Annette Gerok-Reiter, Franz Josef Holznagel, Claire Janka, Johannes Janota, Christian Kiening, Valerie Lukassen, Hans Moser, Anna Mühlherr, Jochen Raecke, Anik Felicitas Reber, Ingo Reiffenstein, Klaus Ridder, András Vizkelety und Peter Zerlauth.

Burghart Wachinger

Einleitung

Die Überlieferung

Das System der Handschriftensiglen wirkt wegen mancher Fehler und Inkonsequenzen der ersten Auflage, notwendiger Nachträge der Folgeauflagen und neuer Gliederung der vorliegenden Auflage chaotisch. Aus Rücksicht auf die wichtigen Untersuchungen und Abbildungen von Mück 1980 und 1985 habe ich es jedoch beibehalten. Literaturangaben, die nur aus Namen und Jahreszahl bestehen, beziehen sich auf die bibliographischen Hinweise S. XXXIV–XXXVI.

1. Die Haupthandschriften

A: Wien, Österreichische Nationalbibliothek, Cod. Vind. 2777. 61 Pergamentblätter. Auf der Vorderseite des Innendeckels ein schlecht erhaltenes Vollbild Oswalds mit einem Notenblatt mit dem Anfang des ersten Lieds (Kl 1). Die Hs. enthält 108 Lieder von neun Schreibern (nach Delbono, vgl. die Tabelle im Anhang S. 366f.). Der erste Teil der Hs. wurde 1425 abgeschlossen, wie aus der Überschrift von Schreiber 4 zu einem Inhaltsverzeichnis auf Bl. 38^r hervorgeht; die Texte Kl 1–5, 8–22, 28, 46–52, 54–64 und 67 waren damals eingetragen (was für diese Texte eine Entstehung bis 1425 sichert, für nachgetragene Texte aber eine frühere Entstehung nicht ausschließt). Weitere Eintragungen folgten bis mindestens 1436.
Literatur: Schatz 1904, S. 21–33; Hermann Menhardt, Verzeichnis der altdeutschen literarischen Handschriften der Österreichischen Nationalbibliothek, Bd. 1, Berlin 1960 (Deutsche Akademie der Wissenschaften zu Berlin. Veröff. d. Inst. f. dt. Spr. u. Lit. 13), S. 277–285; Kurt von Fischer, Handschriften mit mehrstimmiger Musik des 14., 15. und 16. Jahrhunderts I, München, Duisburg 1971, S. 98–104; Oswald von Wolkenstein, Handschrift A, in Abbildung hg. von Ulrich Müller und Franz V. Spechtler, Stuttgart 1974 (Privatdruck); Oswald von Wolkenstein, Handschrift A. Vollständige Faksimile-Ausgabe im Originalformat des Codex Vindobonensis 2777 der Österreichischen Nationalbibliothek. Kommentar Francesco Delbono, Graz 1977 (Codices selecti LIX); Anton Schwob, Beobachtungen zur Handschrift A Oswalds von Wolkenstein, in: Entstehung und Typen mittelalterlicher Lyrikhandschriften, hg. von Anton Schwob und András Vizkelety, Bern usw. 2001, S. 243–254, wieder in: Anton Schwob, Ute Monika Schwob, Ausgewählte Schriften zu Oswald von Wolkenstein, Innsbruck 2014, S. 279–288; Moser 2011.

B: Innsbruck, Universitätsbibliothek, ohne Signatur. 48 Pergamentblätter, von alter Hand bis Bl. 44 römisch gezählt – nach dieser Zählung richtet sich diese Ausgabe und führt sie nach Bl. 44 für die letzten Blätter in eckigen Klammern weiter – sowie, ungezählt am Anfang, je ein Blatt mit dem Brustbild des Dichters[1] und mit dem Inhaltsverzeichnis. Die Niederschrift des Hauptteils war am 30. August 1432 abgeschlossen, wie die Eintragung über dem Inhaltsverzeichnis vor Bl. 1 angibt:[2] *In der Jarczal Tausent Vierhundert vnd darnach Jn dem zway vnd dreissigosten iare an dem nachsten Samstag nach Sant Augustins tag ist diss buch geticht vnd volbracht worden durch mich Oswalten von wolkenstein Ritter des allerdurchleuchtigosten Römischen künigs sigmūd etc Rat iar. 18.* Der Hauptteil (mit den 116 Liedern des Inhaltsverzeichnisses) wurde vom Schreiber 7 der Handschrift A (nach Schatz h) geschrieben, Kl 111 ist allerdings erst auf 1436 und Kl 112 auf 1438 datiert. Einträge anderer Schreiber finden sich vielleicht schon auf Bl. 43^r (nach Delbono [s. oben A] Schreiber 8 der Handschrift A mit Kl 109b), jedenfalls auf Bl. 48^{rv} mit Kl 117 und 118. B enthält 118 Lieder, 18 davon sind in A nicht aufgezeichnet (Nr. 66, 73, 85, 87, 102–109, 112–115, 117, 118), demgegenüber fehlen in B 8 Lieder der Hs. A (Kl 119–126).

Auf Bl. 1^r findet sich am unteren Rand folgender Brief, der noch vor dem ersten Lied *Ain anefangk* eingetragen ist, somit einen terminus post quem (August 1431) bietet: *Künig Sigmund etc. herczog Fridrich ze Osterreich. Hochgeborn^s lieber Öhaim vnd fürst, Als yetzund dein Rëte allhie bey vns gewesen sein [haben wir in vnser begerung] wol erzellt an [dein] lieb [widerumb zu bringen vnd] senden darzu mit In den Edlen Oswalten von [Wolken]stain vnsern rat vnd lieben getruen [...len] ettlich vnser maynung [... furn vnd dir zu bringen] das deiner land vnd leut bestes vnd [nutz ist vnd] begeren w[as er dir von unsern wegen ...] wellest im gentzlich [gelouben vnd ...] leut bestes fürwenden wann w[ir dir ye in gūt gen]aigt sein wiltu anders das [soltu ... Geben] zu Nüremberg anno etc. [tricesimo primo].*[3]

---

1 Vgl. Maria Theresia Laußermayer, Ist das Porträt Oswalds von Wolkenstein in Hs. B ein Werk Pisanellos?, in: Oswald von Wolkenstein. Beiträge der philologisch-musikwissenschaftlichen Tagung in Neustift bei Brixen 1973, hg. von Egon Kühebacher, Innsbruck 1974, S. 63–67.
2 Lorenz Welker, New light on Oswald von Wolkenstein, in: Early music history 7 (1987), S. 187–226, hat beobachtet, dass die dritte Spalte des Inhaltsverzeichnisses in Kleinigkeiten abweicht von den ersten beiden Spalten. Eine Zäsur bei der Anfertigung des Inhaltsverzeichnisses ist unverkennbar. Aber da von vornherein drei Spalten vorgesehen waren, muss zumindest der Großteil der in der dritten Spalte eingetragenen Lieder (Kl 73–107) 1532 schon vorhanden gewesen sein.
3 Abgerieben und zur besseren Entzifferung mit Chemikalien behandelt. Die eingeklammerten Partien sind heute nicht mehr lesbar, hier nach Ignaz Vinzenz Zingerle, Beiträge zur älteren tirolischen Literatur I. Oswald von Wolkenstein, in: Sitzungsberichte der Philosophisch-Historischen Classe der kaiserlichen Akademie der Wissenschaften 64, Wien 1870, S. 619–696, dort S. 624. Vgl. auch Lebenszeugnisse Bd. 3, 2004, Nr. 226.

Nach Lied 84 wurde auf Bl. 35^{rv} schon sehr früh (auf alle Fälle vor der Niederschrift der Hs. c, denn dort fehlt dieses Lied) ein Lied ausradiert, das im Inhaltsverzeichnis den Titel *Ain klügen abt* hat. Am wenigsten Schaden hat die Melodie auf Bl. 35^r genommen; sie ist allerdings in merkwürdiger Weise aufgespalten: auf einen ersten Block von drei Notenzeilen (Initiale *Aj*) folgen erst vier melodielose Stropheninitialen (*G, S, A, G*), dann nochmals eine Notenzeile mit der Initiale *H*.[4] Auf Bl. 35^v sind vom Text außer den Initialen unter Anwendung von UV-Reflektographie spärliche Reste der letzten acht Strophen zu entziffern:[5]

S ...
ein ...
abt ... el das
E ...
...
... verdeckt (?)
Den hertzog ...
gen ...
des Trautsuns ...
Her ba ...
wein ...
...
Nu tratz (?) vnd ...
müsse ... sch ...sige yedoch
chem kü ...
Her Pre (??)
dan ...
einander ...
Si essen ...
galge ...
... vnser ...
G...g ...
halt ich ...
...

---

4 Vgl. Timm 1972, S. 110–113.
5 Diese Reste sind publiziert und kommentiert bei Hans Moser, Unbekanntes über eine bekannte Handschrift. Zur Vorzeichnung und dem getilgten Lied in der Oswald-Hs. B, in: Der Schlern 51 (1977), S. 488–495, auch in: Gesammelte Vorträge der 600-Jahrfeier Oswalds von Wolkenstein Seis am Schlern 1977, hg. von Hans-Dieter Mück und Ulrich Müller, Göppingen 1978 (Göppinger Arbeiten zur Germanistik 206), S. 373–391.

Der vns die complet (hat?) ... *mit ga* ...
darzü lacht do er die mer also w ...
... *vnd fünf vnd zwaintzig* (ze botzen??) ...

Literatur: Schatz 1904, S. 33–43; Oswald von Wolkenstein. Abbildungen zur Überlieferung I: Die Innsbrucker Wolkenstein-Handschrift B, hg. von Hans Moser und Ulrich Müller, Göppingen 1972 (Litterae 12); K. v. Fischer (s. o. zu A), S. 80–89; Walter Neuhauser, Katalog der Handschriften der Universitätsbibliothek Innsbruck, Teil 1: Cod. 1–100, Wien 1987 (Österr. Akademie d. Wissenschaften, Phil.-hist. Klasse, Denkschriften 192), S. 47–50; Oswald von Wolkenstein, Liederhandschrift B (Universitätsbibliothek Innsbruck, ohne Signatur). Farbmikrofiche-Edition. Einführung und kodikologische Beschreibung von Walter Neuhauser, München 1987 (Codices illuminati medii aevi 8); Digitalisat: http://www.literature.at/viewer.alo?viewmode=overview&olfullscreen=true&objid=14399&page=3; Moser 2011.

c: Innsbruck, Tiroler Landesmuseum Ferdinandeum FB 1950. 115 Papierblätter, kurz nach 1450 von einer Hand niedergeschrieben. Bl. 1–94^r römisch gezählt, eine neuere arabische Zählung liegt, weil das römisch gezählte Bl. 7 verloren ist, von da an um 1 niedriger; im Gegensatz zu früheren Auflagen, die in Kleinigkeiten inkonsequent waren, folgt diese Auflage der arabischen Zählung. Bl. 1^r–100^r Texte Oswalds von Wolkenstein ohne Melodien, 103^r–104^r Geburtsdaten-Einträge von Sigmund von Wolkenstein-Trostburg, dann leere Blätter, 115^{rv} der zweite Teil eines Inhaltsverzeichnisses zu den Texten Oswalds. c enthält dieselben Texte wie B mit Ausnahme des fragmentarischen Kl 108 *Ich klag* und des lateinischen Kl 109 *Ave mater* (einschließlich Übersetzung) sowie des getilgten Liedes *Ain klügen abt*, im wesentlichen in derselben Reihenfolge, nur am Ende gibt es kleinere Abweichungen: auf Kl 111 folgen Kl 114, 113, 115, 116, 117, 118 und nach einer freien Seite Kl 112.

Literatur: Schatz 1904, S. 35–39, 43–45; Oswald von Wolkenstein, Abbildungen zur Überlieferung II: Die Innsbrucker Wolkenstein-Handschrift c, hg. von Hans Moser, Ulrich Müller und Franz Viktor Spechtler. Mit einem Anhang zum »Wolfenbütteler Porträt« und zur Todesnachricht Oswalds von Wolkenstein von Hans-Dieter Mück, Göppingen 1973 (Litterae 16); Moser 2011, S. 30.

2. Streuüberlieferung

D: London, British Library, Ms. Add. 24946 (2. Hälfte 15. Jahrhundert, Sammelhandschrift mit Spruchgedichten)
Bl. 85^r–89^v: Kl 112
Literatur: Jacob Baechtold, Deutsche Handschriften aus dem Britischen Museum, Schaffhausen 1873, S. 72–146 (Abdruck von Kl 112 auf S. 95–108); Robert Priebsch, Deutsche Handschriften in England Bd. 2, Erlangen 1901, S. 215–223 (S. 217 Verbesserungen des Baechtoldschen Abdrucks); Schatz 1904, S. 45f.; Mück 1980, Bd. 1, S. 271–280; Mück 1985, S. 7f., Abb. S. 39–44.

E: Prag, Knihovna národního muzea, Ms. X A 12 (1470/71, Liederbuch der Clara Hätzlerin)
Bl. 270^r–271^r: Kl 20 (= Haltaus I 20)
Bl. 311^r: Kl 88 (= Haltaus I 79)
Bl. 313^r–314^r: Kl 91 (= Haltaus I 84)
Bl. 326^v–327^v: Kl 43 (= Haltaus I 105)
Zu einem Lied mit Oswald-Anklang s. unten S. XXII, Nr. 4.
Literatur: Liederbuch der Clara Hätzlerin, hg. von Carl Haltaus, Quedlinburg, Leipzig 1840 (DNL 8), Nachdruck mit einem Nachwort von Hanns Fischer, Berlin 1966; Mück 1985, S. 13f., Abb. S. 56–66; Susanne Homeyer, Inta Knor, Hans-Joachim Solms, Überlegungen zur Neuedition des sogenannten Liederbuches der Clara Hätzlerin nach den Handschriften Prag, X A 12, der Bechsteinschen Handschrift (Halle, 14 A 39) und Berlin, Mgf 488, in: Deutsche Liebeslyrik im 15. und 16. Jahrhundert, hg. von Gert Hübner, Amsterdam, New York 2005 (Chloe 37), S. 65–81; dies., Vorlagenreflexe und Edition, in: Edition und Sprachgeschichte, hg. von Michael Stolz in Verbindung mit Robert Schöller und Gabriel Viehhauser, Tübingen 2007, S. 141–153; Inta Knor, Das Liederbuch der Clara Hätzlerin als Dokument urbaner Kultur im ausgehenden 15. Jahrhundert, Halle/Saale 2008 (Schriften zum Bibliotheks- und Büchereiwesen in Sachsen-Anhalt 90).

F: ›Neidhart Fuchs‹-Drucke. Folgende Ausgaben sind erhalten:
1. [Augsburg, Johann Schaur, ca. 1491/92]; 1. Exemplar: Hamburg, Staats-und Universitätsbibliothek, In scrinio 229^c; 2. Exemplar (mit geringfügigen Abweichungen): Nürnberg, Germanisches Nationalmuseum, 8° Inc. 100996 (GW 12673).
2. [Nürnberg, Jobst Gutknecht] 1537; Exemplar: Zwickau, Ratsschulbibliothek, 30.5.22 (VD16 ZV 22486).
3. Frankfurt/Main, Martin Lechler für Sigmund Feyerabend und Simon Hüter, 1566; 1. Exemplar: Berlin, Staatsbibliothek, Preußischer Kulturbesitz, Yg 3851; 2. Exemplar: Nürnberg, Germanisches Nationalmuseum, 8° L. 1878^f (VD16 W 4589).

Außerdem hat Schanze eine verlorene Ausgabe von Jobst Gutknecht vor 1520 wahrscheinlich gemacht. Enthalten sind im Hamburger Exemplar der Augsburger Ausgabe:
S. 150–156: Kl 21
S. 157 f.: ein von Kl 76 angeregtes Lied, s. u. S. XXI f., Nr. 3.3 und Apparat zu Kl 76
  Im Apparat sind nur die Varianten aus der Augsburger Ausgabe angeführt. Synoptische Ausgabe aller Auflagen und der Zitate aus ihnen in Fischarts ›Geschichtsklitterung‹ bei Mück 1980, Bd. 2, S. 25–51.
Literatur: Narrenbuch, hg. von Felix Bobertag, Berlin, Stuttgart 1884 (DNL 11), Nachdruck Darmstadt 1964, S. 143–147; Schatz 1904, S. 48; Dietrich Boueke, Materialien zur Neidhart-Überlieferung, München 1967 (MTU 16), S. 44–65; Die Historien des Neidhart Fuchs, nach dem Frankfurter Druck von 1566 in Abb. hg. von Erhard Jöst, Göppingen 1980 (Litterae 49); Mück 1985, S. 17–19, Abb. S. 70–88; Frieder Schanze, Der ›Neidhart Fuchs‹-Druck von 1537 und sein verschollener Vorgänger, in: Gutenberg-Jahrbuch 1986, S. 208–210; Salzburger Neidhart-Edition. SNE, hg. von Ulrich Müller, Ingrid Bennewitz, Franz Viktor Spechtler, Berlin, New York 2007, Bd. 3, S. 533–537.

G: München, Bayerische Staatsbibliothek, Cgm 379 (um 1454, Augsburger Liederbuch)
Bl. 111^{rv}: Kl 84 (= Bolte 31)
Bl. 119^{v}–120^{r}: Kl 128 (= Bolte 48)
Bl. 120^{rv}: Kl 85 (= Bolte 49)
Literatur: Johannes Bolte, Ein Augsburger Liederbuch vom Jare (!) 1454, in: Alemannia 18 (1890), S. 97–127, 203–237; Schatz 1904, S. 48; Klaus Jürgen Seidel, Der Cgm 379 der Bayerischen Staatsbibliothek und das ›Augsburger Liederbuch‹ von 1454, Diss. München 1972, Augsburg 1972; Karin Schneider, Die deutschen Handschriften der Bayerischen Staatsbibliothek München. Cgm 351–500, Wiesbaden 1973, S. 96–115; Mück 1980, Bd. 1, S. 281–297; Mück 1985, S. 8 f., Abb. S. 45–48.

G^1: Frankfurt, Stadtarchiv, Familienarchiv Fichard Nr. 165 Ms. 69 (Mitte oder 2. Hälfte 15. Jahrhundert, 1944 verbrannt, Fichards Liederbuch)
Nr. XXXIX: Kl 84
Nr. XLVIII: Kl 128, 1–10
Literatur: J. C. v. Fichard, Altdeutsche Lieder und Gedichte aus der ersten Hälfte des 15. Jahrhunderts, in: Frankfurtisches Archiv für ältere deutsche Literatur und Geschichte 3 (1815), S. 196–323, bes. S. 258–260 u. 272; Helmut Lomnitzer, ›Fichards Liederbuch‹, in: ^{2}VL 2, 1980, Sp. 734–736; Mück 1980, Bd. 1, S. 178–210; Mück 1985, S. 3 f.

Die Überlieferung —— XVII

H: München, Bayerische Staatsbibliothek, Cgm 3897 (1. Hälfte 15. Jahrhundert)
Bl. 319ʳ–320ᵛ: Kl 67
Literatur: Schatz 1904, S. 49; Wolfgang Kersken, *Genner beschnaid. Die Kalendergedichte und der Neumondkalender des O. v. W.*, Göppingen 1975 (GAG 161), dazu Heribert A. Hilgers in: AfdA 90 (1979), S. 160–169; Mück 1985, S. 9–11, Abb. S. 49–52; Karin Schneider, Die deutschen Handschriften der Bayerischen Staatsbibliothek München. Die mittelalterlichen Handschriften aus Cgm 888–4000, Wiesbaden 1991, S. 450–454.

J: Berlin, Staatsbibliothek, Preußischer Kulturbesitz, Ms. mus. 40 613 (Mitte 15. Jahrhundert, Lochamer-Liederbuch)
S. 2: Kl 101 (= J 2)
Literatur: Schatz 1904, S. 49; Locheimer Liederbuch und Fundamentum organisandi des Conrad Paumann. Faksimile-Ausgabe von Konrad Ameln, Berlin 1925, Nachdruck: Lochamer-Liederbuch [...], Kassel usw. 1972; Das Lochamer-Liederbuch, Einführung und Bearbeitung der Melodien von Walter Salmen, Einleitung und Bearbeitung der Texte von Christoph Petzsch, Wiesbaden 1972 (Denkmäler der Tonkunst in Bayern NF Sonderband 2); Mück 1985, S. 20, Abb. S. 90.

K: Freiberg/Sachsen, Stadtarchiv, Reg.-Nr. I Bf 39 (1. Hälfte 15. Jahrhundert, Catalogus Truffatorum oder Schwarzes Register, ein Rechtsbuch), auf der letzten Seite:
Bl. 134ᵛ: Kl 91, V. 57–62 und 77
Literatur: Ewald Wernicke, Findlinge, in: Anzeiger für Kunde der deutschen Vorzeit NF 28 (1881), Sp. 80; als Verse Oswalds identifiziert von F. Bech, ebda. Sp. 144; Schatz 1904, S. 49; Mück 1980, Bd. 1, S. 211–219; Mück 1985, S. 5f., Abb. S. 36.

L: München, Bayerische Staatsbibliothek, Cgm 715 (Mitte 15. Jahrhundert, Mönch von Salzburg Hs. A)
Bl. 143ʳ–144ᵛb: Kl 129
Bl. 150ᵛ–153ᵛ: Kl 130
Bl. 182ᵛ: Fragmente der 1. Strophe von Kl 70 im Zusammenhang von Martinsliedern
Zu einem weiteren im Register genannten Lied s. u. S. XXI, Nr. 1.
Literatur: F. Arnold Mayer, Heinrich Rietsch, Die Mondsee-Wiener Liederhandschrift und der Mönch von Salzburg, Berlin 1894, 1896 (Acta Germanica III,4 und IV), S. 20f. (S. 515 und 522f. von Kl 70 noch mehr entziffert, als heute möglich ist); Franz Viktor Spechtler, Die geistlichen Lieder des Mönchs von Salzburg, Berlin, New York 1972 (QuF NF 51), S. 35–43; Karin Schneider, Die deutschen Handschriften der Bayerischen Staatsbibliothek München. Cgm 691–867, Wiesbaden

1984, S. 90–92; Mück 1985, S. 20–22, Abb. S. 91–102; Burghart Wachinger, Der Mönch von Salzburg, Tübingen 1989 (Hermaea NF 57), s. Register; Christoph März, Die weltlichen Lieder des Mönchs von Salzburg. Texte und Melodien, Tübingen 1999 (MTU 114), S. 54–58.

N: Rostock, Universitätsbibliothek, Ms. phil. 100/2 (um 1465 mit Nachträgen bis 1487, Rostocker Liederbuch)
Bl. 19^r: Kl 101 (= N 19)
Literatur: Das Rostocker Liederbuch nach den Fragmenten der Handschrift, hg. von Friedrich Ranke und J. M. Müller-Blattau, Halle/Saale 1927 (Schriften der Königsberger Gelehrten Gesellschaft, Geisteswissenschaftl. Kl. Jg. 4, H. 5); Mück 1985, S. 22 f., Abb. S. 110 f.; Franz-Josef Holznagel unter Mitarbeit von Andreas Bieberstedt, Udo Kühne und Hartmut Möller, Das ›Rostocker Liederbuch‹ und seine neue kritische Edition, in: Nd. Jb. 133 (2010), S. 45–86.

o: Berlin, Staatsbibliothek, Preußischer Kulturbesitz, Ms. germ. fol. 488 (1530, Martin Ebenreutters Handschrift)
Bl. 242^{rv}: Kl 88
Bl. 244^v–245^v: Kl 91
Zu einem Lied mit Oswald-Anklang s. unten S. XXII, Nr. 4.
Literatur: Karl Geuther, Studien zum Liederbuch der Klara Hätzlerin, Halle/Saale 1899, S. 7–23; Mück 1980, Bd. 1, S. 113–140; Mück 1985, S. 2, Abb. S. 26–30; Homeyer/Knor/Solms 2005 und 2007 und Knor 2008 (s. oben zu E).

p: München, Bayerische Staatsbibliothek, Cgm 4871 (›Lohengrin‹-Hs. M von 1461, Nachtrag von anderer Hand)
Bl. 135^r: Kl 131
Literatur: Mück 1985, S. 11 f., Abb. S. 53; Karin Schneider, Die deutschen Handschriften der Bayerischen Staatsbibliothek München. Die mittelalterlichen Handschriften aus Cgm 4001–5247, Wiesbaden 1996, S. 390–392.

q: Nürnberg, Germanisches Nationalmuseum, Wolkensteinarchiv, einzelnes Papierblatt aus dem Faszikel 12^a
Kl. 132
Literatur: Mück 1985, S. 13, Abb. S. 45.

s: Regensburg, Stadtmuseum, Leihgabe des Historischen Vereins für Oberpfalz und Regensburg, Inv. Nr. R 58 (um 1430/31; Regensburger Goldschmiedeordnung mit historischen Notizen)
Bl. 1^r: Kl 134

Literatur: Cornelius Will, Der Anfang eines Klagelieds O.s v. W. auf die Husitenschlacht bei Taus im Jahre 1431, in: Verhandlungen des Historischen Vereins von Oberpfalz und Regensburg 51 (1899), S. 91–100 (Abdruck von Kl 134 auf S. 92f.); Mück 1985, S. 15, Abb. S. 67.

t: Heidelberg, Universitätsbibliothek, Cpg 343 (nach 1547)
Bl. 131^r: Kl 128 (= t 184)
Literatur: Karl Bartsch, Die altdeutschen Handschriften der Universitätsbibliothek in Heidelberg, Heidelberg 1887 (Katalog der Handschriften der Universitätsbibliothek in Heidelberg 1), S. 95–100;
Volks- und Gesellschaftslieder des XV. und XVI. Jahrhunderts I. Die Lieder der Heidelberger Handschrift Pal. 343, hg. von Arthur Kopp, Berlin 1905 (DTM 5), Nachdruck Dublin, Zürich 1970, Abdruck von Kl 128 auf S. 202; Mück 1980, Bd. 1, S. 235–257; Mück 1985, S. 7, Abb. S. 38.

u: Berlin, Staatsbibliothek, Preußischer Kulturbesitz, Ms. germ. fol. 753 (1575)
Bl. 9^r: Kl 128 (= u 16)
Literatur: Arthur Kopp, Die Osnabrückische Liederhandschrift vom Jahre 1575, in: Archiv für das Studium der neueren Sprachen und Literaturen 111 (1903), S. 1–28, 257–274 und 112 (1904), S. 1–24 (Abdruck von Kl 128 in Bd. 111, S. 16); Mück 1980, Bd. 1, S. 141–163; Mück 1985, S. 3, Abb. S. 31.

v: Münster, Universitäts- und Landesbibliothek, Hs 1190 (16./17. Jahrhundert, Liederstammbuch)
S. 49–50: Kl 128, geschrieben von B. v. B., einer der wenigen Hände, die mehrere Lieder geschrieben haben.
Im Anzeiger für Kunde der teutschen Vorzeit 7 (1838), Sp. 83, teilte Franz Joseph Mone aus einer »Handschrift des 16. Jahrhunderts in Quart« eine Fassung von Kl 128 mit. Die Handschrift galt als verschollen, bis Haller sie nachwies und ausführlich als Liederstammbuch beschrieb.
Literatur: Mück 1980, Bd. 1, S. 220–233; Mück 1985, S. 6; Bertram Haller, Ein ›Liederbuch aus dem Münsterland‹ (16./17. Jahrhundert), in: ZfdA 138 (2009), S. 63–77.

w: München, Bayerische Staatsbibliothek, Cgm 1115 (Mitte 15. Jahrhundert; Mönch von Salzburg Hs. B)
Bl. 26^r–27^v: Kl 130
Bl. 32^r–33^r: Kl 129
Literatur: Spechtler 1972 (s. o. zu L), S. 43–45; Wachinger 1989 (s. o. zu L), Register; Mück 1985, S. 22, Abb. S. 103–109; Schneider 1991 (s. o. zu H), S. 96–100.

x: Wien, Österreichische Nationalbibliothek, Cod. Vind. 4696 (Mitte 15. Jahrhundert; Mönch von Salzburg Hs. E, Lambacher Liederhandschrift)
Bl. 139^r–142^v: Kl 130
Bl. 145^v–149^r: Kl 129
Literatur: Menhardt 1960 (s. o. zu A), Bd. 2, S. 1053–1059; Spechtler 1972 (s. o. zu L), S. 50–52; Wachinger 1989 (s. o. zu L), Register; Mück 1985, S. 23 f., Abb. S. 112–120.

y: Wien, Österreichische Nationalbibliothek, Cod. Vind. 2975 (1465, Mönch von Salzburg Hs. F)
Bl. 154^v–155^r: Kl 130
Bl. 156^r: Kl 129
Literatur: Menhardt 1960 (s. o. zu A), Bd. 2, S. 705–711; Spechtler 1972 (s. o. zu L), S. 52 f.; Wachinger 1989 (s. o. zu L), Register; Mück 1985, S. 16, Abb. S. 68 f.

z: Schloss Darfeld in Westfalen, Archiv der Grafen von Droste-Vischering (16. Jahrhundert, Liederstammbuch)
Bl. 81^v: Kl 128
Literatur: Die Darfelder Liederhandschrift 1546–1565, unter Verwendung der Vorarbeiten von Arthur Hübner und Ada-Elise Beckmann hg. von Rolf Wilhelm Brednich, Münster 1976 (Schriften der volkskundlichen Kommission für Westfalen 23), Nr. 76, S. 141 f. (da ein Foto aus konservatorischen Gründen nicht möglich war, Angaben nach dieser Ausgabe); Helmut Tervooren, Die eingeschriebene Landschaft. Editionsprobleme bei Texten in Übergangslandschaften: Das Darfelder Liederbuch, in: Edition und Sprachgeschichte, hg. von Michael Stolz, Tübingen 2007, S. 257–271.

α: Leipzig, Universitätsbibliothek, Ms. 1709 (1512, Bechsteins Handschrift, galt als verschollen, war zeitweise unter der Signatur 14 A 39 in der Universitäts- und Landesbibliothek Sachsen-Anhalt in Halle)
Bl. 247^v–248^r: Kl 88
Bl. 250^r–251^v: Kl 91
Zu einem Lied mit Oswald-Anklang s. unten S. XXII, Nr. 4.
Literatur: Mück 1980, S. 74–99; Christoph Mackert, Wieder aufgefunden, in: ZfdA 133 (2004), S. 486–488; Brigitte Pfeil, Katalog der deutschen und niederländischen Handschriften des Mittelalters in der Universitäts- und Landesbibliothek Sachsen-Anhalt in Halle (Saale), Halle/Saale 2007, S. XV und 224–230; Homeyer/Knor/Solms 2005 und 2007 und Knor 2008 (s. o. E).

γ: München, Bayerische Staatsbibliothek, Cgm 5919, 296v (Anfang 16. Jahrhundert, Handschrift des Ulrich Most, 296r–299r unter der irreführenden Überschrift

Ain spruch von der lieb das Inhaltsverzeichnis einer verlorenen Liederhandschrift)
Bl. 296v: Kl 74,1–2 zitiert: *Schbeig stil gesel das ist recht Ju freylon gib mirs peten prat.*
Literatur: Walter Röll, Zur Bezeugung und Verbreitung der Lieder Oswalds von Wolkenstein, in: Oswald von Wolkenstein. Beiträge der philologisch-musikwissenschaftlichen Tagung in Neustift bei Brixen 1973, hg. von Egon Kühebacher, Innsbruck 1974, S. 232–236, dort S. 233f.; Manfred Zimmermann, Das Liederregister im Cgm 5919, in: ZfdA 111 (1982), S. 281–304, dort S. 286f.; Mück 1985, S. 12f., Abb. S. 54.

3. Indirekte, unsichere und falsche Bezeugungen

1. Im Register der Handschrift L findet sich auf Bl. 5ᵛ der Eintrag
Oswald wolkchenstainer von
gespot der vrawen Der may
Das gefräß May dein
(Abb. Mück 1985, S. 93). Der entsprechende Teil der Handschrift ist verloren. Manfred Zimmermann, Zuwachs für das Corpus der Lieder Oswalds von Wolkenstein, in: Der Schlern 55 (1981), S. 220–223, erwägt zum zweiten Eintrag, dass Oswald ein verlorenes, den Freuden des Essens und Trinkens gewidmetes Lied verfasst habe, zumal Hermann von Sachsenheim in seiner ›Mörin‹ Vers 5324f. Ähnliches erwähnt: *was Wolckenstainer ye gesanck in sim gefress das allerbest.* Wahrscheinlicher ist, dass das sonst Neidhart zugeschriebene ›Gefräß‹ mit dem Anfang *Mey din wunnenbernde zyt* (hg. SNE 2007 [s.o. F], Bd. 2, S. 288–301) auch unter Oswalds Namen verbreitet war. Der erste Eintrag dürfte in der Tat auf ein verlorenes Lied Oswalds zu beziehen sein. Eine Liedstrophe, die Zimmermann aus Ulrich Mosts Handschrift (vgl. oben γ) 271ʳᵛ als Anfang des entsprechenden Lieds ins Gespräch gebracht hat, lässt *von gespot der vrawen* nichts erkennen.
2. Dresden, Sächsische Landesbibliothek – Staats- und Universitätsbibliothek, Mscr. M 65 (abgeschlossen um1430, Handschrift des Johannes Bassenhaimer, ›Iwein‹-Handschrift f, früher Sigle β), auf Bl. 89ᵛ (letzte Seite) Federprobe, möglicherweise von jüngerer Hand: *tragt den hˢn leysse tragt den hˢn leyse*, vielleicht Reminiszenz an Kl 84,25. Vgl. Röll 1974 (wie oben γ), S. 234f.; Mück 1980, Bd. 1, S 164–177; Mück 1985, S. 3f., Abb. S. 32; zu Bassenhaimer vgl. Dietrich Huschenbett, Bassenhaimer, Johannes, in: ²VL 1, 1978, Sp. 634f. und Korrektur in 11, 2004, Sp. 224.
3. Im ›Neidhart Fuchs‹ findet sich anschließend an das zumindest im Kern echte Oswald-Lied Kl 21 ein Lied von einer Graserin in Bad Gastein mit sehr engen

Beziehungen zu Kl 76. Die Strophenform weicht ab. Wegen der besonderen Nähe habe ich das Lied im Apparat belassen.

4. Im Liederbuch der Clara Hätzlerin (Handschrift E) und in den beiden nahe verwandten Handschriften o und α findet sich ein Lied mit dem Anfang *Ich brüff gar dick Das sältzamm plick Pringt (bringn* o) *friuntlich strick (schrick* α): E 307^r, o 234^v–235^r, α 366^v–367^r, Haltaus I 63. Das ist eine Variation der Verse 20–22 von Kl 56: *Mein herz das prüfft vil offt und dick, das seltzam blick pringt freuntlich schrick in der lieben strick*. Es handelt sich offenbar um eine Oswald-Reminiszenz, Unabhängigkeit wäre ganz und gar unwahrscheinlich.

5. Manfred Zimmermann, Ein Zitat aus Oswalds Greifenstein-Lied im 16. und 17. Jahrhundert, in: Der Schlern 55 (1981), S. 346–348, hält einen weiteren Liedanfang für eine Oswald-Reminiszenz; Zitate in Quodlibets zeigen, dass das Lied weiter verbreitet war. Aus einer Handschrift vom Ende des 16. Jahrhunderts hatte Ludwig Uhland ein Lied veröffentlicht mit dem Anfang *Die bauern von sanct Pölten darzu die ganze gemein* (Alte hoch- und niederdeutsche Volkslieder, Stuttgart, Tübingen 1844/45, Nr. 248; eine abweichende Fassung und Nachweis der Handschrift in: Der Bauer im deutschen Liede, hg. von Johannes Bolte, Berlin 1890, Nr. 30). Zimmermann sieht in dem Anfang einen Nachklang von Kl 85,17 *Gepauren von Sant Jörgen, die ganz gemaine*. Ich halte die Übereinstimmung nicht für spezifisch genug.

6. In der 1870 verbrannten Strassburger Handschrift C 222 C 22 waren mehrstimmige Sätze aufgezeichnet, von denen Oswald einige, allerdings wohl nach anderen Vorlagen, mit neuem Text versehen hat. Dass diese Handschrift in der 1. Auflage dieser Ausgabe Sigle M erhalten hat, war insofern unberechtigt und wurde in den Folgeauflagen rückgängig gemacht. Wenn allerdings Timms komplizierte Argumentation auf der Basis alter gelehrter Nachrichten stimmt, war bei dem Satz *A son plaisir* (hier entstellt zu *Addo plasier*) von Pierre Fontaine, auf den Oswalds Kl 88 letztlich zurückgeht, am Rande oder unter oder über den Noten der Anfang von Oswalds Text eingetragen: *Vier hundert ior uf erd die geltend einen dag*. Das wäre ein erstaunliches Zeugnis eines ungewöhnlich kenntnisreichen Schreibers oder Benutzers. Ganz überzeugt bin ich nicht. Vgl. Timm 1972, S. 144–147; Röll 1974 (s. o. γ), S. 235f.; Lorenz Welker, New light on Oswald von Wolkenstein, in: Early music history 7 (1987), S. 187–226, dort S. 192.

7. In der textlosen Tabulaturaufzeichnung des Buxheimer Orgelbuchs sind zwei Lieder Oswalds je zweimal verarbeitet: Kl 88 als Nr. 117 (63^r Überschrift *Vierhundert jare*) und Nr. 199 (110^v/111^r Überschrift *Vierhundert jar uff dieser erde*) und Kl 101 als Nr. 100 (57^v) und Nr. 218 (119^v, Überschrift bei beiden *Wach uff myn hort*). Vgl. Das Buxheimer Orgelbuch. Handschrift mus. 3725 der Bayerischen Staatsbibliothek, München, hg. von Bertha Antonia Wallner, Kassel, Basel 1955 (Documenta musicologica – Handschriften-Faksimiles 1); in moderner Notenschrift: Das Buxheimer Orgelbuch, hg. von Bertha Antonia Wallner, Kassel usw. 1958 (Das Erbe deutscher Musik 37–39).

8. In London, British Library, Ms. Add. 16581 (Mitte 15. Jahrhundert) steht auf Bl. 142^v folgender Eintrag: *Wolckenstainer spricht: Wilt du haben zü sorgen / So solt du hofleutten porgen / Vnd ouch den priest^{s}n vnd pfaffen / So gewynnest du zü schicken vnd zü schaffen.* In der 2. Auflage wurde dieser Text als Kl 133 aufgenommen (Handschrift r), seither ist er wieder gestrichen. Es handelt sich um ein Stück aus Konrad Bollstatters Vierzeiler-Spruchsammlung 133^r–149^r, 152^r, vgl. Priebsch 1901 (s. o. zu D), S. 147–158, Kurt Gärtner in: ²VL 1, 1978, Sp. 933–935, und ders., Aus Konrad Bollstatters Spruchsammlung, in: Festschrift Walter Haug und Burghart Wachinger, Tübingen 1992, Bd. 2, S. 803–825. Dort sind allen möglichen Sprechern von Gott über Propheten und Kirchenväter bis zu Bekannten Konrad Bollstatters sentenzhafte Spruchverse in den Mund gelegt. Die Wolckenstainer-Verse sind anonym auch andernorts überliefert, vgl. Mück 1980, Bd. 1, S. 258–270, bes. S. 269. An der Unechtheit kann kein Zweifel bestehen. Als Zeugnis für die Bekanntheit von Oswalds Namen mögen die ihm untergeschobenen Verse immerhin Beachtung finden.

Beurteilung der Überlieferung und Editionsregeln der Neubearbeitung

1. Beurteilung der Überlieferung

Der Hauptbestand der überlieferten Lieder liegt in den Pergamenthandschriften A und B und in der Papierhandschrift c vor. Von A und B steht fest, dass sie zu Lebzeiten des Autors und in seinem Auftrag angelegt worden sind. Hs. c ist – wohl mit Ausnahme des umgestellten Kl 112 – eine Abschrift von B[6] und enthält, anders als die beiden Pergamenthandschriften, keine Melodien. Als Leithandschrift kommen somit von vornherein nur A oder B in Frage. Auch die vorliegende Auflage hält an der Entscheidung für B als Leithandschrift fest, wenn auch nicht mehr als Leithandschrift im Sinne der strengen Regeln der Deutschen Texte des Mittelalters.

B ist die spätere der beiden autornahen Handschriften, ist besser ausgestattet, im Vergleich zu A planmäßiger angelegt und besser geordnet; sie bietet, selbst wenn man nicht annimmt, dass in manchen Textunterschieden gegenüber A die korrigierende Hand des Autors spürbar wird, wenigstens insofern günstigere Voraussetzungen, als fast alle Texte von der Hand eines einzigen sehr sorgfältigen Schreibers aufgezeichnet sind. Auf die Lied- und Verszählung der an B ausgerichteten Ausgabe von Klein bezieht sich überdies die reichhaltige Forschungsliteratur seit 1964.

Die Handschrift B ist allerdings nicht die einzige autorisierte Handschrift von Oswaldtexten und -melodien: Die Handschrift A geht ebenfalls auf authentische Vorlagen zurück, großenteils zweifellos die gleichen wie B, ist aber von B unabhängig. Das zeigt sich nicht zuletzt darin, dass eine Reihe von Liedern nur in jeweils einer der beiden Handschriften erscheint: Kl 119–126 fehlt in B, Kl 66, 73, 85, 87, 102–109, 112–115, 117, 118 fehlt in A.

Neben den Haupthandschriften aus dem Umkreis des Autors steht die Streuüberlieferung. Sie zeigt, dass Lieder, die durch die Haupthandschriften autorisiert sind, auch sonst verbreitet waren, manchmal namenlos, zum Teil in abweichender Fassung. In einzelnen Fällen (z. B. Kl 21 und 85) könnten die Abweichungen auf authentische Erst- oder Zweitfassungen Oswalds zurückgehen. Umgekehrt werden Oswald auch Lieder zugeschrieben, bei denen seine Verfasserschaft unsi-

---

[6] Die Ausnahme Kl 112 hat schon Schatz 1904, S. 45 f. gesehen; vgl. dazu auch Moser 1974, S. 112 f. In der Einleitung zur Abbildung von c (s. oben c), S. XIVf., wird erwogen, ob dem Schreiber von c nicht auch bei einigen weiteren Texten noch andere Quellen als B verfügbar waren. Die Abweichungen sind jedoch in allen diesen Fällen sehr gering und wohl auch einem mitdenkenden Schreiber zuzutrauen.

cher, wenn nicht unwahrscheinlich ist. Prinzipiell ist also sowohl mit falschen Zuschreibungen zu rechnen als auch damit, dass weitere echte Oswald-Lieder, die in den Haupthandschriften fehlen, verstreut überliefert sind. Deshalb sind auch Versuche, Oswald weitere Texte zuzuweisen, grundsätzlich durchaus legitim, bleiben freilich bislang höchst unsicher.[7] Die vorliegende Auflage hat solche Versuche nicht aufgenommen und hält sich im Urteil über Echtheitsfragen insgesamt zurück. Aus früheren Auflagen wurden nur zwei Texte ausgeschieden, von denen einer Oswald gar nicht zugeschrieben ist (Kl 127) und der andere vom Kontext offensichtlich als bloße Namenreminiszenz erwiesen wird (Kl 133).

Aus dieser Einschätzung der Überlieferungslage ergibt sich, dass eine unterschiedliche Behandlung der in B und der in anderen Handschriften überlieferten Texte, wie sie Karl Kurt Klein vorgenommen hatte, nicht mehr zu rechtfertigen ist. Selbst bei höchstwahrscheinlich unechten Texten (wie m. E. Kl 128 und 132) können Fragen der literarhistorischen Standortbestimmung erst diskutiert werden, wenn ihnen ein Mindestmaß an philologischer Durcharbeitung zuteil geworden ist.

2. Regelung der Graphie

Die orthographische Regelung der Texte ist gegenüber den früheren Auflagen neu gestaltet.

Auch bei der ungewöhnlich günstigen Überlieferung von Oswalds Texten ist zwischen der Sprache des Dichters und der Sprache der Schreiber zu unterscheiden. Beide aber sind keineswegs fixierte Größen.[8] Oswald hält sich, wie aus den Reimen zu erschließen ist, im Allgemeinen an eine mittelbairische Ausgleichssprache. Aber er scheint, ebenfalls nach Ausweis der Reime, im Gebrauch der Umlaute zu variieren,[9] wechselt nach Bedarf zwischen den Suffixvarianten *-lich* und *-leich*,[10] verwendet in heiterem Kontext auch mittel- und niederdeutsche Formen, wenn ihm der Reim gerade passt,[11] und greift vereinzelt auch in ernstem

---

[7] Vgl. etwa Manfred Zimmermann, Zuwachs für das Corpus der Lieder Oswalds von Wolkenstein, in: Der Schlern 55 (1981), S. 220–223; Reinhard Strohm, Die vierstimmige Bearbeitung eines unbekannten Liedes von Oswald von Wolkenstein, in: JOWG 4 (1986/87), S. 163–174.
[8] Zum Folgenden vgl. Wiesinger 1974 und Reiffenstein 2011, ferner Hans Moser und Ulrich Müller, Zur heutigen Aussprache der Texte Oswalds von Wolkenstein, http://www.wolkensteingesellschaft.com/Aussprache%20OvW.pdf.
[9] So reimt er *sueß* in der unflektierten Form sowohl als Adjektiv wie als Adverb meistens auf *grueß* und *bueß*, aber einmal 4,47 auf *büeß*; und *betoren : oren* 2,46 steht neben *ist betört : hört* 117,37.
[10] Z.B. 4,17 *gegenwirtikl⟨e⟩ich : himelreich* und 18,106 *liederlich : mich*.
[11] Z.B. 42,104–107: *sunder klifen : tasten, grifen, : manigen lifen : lust vertrifen*.

Kontext auf Augenreime zurück, die nur in einem anderen Graphiesystem den Anschein von Reinheit erwecken.[12] Überdies charakterisiert er zweimal einen bäuerlichen Sprecher durch grobe Dialektformen (79 und 82). Die Schreiber andererseits richten sich teils nach erlernten Gewohnheiten, teils nach den Vorlagen und sind grundsätzlich nicht auf Einhaltung orthographischer Regeln trainiert. Der Hauptschreiber von Handschrift B (Schreiber von Nr. 1–116), der auch schon an der Handschrift A beteiligt war (dort Schreiber 7), zeigt einige schwäbisch-alemannische Züge, die der mittelbairischen Sprache Oswalds fremd sind, und ist insgesamt keineswegs konsequent; so verwendet er z. B. für mhd. *boum* ›Baum‹ folgende Graphien: *bam, pam, bäm, päm, bom, pom, pawm*.

Während die Ausgabe von Josef Schatz versuchte, die Sprache des Autors zu rekonstruieren, und dafür eine große Distanz von den Handschriften in Kauf nahm, hat sich Karl Kurt Klein für einen engen Anschluss an die Handschrift B entschieden. Den Bedürfnissen der meisten Benutzer nach Reduzierung der verwirrenden orthographischen Vielfalt ist er nur durch wenige Vereinfachungen entgegengekommen, und sein Lesartenapparat verzeichnet auch bloße Graphievarianten. Das war schon damals nicht unproblematisch, seither aber hat sich die Situation insofern geändert, als die gesamte Oswald-Überlieferung jetzt in Abbildungen vorliegt, so dass alle Lesarten bequem an den Handschriften nachkontrolliert werden können. Bedenken wurden überdies genährt durch eine Erfahrung im akademischen Unterricht: Dass alle diakritischen Zeichen über den Vokalen als Tremapünktchen wiedergegeben waren, verführte weniger geübte Benutzer zu einer Aussprache, die sowohl die Sprache Oswalds wie die des Hauptschreibers der Handschrift B verfälschte; *rü/rü̊/rü̊* der Handschrift – die diakritischen Zeichen sind selten sicher zu unterscheiden – und *rü* der früheren Auflagen ist eben nicht »rü« zu sprechen sondern mit dem oberdeutschen Diphthong »rue«, *stån* ist eine Graphie des Hauptschreibers, der mit schwäbischer Diphthongierung vermutlich »staun« gesprochen hat, während Oswald »stan« gesprochen haben dürfte. Die Bearbeiter der 2. und 3. Auflage haben diese Problematik erkannt, konnten aber, weil sie aus Kostengründen an den alten Satz gebunden blieben, nichts Grundsätzliches an ihr ändern. Erst mit einem vollständigen Neusatz, wie ihn diese Auflage unternommen hat, konnte eine Neuregelung der Graphie in Angriff genommen werden. Für die Behandlung des B-Textes habe ich zunächst experimentiert mit einer Lösung, die sich auf eine Differenzierung der diakritischen Zeichen beschränkte (z. B. *u, ü, ů, ü̊*). Aber eine solche Lösung hätte das Zitieren schwierig gemacht und den nicht gravierenden, aber doch vorhandenen Konflikt zwischen der Sprache Oswalds und der seines Hauptschreibers nicht beseitigt. So habe ich mich zu einer Neuregulierung der

---

12 Z.B. 104,73/80 *win* (statt *wîn/wein*) : *sin*.

Graphie entschlossen: Ausgehend von der Handschrift B (ab Lied 119 von der jeweils bevorzugten Handschrift) wird die Graphie so weit in Richtung auf Oswalds mutmaßliche Sprache reguliert, dass keine diesem Ziel widersprechende Aussprache suggeriert wird, dass aber doch die Irregularitäten der Handschrift noch durchschimmern. Die Regulierung schließt auch Reimangleichungen ein. Die Bearbeitung von Kleins Ausgabe kehrt damit ein Stück weit zum Verfahren von Schatz zurück, sie lässt aber Graphievarianten dann zu, wenn sie nicht zu eklatant falschen Aussprachen verführen. So werden über die früheren Auflagen hinaus auch z. B. *ein/ain, frau/frou, freuen/fräuen/fröuen* als Varianten geduldet. Die Handschrift B, an die sich Klein eng angeschlossen hatte, ist also nicht mehr als Leithandschrift im engeren Sinn behandelt. Sie bleibt aber bevorzugte Handschrift. Im Einzelnen gelten folgende Regeln:

Die Abkürzungen werden stillschweigend aufgelöst. Sie sind stets eindeutig.

Die Worttrennung ist im handschriftlichen Text nicht immer eindeutig. Manchmal folgt sie auch einem uns fremden und deshalb die Lesbarkeit erschwerenden Prinzip: proklitisches *in* (Präposition) beispielsweise wird gern mit dem Folgewort verbunden (vgl. 1,22, wo es in der Handschrift *intreuen* heißt). Getrennt- und Zusammenschreibung sind daher weitgehend nach heutigem Usus geregelt.

Konsonantismus. Doppelkonsonanten nach Konsonant werden stillschweigend vereinfacht (z. B. *lf, nf, pf* für *lff, nff, pff*; *rs, rt* für *rss, rtt*), ebenso *cz/tz* und *ck* nach Konsonant (*gk* bleibt jedoch auch in dieser Position erhalten und *ckh* erscheint als *kh*); selteneres *ssch* wird zu *sch* vereinfacht; für *mentzsch(lich)* steht in der Ausgabe *mentsch(lich)*.

Manchmal sind *b* und *w* vertauscht (z. B. 18,110 *berche* für *werkhe*); in eindeutigen Fällen wird dies stillschweigend reguliert, wo Unsicherheiten bestehen könnten, wird die Graphie im Apparat nachgewiesen. Die Schreibung *ch* für die Affrikata *kch* (vgl. dasselbe Beispiel) wird als *kh* wiedergegeben. Die zwei Schreibungen *ph* und *pf* für die Affrikata werden zu *pf* vereinheitlicht. Dagegen bleiben die Schwankungen zwischen *b* und *p* gemäß der Handschrift erhalten.

Auf die Unterscheidung von ſ und *s*, die keine lautliche Bedeutung hat, wurde verzichtet. Die seltene Graphie *z* für *s* (z. B. *gelazzen* 18,7), eine Schreiberkonvention aus früheren Zeiten, in denen *z* und *s* zwei verschieden artikulierte Reibelaute waren, wird stillschweigend zum weitaus dominanten *s* verändert.

Vokalische und konsonantische Geltung von Zeichen. Gegen die Handschrift werden *i/j/y* und *u/v* reguliert: *i* und *u, ü, ue, üe* stehen für vokalische, *j* und *v* für konsonantische Geltung. Wo *w/ẅ* einen Vokal bezeichnet, wird es durch *u/ü/ue/üe* ersetzt; das gilt auch für die intervokalische Position (z. B. erscheint *frewen* als *freuen* gemäß der überwiegenden Schreibung der Handschrift), obwohl da noch ein Rest eines Gleitlauts *w* zu hören gewesen sein mag. In den Schreibungen *aig* oder *ayg* ist das *g* manchmal als Ausklingen des Diphthongs in einem Gleitlaut zu verstehen und wird dann in der Ausgabe durch *j* wiedergegeben (*mayg* wird zu *maij*, aber *zaigen* bleibt *zaigen*).

Stärker als der Konsonantismus wird der Vokalismus in Richtung auf die mutmaßliche Sprache des Autors hin normiert. Für die Vokalqualitäten zeigt die folgende Übersicht den Schreibusus des Hauptschreibers von B, die Entsprechung des normierten Mittelhochdeutsch, die Schreibung in der 3. Auflage dieser Ausgabe und die Entscheidung für die vorliegende 4. Auflage.[13]

Handschrift	Normalmhd.	³Kl.	⁴Kl.	
a	a, â	a	a	
ä	ä, æ	ä	ä	
*ä	â	ä	a	(1)
*a, ä	ou	ä	ä	(2)
ai, ay	ei	ai	ai	(3)
au, aw	û(w), ou(w)	au	au	
**au, aw	iuw	au	eu	(4)
au, aw	â	au	a	(2)
äu, äw	öu(w)	eu	äu	
e	e, ë, ê	e	e	
ë	ä, æ	ë	ä	(5)
*ë	e	ë	e	(5)
ei	î	ei	ei	(3)
ei	i	ei	i	(6)
eu, ew	iu(w), öu(w)	eu	eu	
i, j, y	i	i	i	
*i	î	ei	ei	(7)
**i	ie	i	ie	(8)
ie	ie	ie	ie	
**ie	i	ie	i	(9)
*ier	ir	ier	ier	(9)
o	o, ô	o	o	
*o	ö, œ	o	ö	(10)
*o	a	o	o	
*o	ou	o	ou	
ow	ou(w)	au	ou	
**ow	ô	ow	o	(11)

---

13 Die übergeschriebenen diakritischen Zeichen der Handschrift, Tremapünktchen, verbundene Pünktchen oder übergeschriebenes *e*, voneinander oft nicht sicher zu unterscheiden, sind hier durchweg als Tremapünktchen wiedergegeben. Seltene Bedeutungen von Graphien sind durch ein Sternchen (*), extrem seltene durch zwei Sternchen markiert. Die Ziffern verweisen auf die anschließenden Erläuterungen.

ö	ö, A	ö	ö	
ö	o	ö	o	(10)
*ö	öu	ö	öu	
öw	öuw	eu	öu	
u, v	u	u	u	(12. 14)
*u, v	ü	u	ü	(12)
*u, v	û	u	au	(13)
ü, v̈	ü	ü	ü	(12)
*ü, v̈	u	ü	u	(12)
ü, v̈	uo	ü	ue	(13. 14)
ü, v̈	üe	ü	üe	(12)

1. Die Schreibungen *ä* und *au* für mhd. *â* (z. B. 1,43 *här* für mhd. *hâr* und 26,1 *aubenteuer* für mhd. *âventiure*) verstehe ich als Andeutung der regionalen (›schwäbischen‹) Diphthongierung beim Hauptschreiber; für Oswald selbst ist diese Diphthongierung nicht anzunehmen, daher setze ich für beide Graphien *a*.

2. Die Schreibung *a/ä* für mhd. *ou* kommt überwiegend in Reimen auf mhd. *æ* vor (z. B. 24,70/72 *päm/widerzäm* für mhd. *boum/widerzæme*); es handelt sich um die mittel- und südbairische Aussprache der Entsprechung zu mhd. *ou* als überoffenes *a* vor Labialen. Diese Graphie respektiere ich, wo sie vorkommt, setze sie aber angesichts der überwiegenden Schreibung *aw/au* nicht generell durch.

3. Nur der unbestimmte Artikel und das Zahlwort *ain* wird gelegentlich auch *ein* geschrieben.

4. Als ganz vereinzelte, eher aus dem Mitteldeutschen stammende Schreibung stillschweigend korrigiert (z. B. 4,14 *untraw*).

5. Die Schreibung *ë* steht überwiegend für den sog. Sekundärumlaut von *a*, manchmal auch für den Primärumlaut. Die seltenen Fälle, in denen es für andere *e*-Laute steht, sind verbessert und im Apparat nachgewiesen.

6. Das schwankende Suffix *-lich/-leich* wird außerhalb des Reims nach der Handschrift wiedergegeben, im Reim aber den jeweiligen Reimwörtern stillschweigend angeglichen, z. B. 44,47 *hässeleich* im Reim auf *mich : sich : vich* und 4,17 *gegenwirtiklich* im Reim auf *himelreich*.

7. Alemannische Graphie des Hauptschreibers, stillschweigend korrigiert (z. B. 3,8 *schribet* im Reim auf *scheibet*). Der irreguläre Reim *win* (›Wein‹) : *sin* (›Sinn‹) 104,74/80, in dem Oswald selbst diese Graphie benutzt zu haben scheint, wurde selbstverständlich nicht angetastet.

8. Vereinzelte mitteldeutsche Graphie, stillschweigend korrigiert.

9. Vor *r* steht *ie* manchmal auch für mhd. *i* (z. B. 70,1 *her wiert*); diese Fälle deute ich als Zeichen einer Tendenz zur Vokalisierung des *r* und behalte sie in der Ausgabe bei. Dass sonst *ie* für mhd. *i* steht, kommt extrem selten vor (z. B. 5,49 *siech ich* für ›sehe ich‹) und wird stillschweigend korrigiert.

10. Der Umlaut von *o* ist meistens, aber nicht immer bezeichnet; hier habe ich stillschweigend reguliert und seltene Unsicherheiten in Kauf genommen.

11. Die sehr seltene Graphie *ow* für einfaches *ô* (z.B. 70,20 *frow*) ist wohl als historische Reminiszenz an flektierte Formen wie mhd. *vrôwer* zu verstehen. Sie wird stillschweigend reguliert.

12. Das einfache *u/v* ohne diakritisches Zeichen steht in der Regel für den Laut *u*. *ü* wird meist *ü* oder *v̈* geschrieben; das Zeichen *u* für den Laut *ü* ist ziemlich selten, und manchmal hat man den Eindruck, dass das diakritische Zeichen nur weggelassen wurde, weil Unterlängen der vorigen Zeile im Weg waren; umgekehrt ist auch *ü* für *u* sehr selten. Das Diakritikon steht also in der Handschrift in der Regel für den Umlaut des einfachen Vokals (hier *ü*), für den Diphthong (hier *ue*) und für den umgelauteten Diphthong (hier *üe*). Ob Diphthong anzusetzen ist, lässt sich in der Regel sprachgeschichtlich entscheiden. Schwierig bleibt die Frage, ob der Diphthong umgelautet war. Manchmal helfen die Reime. Bei *suess* weisen sie sowohl fürs Adverb wie fürs Adjektiv überwiegend, aber nicht ausschließlich auf Umlautlosigkeit hin, für die flektierten Formen des Adjektivs auf Umlaut. Fehlentscheidungen sind in diesem Bereich nicht auszuschließen, ich habe das Risiko in Kauf genommen.

13. Alemannische Graphie des Hauptschreibers, stillschweigend korrigiert (z.B. 6,29 *vfenthalt*, 45,9 *krut*).

14. Das Wort *zu* (mhd. *zuo*, *ze*) wird in der Regel *zu* geschrieben; nur in betonter Stellung erscheinen öfter Schreibungen wie *zü* oder *zẅ*. Diese Differenzierung habe ich systematisiert und setze in der metrischen Senkung *zu*, in der Hebung und vor allem im Reim *zue*.

Für die nicht vom Hauptschreiber aufgezeichneten Texte, Nr. 118–134, die von verschiedenen Schreibern stammen, können, soweit die Handschriften oberdeutscher Herkunft sind, weitgehend analoge Regelungen angewendet werden. Bei stärkerer Abweichung der Graphien in der Streuüberlieferung wird entsprechend weniger stark reguliert; doch sind im Gegensatz zu früheren Auflagen überall die Abkürzungen aufgelöst und Satzzeichen zur Erleichterung des Verständnisses eingefügt.

3. Markierung der Herausgebereingriffe im Text

Eingriffe in den Text der Leithandschrift, die über die bloße Regelung der Graphie hinausgehen, sind in der folgenden Weise markiert:

⟨ ⟩ Einfache Hinzufügungen, die sich aus dem Sinn oder den Formregeln ergeben, stehen gelegentlich ohne Apparatnachweis in Winkelklammern, z.B. 4,31 *barmu⟨n⟩g*, 70,8 ⟨*sprich*⟩.

[ ] Weggelassenes wird durch leere eckige Klammern signalisiert und im Apparat nachgewiesen, z. B. 28,23.
⌐ ¬ Umstellungen sind durch Winkelhaken markiert, z. B. 21,100 ⌐*fissli füssli*¬.
Alle übrigen Eingriffe sind durch Kursivierung markiert; bei Ersatz nur eines Buchstabens wird nur dieser kursiv gesetzt.

4. Interpunktion

Die Interpunktion wurde selbstverständlich überall dort verändert, wo ich den Text anders verstehe. Darüber hinaus habe ich in vielen Fällen Kommata eingespart, um eher die syntaktische Großstruktur zur Geltung zu bringen, insbesondere bei Serien von Adjektiven und Adverbien und bei Voranstellung und Wiederaufnahme eines Satzglieds (z. B. Kl 1,61f. *Des sünders pan die ist ...*).

5. Strophengestaltung und Zählung

Die formale Gestaltung der Strophen ist mit Rücksicht auf die eingeführte Zählung im wesentlichen unverändert geblieben. Lediglich bei wenigen Texten musste eine neue Zählung eingeführt werden, selbstverständlich nicht ohne zusätzliche Angabe der alten Zählung. Auf die Kennzeichnung der Farbe der Initialen wurde verzichtet;[14] Strophenanfänge mit farbigen Initialen sind jedoch weiterhin durch Fettdruck markiert, da in einzelnen Fällen ein (möglicherweise bemerkenswerter) Wechsel von farbigen und nichtfarbigen Strophenanfängen zu beobachten ist. Im Stropheninneren markieren Großbuchstaben (soweit sie nicht zu Eigennamen gehören) die musikalische Strophengliederung ohne Rücksicht auf die Schreibung in der Handschrift. Im Reimpaargedicht Kl 112 sind die gliedernden Alineazeichen von Bc, denen in D Initialen entsprechen, durch fett gedruckte Großbuchstaben angedeutet. Blockweise eingerückt erscheinen nur noch Refrains, nicht mehr formal deutlich abgesetzte Schlusspassagen der Strophen wie in Kl 16. In wenigen Fällen sind einzelne Zeilen eingerückt, um anzuzeigen, dass sie mit der vorangehenden Zeile als metrische Einheit zu verstehen sind (meist wegen variierender Stellung der Binnenreime).

Seitenwechsel in der Leithandschrift ist durch | genauer markiert, und Noteneinträge ohne Text sind vermerkt, so dass jetzt die Orientierung am Faksimile erleichtert wird. Beischriften, die sich auf die musikalische Gestaltung beziehen, sind möglichst an die Stelle gerückt, auf die sie sich beziehen: *clausula* z. B. steht

---

14 In B besteht eine deutliche Tendenz zum regelmäßigen Wechsel von rot und blau.

ohne Rücksicht auf die Position in der Handschrift am Ende des zweiten Stollen, weil es bedeutet, dass hier die Melodie anders endet als im ersten Stollen.

6. Lesartenapparat

Frühere Auflagen hatten auch bloße Graphievarianten aus den Handschriften angeführt, damit aber die wenigen interessanten Abweichungen in einem Wust von irrelevanten Angaben versteckt. Die Neubearbeitung konzentriert sich auf die semantisch und formal bemerkenswerten Lesarten. Bloße Graphievarianten werden nur dann mitgeteilt, wenn die Graphien nicht ganz sicher zu deuten sind, wobei ich bei Eigennamen etwas großzügiger verfahren bin. Die Lesarten der Parallelhandschriften werden jedoch wie üblich so genau wie möglich in der Graphie der zuerst genannten Handschrift geboten. Die Abkürzungen werden so genau wie möglich nachgeahmt; lediglich für lateinische Phrasen werden sie in runden Klammern aufgelöst (Ausnahme *2a* und *2$_9$* für *secunda/secundus*). Gelegentlich, aber nicht systematisch, weise ich durch ein Ausrufezeichen (!) darauf hin, dass die Vorgängerauflage einen Fehler angesetzt hat, wo ich eine richtige Lesart sehe, die nach meinen Prinzipien gar nicht angeführt werden müsste.

Nicht verzeichnet sind eine Reihe von sehr häufigen Varianten ohne semantische oder metrische Relevanz: kleinere Wortform- und Wortbildungsvarianten wie *sein/sind* (es sei denn, es könnte der Infinitiv gemeint sein), *hat/het* (es sei denn, es könnte Konjunktiv gemeint sein), *ich hab/ ich han, laz/lass/la, geit/gibt, gen/gein, entziehen/enziehen, enpfangen/empfangen, nidern/nidren, hoffart/hochfart/hofhart* (so öfter in A), *ketelin/ketenlein, dannoch/dannocht, wann/wenn/ dann* beim Komparativ, *wann/wenn* in anderen Funktionen. Abweichungen der Silbenzahl sind, weil sie für metrische Studien interessant sein könnten, verzeichnet; dabei gelten auch Schreibungen wie *teufl* als zweisilbig, weil sie nur zweisilbig gesprochen werden können. Wird ein ganzer Vers als Lesart angegeben, beginnt er mit einem Großbuchstaben.

In den Lesartenapparat wurden jetzt auch die Angaben zur Überlieferung und zu anderen Ausgaben gestellt. Schließlich habe ich auch Hinweise zum Verhältnis von Melodie- und Textaufzeichnung gegeben – ein kleiner Ersatz für den weggefallenen Musikanhang.

7. Erläuternder Apparat

Der neue zweite Apparat möchte vor allem dem elementaren Verständnis der stellenweise sehr schwierigen Texte dienen. Er setzt dabei Grundkenntnisse der mittelhochdeutschen Sprache, die Benutzung eines Taschenwörterbuchs und die

Fähigkeit zu selbständiger Umsetzung der Graphien des ›Normalmittelhochdeutschen‹ in das Frühbairisch Oswalds voraus. Nur gelegentlich bietet dieser Apparat darüber hinaus Hinweise zur Form oder zu Lesarten anderer Handschriften. Eine umfassende Kommentierung ist jedoch nicht angestrebt.

8. Zu den Melodien und Musiksätzen

Der Musikanhang der früheren Auflagen, der nicht mehr dem heutigen Forschungsstand entsprach, wurde weggelassen. Einen kleinen Ersatz bieten Hinweise zur Musikaufzeichnung in den Beischriften und im textkritischen Apparat (dort auch regelmäßig Verweis auf die Edition von Pelnar) und Anmerkungen zu Musikübernahmen und Tonfamilien im zweiten erläuternden Apparat. Für diese Anmerkungen habe ich die soeben eingereichte Kölner Dissertation von Valerie Lukassen, die die lang ersehnte Neuedition der einstimmigen Weisen bringen wird, dankbar benutzt.

Bibliographische Hinweise

(mit den für mehrfaches Zitieren benutzten Kurztiteln)

Einführung:
Müller/Springeth 2011: Oswald von Wolkenstein. Leben – Werk – Rezeption, hg. von Ulrich Müller und Margarete Springeth, Berlin, New York 2011. Darin: Gesamtbibliographie zu Oswald von Wolkenstein S. 351–390.

Ausgaben:
BW: Die Gedichte Oswalds von Wolkenstein. Mit Einleitung, Wortbuch und Varianten, hg. von Beda Weber, Innsbruck 1847 (nach der Hs. c).
Schatz 1902: Oswald von Wolkenstein, Geistliche und weltliche Lieder, ein- und mehrstimmig, bearb. von Josef Schatz (Text) und Oswald Koller (Musik), Wien 1902. Nachdruck Graz 1959 (Denkmäler der Tonkunst in Österreich IX/1, Bd. 18) (vorwiegend nach der Hs. A).
Schatz 1904: Die Gedichte Oswalds von Wolkenstein, hg. von Josef Schatz, 2., verbesserte Ausgabe, Göttingen 1904.
Pelnar: Ivana Pelnar, Die mehrstimmigen Lieder Oswalds von Wolkenstein. Edition, Tutzing 1981 (Münchner Editionen zur Musikgeschichte 2); dazu dies., dass., Textband, Tutzing 1982 (Münchner Veröffentlichungen zur Musikgeschichte 32).

Überlieferung (soweit nicht nur zu einer Handschrift):
Timm 1972: Erika Timm, Die Überlieferung der Lieder Oswalds von Wolkenstein, Lübeck, Hamburg 1972 (Germanische Studien 242).
Moser 1974: Hans Moser, Wie sorgt ein spätmittelalterlicher Dichter für die Erhaltung seines Werks? Nachlese zur Oswald-Überlieferung, in: Oswald von Wolkenstein. Beiträge der philologisch-musikwissenschaftlichen Tagung in Neustift bei Brixen 1973, hg. von Egon Kühebacher, Innsbruck 1974 (Innsbrucker Beiträge zur Kulturwissenschaft, Germanistische Reihe 1), S. 85–120.
Mück 1980: Hans-Dieter Mück, Untersuchungen zur Überlieferung und Rezeption spätmittelalterlicher Lieder und Spruchgedichte im 15. und 16. Jh. Die ›Streuüberlieferung‹ von Liedern und Reimpaarrede Oswalds von Wolkenstein, Göppingen 1980, Bd. 1: Untersuchungen, Bd. 2: Synoptische Edition (Göppinger Arbeiten zur Germanistik 263).
Mück 1985: Oswald von Wolkenstein. Abbildungen zur Überlieferung IV: Die Streuüberlieferung, hg. von Hans-Dieter Mück, Göppingen 1985 (Litterae 36).
Alan Robertshaw, Zur Datierung der Lieder Oswalds von Wolkenstein, in: Röllwagenbüchlein. Festschrift für Walter Röll, hg. von Jürgen Jaehrling, Uwe Meves und Erika Timm, Tübingen 2002, S. 107–135.
Moser 2011: Hans Moser, Die Überlieferung der Werke Oswalds von Wolkenstein, in: Müller/Springeth 2011 (s. o.), S. 28–40.

Sprache:
Schatz 1930: Josef Schatz, Sprache und Wortschatz der Gedichte Oswalds von Wolkenstein, Wien, Leipzig 1930 (Akademie der Wissenschaften in Wien, Phil.-hist. Kl., Denkschriften 69/2).
Verskonkordanz: Verskonkordanz zu den Liedern Oswalds von Wolkenstein (Hss. B und A), hg. von George Fenwick Jones, Hans-Dieter Mück, Ulrich Müller, 2 Bände, Göppingen 1973 (Göppinger Arbeiten zur Germanistik 40/41).

Wiesinger 1974: Peter Wiesinger, Zum Lautstand der Reime in den Liedern Oswalds von Wolkenstein, in: Oswald von Wolkenstein. Beiträge der philologisch-musikwissenschaftlichen Tagung in Neustift bei Brixen 1973, hg. von Egon Kühebacher, Innsbruck 1974 (Innsbrucker Beiträge zur Kulturwissenschaft, Germanistische Reihe 1), S. 344–388.
Reiffenstein 2011: Ingo Reiffenstein, Zur Sprache der Lieder Oswalds von Wolkenstein, in: Müller/Springeth 2011 (s. o.), S. 132–143 (mit weiterer Literatur).

Kommentar:
Marold: Werner Marold, Kommentar zu den Liedern Oswalds von Wolkenstein, Diss. masch. Göttingen 1926, Teildruck Göttingen 1927; zitiert nach: dass., bearb. und hg. von Alan Robertshaw, Innsbruck 1995 (Innsbrucker Beiträge zur Kulturwissenschaft, Germanistische Reihe 52).
Röll 1968: Walter Röll, Kommentar zu den Liedern und Reimpaarreden Oswalds von Wolkenstein. Teil I: Einleitung und Kommentar zu den Liedern Klein 1–20, Habil. masch. Hamburg 1968.
Okken/Mück: Lambertus Okken und Hans-Dieter Mück, Die satirischen Lieder Oswalds von Wolkenstein wider die Bauern. Untersuchungen zum Wortschatz und zur literarischen Einordnung, Göppingen 1981 (Göppinger Arbeiten zur Germanistik 31).

Biographie:
Anton Schwob, Oswald von Wolkenstein. Eine Biographie, Bozen 1977 u. ö. (Schriftenreihe des Südtiroler Kulturinstituts 4).
Die Lebenszeugnisse Oswalds von Wolkenstein. Edition und Kommentar, hg. von Anton Schwob u. a., 5 Bände, Wien, Köln, Weimar 1999–2013.

In den Anmerkungen außerdem mit Kurztitel zitiert:
Behaghel: Otto Behaghel, Deutsche Syntax. Eine geschichtliche Darstellung, 4 Bände, Heidelberg 1923–1932.
DWb.: Deutsches Wörterbuch von Jacob Grimm und Wilhelm Grimm, Leipzig 1854–1971.
DWb. N.: Deutsches Wörterbuch von Jacob Grimm und Wilhelm Grimm. Neubearbeitung [A-F], 9 Bände, Leipzig, Stuttgart 1983–2006.
Fischer: Hermann Fischer, Schwäbisches Wörterbuch, 7 Bände, Tübingen 1904–1936.
Frühnhd. Gr.: Robert Peter Ebert, Oskar Reichmann, Hans-Joachim Solms, Klaus-Peter Wegera, Frühneuhochdeutsche Grammatik, Tübingen 1993.
Frühnhd. Wb.: Frühneuhochdeutsches Wörterbuch, hg. von Robert R. Anderson, Ulrich Goebel, Oskar Reichmann, Bd. 1ff., Berlin, New York 1989ff.
Hofmeister: Oswald von Wolkenstein, Das poetische Werk. Gesamtübersetzung in neuhochdeutsche Prosa mit Übersetzungskommentaren und Textbibliographien von Wernfried Hofmeister, Berlin, New York 2011.
JOWG: Jahrbuch der Oswald von Wolkenstein Gesellschaft 1ff. (1980/81ff.).
Mhd. Gr.: Hermann Paul, Mittelhochdeutsche Grammatik, 25. Aufl. neu bearb. von Thomas Klein, Hans-Joachim Solms und Klaus-Peter Wegera, mit einer Syntax von Ingeborg Schröbler, neubearb. und erweitert von Heinz-Peter Prell, Tübingen 2007 (Sammlung kurzer Grammatiken germanischer Dialekte A2).
Österr. Wb.: Wörterbuch der bairischen Mundarten in Österreich, Bd. 1ff., Wien 1970ff.
Reclam-Auswahl: Oswald von Wolkenstein, Lieder. Frühneuhochdeutsch / Neuhochdeutsch. Ausgewählte Texte hg., übersetzt und kommentiert von Burghart Wachinger, Melodien und Tonsätze hg. und kommentiert von Horst Brunner, Stuttgart 2007.

Schmeller: J. Andreas Schmeller, Bayerisches Wörterbuch, 2., mit des Verfassers Nachträgen vermehrte Ausgabe bearb. von G. Karl Frommann, München Bd. 1 1872, Bd. 2 1877.

Schweiz. Idiotikon: Schweizerisches Idiotikon. Wörterbuch der schweizerdeutschen Sprache, begonnen von Friedrich Staub und Ludwig Tobler, 15 Bände, Frauenfeld 1881–1999.

Die Texte der Handschrift B

1. Ain anefangk

1	**A**in anefangk	1ʳ
	an göttlich forcht die leng und kranker gwissen	
	und der von sünden swanger ist,	
	das sich all maister flissen	
5	an got allain mit hohem list,	5
	noch möchten si das end nicht machen guet.	
	Des bin ich krank	
	an meiner sel, zwar ich verklag mein sterben	
	und bitt dich, junkfrou Sant Kathrein,	
10	tue mir genad erwerben	10
	dort zu Marie kindelein,	
	das es mich haben well in seiner huet.	
	Ich dankh dem herren lobesan,	
	das er mich also grüesst,	
15	mit der ich mich versündet han,	15
	das mich die selber büesst.	
	bei dem ein jeder sol versten,	
	das lieb an laid die leng nicht mag ergen.	

---

1 *B 1ʳᵛ (A 1ʳᵛ, c 1ʳ–2ᵛ = BW 108, Sch 84); einstimmig, 1. Strophe vollständig unter Noten BA. Zu dem in B auf Bl. 1ʳ eingetragenen Brief s. S. XII.* **5** hohen *A.* **9** katrein *c.* **13** hrnˢ *c;* lobesam *A.* **15** der] dem *A.* **16** die selber] das selbe *A.* **17** bei dem] da bey *A.* **18** zergen *A; nach Strophenschluss ohne Noten:* In gotlicher zucht *A.*

Der Ton von Kl 1–7 ist eine Variante von Regenbogens Grauem Ton mit neuer Melodie. Das gleiche metrische Schema mit anderer Melodie haben Kl 11, 12 und 95, ein geringfügig variiertes Schema mit dritter Melodie Kl 111. – Thema mehrerer der Lieder Kl 1–7 ist die Kerkerhaft bei der ehemaligen Geliebten.
1f. *Syntaktisch frei vorangestellte Bedingungen des Endes (6): Anfang und Fortdauer charakterisiert durch eine Präpositionalphrase und einen Genitivus modi.*
4 das ›wenn‹.   **5** *Sowohl* allain *als auch* mit hohem list *können entweder auf* maister *oder auf* got *bezogen werden.*   **7** des: *wegen eines solchen Anfangs und seiner Fortsetzung.*   **16** büessen *hier ›büßen lassen, bestrafen‹.*

1. Ain anefangk

II **A**in frouen pild,
    mit der ich han mein zeit so lang vertriben,
    wol dreuzen jar und dennocht mer
    in treuen stet beliben
5 zu willen nach irs herzen ger,
    das mir auf erd kain mentsch nie liebers ward –
    Perg, holz, gevild
    in manchem land, des ich vil hab erritten,
    und ich der gueten nie vergass;
10 mein leib hat vil erlitten
    nach ir mit seniklichem hass,
    ir rotter mund hett mir das herz verschart.
    Durch si so han ich vil betracht
    vil lieber hendlin los:
15 in freuden si mir manig nacht
    verlech ir ermlin blos;
    mit trauren ich das überwind,
    seid mir die bain und arm beslagen sind.

III **V**on liebe zwar
    hab wir uns offt dick laides nicht erlassen,
    und ward die lieb nie recht entrant,
    seid das ich lig unmassen
5 gevangen ser in irem band.
    nu stet mein leben krenklich auf der wag.
    Mit haut und har
    so hat mich got swärlich durch si gevellet
    von meiner grossen sünden schein;
10 des pin ich übersnellet.

---

20 langeͤ *A*. **21** drewzehñ *Ac*. **22** trewr stat *oder* trewn ståt *A (abgerieben)*. **24** kain mensch auf erd *A*. **26** manchñ *A*. **28** håt *A*. **29** sëniklichem *B*, saniklichñ *A*, seniklichem *c*. **38** dik offt *A*. **39** liebe *A*.

19–27 *Konstruktionswechsel:* Ain frouen pild *wird durch* der gueten *wieder aufgenommen.* **21** dennocht = dennoch. **27** und ›wobei‹. **32** los *gemeint ist wohl das Substantiv* ›Schicksal‹, *nicht das Adjektiv* ›freundlich, anmutig‹. **36** beslagen *hier* ›in Eisenfesseln gefasst‹. **40f.** *Ist der Nebensatz zum vorausgehenden oder zum nachfolgenden Hauptsatz zu ziehen? Punkt nach 39 oder nach 41?* **46** übersnellet ›überlistet‹ *oder Bild einer (Seelen-)Waage (vgl. 42),*

si geit mir buess und senlich pein,
das ich mein not nicht halb betichten mag.
Vor ir lig ich gebunden vast
mit eisen und mit sail, 50
15 durch manchen grossen überlast
empfrembt si mir die gail.
o herr, du kanst wol richten sain,
die zeit ist hie, das du mich büessest rain.

IV Kain weiser man 55
mag sprechen icht, er sei dann unvernünftig,
das er den weg icht wandern well,
der im sol werden künftig;
5 wann die zeit bringt glück und ungevell,
und bschaffen ding für war ward nie gewant. 60
Des sünders pan
die ist so abenteurlichen verrichtet
mit mangen hübschen kluegen latz;
10 kain maister das voltichtet
wann got, der jedem sein gesatz 65
wäglichen misst mit seiner heilgen hand.
Er eifert man und fröuelein,
auch alle creatur,
15 er wil der liebst gehalden sein
in seiner höchsten kur. 70
wer das versaumpt, des sünd gereifft,
er hengt im nach, bis in ain latz ergreifft.

---

48 halbs *A*. **51** durch] mit *A*. **52** sy mir enpbrymbt *A*. **54** bůssest] besserst *A*. **56.57** icht] nicht *c*. **60** nie bard *c*. **62** abenteurlich *A*. **63** manchñ *A*, mangem *c*. **66** hailigñ *Ac*. **69** gehalden] gehabñ *A*. **72** in] jm *A*; begreifft *A*.

---

bei der die eigene Schale nach unten sinkt, die andere nach oben schnellt? **52** empfrembt = entvremdet; gail ›Freude‹. **53** sain ›langsam‹. **60** bschaffen ›von Gott geschaffen und eingerichtet‹. **63** latz ›Schlinge, Falle‹ (im Folgenden öfter). **65** gesatz ›was einem zukommt‹. **67** eifert m. Akk. ›achtet eifersüchtig auf‹. **72** hengt im nach ›lässt ihn laufen‹.

V Lieb ist ain wort
   ob allem schatz, wer lieb nutzlich volbringet.
   lieb überwintet alle sach,   75
   lieb got den herren twinget,
5 das er dem sünder ungemach
   verwennt und geit im aller freuden trost.
   Lieb, süesser hort,
   wie hastu mich unlieplichen geplendet,   80
   das ich mit lieb dem nie vergalt,
10 der | seinen tod volendet   1ᵛ
   durch mich und mangen sünder kalt;
   des wart ich hie in grosser sorgen rost.
   Hett ich mein lieb mit halbem fueg   85
   got nutzlich nach verzert,
15 die ich der frouen zärtlichen trueg,
   die mir ist also hert,
   so füer ich wol an alle sünd.
   o wertlich lieb, wie swär sind deine pünt!   90

VI Erst reut mich ser,
   das ich den hab so frävelich erzürnet,
   der mir so lang gebitten hat,
   und ich mich nie enthürnet
5 von meiner grossen missetat;   95
   des wurden mir fünf eisni lätz berait.
   Nach seiner ger
   so viel ich in die zwen mit baiden füessen,
   in ainen mit dem tengken arm,
10 mein daumen muessten büessen,   100

---

74 allen *A;* vˢpringet *A.*   **78** verwennt] gantz wendt *c.*   **80** geplosset *Bc,* geplendet *A.*   **84** grossen *Bc,* grosser *A.*   **85** halbñ *A.*   **90** liebe *A;* půnde *A.*   **92** hab so f.] frauenlichñ han *A.*   **94** enthüˢnet *c!*   **96** eyseneẏ *A,* eysñ *c.*

---

74 wer ›für den der‹, ›wenn einer‹.   **78** verwennt ›abwendet‹.   **84** rost ›Scheiterhaufen, Feuerstelle‹.   **86** got nach = nach got.   **89** faren *hier für* ›sterben‹.   **90** wertlich = werltlich; punt ›Fessel‹.   **93** gebitten *zu mhd.* bîten ›warten‹.   **94** sich enthürnen ›das Geweih abstoßen‹.   **99** tengk ›link‹.

```
      ein stahelring den hals erwarb;
      der wurden fünf, als ichs vor hab gesait.
      Also hiels mich mein frou zu fleiss
      mit manchem herten druck.
   15 ach husch, der kalten ermlin weiss!                              105
      unlieplich was ir smuck.
      was ich ir klagt meins herzen laid,
      ir parmung was mit klainem trost berait.

VII   Mein herz das swindt
      in meinem leib und bricht von grossen sorgen,                    110
      wenn ich bedenk den bittern tod
      den dag, die nacht, den morgen –
    5 ach we der engestlichen not! –
      und waiss nicht, wo mein arme sel hin fert.
      O Maria kind,                                                    115
      so ste mir Wolkensteiner bei in nöten,
      da mit ich var in deiner huld;
   10 hilf allen, die mich tötten,
      das si gebüessen hie ir schuld,
      die si an mir begangen haben hert.                               120
      Ich nim es auf mein sterben swär,
      so swer ichs doch genueg,
   15 das ich der frouen nie gevär
      von ganzem herzen trueg.
      schaid ich also von diser welt,                                  125
      so bitt ich got, das si mein nicht engelt.
```

---

101 stahl ring *c*. **102** ich *Ac*. **103** mein frau] die gůt *A*. **104** māchñ *A*.
107 klag *A*. **108** was] ist *A*. **113** engstlichen *c*. **122** ich *A*. **124** ganczñ *A*.
126 werlt *Bc*, welt *A*. *Nachschrift:* Finis i(llius) (et) illa tria seque(n)cia canta(n)t(ur) s(e)c(un)d(u)m melodiam istam *A*.

---

103 hiels *zu* halsen ›umarmen‹. **123** gevär ›Hinterlist, Betrug‹.

2. Wach, mentschlich tier

I Wach, mentschlich tier,
   brauch dein vernunft, ir frouen und ouch manne.
   wie bistu gar erpflumsen so
   in deiner sünden wanne,
5 das du nicht fürchst des herren dro,
   der dir dein leib und sel verlihen hat.
   Louff, suech in schier
   (es vinstert pald), die weil dus macht gesehen.
   und sol dich jemand machen los,
10 das muess durch in geschehen.
   er brach die hell, die nie gefros,
   zwar sein gewalt all müglich sach durch gat.
   Die sunn, der man, der sterne kranz,
   den plüemlin auf der haid,
15 den geit er farb und liechten glanz.
   bei mancher öugelwaid
   sicht man sein wunder michel swär,
   wer nicht geloub⟨e⟩n wolt, das got nicht wär.

II Wer habt den himel
   und die erd, das wasser, grosse staine?
   was pringt den toner, sne und wind?
   das firmament allaine
5 möcht uns beteuten gottes kind,

---

2 *B 1ᵛ (A 1ᵛ–2ʳ, c 2ᵛ–3ᵛ = BW 109, Sch 85); einstimmig, ohne Noten BA.* **3** *erplunsen c.* **6** *dein] den A.* **8** *dus] du Ac.* **14** *den] dein oder dem c.*

Ton wie Kl 1. **3** *erpflumsen ›hineingeplumpst‹.* **5** *fürchst = fürchtest.* **8** *dus: Relativ oft findet sich in den Oswald-Handschriften ein überschüssiges (e)s, das sich nicht als Vorwegnahme oder als kausativer Genitiv erklären lässt, besonders häufig mit Hilfsverbformen von sein und wellen; vgl. 7,33. 10,94. 17,3. 21,98. 25,58 u. 89. 48,30 (Hs. c). 52,16 u. 43. 56,38. 59,14. 70,13. 73,25. 82,51. 103,28. 106,21f. Das Phänomen wurde angesprochen von Marold, S. 199 und Okken/Mück, S. 233. Zu den dort gegebenen Literaturhinweisen ist zu ergänzen Hermann Paul, Deutsche Grammatik, Bd. III, Halle 1919, § 109, und Behaghel, Bd. 1, S. 323.* **13** *frei vorangestellte Nominative, die dann durch einen Dativ eingebunden werden.* **18** *wer ›wenn jemand‹; im Nhd. nur ein nicht.* **21** *toner = donner.* **22** *allaine ›allein schon‹.*

der seiner muetter vatter ist und man.
In tieffer timel
so freit er fisch, damit si nicht ertrinken.
er habt die vogel in der hö⟨c⟩h,
10 das si nicht abher sinken.
er zieret perg und tal, die löch
mit manchem klaid, das niemd erdenken kan.
Wer nert das würmlin in der erd,
das räblin junk und marb,
15 wenn vatter und muetter von im kert
und fleucht sein weisse farb?
das tuet gots herschafft gross und lank,
sein macht gewan nie end noch anefangk.

III **Der** aller frucht,
mentsch, tier und vich ein underschaid kan geben,
das eins dem andern nicht geleicht,
der gnad mir an dem leben
5 und weiss die fraun güetlicher beicht,
in der gebot man mir zerbricht die schin.
An weiplich zucht
kompt si mir selden immer auss den oren,
wie si die barschafft von mir drung;
10 si tuet mich vil betoren,
und das si als ein zeisel sung;
zwar meinen schatz den hat si pald dahin.
Was ich si man der lieben mär,

---

30 manchñ *A*.   **32** rüeblein *c;* marg *(g über b) A*.   **33** im] in *c*.   **40** lehñ *A*.
41 frawñ *A*.   **44** orn *A*.   **45** wůng *rot verbessert zu* dwůng *A*.   **48** schafftz *A*.

---

25 timel ›*Dunkelheit*‹.   **32** marb ›*zart*‹.   **41** weiss *mit Genitiv* ›*führe zu*‹.
42 schin ›*Schienbein*‹.   **43** an ›*ohne*‹.   **44** selden immer ›*kaum jemals*‹.
47 und das *vielleicht* ›*als ob*‹.   **48** *Da Oswald seine Rechtsposition auch in der Gefangenschaft nicht aufgegeben hat, impliziert dieser Satz wohl den Gedanken an den baldigen Tod.*   **49–54** Was ich si man … und das …, da mit … ›*Soviel ich sie auch erinnere … und [sie bitte,] dass …, dadurch …*‹   **49f.** ›*die liebevollen Geschichten (d. h. die Liebeszeichen), die sie mir früher gewidmet hat*‹.

      die si ainst an mich lait,   50
15 und das si mir ein eisen swär
     von meinen füessen tät
     und liess die andern dannocht stan,
     da mit traib ich si ferr von mir hindan.

IV **D**abei so merkh,   55
    weltliche lieb wie pald si hat verpranget.
    wär ich ainst hundert meil gewesen,
    ir *l*ieb hett mich erlanget,
5   da mit ich wär durch si genesen;
    nu tuet si mir den grössten ungemach.   60
    Der baine sterk
    spannt si mir herter ein wann einem pferde,
    das ich darauf nicht mag gestan.
10 mit groblichem gevärde
    so ward ich ir gevangen man;   65
    mein wolgetrauen ir kirchvart übersach.
    Mein daumen, arm, darzue den hals
    hat si mir eingesmitt.
15 o frou, wie bitter ist dein sals!
    si swecht mir mein gelid;   70
    erst han ich funden, was ich suecht,
    nu walt sein got, der mir den rock geduecht. |

---

50 latt *A*.   **54** ferr] weit *A*.   **56** liebe *A*.   **57** wër ich ainst] und wer ich *A*.
58 lieb *A*] leib *Bc*.   **62** ainen *A*.   **64** kloglichm *A*.   **66** wolgetrawn *A*.
67 arm̄ *A*.   **72** gedůcht] ye tuecht *c*.   *Nachschrift:* Finis i(llius) *A*.

50/52 *Ungenauer Reim.*   **54** traib: *wenn die (in allen Handschriften übereinstimmende) Graphie stimmt, Präteritum:* ›habe ich sie schon vertrieben‹.   **56** verprangen ›mit dem Prangen aufhören‹.   **64** gevärde ›Hinterhalt, Betrug‹.   **68** eingesmitt = eingesmidet.   **71** ›Jetzt erst habe ich geerntet, was ich säte‹ (Marold)?   **72** den rock duechen ›das Tuch zum Rock schenken‹.

3. Wenn ich betracht

I Wenn ich betracht,   2ʳ
sträfflich bedenk den tag durch scharpfs gemüete
der creaturen underschaid,
ir übel und ir güete,
5 so vind ich ains in solchem klaid,
des übel, guet niemt verbessren, bösren mag.
Ich hab gedacht,
der slangen houbt, da von Johannes schreibet,
wie in der werlt kain böser frucht
10 sich auf der erden scheibet:
vil schnöder ist unweiplich zucht,
von ainer schönen bösen frouen plag.
Man zemet liephart, löwen wild,
den püffel, das er zeucht;
15 der einem weib die haut abfildt,
und si die tugent fleucht,
noch künd man si nicht machen zam,
ir üble gifft ist aller werlde gram.

II Wirt si geert,
so kan si niemt mit hoffart überwueten;
ist si versmächt, so tobt ir muet
geleich des meres flueten;
5 armt si an wirden oder an guet,
so ist si doch der bosshait allzeit reich.
Ein weib entert
das paradis, des Adam ward geschendet;

---

3 B 2ʳ (A 2ʳ, c 3ᵛ–4ʳ = BW 110, Sch 88); einstimmig, ohne Noten BA; zwischen jeder Strophe rechts am Rand vˢ (=versus) A. **5** solichem A. **9** wie] das A. **11** schnöder] pöser c. **13** leopart c. **15** ainen A. **20** nyemāt c. **22** gleich Ac. **26** des paradeys das adam A.

Ton wie Kl 1. **2** sträfflich (wohl zu straff, nicht zu sträfen) ›streng‹. **6** Das Versmaß und die Parallelität sprechen für die Konjektur bessren. **10** sich scheiben ›sich bewegen‹. **14** liephart ›Leoparden‹. **15** der ›dem der, wenn einer‹; abfillen ›(das Fell, die Haut) abziehen, schinden‹. **16** und ›wenn‹. **20/22** oder mit Umlaut wüeten/flüeten?

3. Wenn ich betracht

      Matusalem, der stark Samson
10 geswechet und geplendet
      von weiben; David, Salomon
      durch frouen sind betrogen fräveleich.   30
      Aristotiles, ein maister gross,
      ein weib in überschrait,
15 zwar seiner kunst er nicht genoss,
      hoflichen si in rait.
      küng Alexander mächtig hön   35
      von frouen viel und Absolon der schön.

III **A**in schön bös weib
      ist ein gezierter strick, ein spies des herzen,
      ein falscher freund, der ougen want,
      ein lust trüglicher smerzen;   40
5   des ward Helias ferr versant,
      und Joseph in den kärker tieff versmitt.
      Ain heilger leib,
      hiess sant Johanns baptista, ward enthoubet
      durch weibes rach, da vor uns Crist   45
10 behüet. ouch ward betoubet,
      gevangen durch eins weibes list
      der von Wolkenstein, des hank er manchen tritt.
      Dorumb so rat ich jung und alt,
      fliecht böser weibe glanz.   50
15 bedenkt inwendig ir gestalt,
      vergifftig ist ir swanz,
      und dient den frummen freulin rain,
      der lob ich breis über all karfunkelstain.   etc

---

27 Mantasalem *oder missglücktes* Mantusalem *A;* sampson *A*, Sambson *c*. **29** Salamon *A*. **30** betragñ *A*. **31** Aristo^les *A*. **35** kunig *Ac*. **40** truglichñ der smerczñ *A*. **45** da von *A*. **48** der wolkenstain *A*. **51** bedenk *A*. **53** den gutñ frawen *A*. **54** über] fur *A*.   *Nachschrift:* Finis illius *A*.

35 hön ›stolz, übermütig‹.   **39** ›sobald einer die Augen abgewendet hat‹.
48 hank *zu* hinken.

4. Hör, kristenhait

I   Hör, kristenhait,
ich rat dir das mit brüederlichen treuen:
du hab got lieb für alle ding,
es wirt dich nicht gereuen,
5   und wiltu, das dir wolgeling,
dein willen ker von irdischem gelust.
Wer liebe trait
ze got, von dem si kompt, daran si hafftet,
so wirt der wille pald geschickt,
10 das er täglichen trachtet,
wie er die liebe darzu fickt,
das si nicht werd geferret gotes prust.
Des schönen glanz der süessen zeit
und untreu diser welt,
15 lug, hoffart, spot, hass, zoren, neid
götliche liebe nicht melt;
kain schatz, freud gegenwirtikleich
begert si nicht wann gots von himelreich.

II Unsauber scham
der werlt, da von ist götlich minn gescheiden.
kain schidung zwischen ir und got
beschicht nicht von in baiden.
5   hoffart, unkeusch, der geitig spot,

---

4 *B 2ʳ (A 2ʳ, c 4ᵛ–5ʳ = BW 111, Sch 89); einstimmig, ohne Noten BA; am Anfang jeder Strophe rechts vˢ (=versus) A.*   **3** *für] vor A.*   **4** *gerawuen B, gerewen Ac.*   **6** *irdischen A.*   **14** *werlt Bc.*   **15** *zorn Ac.*   **16** *lieb c.*   **20** *mỹne A.*   **21** *und fehlt A.*   **22** *geschicht A.*

Ton wie Kl 1.   **11** *ficken ›festmachen‹.*   **13–16** *Trotz Singularform des Verbs dürften* glanz, untreu *und die aufgezählten Sünden das Subjekt bilden:* melt *›zeugen nicht von...‹ (Hofmeister); anders Marold.*   **13** *Entweder hängen beide Genitive parallel von* glanz *ab, oder* der süessen zeit *ist Genitiv der Zugehörigkeit zu* des schönen *(›der Glanz des Schönen, der süße Zeit anhält‹).*   **17** gegenwirtikleich *›gegenwärtig, irdisch‹.*   **18** begert *ist zuerst mit Akkusativobjekt, dann wie sonst bei Oswald üblich mit Genitivobjekt konstruiert.*   **21** schidung *›Trennung‹.*

darüber ist si ganz erhaben hoch.
Mit widerzam 25
wil si nicht sehen, hören, greiffen, smecken
kain wollust, der ir flaischlich ist,
10 den kan si lieplich decken.
den leib, die werlt, des teufels list
wirft si ze rugk allzeiten groblich roch. 30
Si twinget barmu⟨n⟩g michel gross
herabher aus dem tron,
15 ir handwerk ward nie werkh genos,
guet ist ir taglon.
wo sich entzundt der min⟨n⟩e zach 35
gaistlich, da schmilzet laid und ungemach.

III **W**er gaistlich prunst
mit arbait lieplich in sein herz well stossen,
der wach, so er dick gern slieff,
bett barhoubt, vasten, possen 40
5 sein herz, bedenk gots leiden tieff
auf baren knien. ouch halt darinn ain mass:
Fleisch, weines tunst
teglichen meid, mässlichen nem die speise,
das er den hunger zimlich büess. 45
10 so mag die lieb ir weise
gaistlich in im gewürken süess:
sein ougen perg, das antlitz blaichen lass,
Den leib mit armuet, frost und hitz
bett närlich auf das stro. 50
15 wie leiden kompt von gottes witz,

---

26 hörn sehen *c*. **29** lust *c*. **30** groblichñ *A*. **35** wo] so *c*. **42** parn knyn *A*; dar jnne *A*. **44** nym *BAc*.

---

25 widerzam ›Abscheu‹. **27** kain wollust *steht apo koinou*. **28** *Die Negationen sind auch auf diese Phrase zu beziehen: Gottesliebe kann Wollust nicht liebevoll zudecken.* **30** roch ›roh‹. **33** ›Ihr Tun ist keinem anderen Tun vergleichbar.‹ **35** zach ›Docht‹. **40** *Infinitive in Optativfunktion;* possen ›stoßen, schlagen‹ (*Objekt* herz). **44** nem: *da in der Strophe sonst die 3. Person durchgehalten ist, scheint Marolds Emendation notwendig.* **50** närlich (*zu mhd.* nærlich), *hier* ›notdürftig‹. **51** wie *hier* ›wenn‹.

gedultig sei des fro,
wann leiden swennt der sünden gall;
des lig ich Wolkensteiner inn der fall. |

5. Ich sich und hör

I   Ich sich und hör, 2ᵛ
    das mancher klagt verderben seines guetes,
    so klag ich neur die jungen tag,
    verderben freies muetes,
5   wes ich vor zeiten darinn pflag, 5
    und klain empfand, do mich die erden trueg.
    Mit kranker stör
    houbt, rugk und bain, hend, füess das alder meldet;
    was ich verfrävelt hab an not,
10 her leib, den muetwill geldet 10
    mit blaicher farb und ougen rot,
    gerumpfen, grau: eur sprüng sind worden klueg.
    Mir swert herz, muet, zung und die tritt,
    gebogen ist mein gangk,
15 das zittren swecht mir all gelid, 15
    owe ist mein gesangk.
    dasselb quientier ich tag und nacht,
    mein tenor ist mit rümpfen wol bedacht.

---

4 **52** gedulclich *A*. *Nachschrift:* Finis tocius Hye ist eyn end der vier lieder jr yedleichs Singt sich besunder jnn dem annefang der ersten weisse *A*.
5 *B 2ᵛ (A 12ᵛ, c 5ʳᵛ = BW 112, Sch 93); einstimmig, ohne Noten BA, in A von Schreiber 4 nachgetragen.* **5** wes] des *A*. **6** clainepfannt *A*; erde *Ac*. **13** swart *A*, swirt *c*. **15** swechet *A*; alle glid *c*.

---

4 **53** swennt = swendet. **54** fall ›Falle‹, vielleicht auch der ›Turm die Vall‹, der im Besitz der Hausmannin war und wo Oswald 1421 möglicherweise gefangen lag.
5 *Ton wie Kl 1.* **5** *Der Nebensatz ist Objekt von* klag, *parallel zu* tag *und* verderben; *darin* bezieht sich wohl auf freies muetes. **6** do *hier wohl lokal:* ›wo auf der Erde ich stand‹. **12** gerumpfen ›runzelig geworden‹.

II **A**in krauss weiss har
von locken dick hett ainst mein houbt bedecket, 20
dasselb plasniert sich swarz und grau,
von schilden kal durchschöcket;
5 mein rotter mund wil werden plau,
darumb was ich der lieben widerzäm.
Plöd ungevar 25
sind mir die zend und slaunt mir nicht ze keuen,
und het ich aller werlde guet,
10 ich künd ir nicht verneuen,
noch kouffen einen freien muet,
es widerfüer mir dann in slaffes träm. 30
Mein ringen, springen, louffen snell
hat einen widersturz,
15 für singen huest ich durch die kel,
der atem ist mir kurz;
und gieng mir not der küelen erd, 35
seid ich bin worden swach und schier unwerd.

III **A**ch, jüngelingk,
bei dem nim war: tröst dich nit deiner schöne,
gered noch sterk. halt dich embor
mit gaistlichem gedöne. 40
5 wer du jetzund bist, der was ich vor,
kompst du zu mir, dein guet tat reut dich nicht.
Für alle dingk
solt ich jetz leben got zu wolgevallen
mit vasten, betten, kirchengan, 45
10 auf knien venjen vallen.
so mag ich kainem bei bestan,

---

20 bedeckt *A*. **28** nicht] myt *A*. **30** slaffes] wannes *A*. **31** springen] vnd das *A*. **33** mit husten sing ich *A*. **38** nym war pey dem *A*. **39** grrëd *c;* hëlt *c*. **41** wer] der *c;* yetz *c*. **45** chirchgan *A*. **46** knÿe *c*. **47** gestan *A*.

---

21 sich plasnieren *(zu mhd.* blasenieren ›ein Wappen ausmalen oder ausdeuten‹*)* ›sich geschmückt zeigen‹.   **26** slaunen *(zu mhd.* sliunen ›gelingen‹*)* ›nützen, taugen‹.   **32** widersturz ›Rückschlag‹.   **39** gered ›Geradheit‹.   **41** wer ... der ›so wie ... so‹.   **42** zu mir ›zu meinem Zustand‹.

seid mir der leib von alder ist enwicht.
Für ainen sich ich allzeit vier
und hör durch groben stain,
15 die kindlin spotten mein nu schier,
darzue die freulin rain:
mit anewitz ich das verschuld.
junk man und weib, versaumt nicht gottes huld.

6. Ich spür ain tier

I Ich spür ain tier
mit füessen brait, gar scharpf sind im die horen;
das wil mich tretten in die erd
und stösslichen durchboren.
5 den slund so hat es gen mir kert,
als ob ich im für hunger sei beschert,
Und nahet schier
dem herzen mein in befündlichem getöte.
dem tier ich nicht geweichen mag
10 – owe der grossen nöte! –,
seid all mein jar zu ainem tag
geschübert sein, die ich ie hab verzert.
Ich bin erfordert an den tanz,
do mir geweiset würt
15 all meiner sünd ein grosser kranz,
der rechnung mir gebürt.

---

5 49 ich *fehlt A.* 51 kinder *A.* 54 Nu fůg vns got das end mit seiner huld / Amen *A. Nachschrift: Nota das lied singt sich jnn der weiss der erstn vier lieder ain anefang A.*

6 B 2ᵛ (A 37ᵛ, c 6ʳᵛ = BW 113, Sch 92); *einstimmig, ohne Noten B, Initium der Melodie angedeutet A.* 5 den] de *c.* 8 hercze *A.* 12 ie] hie *A.* 16 der] die *A.*

---

5 49 für ainen ›*statt eines Einzelnen*‹. 53 anewitz ›*Unvernunft*‹.

6 *Ton wie Kl 1.* 8 in befündlichem getöte *(sonst nicht belegt)* ›*in erkennbarer Tötungsabsicht*‹. 12 schübern ›*zusammenschieben*‹. 16 rechnung ›*Abrechnung, Rechenschaft*‹.

16 ——— 6. Ich spür ain tier

    doch wil es got der ainig man,
    so wirt mir pald ein strich da durch getan.

II   Erst deucht mich wol,
    solt ich neur leben eines jares lenge   20
    vernünftiklich in diser welt,
    so wolt ich m*ach*en enge
5 mein schuld mit klainem widergelt,
    der ich laider gross von stund bezalen muess.
    Darumb ist vol   25
    das herzen mein von engestlichen sorgen,
    und ist der tod die minst gezalt.
10 o sel, wo bistu morgen?
    wer ist dein tröstlich aufenthalt,
    wenn du verraiten solt mit haisser buess?   30
    O kinder, freund, gesellen rain,
    wo ist eur hilf und rat?
15 ir nempt das guet, lat mich allain
    hin varen in das bad,
    da alle münz hat klainen werd,   35
    neur guete werk, ob ich der hett gemert.

III **A**llmächtikait
    an anefangk noch end, bis mein gelaite
    durch all dein barmung göttlich gross,
    das mich nicht überraite   40
5 der Lucifer und sein genos,
    da mit ich werd enzuckt der helle slauch.

---

22 manchen *B*, mangē *c*, machen *A*.   **23** klainen *c*.   **24** der] die *A*.
26 herczen *BA*, hˢtze *c*; engstleichen *A*.   **31** kindˢ *A!*; geselle mein *A*.
41 luciper *c*.

---

17 der ainig man ›der dreieinige‹ oder ›nur er allein‹?   **18** da durch: *durch die rechnung (jetzt als konkretes Schriftstück).*   **23** mit klainem widergelt ›in kleinen (Rückzahlungs-)Beträgen‹.   **24** von stund ›sofort‹.   **26** herzen *als Nominativ nur hier, aber als Eindringen obliquer Formen in den Nominativ wohl nicht unmöglich.*   **27** die minst ›die kleinste‹.   **30** verraiten ›abrechnen‹.   **34** bad: *Bad als Inbegriff großer Kosten?*   **37** allmächtikait: *Anrede Gottes.*   **40** überraiten ›überrechnen‹ *d.h.* ›durch seine Rechnung überwinden‹.   **42** slauch ›Schlund‹.

Maria maid,
erman dein liebes kind des grossen leiden.
seit er all cristan hat erlost, 45
10 so well mich ouch nicht meiden,
und durch sein marter werd getrost,
wenn mir die sel fleusst von des leibes drouch.
O welt, nu gib mir deinen lon,
trag hin, vergiss mein bald. 50
15 hett ich dem herren für dich schon
gedient in wildem wald,
so füer ich wol die rechten far.
got schepfer, leucht mir Wolkensteiner klar. | etc

7. Loblicher got

1 Loblicher got, 3ʳ
gewaltiklicher küng der himel tröne,
ich man dich alles, das ich kan,
vernim mein kranks gedöne.
5 dein willen lass an mir ergan, 5
also das ich nicht fliess dein ewigs reich.
Nach deim gebot

---

6 **53** wol] bas *A*. **54** am Ende Amen *A*. *Nachschrift:* Finis istius Nota das lied singt sich jn dem ersten anefang jn der selben melody daz da an vachet ein anefang an gotleich forcht *A*.

7 *B 3ʳ (A 41ᵛ–42ʳ, c 6ᵛ = BW 114, Sch 108); einstimmig, ohne Noten B, Überschrift* Nota das lied lobleicher got etc singet sich jnn der weyse Ain anefangk Req(ui)re in p(rin)ci(pio), *dann eine Notenzeile des Melodieanfangs mit unterlegtem Text A*. **2** künig *c*. **3** das] des *A*.

---

6 **46** *Implizites Subjekt ist* er. **47** *Implizites Subjekt ist* ich. **48** drouch ›Fessel‹. **51** für dich ›mehr als dir‹.

7 *Ton wie Kl 1*. **3** alles das ich kann: *bei* manen *steht im Genitiv entweder das Geforderte (was gar nicht passt) oder das, worauf man sich im Gebet beruft (hier also die von Gott geschenkte Begabung, was zu der Einschränkung* krank *im nächsten Vers schlecht passt); daher vertehe ich* alles *als adverbialen Akkusativ:* ›so intensiv ich kann‹.

7. Loblicher got

    gedultiklich ich leiden wil zu eren
    der bitter marter, so du laid
10 gedultiklichen geren
    umb unser freud und sälikait,
    die weilent was verloren ewikleich.
    Ich bin umbfangen mit der wat,
    darinn ich büessen sol.
15 herr, das geschicht nach deinem rat,
    zwar das vernim ich wol;
    des seist gelobt durchleuchtig klar,
    nach deim begeren bin ich willig zwar.

II Traut sälig weib,
    keuschliche maid, frou, muetter gottes kinde,
    der uns durch dich all hat erlosst
    von hellischem gesinde,
5 den nim zu hilf und gib mir trost,
    da mit ich nicht verzag in meiner not.
    O swacher leib,
    sündiger balg, der wirt hat dich empfangen;
    ich fürcht, er well bezalet sein,
10 was du ie hast begangen
    mit deiner grossen sünden schein.
    er fordert dich: »gib mir das bettenbrot!«
    O herz, hastu ie süess erkant,
    da nim das sauer für.
15 bistus zu freuden ie gewant,
    da wider trauren spür.
    also slach ains gein andern ab.
    wirdiger got, wie köstlich sind dein gab.

---

9 pittern *c*.   **12** verlorn *c*.   **18** wegern *c*.   *Neben Ende der 1. Str. rot:* Ve nobis *A*. **19–54** *fehlt c (Blattverlust)*.   **33** pistu *A*.

---

20 kinde: *Dativ,* ›dem Gotteskind eine Mutter‹.   **21 verbinde** uns all; durch dich ›dir zuliebe‹?   **26** wirt: *der Tod oder das Jüngste Gericht?*   **28** was ›für das, was‹. **30** bettenbrot = botenbrot *eigentlich* ›Botenlohn (vom Empfänger der Nachricht)‹, *dann auch allgemein* ›Lohn, Bezahlung‹.   **33** bistus: *zum überschüssigen s vgl. Anm. zu 2,8.*   **35** ab slahen ›abziehen, aufrechnen‹.

III Der sorgen raiff
    hat meinen leib zesamen vest gebunden.
    von sorgen gross mein herz geswillt,
    forcht, sorg die hab ich funden.   40
 5 durch sorg mein houbt genzlich erschillt,
    graussliche sorg mir dick den slaf erwert.
    Mit umbeswaiff
    vier mauern dick mein trauren hand verslossen.
    o lange nacht, ellender tag,   45
10 eur zeit ist gar verdrossen.
    vil mancher schrick kompt mir zu klag,
    dem laider hilf von mir wirt klain beschert.
    Gen diser werlt hab ich die angst
    verschuldet sicher klain,   50
15 neur umb den got, der mich vor langst
    beschueff von Wolkenstein;
    der sei mein trost und aufenthalt.
    o Fellenberg, wie ist dein freud so kalt!

Nota dise vorgeschriben siben lieder singent sich jn der ersten weise des anefangs der da sich mit worten also anhebt Ain anefangk an göttlich forcht etc

8. Du armer mentsch, las dich dein sünd hie reuen ser

I   **D**u armer mentsch, las dich dein sünd hie reuen ser.
    o hailger gaist, gib uns deins heiligen vatters ler,
    das ich bedenk ein klain die macht und wirdig er
    in meim gesangk von got, dem nicht geleichet.

---

7 **44** mauer *A.*
8 *B 3^{rv} (A 2^v–3^r, c 7^{rv} = BW 115, Sch 94); einstimmig, 1. Strophe vollständig unter Noten BA.* **1–24** *fehlt c (Blattverlust).* **1** *rewuen B,* rawen *A.* **2** hailiger *A;* uns deins] mir dez *A.* **4** meim] meiñ3 *A.*

---

7 **41** erschellen ›ertönen, dröhnen‹. **46** gar verdrossen ›nichts als Verdruss‹.
   47f. *Klagen von Mitgefangenen? Eher:* ›häufiges Aufschrecken [weckt mich und] beklagt sich bei mir, wogegen ich leider wenig Hilfe weiß‹.
8 *Zum Ton vgl. Anm. zu Kl 18.*

8. Du armer mentsch, las dich dein sünd hie reuen ser

5 Neun kör der engel die loben got an underlast,
in lobt die sunn, der man und aller sterne glast,
in lobt der himel, der alles wesen umbetast,
und was dorinn regniert sein namen reichet.
Perg und ouch tal, des voglin schal, der visch im wag,
10 all würm und tier, (geloubet mir, was ich eu sag)
laub, gras, gevild, das wasser wild, die nacht, der tag
erkennt und lobt got, dem der teufel weichet.

II **S**eid wir nu hören aus aller maister kunst behend,
das jetz gescheff t in seinem wesen got erkent,
des hat sich mancher herter stain enzwai entrennt,
do er empfand seins schepfers not und sterben.
5 Vil frucht auf erd, und die doch unenpfintlich ist,
noch ert si got durch hübsch geplüet und kennet Crist,
ein jetz gewächs nach seiner zeit, als im die frist
ist auf gesatzt von got sein frucht zu erwerben.
Das alle kunst mit reichem gunst ein mentsch besäss,
10 der minsten bluem (und wär sein ruem noch ainst so räss)
möcht er nicht ganz nach irem glanz natürlich häss
posnieren schon, solt er des leibs verderben.

III **N**u alle creatur, die got beschaffen hat,
si sind in wasser, in wind oder auf der erden pfat,
ie dankper ist dem herren in der majestat
neur umb die gnad, das er si hat formieret,
5 Ach tummer mensch, wie ist dein herz dann gar so wild,

---

5 got] in *A;* vnderlaist *A.*   **6** stern *A.*   **8** dar jnne *A.*   **9** vogeleyn *A.*
15 manig^s *A.*   **23** nach irem] mit iren *A.*   **24** leibs] liebs *A;* werderben *B,* vor-
derben *A.*   **26** wasser wind *c.*   **28** gformieret *c.*

---

5 underlast = underlâz.   **7** umbetasten ›*umschließen*‹.   **8** regnieren ›*herr-
schen*‹, *hier vielleicht assoziiert mit* ›sich regen‹; reichen ›*verherrlichen*‹.   **13** *Der
mit* seid *eingeleitete Nebensatz bleibt Anakoluth und öffnet einen Spannungsbo-
gen, der erst in 29ff. zum Abschluss kommt.*   **14** jetz = jedes.   **17** frucht *hier*
›*Pflanze*‹.   **19** gewächs: *Apposition zu 17* frucht.   **20** frucht *hier* ›*Frucht*‹.
21 Das ›*wenn*‹.   **22** ruem *hier wohl* ›*Prahlerei*‹; noch ainst so räss ›*noch einmal
so scharf*‹.   **23** häss ›*Kleid*‹.   **24** posnieren ›*(nach)bilden*‹.

seid du wol waisst, das dich got nach im hat gebildt 30
und dir verlihen hat sein grosse gnad so milt,
gar manigvaltiklichen unzelieret?
Er hat dir geben   leib und leben,   sel, vernuft;
10 dir dient die erd,   feur, wasser, werd-   iklicher luft,
all tier wild zam,   der früchte tam   aus tieffer grufft 35
ist dir als underteniklich gezieret.

IV Der wolken krafft, das firmament mit klarem schein
    und all die freud, als si zu himel mag gesein,
    mentsch, die genad von got volgt all dem dienste dein,
    dannocht well wir in denklich nicht erkennen. 40
5   Mit seinem leib hat er uns aus der hell erlöst,
    des sich der lucifer daselben übel tröst.
    noch wirt sein heiliger nam mit sweren dick berösst
    von manchem man, der ich eu vil wolt nennen.
    Ach, Adams kind,   wie ist so plind   dein swacher muet, 45
10 das du nicht kenst   und übernenst   dein herren guet,
    der dich mag nemen, geben haisser helle gluet,
    und alle freud mag er dir pald entrennen.

V   O heilger Crist, seit das dein macht ist ungezalt,
    so wundert mich ob allem wunder manigvalt, 50
    das wir nicht fürchten ser dein zorniklich gestalt
    und grosse plag, die du uns macht beweisen.
5   Des freut sich manger gaist, der dort verstossen ward
    von höch der himel hrab zu tal umb sein hochfart,

---

32 vngezëlet *c.* **33** vernunfft *BA.* **34** wirdiklicher *BAc.* **37** klaren *A.*
38 freud] framd *A.* **39** gnad *Ac;* dinst *A.* **40** dancklich *A.* **42** des] daz *A;*
luciper *c.* **43** swuren *A.* **44** manichen *A.* **46** und übernenst] vblnennst
c. **48** entrynen *A.* **51** zornleich *A.* **52** geweysen *A.* **53** frewet *A;* manicher
A. **54** herab *A.*

---

32 unzelieren *vielleicht zu* unzel ›Schnellwaage‹ (DWb.): ›zuwägen‹? **35** tam =
toum ›Duft‹; aus tieffer grufft *auf* früchte *zu beziehen:* ›die aus der Tiefe wachsen‹.
40 denklich *wohl nicht zu* denken, *sondern zu* danken (vgl. Hs. A): ›dankbar‹.
43 sweren ›fluchen‹; berösten ›rösten, schädigen‹. **46** übernennen ›mit falschem Namen nennen‹ (beim Fluchen). **47** *ohne Binnenreime.*

die uns vorlaiten täglich in den sündengart,   55
   von irem rat waiss ich nicht lobs zu breisen.
   Weib und ouch man,   ir schouet an   eur missetat.
10 snell büesst eur sünd   und nicht enzünt   euch von dem rat
   der bösewicht.   mänlichen vicht.   got frue und spat
   den nim zu hilf für stahel und für eisen.   60

9. O welt, o welt, ein freud der kranken mauer

I O welt, o welt, ein freud der kranken mauer,
      wie swär du bist! dein lon der wirt mir sauer,
   seid du auff mich gevallen hast
   und druckst mich auf die erden.
5 Weltliche freud, ein tuech von bitterm ende,   5
   wer dich recht kant, der koufft dich nicht behende,
   wil er icht wesen fremder gast
   gen manger frouen werden.
   Was hilft mich, das ich manig nacht
10 in grossen freuden han gewacht   10
   in dreuzehenthalben jaren?
   nu muess ich wachen, seufzen, zittren ellentleich. |
   all heilgen guet, die engel in dem himelreich   4ʳ

---

8 **55** der sünden gart *c*.   **56** jrm *A*.   **57** eur] awer *A*.   **58** ewer *A*.   **59** posen wicht *A*.   **60** stahl *c*.
9 B 3ᵛ–4ʳ (A 3ʳᵛ, c 7ᵛ–8ᵛ = BW 116, Sch 95); einstimmig, 1. Strophe vollständig unter Noten BA.   **1** kranken] kalten *c*.   **3** sey du *A*.   **8** manigˢ *A*.   **13** hailigñ *Ac*.

---

8 **55** sündengart *in AB Kompositum, in c zwei Wörter*.   **57** ir *beim Imperativ, vgl. Mhd. Gr. § S 110*.   **59f.** bösewicht *in Bc Kompositum, in A zwei Wörter; Wechsel in den Singular, vielleicht als Selbstanrede des Angeketteten.*
9 *Frauenlobs Vergessener Ton leicht variiert mit neuer Melodie; die Melodie ist zu Kl 9 und 10 in BA dreimal aufgezeichnet mit je verschiedenen Schlüsseln.*   **1** *Genitivus qualitatis:* ›von/ auf schwachem Mauerwerk‹.   **8** *Im Zusammenhang der Kritik an weltlicher Freude sind* ›edle Damen‹ *als positive Instanz überraschend; sollten weibliche Heilige gemeint sein?*

man ich, das si mir helfen vast
15 mein laid zu guet era*ren*.

II **W**as hilft mich nu mein raisen fremder lande
in manig küngkreich, das mir ist bekande,
was hilft mein tichten und gesangk
von manger küngin schöne?
5 Was hilft mich manig klueghait fremder sinne,
seid ich bin worden gar zu einem kinde
und mir entweckt mang swär gedank
vil zäherlicher döne?
Was hilft mich silber oder gold,
10 seid ich mir selber selden hold
mag werden wol von herzen,
das mich der werlde schein so gar betrogen hat?
ach starker got, in kraft der heilgen trinitat
kom mir mit deiner hilfe fang*k*
15 in seniklichem schmerzen.

III **A**in jeder mentsch der lass sich nicht belangen
nach freuden gross, da mit er werd umbfangen.
für war, ich mag sein bürge wesen,
das end wirt im gar bitter.
5 Hatt einer guet, zwar des bedarf er hüeten,
ie grösser er, ie merer toben und wüeten;
der Neithart liess eim nicht ein fesen,
köm neur ein ungewitter.

---

15 erraren *A*, erarnen *Bc*. **17** kunigreich *Ac*. **19** manig*ˢ* kunigin *A*, mang*ˢ* künigin *c*. **22** entwechet *(letztes e radiert?)* manig *A*. **28** hailigen *Ac*. **29** fang *BAc*. **30** senlichen *A*. **37** aim] ain *A*.

---

15 eraren = erarnen ›erwerben, verdienen‹: ›dass mir mein Leid als Gutes angerechnet wird‹. **17** bekande = bekant *(unorganische Reimform)*. **20** klueghait fremder sinne: ›die Feinheit raffinierter Gedanken‹ – oder sollte fremder *aus Vers 16 eingedrungen sein und ein anderes Adjektiv (etwa* hoher*) ersetzt haben?* **22** entwecken ›aufwecken, verursachen‹. **27** das ›weil‹. **29** fangk ›Auffangen‹. **31** lass sich nicht belangen ›sehne sich nicht‹. **32** da mit er werd ›dass er von ihnen‹ *(Relativsatz mit finalem Sinn)*. **37** Neithart: *Personifikation des Neides;* fese ›Hülse des Getreidekorns, Spreu, Nichtigkeit‹.

Ich sprich es wol auf meinen aid:
10 ie grösser lieb, ie merer laid
kompt von den schönen frouen.
seid lieb und laid mit freuden, trauren ist gemengt
und zeit und weil ain senlich schaiden da verhengt,
wie mag das end frölich genesen?
15 das möcht ein jeder schouen.

IV Ist ainer junk schön muetig hoher gaile,
der ander stark gerad an alle maile,
der dritte weis – er wirt ein kind,
kompt er zu verren tagen.
5 Manig zier und lust wolt ich noch vil erdenken,
das sich der mentsch erfreut, noch muess er krenken;
wenn er der langen jar empfindt,
erst tuet es sich gesagen.
Seid uns in diser kranken zeit
10 all werltlich freud neur pringet laid
und süess ein sauer ende
und aller lust auf erd die leng verdriessen pringt,
so wundert mich, worumb der mentsch nach freuden ringt.
offt, weiser man, wie wirstu plind
15 in aller kunst behende!

V Ach lieber freund, wärlich ich wolt uns raten,
möcht wir aus disen swachen listen waten,
der wir natürlich hie begern,
und bäten got den reichen,
5 Das er uns wolt vergeben unser sünde
und unser herz in seiner lieb erzünde,
so möcht wir wol mit gueten eren

---

39 meinen] maineȝ (=mainem) *A*.   42 lieb] leib *A*.   43 ain] an *A*; verhenk *A*.
47 andeʳn *A*.   62 dysem *A*; lusten *A*.   66 enzünde *A*.

---

42 *kreuzweise zu verbinden:* ›Freude mit Leid, Lust mit Trauer‹.   49 zu verren tagen ›ins hohe Alter‹.   51 das ›woran‹; krenken *hier intransitiv* ›schwach werden‹.   58 worumb ›warum‹.   59 offt... wie = wie offt.   62 swache liste ›geringer Verstand‹, *vielleicht aber auch entrundete Form der Lesart A* ›niedrige Lüste‹.

eim jeden fürsten gleichen.
Nu unser leib ergenklich ist,
10 und haben weder zeit noch frist,
das wir uns müessen schaiden
von allen lusten, freuden, guet und eren gros,
und uns nicht volgt wann unsre guete werk gar blos:
o hailger gaist, welst uns verkeren
15 und alle sünd erlaiden.

10. Wenn ich mein krank vernunft närlichen sunder

1   Wenn ich mein krank vernunft närlichen sunder
     und vast bedenk der tummen welde wunder,
     der ich ein tail ervaren han,
     gesehen und gehöret,
5   So wundert mich vor allem nicht so sere,
     das ich mein zeit neur lenk nach guet und ere
     und dabei nie kain rue gewan;
     der sinn bin ich bedöret.
     Ich wais wol, das noch kompt die stund,
10   und het ich aller werlde grund,
     dorumb geb ich sei geren,
     das ich nach gottes willen leben solt ein jar,
     der ich vil manches laider üppiklichen zwar
     in sünden nie wolt widerstan,
15   so muess ich sein emberen.

---

9 68 ydem *A*; fürsten] kunigk *A*.   69 zergencklich *c*.   73 volget *A*; vnße *A*.
74 hailig^s *A*.   75 sunde *A*.
10 B 4^{rv} (A 5^{rv}, c 9^r–10^v = BW 117, Sch 97); einstimmig, ohne Noten B, 1. Strophe unter Noten *A*.   13 maniches *A*; laider *fehlt c*.   15 enprñ *A*.

---

9 69 ergenklich ›vergänglich‹.
10 Zum Ton vgl. Kl 9.   1 närlichen *(zu mhd. nærlich)* hier ›gründlich, genau‹.   6 das ›wie das, dass‹.   10 und het ich ›da ich, selbst wenn ich hätte‹.   11 sei = sie *(bezogen auf* werlde*)*.   13 der *bezogen auf* werlde: ›der ich manches Jahr ... nicht widerstehen wollte‹.   15 sein: *Genitiv, bezogen auf den Wunsch von 12.*

10. Wenn ich mein krank vernunft närlichen sunder

II Ich hör, das man vil manchen weisen nennet,
das er der werlde curs ein klain erkennet
und darauf legt tägleichen fleis,
wie er des werd geheuer.
5 So maint er dann, derselbig hübsch geselle, 20
das im nicht schad noch schell kain ungevelle,
er müg verkeren swarz in weis.
das wer eim esel teuer.
Er kan sich stellen marterleich
10 und maint, das im niemand geleich. 25
solt er es halt verkouffen,
er geb es umb ein schilling, sicher näher nicht.
er zeucht sein wan zu torhait, als Petrarcha spricht.
in aller werlt der toren breis
15 kan niemt mit zal erlouffen. 30

III Man list und sagt uns vil von alden jaren,
was wunderzaichen darinn sind erfaren,
seid das die werlt beschaffen ist
von got dem aller hösten.
5 Man vindt ouch noch derselben wunder gleichen, 35
die got verhengt den armen und den reichen,
babst, fürsten, herren, den ir list
vor unval nit mag trösten.
Wer hochber klimbt an widerhab,

---

16 manichñ *A*. **19** werde *A*. **20** maint] wånt *A*. **25** gleich *A*. **27** es geb es *c*. **28** er] es *c*; petracha *A*. **29** der do torñ *A*. **30** nymant *A*; vˢlauffñ *A*. **34** höchsten *Bc*, hostñ *A*. **37** påbst *A*. **38** vor] von *A*; mag] mocht *A*. **39** hoch^ps *A (undeutlich)*, höher *c*; klimbt] steigt *c*.

---

17 das ›weil‹ oder ›wenn‹. **19** ›wie er damit vertraut werde‹ (Marold). **21** schellen ›erschüttern‹. **23** teuer ›kostbar‹ (Hofmeister: ›Nur ein Esel mag darauf etwas geben‹)? **24** marterlich im Frühnhd. Wb. wird zur Stelle ›merkwürdig, ungereimt‹ vorgeschlagen. **26** es: seine Weltweisheit. **27** näher hier wohl ›billiger‹. **28** ›er übertreibt seine Einbildung bis zur Torheit‹ (Marold). **29** der toren breis ›gerühmte‹ oder ›sich rühmende Toren‹. **30** mit zal erlouffen ›beim Zählen ans Ende kommen‹. **37** den: Kasusattraktion: der vorangehende Dativ wirkt weiter, der Nebensatz fordert aber Akkusativ. **39** hochber (sonst nicht belegt, aber als Wortbildung möglich) ›hoch hinauf‹; widerhab ›Rückhalt, Sicherung‹.

10 wer mag des icht, vellt er herab?   40
    liess sich in der mitt benüegen,
    also das er sein zeit von got nicht feieren las.
    was hilft ei*m* man, der vil bedenkt neur auss | der mass?   4ᵛ
    wil es von got nicht haben frist,
15 wie mag es sich dann füegen?   45

IV In hoffnung, smerz, in forchten und in freuden
    vertreib wir zeit, da von mag ich nicht geuden,
    seid das all sach zu diser welt
    kain wesen stät befleusset
5   Und sich das guet zu argem bald verwandelt   50
    und arg zu guetem selden widerhandelt,
    ie doch das sich mit bitterm gelt
    das end strenklich besleusset.
    Hie ist gewesen, hie ist nicht.
10 falsch, untreu, böse zueversicht   55
    wir gen einander tragen,
    kind, vatter, muetter, swester, brueder all geleich.
    möcht wir mit liegen, triegen in das himelreich,
    so wär es uns ein eben veld:
15 den jamer wil ich klagen.   60

---

40 icht] nit *c*. **42** viereñ *A*, feyren *c*. **43** aim *A*, ein *Bc*. **46** in vorchtñ smetz in hoffnüg *c*. **48** werlt *Bc*. **49** beflůsset *A*. **50** argen *A*. **51** gutñ *A*. **52** pittˢ *A*. **53** befluessȝ *oder* besluessȝ *A*. **56** einandern *A*. **57** brudˢ swester alle gleich *A*. **59** ëbm *c*.

---

40 wer mag des icht ›wer kann etwas dafür‹. **41** liess sich ... benüegen ›begnügte er sich doch‹; Marold schlägt vor, das metrisch und semantisch überschüssige in zu streichen. **42** ›so dass er seine von Gott gegebene Zeit nicht ungenutzt vergehen lasse‹. **43** auss der mass ›maßlos‹. **48f.** ›da alle Dinge auf dieser Welt kein beständiges Sein umfließt‹. **51** ›und Böses selten auf Gutes hinwirkt‹. **52f.** ie doch das ›so jedoch, dass‹; sich ... das end ... besleusset ›das Ende sich schließlich zeigt‹. **54** ›Hier war einmal etwas, hier ist nichts mehr.‹ **58** möcht wir ›könnten wir kommen‹. **59** ein eben veld: d.h. ein Gebiet, das leicht zu betreten ist.

V Sich manger sent nach grosser kurzeweile;
im wär ze tuen, fund ers in kouffes eile:
herwiderumb all seinen schatz,
5 den solt er darumb geben.
Die werlt tracht, wie si guet und ⟨er⟩ erreisse, 65
und geit doru⟨m⟩b köstlichen hort mit fleisse,
das si ir zeit an widersatz
verzert mit swachem leben.
Gedenk ein mentsch mit aigenschafft
10 geburd und end, was snöder krafft 70
wir haben und gewinnen,
wenn wir dort ligen, zannen als die affentier:
küng, kaiser, herzog, grafen all geleichen mir.
hat jemant guets dann fürgehatzt,
15 an zweifel wir das vinden. 75

VI Ich main, das weder in wasser oder auf lande
nicht leb kain wilder tier, der es erkande,
wann neur ein täglich grober mentsch,
dem als sein tuen gevallet.
5 Ein vich begert nicht mer, wann es verbrauchet, 80
nach seiner art natürlichen verslauchet.
so tue wir gleich der wettergens,
die täglich wasser snallet.
Kain tier bitt seins geleichen tod,
10 ains hilft dem andern in der not. 85
e das ein grober tralle

---

61 manich^s *A*; kurtzweile *c*. **63** herwidrumb *c*; allñ *A*. **65** werlde *c*; ere ereyße *A*, er erreisse *c*. **68** swachñ *A*. **69** bedenck *A*. **70** ende *A*. **73** kunig *A*. **74** ymāts *A*. **76** auff wasser noch auff lande *c*. **77** lebe *A*. **79** alles *A*.

---

62 im wär ze tuen ›er wäre emsig‹ (*Hofmeister*); ers = er sie. **64** solt ›würde‹. **67** an widersatz ›ungehindert‹. **69** mit aigenschafft ›genau‹. **72** dort: im Beinhaus; zannen ›die Zähne blecken‹ (DWb.). **74** fürhetzen ›vorausschicken‹ (ins Jenseits). **77** der ›wenn nur einer‹. **78** täglich (nähere Bestimmung zu grob) ›immerzu‹. **82** wettergens wohl ›Schneegans‹ (DWb.). **83** snallen ›schlappern‹. **86** tralle = trolle ›Unhold, ungeschlachter Mensch‹.

lit ellend, armuet, als vil mancher weiser tuet,
er lies ee all sein freund hie sterben umb das guet,
ob im da von wurd sein gedens,
15 da mit er lebt in schalle. 90

VII Freund, wiltu weisshait, tugent an dich breisen,
das la dich ellend, armuet underweisen.
dein wilde mag wol werden zam,
bistus von guetem stamme.
5 Diemüetikait und erenst selden meide. 95
las hoffart, bis gedultig, leb an neide,
so werden all dein veinde lam
dort in der helle flamme.
Frid trag in deines herzen grund,
10 das du von rach icht werst enzunt. 100
wenig red, ein nutzes sweigen!
los, frag, wes du von gueten sachen ierre gast.
trau nicht der werlt; ir wandel, tuen ist neur ein plast.
hoffnung zu got dich nicht enscham.
15 so mag dir freude naigen. 105

Nota diss obgeschriben lied Wenn ich mein kranck vernunft singet sich jnn der weise
O welt o welt etc

---

87 manich^s *A*. **88** alle *A*. **92** das] des *c*. **94** pist du *A*; guten *A*. **95** ernst *Ac*. **100** icht von rach *A*; icht] nit *c*. **103** wandlñ *A*.

---

89 gedens *(zu dansen ›ziehen‹)* ›Umtriebigkeit‹. **91** breisen ›einfassen, schnüren‹ *(von Kleidung)*. **95** erenst = ernst. **100** werst = werdest. **101** ein nutzes sweigen *syntaktisch frei schwebend, imperativische Bedeutung*. **102** los ›höre‹. **103** plast ›Hauch‹.

11. O snöde werlt

I   O snöde werlt,
    wie lang ich leib und guet in dir vorsleisse,
  so vind ich dich neur eitel swach
  mit wort, werk und gepärde.
5 der untreu bistu also vol,   5
  das ich das ort noch end begreiffen kan.
  Falsch bösen gelt
  füerstu luglich, truglichen gar zu fleisse.
  mit müe und arbait, ungemach
10 und groblichem gevärde   10
  so ringstu nach der helle hol.
  das klagt, ir tummen frouen und ouch man.
  Täglichen stick wir tag und nacht
  nach guet und werltlich er;
15 wirt unser will dar inn volbracht,   15
  so hab wir | doch nicht mer,   5^r
  neur klaine speis und swachs gewand,
  und was wir guets bei dem han fürgesant.

II Vil mancher spricht,
  in rechter treu sol ich in allzeit vinden   20
  mit leib und guet zu meim gebot
  vest ewiklichen stäte.
5 köm ich mit armuet in sein haus,
  er wolt, ich wär ein fuxs in einem hag.
  Klain zueversicht   25
  wir haben söllen zue des Adams kinde*n*,

---

11 *B 4^v–5^r (A 3^v–4^v, c 10^v–12^r = BW 118, Sch 96); einstimmig, 1. Strophe unter Noten BA.*
8 furestu *A (nur 2 Noten).*   **10** gröbleichn̄ gewerde *A.*   **14** wertlich^s er *c.*
15 wolbracht *B,* volpracht *Ac.*   **17** swach *A.*   **18** bi dem] da bey *A;* haben *c.*
19 Vil manicher *doppelt, zuerst noch unter Noten A.*   **21** guet *fehlt c.*
26 sulln *A;* kindn̄ *A,* kindern *Bc.*

Zum Ton vgl. Kl 1.   **2** ›Leben und Besitz verbrauche‹.   **6** weder *ist zu ergänzen;*
ort ›Spitze, Anfang‹.   **7** gelt ›Lohn‹.   **10** gevärde ›Hinterlist, Betrug‹.
13 sticken = stecken *hier etwa* ›sich an ein Ziel heften, nachjagen‹.

neur dienen aim, der haisset got.
10 die werlt füert ungeräte.
darab so nim dir einen graus
und hoff zu dem, der dir gehelfen mag.
Ach, mir erbarmt manger gueter man
und ich mir selber ouch,
15 der da nit recht bedenken kan,
wie gar es ist ein rouch
der werlde dienst mit grosser not.
was ist der lon, wenn man spricht »er ist tod«?

III **K**ain ermer vich
under allen tieren kund ich nie ervaren,
neur eines, haisst ein hofeman;
der geit sich gar für aigen
5 dem herren sein umb klainen sold.
das tät ein esel nicht, und wer er frei.
Reit, slach und stich,
zuck, roub und brenn, den mentschen tue nicht sparen,
nim ross und wagen, henn und han,
10 gen niemant tue dich naigen;
gedenk, dein herr der werd dir hold,
wenn er von dir sicht sölche stampanei.
Du ste vor im, tritt hinden nach
und kapf den langen tag.
15 ist er ein fürst, für in so gach,
das er dich sehen mag.
sprech er zu dir ein freuntlich wort,
das nemst du für des himelfürsten hort.

IV **I**r vogelein
und andre tier baide wilde und die zamen,

---

27 ain *A*. **31** manig^s *A*. **37** *Strophe nicht abgesetzt A.* **39** haisset ain hofman *A*. **42** das] des *Ac*. **53** sprech er] sprech^s *A*. **54** neůmst *A*. **56** andere *A*.

---

28 ungeräte ›schlechter Rat, schlechter Vorrat, Ratlosigkeit, Unglück‹. **42** und ›wenn‹. **48** stampanei ›Zeitvertreib‹. **51** gach *Imperativ* ›eile‹.

    ir traget rechte liebe gar:
    geleich kiest sein geleichen,
5 gemahel sein gemähelein,
    in nöten si bei ainander bleiben stan.   60
    Die freunde mein,
    solt ich vor in erkrumben und erlamen,
    e das mir ainer gäb sein nar
10 und solt mich do mit reichen
    zu meim gesunt an mailes pein,   65
    ich müesst vor im ee als der sne zergan.
    Des mentschen lieb wer gar enwicht,
    die ains dem andern tuet,
15 hett wir der gab nit zueversicht
    und hoffnung umb das guet.   70
    mein aigen kind gewunn vordriess,
    wesst es die leng von mir nicht seinen geniess.

V Und solt ich mir
    erwünschen gar nach meines herzen freude
    ein leben selber, wie ich wolt,   75
    mit hilf aller maister sinne,
5 so künd ichs doch bedenken nicht,
    oder ich müesst die leng vordriessen darinn han.
    Was hilft mein gier
    zu grossem guet und nach der eren geude?   80
    was hilft mich silber oder gold?
10 was hilft der frouen minne,
    seid werltlich freud pald ist enwicht,
    und wais gar wol, das ich schier muess darvon?
    Turnier und stich, louff, tanz und spring   85
    auf einem weitten platz,

---

58 gleich kist sein gleichn̄ *A*.   **59** gemahel] gemaheln *A*, gemahl *c*.
60 beinand^s *c*.   **62** erkrumben] erbrinnē *A*, verkrumben *c*.   **65** meinē *A*.
66 zengañ *A*, ergan *c*.   **67** ein wicht *A*.   **68** anderm̄ *A*.   **72** sein *c*.
80 grossen *A*.   **86** ainē *c*.

61–66 *Der Plural des Satzanfangs wird im Singular weitergeführt.*   **64f.** reichen ›reich machen, versorgen‹.   **80** geude ›Freude‹.

15 mach kurzweil vil, treib hoflich ding,
   verdrä dich als ain katz –
   und wenn der schimpf all da ergat,
   gee wider dar, so vindst ain öde stat.

VI **A**ch freunt, gesell,
   du zweifel nicht, was ich dir hie wil sagen:
   dien got von ganzem herzen dein,
   lass dir die werlt nicht smecken.
5 auss irem lust mach dir ein spot,
   so hastu freude hie und dort genueg.
   Kain ungevell
   las dich bekümern, das dich mach verzagen,
   kain trüebsail las dir pringen pein.
10 ob leiden dich wil wecken,
   das ist ein sunder gnad von got,
   dieselbig gnad zuckt dir der helle lueg.
   Wer sich den zoren binden lat,
   der gleicht sich einem vich,
15 und dem got hie verlihen hat
   fünf sinn vernünftiklich.
   das ist die höchste wirdikait,
   wer weislich vicht in widerwertikait.

VII **M**ich wundert ser,
   das wir auf diser werlt so vil entpauen,
   und sehen wol, wie es ergat.
   wo sind mein freund, gesellen?
5 wo sein mein eldern, vodern hin?
   wo sein wir all neur über hundert jar?

---

93 ganczen *A*. **98** bekurm̃ *A*. **102** dye selbe genad *A;* der] den *A*. **103** zorn *A*. **104** geleicht *A*. **108** wideuertikait *A*. **113** elderñ worden *A*, eltern vordern *c*. **114** sey *c*.

---

89 ergat ›vorüber ist‹. **99** trüebsail = trüebsal *(westmitteldt. Graphie oder Assoziation von* sail?*).* **102** zucken ›entrücken, wegziehen‹. **105f.** *Der Relativsatz bezieht sich nicht auf* vich, *sondern auf 103:* ›obwohl ihm doch ...‹ **110** entpauen = pauen? **113** vodern = vordern.

>   Mich wundert mer, 115
>   das ich mich nie kund massen meiner frouen,
>   die mich so lang betrogen hat
> 10 mit grossem ungevellen.
>   mich hat geplennt mein tummer sin
>   und nie bekant, das si mir was gevar. 120
>   Wir pauen hoch auf einen tant
>   an heusern, vesten zier,
> 15 und tät doch gar ein slechte wand,
>   die länger werdt dann wir.
>   volg, brueder, swester, arm und reich, 125
>   pau dort ein sloss, das dich werdt ewikleich.

12. In Frankereich

> I **I**n Frankereich,
>   Ispanien, Arrigun, Castilie, Engelant,
>   Tennmark, Sweden, Behem, Ungern dort,

---

11 **116** meiner] ainer *A*. **118** grossñ *c*. **120** nie] nit *A*. **126** gslos *c*; wert *A*, werd *c*. *Nachschrift:* Amen *A*.

12 B 5ʳᵛ (A 7ʳᵛ, c 12ᵛ–13ᵛ = BW 95, Sch 65); einstimmig, Anfang der Melodie bis püllen unter Noten B, 1. Strophe vollständig unter Noten A. **1** frankreich *Ac*. **2** Arrigun *oder* Aragun *A*.

---

11 **124** werdt *zu* wern ›dauern, halten‹. **126** dort: *im Himmel;* werdt *hier zu* wern ›schützen, verteidigen‹?

12 *Zum Ton vgl. Kl 1. Gepriesen wird wohl nicht die künftige Ehefrau, sondern die Gottesmutter Maria.*
1–7 *Der Länderkatalog sprengt vor allem in V. 3 und 7 den sonst für das Lied gültigen metrischen Rahmen; zusätzliche Notenzeichen für V. 1 bieten in beiden Musikhandschriften eine Art Ausgleich dafür, sie wären in den Folgestrophen wohl wegzulassen. Die Präpositionalphrase (in...) wird abgebrochen und der Satz anders weitergeführt.* **2** Ispanien: *nicht das ganze heutige Spanien, sondern vermutlich das Königreich Leon (einschließlich Galizien), das allerdings mit Kastilien vereinigt war;* Arrigun: *Königreich Aragon, im wesentlichen Aragonien und Katalonien umfassend.*

12. In Frankereich

    in Püllen | und Afferen,
5 in Cippern und Cecilie,
    in Portugal, Granaten, Soldans kron –
    Die sechzehen künigreich
    hab ich umbfaren und versuecht, bis das ich vand
    mit treuen neur ein stäten hort;
10 der wil mich treu geweren
    umb meinen dienst an zweifels we,
    mag ich ir neur zu willen leben schon.
    Doch hab ich trost, ob ich ir huld
    verlur oder iren suen,
15 das sis nit räch nach meiner schuld,
    als ander frouen tuen,
    und sei dorinn genädig mir,
    bis das ich wider zäm ir freundschaft schier.

II   Kain schöner weib
    nie mentsch gesach mit ougen zwar, und wer si kent,
    der muess mir des verschulde jehen:
    an ir ist nicht verhönet.
5 ir amplick prehent als die sunn,
    liecht öglin klar und einen roten mund.
    Wie möcht mein leib
    nu traurig sein, wen ich gedenk von ort zu end,
    das ich die rain sol anesehen
10 vor mir köstlich gekrönet.
    ir zarter leib geit freud und wunn,

---

6 portigal *A*.   **7** kůngreich *A*.   **8** vmbfarn *c*.   **11** zweifels *A*.   **14** sun *B*, sůn *A*, suen *c*.   **21** müest *c*; verschulde] vor schuldñ *A*, von schuld *c*.   **23** antlütz *c*.   **24** augelein *A*.   **26** wort *B*, art *A*, ort *c*.   **27** an sehen *c*.   **28** vor mein bostleich *A*.   **29** wunn] wund *A*.

---

4 Püllen: *Apulien, Teil des Königreichs Neapel*; Afferen: *Königreich Navarra*. **5** Cippern: *Königreich Zypern*; Cecilie: *Königreich Sizilien, mit Aragon verbunden*. **6** Granaten: *Granada als Hauptstadt des Sultanats der Nasriden*; Soldans kron: *vermutlich die Küstenländer des östlichen Mittelmeers*. **14** suen ›*Ausgesöhntsein, Wohlwollen*‹. **21** verschulde = von schulden ›*mit gutem Grund*‹. **22** nicht verhönet ›*nichts, was ihrer Ehre schadet*‹. **24** einen: *Der Akkusativ impliziert wohl die Vorstellung* ›*man sieht an ihr*‹.

           und wär ich siech, si macht mich schier gesund.   30
           Zwar ich gewunn sein kain verdriess,
           möcht ich irs ab erkosen,
    15   das si mich in iern garten liess,
           do si swanzt durch die rosen,
           und wurd mir do ain krenzlin grüen   35
           von irem gunst, so wär ich freuden küen.

    III   Vier künigin
           verkrönt, von den mir eren vil beschehen ist,
           der ich für war nie wirdig ward,
           und manche fürstin schöne,   40
    5   die mich zu schallen mit ir bat,
           wenn ich mein dank volbracht auf einem knie, –
           Als ichs besinn,
           so ist mein frou hoch für si alle mit kluegem list
           geworcht nach adeleicher art,   45
    10   das mentsch nie süesser döne
           auf kainer zung vernomen hat,
           wen si ir stimm ie freuntlich hören lie.
           Si dempft die ganzen musica
           mit grosser resonanz,   50
    15   die recht mensur apposita,
           all noten hol und ganz
           lat si erzittren durch ir kel,
           das es erklingt in meines herzen sel.

    IV   Und wär Paris,   55
           Venedigk, Bruck, Thomasch und die Trippel in Barbarei
           mit berlin, gold als überstreut

---

33 irē *Ac.* **35** krenczelein *A.* **36** iren *A.* **38** ern *A;* geschen *A.* **39** der] dez *A.* **40** maniche *A.* **42** einem] meinē *A.* **44** all *A;* clugñ *A.* **47** zung] czucht *A.* **49** dempt *A.* **56** venedich *A;* purck *A;* tomaschk *c.*

---

32 irs ab erkosen ›von ihr durch Reden erreichen‹. **34** swanzen ›tanzen, spazieren‹. **49** dempfen ›überwinden, bezwingen‹, hier wohl ›beherrschen‹. **51** mensur apposita *unerklärt.* **52** noten hol und ganz ›hohle (d.h. lange) und ausgefüllte (d.h. kurze) Noten‹. **56** Bruck: *Brügge;* Thomasch: *Damaskus;* Trippel in Barbarei: *Tripolis im Berberland.*

            und Jenau vol karfunkel
    5   und Persolon mit diamant
            und Mumpoliers vol aller maister kunst,   60
            Dennoch wär sis,
            die disen schatz swär überwäg mit eren frei,
            die mich zu mancher stund erfreut.
    10   wo ich in trauren tunkel
            durch tausent maschen bin verwant,   65
            so losst si mich aus mangem tieffen runst.
            An tadel, rain, diemüetiklich,
            mit aller tugenthait,
    15   in allem wandel züchtiklich,
            so hersch die schöne maid.   70
            umb trauren gäb ich nicht ein stro,
            wil si mir wol, so fürcht ich niemands dro.

    V   Ach frouen schar,
            es wär wol zeit, ain urlob solt ich von eu han.
            eur leib betreugt mich also ser,   75
            mein trost ist euch unmäre;
    5   mein dienst, der loufft neur hinden nach,
            seit mir die weiss durch braunen bart aufdringt.
            Ich hoff, die klar,
            die zart, die rain, die minikliche wolgetan   80
            wil an mir halten weiplich er,
    10   ob ich si nicht bswäre,
            und wennt mir lieplich ungemach.
            dieselbig lieb mich allzeit billeich zwingt.
            Ir kaiser, künig, herzog, freien,   85

---

60 mondpoliers *A*, munipolirs *c*.   **63** manichˢ *A;* erfrewet *A.*   **66** manigē *A.*
69 jm *A.*   **75** ewer lieb *A.*   **77** neur] nu *A.*   **79** hoffe *A.*   **80** die rain *fehlt A;*
mīickliche wol gestalt *A*, mynigklich vnd wolgetan *c.*   **81** well *c.*   **85** herczogñ
graffñ *A.*

---

58 Jenau: *Genua.*   **59** Persolon: *Barcelona.*   **60** Mumpoliers: *Montpellier.*
64 wo ›wenn‹.   **65** verwant ›verwickelt, verstrickt‹.   **66** runst ›Rinnsal‹.
77 loufft neur hinden nach ›kommt nicht zum Ziel‹.   **83** lieplich *wohl Adverb*
›freundlicherweise‹ *(anders Hofmeister:* ›Liebeskummer‹*).*   **84** dieselbig lieb ›die
Liebe zu ihr‹.

dinstman, wer sei sein,
15 darüber wil ich geuden, greien
mit der frouen mein,
und die ir treu an mir nicht bricht,
ob ich ir dien mit williklicher pflicht. 90

Nota diss vorgschriben lied In Frankereich singet sich inn der melodey O snöde werlt etc

13. Wer ist, die da durchleuchtet

I **W**er ist, die da durchleuchtet
für aller sunnen glanz
und [ ] keuklichen durchfeuchtet
uns den verdorten kranz?
5 Wer ist, die vor an dem raien   füert den tanz   5
und dem vil zarten maien   pringt seinen pflanz?
Ein edle junkfrou klar,
die zwar   für war   ein sun gebar,
der keuschlich ain   ir vatter was;
10 mäglichen rain   si des genas,   10
selb dreien   freien   unitas,
da von wir | sein getrösst,   erlösst   6ʳ
von scharpfer helle gier.

II **W**er kan die magt volzieren
nach adeleicher art?   15
auf erd kain lieber dieren

---

12   **89** nicht an mir *A*.
13   *B 5ᵛ–6ʳ (A 4ᵛ–5ʳ, c 13ᵛ–14ʳ = BW 96, Sch 50); einstimmig, 1. Strophe vollständig unter Noten BA.*   **3** Vnd zweimal, einmal unter dem Stollenanfangs-Melisma *B*.   **7** edele *A (nur 2 Noten)*.   **10** des] das *A*.   **16** diern *c*.

---

12   **87** greien ›jubeln‹.
13   *Zeile 12 und 13 sind als eine Zeile mit versetzten Binnenreimen aufzufassen.*   **1** durchleuchten *hier* ›intensiv leuchten, strahlen‹.   **3** keuklichen = quicklichen.   **5** vor ›vorne‹.   **6** pflanz ›Gedeihen‹.   **10** mäglichen = mägtlichen.   **11** *Erläuterung zu* sun *(8), Umschreibung der Trinität.*   **15** nach ›gemäß‹.

zwar nie geboren wart.
5 Ei du traut minnikliche keusche creatur,
dein klarheit glenzet an geteusche über alle figur,
Recht als der liecht rubein
an pein pringt schein durchsichtig vein
sein undertan in goldes runst.
10 der eren van mit vollem gunst
trivallen, schallen sunder plunst
so wil ich, von der zarten warten
gnaden schier.

III Wer ist die ros an doren,
do von man list und sagt,
und die den grossen zoren
all über rugke tragt,
5 Wenn si uns an dem jüngsten tage machet los
aus manigvaltiklicher klage michel gross?
Wem denn der schossen sail
an mail mit hail schon wirt zu tail
ain drumm, der hat dich, frou, erkant;
10 der helle pfat wirt im entrant.
ei klare, ware, schildes rant,
erbrich des tiefels sper, sein ger
versetz im, junkfrau zier!

Amen

---

18 miñikleich *A*, mȳkliche *c*. **23** ern *c*; vollum *B*, vollē *A*, vollem *c*. **25** so] sol *A*. **27** dorn *A*. **33** schawssen *A*. **39** *Beischrift* Amen *auch c*.

---

22 sein undertan in goldes runst *wörtlich ›seinen Untertanen im Goldfluss‹, d. h. dem Untergrund und den Fassungen aus Gold.* **23** der eren van *als Ehrentitel Marias wohl Dativ.* **24** trivallen *›Triolen singen, tirilieren‹*; plunst *›Blähung, Aufgeblasenheit‹.* **25** so wil ich *regiert die vorausgehenden und die nachfolgenden Infinitive des Satzes.* **33–35** der schossen sail … ain drumm *›ein Stück von dem Seil der* schossen‹; *wohl zu mhd.* schôz *(hier schwaches Fem.); gemeint ist wohl ein rettendes Seil, das aus Marias Schoß kommt.* **36** *›der Weg zur Hölle wird von ihm getrennt‹.* **37** schildes rant *›Schutzschild‹ (der Rand des Schildes muss besonders stark sein und steht deshalb öfter für den ganzen Schild).* **38** ger *wohl nicht ›Speer‹, sondern ›Forderung‹.* **39** versetzen *›abwehren‹.*

14. Gesegnet sei die frucht

Benedicite

    Gesegnet sei die frucht,
    trank, essen, wein und brot
    von got, den mäglich zucht
      gepar   für war,
5 selbdritt ein durch uns laid den tod;
    Der immer lebt an end,
    ie was an anefangk,
    sein leiplich speis ⌐hie send
    uns⌐ schier,   wenn wir
10 in disem leben werden krank.
    Des hilf, frou kron.
    kyrieleison.
    vatter, heiliger gaist,
    mit deinem sun
15 uns gnad vollaist
    und nicht den feinden gunn,
    das si uns verlaiten in we.
    Amen, benedicite.

---

14 B 6ʳ (A 5ᵛ–6ʳ, c 14ʳ = BW 97, Sch 51); einstimmig unter Noten, Lied 15 gleich anschließend BA. Überschrift: Benedicite BA, Das Benedicite c. **3** dem B, den Ac. **8** lieblich A. **8f.** A] speis vns hye send Bc. **12** kyrieeleyson c. **15** genad A.

---

3 mäglich = mägtlich. **5** *Relativpronomen* der *zu ergänzen*. **11** kron: *Maria als Himmelskönigin, vgl.* 34,21.

15. Wolauff, als das zu himel sei

Gracias

I   Wolauff, als das zu himel sei,
    die minnikleichen wonen bei
    dem Alpha et O, der eren krei,
    und helft uns sagen im den dankh
5 mit süessem englischem gesangk
    umb zimlich essen und getrank,
    da mit er speisst die blödikait
    an mentschlichem gesind.

II Des seistu, frou, an argen hatz
    gelobt mit deinem höchsten schatz,
    der in dir würkt ein freien platz,
    vor dem ich sünder mich beklag,
5 das ich in ellendlicher wag
    vil han verzert unnützer tag
    in diser snöden zeit so brait,
    die mir verlech dein kind. |

III So ist es laider vil ze spat.
    ich rueff in engestlicher wat:
    hilf, mait, mit ganzer trinitat,
    und las uns nicht der helle vas.
5 so bistus, frou, der ich genas;
    des sing wir deo gracias.

---

15 *B 6ʳᵛ (A 6ʳ, c 14ᵛ = BW 98, Sch 52); einstimmig, 1. Strophe und das (wohl nur zur letzten Strophe gehörende) Amen unter Noten BA; in A in gleicher, in B in neuer Zeile, aber ohne Abstand anschließend an Lied 14.* Überschrift: Gracias *BA*, Das Gracias *c*. **4** hilfft *A*; in *Bc*, jm *A*. **5** englischen *A*. **8** menslichn̄ *A; am Ende* amen *radiert c*. **14** han *zweimal A*.

---

1 als = alles. **3** der eren krei ›die (dem Alpha und Omega) Ehre zurufen‹.
9 hatz ›Anfeindung, Streit‹ (*DWb.*). **11** in dir: *unter deinem Schutzmantel?*
12 beklagen ›anklagen‹. **13** wag ›Bewegung‹. **18** wat ›Kleidung‹, *hier etwa* ›umkleidet von Angst‹. **21** der ich genas ›durch die ich gerettet wurde‹.

mit frid, *rue,* herr, alle selen beklaid,
wo sich der glouben erfindt. – Amen.

16. Ich spür ain lufft aus küelem tufft

I »Ich spür ein lufft aus küelem tufft,
das mich wol dunkt in meiner vern*u*fft
wie er genennet, kennet sei nordoste.
Ich wachter sag: mich prüefft der tag
5 uns künftig sein aus vinsterm hag;
ich sich, vergich die morgenröt her glosten.
Die voglin klingen überal,
galander, lerchen, zeisel, droschel, nachtigal;
auf perg, in tal hat sich ir gesangk erschellet.
10 Leit iemant hie in gueter acht,
der sich in freuden hat geniet die langen nacht,
derselb betracht, das er sich mer gesellet.«
Die junkfrou hett verslaffen,
der knab wacht lützel bas.
15 si ruefften baide waffen

---

15 23 rew *Bc*, rv̂ *A.*
16 B 6ᵛ (A 6ᵛ–7ʳ, c 14ᵛ–15ᵛ = BW 27, Sch 7); einstimmig, 1. Strophe den Noten unterlegt
BA. **1** kulen *A.* **2** vernunfft *BA.* **5** sey *A.* **7** vbral *c.* **15** rieffen *A.*

---

16 Das metrische Schema hat Oswald von einem Tagelied Peters von Arberg übernommen und durch Schlagreime in den Zeilen 3 und 6 variiert, einzelne Formulierungen könnten Reminiszenzen an das Vorbild sein, die Melodie ist neu; vgl. W. Röll in: ZfdA 97 (1968), S. 219–234. Das Lied wurde Ausgangspunkt einer ganzen Tonfamilie: Kl 17 (mit deutlicheren Anklängen an das Lied Peters von Arberg und anderer Melodie) und die Liedgruppe Kl 28–32 und 117 mit teilweise ähnlicher, aber nicht identischer Melodie wie Kl 17, aber ohne die Repeticio genannten Schlussverse 13–19.
2 Oswald reimt sowohl vernufft wie vernunft. **4f.** mich prüefft *statt* ich prüeff ungewöhnlich, aber vielleicht nicht falsch: ›der Tag gibt mir Anzeichen, dass er uns kommen wird‹; zur Infinitivkonstruktion, bei der frühere Auflagen zugunsten der Lesart A eingegriffen haben, vgl. Behaghel II, S. 318f. **6** glosten = glasten.
11 sich nieten ›sich freuen, genießen‹. **12** sich mer gesellet ›sich nocheinmal paare‹ (Marold) oder ›sich lieber unter die Leute begebe‹?

all über des tages hass.
das freulin schalt in sere:
»her tag, ir künnt nicht ere
bewaren inn der mass.«

II   **A**in schlicklin weis   si bot im fleiss
dem knaben hin mit hendlin gleiss:
»ste auff   und louff,   erkies den grauen morgen.«
Ain venster brett   er fuder tett,
5 der knab hin zu dem freulin rett:
»ach got,   an spot,   er kompt da her mit sorgen.
Er dringet durch das firmament,
der lucifer hat den schein von im gesendt,
die nacht volendt   all gen des tages greisen.«
10 Er kusst si an den roten mund:
»ach herzen lieb, nu ist sein nicht ein halbe stund,
das wir verwunt   uns taten zesamen breisen.«
Si wurden seufften und klagen
mit beslossen mündlein vein,
das si nu wolt verjagen
des liechten tages schein.
15 si sprach: »mein traut geselle,
es gee, recht wie es welle,
du bist gewaltig mein.«

III   **D**er wachter ruert,   ein stimm er fuert,
jal durch ein horn, das man in hort,
er kunnt ain gast   mit gelast   von oriente.

---

20 schluklin *A*; im] mit *A*.   **23** finster brët *A*.   **28** gen] von *A*.   **31** verwunt *BA*, verbünt *c*.   **33** geslossñ *A*.   **39** rurt *oder* rutt *A*; stym̄e *A*.   **40** man in] manē *A*.

---

20 schlicklin weis ›Weißwein-Morgentrunk‹ *oder* ›weißes Gewand‹ *(für den, der nackt geschlafen hatte)?* im fleiss ›eifrig‹ *(gegenüber Lesart A ungewöhnlich, aber wohl nicht falsch).*   **23** fuder = fürder ›weg‹.   **24** rett = redete.   **27** Lucifer: *der Morgenstern, in der Regel die Venus;* ›hat sein Leuchten aufgegeben‹.   **28** volenden *hier intransitiv?* greisen ›Grauwerden‹.   **31** verwunnen ›in wunne versetzen‹.   **39f.** ruert : fuert : hort *ungenauer Reim;* rüeren *hier wohl* ›antreiben, drängen‹.   **40** jal *zu* gellen ›tönen‹.   **41** kunnt *zu* künden; gelast = glast.

Das freulin tacht   in lieber acht:
5 »ach sunne, was hat dich fürher bracht?
ich wolt   an solt,   du werst zu occidente.
Ich traut deins scheines wol embern,
mir wer vil lieb, der uns kündet den abentstern,
den säh ich gern;   möcht mir der wunsch geraten!«
10 Gar laut so lacht der knabe vein:
»mein höchster hort, so mag es laider nicht gesein,
in senden pein   so muess ich von dir watten.
Mein freudenmacherinne,
meins herzen zuckernar,
15 du hast mir herz und sinne
benomen sunder gar.«
si fiengen sich zesamen
mit armen blank umbvangen.
»mein lieb, dahin ich far.« |

17. Var, heng und lass, halt in der mass

I »**V**ar, heng und lass,   halt in der mass,
  bis das du vindst die rechten strass,
und kanstu das,   so bis dus, morner, weise.
Sag mir, wo hin   stet dir dein sin?
5 ob ich dir raten kund darinn,
spar mich nicht drinn,   oder du wirst greise.«
Der knab, der sprach: »in diser vart

---

16 **44** werest *A*. **45** scheins *A*; ember*en BAc*. **47** sach *A*; gerñ *A*. **48** knab *A*.
51 frewdmacheriñe *A*. **54** gar] war *A*.

17 *B 7ʳ (A 7ᵛ- 8ʳ, c 15ᵛ–16ᵛ = BW 28, Sch 17); einstimmig, 1. Strophe den Noten unterlegt BA.* **1** *Blaue G-Initiale, aber vom Schreiber vornotiert braunes V A.* **3** dus] du *A*. **6** dirñ *B*, driñ *Ac*.

16 **42** tacht = dachte. **44** an solt ›ohne Lohn‹, hier als Reimformel etwa ›unbedingt‹. **50** waten ›gehen‹.

17 *Zum Ton vgl. Kl 16. Die Ausdrücke der Seemannssprache des östlichen Mittelmeerraums (lingua franca) werden hier vor allem nach Röll 1968 erläutert.* **1** hengen ›freien Lauf lassen‹. **3** dus: *zum überschüssigen s vgl. Anm. zu 2,8;* morner = marner.

17. Var, heng und lass, halt in der mass — 45

    mag du mir wol erschiessen, herzen freulin zart;
    gar unverspart   ist dir meins herzen trachten.
10 In Suria stet mein gedank
    zu fronem grab nach deinem rat gar sunder wangk,
    nach deinem dankh   so wil ich teglich achten.«
    Si fiengen sich mit luste
    ze hauff mit ermlin vol,
15 ir ains das ander kusste,
    das geviel in baiden wol.
    si sprach: »var hin mit sitten,
    hüet dich vor kalamiten,
    seid ich dir raten sol.

II **D**ie bruff ze hant   ker in levant,
    und nim ze hilf an allen tant
    den wint ponant   mitten in dem poppen.
    Des segels last   zeuch an dem mast
5 hoch auf den gipfel, vach den gast,
    timun halt vast   und la das schiff nicht noppen.
    Maistro provenz hilft dir vordan
    mit gunst des kluegen elemente trumetan,
    grego, der man,   vor dem so muestu orzen.
10 ›Challa potzu, karga behend!‹

---

9 meines *A (nur eine Note).* **19** seid] send *A.* **20** bruf *A*, prueff *c.* **22** in den *A.* **24** ¹den *A*] dem *Bc.* **25** tinûn *A.* **26** pronëcz *A*; hilf *A*; von dañ *c.* **29** challa] chacza *A.*

---

8 erschiessen ›*fruchten, nützen*‹. **18** kalamit *italienisch* calamita›*Magnet(berg)*‹ *oder* calamitá ›*Unglück*‹. **20** bruff *it.* prua, *venezianisch* provo ›*Bug*‹; levant: *Osten, das östliche Mittelmeer.* **21** tant *hier etwa* ›*Leichtsinn*‹. **22** ponant *it.* ponent ›*Westwind*‹; poppe *it.* poppa ›*Heckteil des Schiffs*‹ *(wo sich das Steuerruder befindet).* **24** gast: *der günstige Westwind.* **25** timun *dalmat.* timun, *venez.* timon ›*Steuerruder*‹; noppen ›*zur Seite ausbrechen*‹. **26** maistro provenz *it.* maestro provenza ›*Nordwestwind, Mistral*‹. **27** trumetan *nordit.* tramontano ›*Nordwind*‹. **28** grego *it.* greco ›*Nordostwind*‹; der man: *der Wind hier wohl als Personifikation vorgestellt (anders Röll: Anrede des Steuermanns)*; orzen *it.* orzare ›*anluven, das Schiff zur Windseite drehen*‹. **29** challa potzu *nordit.* cala pozze ›*lockere das Tau, mach die Brassen los*‹; karga *zu it.* caricare ›*hol (das Tau auf der anderen Seite)*‹.

      mit der mensur und nach des kimpas firmament   30
      den magnet lent,   levant la dich nicht forzen.
      ›Wassa alabanda springen,
      teuff in die sutten hinab!‹
15 forton la dich nicht dringen,
      du var ee in die hab.   35
      mag dir die porten werden,
      so hüett dich vor der erden,
      du wirf den anker ab.

III Zu manger zeit   kompt dir mit neid
      scherock mit grossem widerstreit,   40
      mit dem so leid   ser schrotten in dem wagen.
      Derselbig wurm   pringt geren sturm.
5   vach ain quart mit des zirkels furm.
      ob du wirst durm,   so tue doch nicht verzagen.
      ›Challa fella, eiola grosso pald!‹   45
      plasübla rüeg die marner. mit dem strang nicht halt.

---

30 kimpas *oder* kunpas *BA(?)*, compass *c*.   **31** māgnet *A*.   **32** sprimgñ *A*.   **35** du] da *A*.   **39** manig^s *A*.   **42** wurm̄ *A*; sturm̄ *A*.   **43** zicles *c*.   **44** durm̄ *A*.

---

30 kimpas *it.* compasso ›Seekarte‹; firmament *hier wohl für* ›Orientierung‹. **31** magnet: *die Magnetnadel des Kompass;* lenden *hier* ›ausrichten‹; levant ›Ostwind‹; forzen *it.* forzare ›überwältigen‹ . **32** wassa alabanda *it.* bassa alla banda ›hinunter auf die Seite‹ *(als Gegengewicht, wenn sich das Schiff bedenklich zur Seite neigt);* springen *Infinitiv als Imperativ.* **33** sutte: *der unterste Schiffsraum.* **34** forton *it.* fortuna ›Sturm‹. **35** hab ›Ort zum Halten, Hafen‹. **36** porte ›Hafen‹. **37** erde *hier* ›Grund, Untiefe‹. **40** scherock *it.* scirocco ›Südostwind‹. **41** schrotten ›hauen, schneiden‹, *hier wohl nicht im Sinne eines Schiffbruchs, aber doch von Sturmnöten;* wagen ›bewegt, erschüttert werden‹, *hier substantiviert.* **42** wurm: *Scheltwort.* **43–46** *Anweisungen zum Verhalten bei Schirokko.* **43** quart: *ein Viertel des Winkels zwischen zwei Hauptwindrichtungen;* furm = form. **44** durm *(zu mhd. turmel)* ›schwindelig, seekrank‹ . **45** challa fella *it.* cala vela ›streich das Segel‹; eiola grosso pald *unerklärt, Röll vermutet fehlerhafte Erinnerung an oder Aufzeichnung von* ei mola ›he, mach los‹ *und fasst* grosso *als adverbiale Bestimmung von* pald ›sehr schnell‹. *Der Vers ist metrisch überfüllt.* **46** plasübla *it.* plausibile ›beifallswürdig, annehmbar‹: ›ermahn die Seeleute geschickt‹ *(Hofmeister);* strang *auch* ›Strom, Strahl‹, *hier wohl für die vom Sturm verursachte Strömung.*

kompt mit gewalt,   der osst in tuet vertreiben.
10 Derselb mag dir ze statten kummen
    mit halber macht, als ich es vormals hab vernumen,
    isso zu frummen,   tue im chaiola reiden.   50
    Die steur richt im kluege
    engegen mit dem sin,
15 kompt dann gorwin mit fuege,
    der jagt dich bald dahin
    den weg gen oriente.   55
    got dich herwider sendte,
    du traut geselle mein!«

18. Es fuegt sich, do ich was von zehen jaren alt

I   Es fuegt sich, do ich was von zehen jaren alt,
    ich wolt besehen, wie die werlt wer gestalt. |
    mit ellend, armuet mangen winkel haiss und kalt   7ᵛ
    hab ich gebaut bei cristen, Kriechen, haiden.
5   Drei pfenning in dem peutel und ein stücklin brot   5
    das was von haim mein zerung, do ich loff in not.
    von fremden freunden so hab ich manchen tropfen rot
    gelassen seider, das ich wand verschaiden.
    Ich loff ze fuess   mit swerer buess,   bis das mir starb
10 mein vatter zwar,   wol vierzen jar   nie ross erwarb, 10

17 **48** koṁ *c*. **49** vernoṁ *c*. **57** myn *A*, mein *Bc*.
18 *B 7ʳ–8ʳ (A 9ʳ–10ʳ, c 16ᵛ–18ᵛ = BW 1, Sch 64); einstimmig, 1. Strophe den Noten unterlegt BA.* **3** manigñ *A (2 Noten)*. **4** gepauet *A (2 Noten)*. **7** manigē *A (2 Noten)*. **10** wol] vol *c*.

17 **47** osst *it. austro* ›Südwind‹, *hier wohl apokoinu für Neben- und Hauptsatz.* **49** mit halber macht ›*mit halbem Wind*‹ *(der Wind kommt genau von der Seite).* **50** isso *it. issa* ›hisse‹ *(das Segel); im: dem Südwind;* chaiola: *Seil am Eck des Segels;* reiden ›*drehen*‹ *(dass der Wind das Segel bläht).* **53** gorwin *it. garbino* ›Südwestwind‹.
18 *Derselbe Ton, aber ohne Wiederholung des 2. Teils, findet sich in Kl 8, dasselbe metrische Schema mit anderer Melodie in Kl 41.* **4** bauen ›*bewohnen, sich aufhalten*‹; Kriechen: *die orthodoxen Christen.* **7** nach fremden *Komma?*

wann eines roupt, stal   ich halbs zu mal   mit valber varb
und des geleich schied ich da von mit laide.
Zwar renner, koch   so was ich doch   und marstaller,
auch an dem rue-   der zoch ich zue   mir, das was swär,
15 in Kandia   und anderswa,   ouch wider hår,   15
vil mancher kittel was mein bestes klaide.

II **G**en Preussen, Littwan, Tartarei, Türkei, über mer,
gen Frankreich, Lampart, Ispanien, mit zwaien künges her
traib mich die minn auf meines aigen geldes wer,
Rueprecht, Sigmund baid mit des adlers streiffen.   20
5 Franzoisch, mörisch, katlonisch und kastilian,
teutsch, latein, windisch, lampertisch, reuschisch und roman
die zehen sprach hab ich gebraucht, wenn mir zerran;
auch kund ich fidlen, trummen, paugken, pfeiffen.
Ich hab umbfarn   insel und arn,   manig land,   25
10 auff scheffen gros,   der ich genos   von sturmes band,
des hoch und nider   meres gelider   vast berant;

---

12 gleich *A (2 Noten);* laidñ *A.*   **15** anderswo *BAc;* har *Bc,* hår *A.*   **16** manchen *Bc,* manichen *A (2 Noten);* beste *A.*   **17** lictwan *A;* tartarij *A.*   **18** lampart fräckreich yspaniaʒ *A;* kuniges *A.*   **19** gelds *A.*   **21** kaclonisch *A.*   **22** lampartisch *c,* lamptisch *(d.h.* lampertisch*) A!*   **23** wenn] wañ *Ac.*   **25** vmbfarñ *A;* arm *Bc,* arñ *A.*   **26** der] des *c.*

---

15 Kandia: *Iraklio auf Kreta.*   **16** *Für den einhellig überlieferten Akkusativ finde ich kein Verb.*   **17** Preussen: *Land der Prussen, vor allem Ostpreußen;* Littwan: *Litauen;* Tartarei: *Tataren waren verschiedene Turkvölker, die in verschiedenen Gegenden Europas und Asiens siedelten;* Türkei: *zu Oswalds Zeit beherrschten die Türken bereits den größten Teil der heutigen Türkei und Bulgarien;* über mer *könnte sich speziell auf das Heilige Land beziehen.*   **18** Lampart: *Lombardei, beherrscht von Mailand;* Ispanien *hier vielleicht Sammelbegriff für die iberischen Reiche.*   **19f.** Rueprecht *und* Sigmund *sind, syntaktisch nachgeschoben, parallel zu* minn *Subjekte von* traib; adler *Wappentier der deutschen Könige;* streiffen *substantivierter Infinitiv ›Heereszug‹.*   **21** mörisch *›maurisch‹, wohl ›arabisch‹.*   **22** windisch *›wendisch‹ für eine slavische Sprache;* lampertisch *›langobardisch, italienisch‹;* reuschisch *›russisch‹;* roman *›ladinisch‹ oder ›provenzalisch‹.*   **23** wenn mir zerran *›wenn mir (das Geld) ausging‹?*   **24** trummen *›trompeten‹.*   **27** des hoch und nider *›dessen Auf- und Abflauen‹ oder ›dessen Hinauf- und Hinunterdrängen‹;* meres gelider *›alle Teile des Meers‹.*

die swarzen see lert mich ein vas begreiffen,
Do mir zerbrach   mit ungemach   mein wargatin,
ein koufman was ich,   doch genas ich   und kom hin, 30
15 ich und ein Reuss;   in dem gestreuss   houbguet, gewin
das suecht den grund und swam ich zue dem reiffen.

III Ain künigin von Arragon, was schön und zart,
da für ich kniet, zu willen raicht ich ir den bart,
mit hendlein weiss bant si darein ein ringlin zart 35
lieplich und sprach: »non maiplus disligaides.«
5 Von iren handen ward ich in die oren mein
gestochen durch mit einem messin nädelein,
nach ir gewonheit sloss si mir zwen ring dorein,
die trueg ich lang, und nennt man si raicades. 40
Ich suecht ze stund   künig Sigmund,   wo ich in vand;
10 den mund er spreutzt   und macht ein kreutz,   do er mich kant,
der␣rüefft mir schier: »du zaigest mir   hie disen tant«,
freuntlich mich fragt: »tuen dir die ring nicht laides?«
Weib und ouch man   mich schouten an   mit lachen so; 45
neun personier   küngklicher zier,   die waren da
15 ze Pärpian,   ir babst von Lun   genant Petro,
der Römisch künig der zehent und die von Praides.

IV Mein tummes leben wolt ich verkeren, das ist war,
und ward ein halber beghart wol zwai ganze jar. 50
mit andacht was der anfangk sicherlichen zwar,

---

28 vas *fehlt c.*   **29** wargātin *A,* wargatein *Bc.*   **31** grestews *A.*   **33** Arragum *A.*
38 messeȝ nadlin *A.*   **39** gewonet *A.*   **41** in *fehlt A.*   **42** spreussȝ *A.*
43 disem *A.*   **45** schauten mich *c.*   **46** neun] mein *c;* kunigklichˢ *A.*
47 parpian *Ac.*   **49** uˢkern *c.*   **50** beckhart *A;* gancz *A.*   **51** anefang *c.*

---

29 wargatin *nordit.* bargantin, *Nebenform zu* brigantino ›zweimastiges Schiff‹.
31 houbguet ›Kapital, Handelsware‹.   **32** reiffe *it.* riva ›Küste, Ufer‹.
33 *Margarita de Prades, 29jährige Witwe Martins I. von Aragon.*   **36** non maiplus disligaides *spanisch* ›bindet es nie mehr los‹.   **40** raicades *spanisch* arracades ›Ohrgehänge‹.   **47** Pärpian *Perpignan; der von westeuropäischen Herrschern damals noch gestützte Gegenpapst Pedro de Luna; ungenauer Reim.*
48 Praides *s. zu 33.*   **50** halber beghart ›etwas Ähnliches wie ein Begarde‹ *(Mitglied einer nicht monastischen frommen Bruderschaft) – gemeint sein könnte eine Pilgerreise.*

hett mir die minn das ende nicht erstöret.
5 Die weil ich rait und suechet ritterliche spil
und dient zu willen ainer frouen, des ich hil,
die wolt mein nie genaden einer nussen vil,
bis das ein kutten meinen leib bedöret.
Vil manig ding   mir do gar ring   zu handen | ging,
10 do mich die kappen   mit dem lappen   umbefing.
zwar vor und seit   mir nie kein meit   so wol verhing,
die mein wort freuntlich gen ir gehöret.
Mit kurzer schnuer   die andacht fuer   zum gibel aus,
do ich die kutt   von mir do schutt,   in nebel rauss.
15 seid hat mein leib   mit leidvortreib   vil mangen strauss
gelitten und ist halb mein freud erfröret.

V Es wär zu lang, solt ich erzellen all mein not,
ja zwinget mich erst ein ausserweltes mündli rot,
da von mein herz ist wunt bis in den bittern tod;
vor ir mein leib hat mangen swaiss berunnen.
5 Dick rot und blaich hat sich verkert mein angesicht,
wann ich der zarten dieren hab gewunnen pflicht:
vor zittern, seufzen hab ich offt empfunden nicht
des leibes mein, als ob ich wär verbrunnen.
Mit grossem schrick   so bin ich dick   zwaihundert meil
10 von ir gerosst   und nie getrosst   zu kainer weil;
kelt, regen, snee   tet nie so we   mit frostes eil,
ich brunne, wenn mich hitzt *der* lieb*en* sunne.
Won ich ir bei,   so ist unfrei   mein mitt und mass.
von ainer frauen   so muess ich pauen   ellend strass

---

52 end *A*. **53** sucht *A*. **54** dinet *A*. **55** gnadñ *A*. **56** meinen] mein *A*. **58** dem] der *c*. **60** meine *A*. **61** andach *A*; auss *A*! **63** vil manigñ *A*, mit mangem *c*. **64** mein freüd halb erstöret *c*. **68** manigñ *A*. **70** di^sn *A*, diern *c*; genumen *Ac*. **76** die liebe *B*, die lieb *c*, der libñ *A*. **78** ainer] main^s *A*; elende *A*.

---

58 kappen mit dem lappen *Kapuzenmantel, wohl mit lappenartiger Verlängerung.*
59 wol verhahen ›*sich freundlich, zugänglich zeigen*‹. **63** mit leidvortreib ›*beim Freudesuchen*‹. **70** pflicht gewinnen ›*Umgang haben*‹. **74** rosten ›*rösten, auf dem Rost peinigen*‹.

15 in wilden rat,   bis das genadt   lat iren hass,
und hulf mir die, mein trauren käm zu wunne.   80

VI Vierhundert weib und mer an aller manne zal
vand ich ze Nio, die wonten in der insell smal;
kain schöner pild besach nie mensch in ainem sal,
noch mocht ir kaine disem weib geharmen.
5 Von der ich trag auff mein rugk ein swäre hurd,   85
ach got, wesst si doch halbe meines laides burd,
mir wär vil dester ringer offt, wie we mir wurd,
und het geding, wie es ir müesst erbarmen.
Wenn ich in ellend   dick mein hend   offt winden muess,
10 mit grossem leiden   tuen ich meiden   iren gruess,   90
spat und ouch frue   mit kainer rue   so slaff ich suess,
das klag ich iren zarten weissen armen.
Ir knaben, maid,   bedenkt das laid,   die minne pflegen,
wie wol mir wart,   do mir die zart bot   iren segen.
15 zwar auff mein er,   wesst ich nicht mer   ir wider gegen,   95
des müesst mein oug in zähern dick erwarmen.

VII Ich han gelebt wol vierzig jar leicht minner zwai
mit toben, wüeten, tichten, singen mangerlai;
es wär wol zeit, das ich meins aigen kindes geschrai
elichen hort in ainer wiegen gellen.   100
5 So kan ich der vergessen nimmer ewikleich,
die mir hat geben muet auff disem ertereich;
in aller werlt kund ich nicht finden iren gleich,
auch fürcht ich ser elicher weibe bellen.

---

79 bildem *c*; gnad *A*.   **80** und *fehlt c; nach* mein *Virgel c (andere Syntax!).*
82 nyeo *A*.   **83** besag *A*.   **85** meinem *A*, meim *c*; swer *A*.   **86** doch halbe]
halb doch *A*.   **90** grossen *A*; irn *Ac*.   **91** kainer] kain *A*.   **95** icht *B*, ich *Ac*.
96 můß *A*.; erbarmen *BAc*.   **98** sigen *A*; mānikherlay *A*.   **99** meines *A*.
101 ymm^s *c*.   **102** erdreich *A*, ertrich *c*.   **103** aller] all der *A*; geleich *c*.

---

79 in wilden rat ›wo Rat (und Hilfe) fern ist‹.   **82** Nio: *Ios*.   **84** noch ›dennoch‹;
geharmen ›Leid zufügen‹ (dadurch, dass sie schöner war).   **85** hurd ›Flechtwerk‹,
hier wohl für einen Rückenkorb (Kräxe).   **86** burd ›Bürde, Last‹.   **95** gegen ›begegnen‹.   **100** elichen ›im Ehestand‹.

>   In urtail, rat   vil weiser hat   geschätzet mich,   105
> 10 dem ich gevallen   han mit schallen   liederlich.
>   ich Wolkenstein   leb sicher klain   vernünftiklich,
>   das ich der werlt also lang beginn zu hellen,
>   Und wol bekenn,   ich wais nicht, wenn   ich sterben sol,
>   das mir nicht scheiner   volgt wann meiner   werkhe zol.   110
> 15 het ich dann got   zu seim gebott   gedienet wol,
>   so forcht ich klain dort haisser flamme wellen.

19. Es ist ain alt gesprochner rat

> I   Es ist ein alt gesprochner rat
>   mer wann vor hundert jaren:
>   und wer nie laid versuechet hat,
>   wie mag er freud ervaren?
> 5   auch, ist mir ie gewesen wol,   5
>   das hab ich schon bezalt für vol
>   in Katlon und Ispanien,
>   do man gern ist kestanien.
>
> II Und was mein bart von freulin rain
>   zu Costenz hat erlitten,   10
>   und meiner taschen der sigelstain
>   ward maisterlich geschnitten,
> 5   es ist ain ungeleicher sin,

---

18 **105** hat *(gestrichen!)* ratt *A*. **107** leb] lib *A*. **110** wolgt *A*. **111** hat *A*; gedient *c*. **112** flammē *A*. *Nachschrift:* Finis istius *A*.

19 B 8ʳ–9ʳ *(A 10ʳ–11ʳ, c 18ᵛ–21ᵛ = BW 6, Sch 63); einstimmig, 1. Strophe den Noten unterlegt A, unter leeren Notenlinien B.* **1** alt gesprochñ *A*. **7** Ispanien] in Ispaniā *A*. **8** gern ist] isst gern *c*; kestanian *A*, kastanien *c*. **10** Constentz *c*. **11** meinˢ *Ac*, mein *oder* meinˢ *B?* **13** vngleichˢ *A*.

18 **108** hellen ›zustimmen‹. **110** schein ›glänzend‹. **112** wellen ›wallen, lodern‹.
19 **5** ›falls es mir jemals gut ging‹. **7** Katalonien und vermutlich Leon-Galicien. **9–12** Vgl. 123,6–16, 30–32. **11** und ›wo‹; sigelstain: *nach Marold ein magischer Stein in der Tasche, der bewirken soll, dass das Geld nicht ausgeht.* **13/15** ist ain ungeleicher sin … weder ›lässt sich nicht vergleichen mit dem, wie es …‹ (vgl. *DWb.* weder III: *Vergleichspartikel*).

    – ie zwen an ain ziehent in hin –
    weder es mir erging zu Arragon   15
    und in der stat, haisst Pärpian.

III Der einen vogel vahen muess,
    das er im nicht empfliege,
    der tue im richten, locken suess,
    domit er in betriege.   20
5 in netzen, | lätzen auff dem kloben   8^v
    vil edler vogel wirt betrogen,
    den solche list umbgeben,
    dovon er fleusst sein leben.

IV Pfeiffen, trummen, saitenspil,   25
    die moren sumpern sluegen,
    dorzue ein volgk, gerichtet vil,
    die türn und vesten truegen
5 mit engeln wolgezieret schon;
    die sungen, klungen mangen don,   30
    ir ieslicher besunder
    mit fremder stimme wunder.

V **Engegen rait, loff arm und reich,**
    vor staub so ward ich haiser.
    empfangen ward do wirdikleich   35

---

14 ie] Jo *A*; ziethñ *A*; in *fehlt c*. **15** wyd^s *A*; aragun *A*; Also ging es mir zu arragon *c*. **16** Parpian *Ac*. **19** thuet *A*. **21** klogñ *A*. **23** soliche *A*, sölich *c*. **28** turñ *A*. **30** manighñ *A*. **32** fremdē *A*; wundrñ *A*.

---

14 *Wohl Parenthese, vielleicht ›zwei (in Aragon) gegen einen (in Konstanz) ziehen ihn (den sigelstain) weg‹.* **16** *Pärpian: Perpignan.* **17–24** *Der festliche Empfang der folgenden Strophen wird durch das Gleichnis als Falle desavouiert.* **19** *richten ›einrichten, vorbereiten‹ (z. B. eine Falle).* **21** *latz ›Schlinge‹; kloben: gespaltener Stab zum Vogelfangen.* **25/27** *Substantive ohne syntaktische Einbindung; trummen ›Trompeten‹.* **26** *sumper ›Trommel, Pauke‹.* **27** *gerichtet ›geordnet‹ (Schatz 1930) oder ›aufgeputzt‹.* **28–32** *mit Türmen, Burgen und Engeln geschmückte Portative (Vorgänger des Orgelpositivs).*

Sigmund, künftiger kaiser,
5 gen Parpian all in die stat.
do wart gehaisset im ein bad,
hett man die leck auff gossen,
es hett uns alle verdrossen.   40

VI Von küngen, künigin junk und alt
    ward er gegrüesst mit küssen,
    doch nach den jungen, sach ich halt,
    tet er sich nimmer wüschen.
5   wer zwaiung an den frouen gelaint,   45
    wir hetten uns leicht ee veraint
    wann mit dem Peter Schreufel
    und seinem knecht, dem teufel.

VII Zwar lenger schwanz kund ich nie schouen
    an leonen noch an phawen,   50
    wann in dem selben land die frouen
    hinden an den röcken haben.
5   ring in den oren, nagel rot.
    e das ir aine ain hendlin bot,
    si torst aim e gebietten   55
    ein smutz mit süessem nieten.

---

38 gehaißt *A*, gehaitzet *c*.   **40** vns hiet sein all verdrossen *c*.   **41** kunigñ *c*.
43 sach] sag *A*.   **44** nimmer] nit vast *c*; wünschen *(das erste* n *nicht vollständig radiert)* B, wischñ *Ac*.   **46** hattñ *A*; leich *A*.   **48** dem] den *A*.   **50** noch] vnd *c*; phawben *B*, phabñ *Ac*.   **51** in dem *zweimal A*.   **52** den] d^s *A*.   **55** aim̃ *A*; gepittñ *A*.   **56** suessen *c*.

---

36 *Sigmund wurde erst viel später zum Kaiser gekrönt, wird aber hier und Vers 213 bereits Kaiser genannt; das Adjektiv* künftig *dürfte sich auf die aktuelle Situation beziehen:* ›bei seiner Ankunft‹.   **38–40** *Bad als Metapher für die Gefährdung;* leck: *heißes Wasser zum Verdampfen.*   **45** ›wenn der Streit nur an den Damen gelegen hätte‹.   **47** Peter Schreufel *der Gegenpapst Petrus de Luna, der Schimpfname (wohl zu* schraufe ›Schraube‹*) ist nicht erklärt, vgl. aber die negativen Konnotationen von* schraufen *im DWb.*   **49** schwanz ›Schleppe‹.   **56** ›einen Kuss mit liebenswürdigem Eifer‹.

VIII Künig Sigmund teglich zumal
  sich arbait achzehn wochen
  mit bäbsten, bischoff, cardinal;
  und wärn si erstochen, 60
5 der seinen falsch darinn erzaigt
  und zu der scisma was genaigt,
  ich wolt si all verklagen
  mit pfeiffen auf einem wagen.

IX Manig hämisch list so ward volbracht 65
  von in mit naigen, bucken.
  des hab ich offt ein lange nacht
  ain mattras müessen drucken;
5 auff seinem har het ich kain rue,
  es was von ainer alten kue, 70
  die was geheissen mumme,
  das sagt mir verdt ein stumme.

X Und der von Ötting leutet mir
  gen tag auff meinem kopfe,
  recht als ein rab eim toten stier 75
  tuet bickn zue dem schopfe.
5 des hab ich im vil manchen straich
  mit einem schuech, was nit gar waich,
  nach seiner haut gesmissen,
  das man im sach die rissen. 80

XI Herzog von Prig was nicht ein tor,
  der lag gefach in sorgen.
  ich stuend offt hinden auff e vor

---

58 achczehn͂ *Ac.* **60** wår͂n *A.* **61** erzait *A.* **62** cisma *c.* **67** nacht *fehlt c.* **73** ottīg *A,* Öting *c.* **75** aim] ain *c.* **77** des] dem *c;* manichē *A.* **78** einem] meinē *c;* weicht *A.*

60–63 *Inkongruenz des Numerus.*   **63** verklagen ›klagen über‹ (ironisch). **65** hämisch ›versteckt, heimlich‹.   **69** seinem *bezieht sich auf* mattras. **72** verdt ›vergangenes Jahr‹.   **73f.** *Graf Ludwig von Öttingen;* ›läutete mir den Tag ein‹ (Hofmeister).   **80** man im = man an im.   **81** *Herzog Ludwig II. von Brieg.* **82** gefach ›oft‹.   **83** hinden e vor ›mit dem Hinterteil zuerst‹.

       und zaigt im gueten morgen;
5   des ward mir offt ein herter schuech 85
       geworfen zue mit wildem fluech,
       das ich muesst von im fliehen,
       die deck herüber ziehen.

XII Zwar dise mer die weren lank,
       hett ich si recht besunnen. 90
       der Paumgarter her Fritzen schankt
       eins morgens weihenbrunnen
5   aus einem kübel ungesmack;
       sein wang, die joppen und leilach
       merket er im von gelwen streimen, 95
       das solt her Fritz reimen.

XIII Wenn ich der grossen gloggen klangk
       hort nach der zal erklingen,
       ein kurze weil ward mir ze lank
       und lust mich klain zu singen. 100
5   ich docht, du faiges glöggelein,
       und wär ich auff dem Wolkenstein
       mit herren und gesellen,
       zwar ich forcht klain dein schellen.

XIV Derselben sturmglogken schal 105
       jaucht mich mit irem sumpern,
       das ich ein stiegen viel zu tal
       in seuberlichem pumpern.
5   do vand ich meinen herren stan
       in seinem harnasch als ein man, 110

---

86 wilden *A*. **89** wern *c*. **91** schank *c*. **92** weyhñprūne *A*. **93** ainen *A*. **94** leichlach *A*. **95** mërckt *c*; von] mit *c*. **96** das] dez *A*; fritze *c*. **99** kurczweil *Ac*. **105** sturm̄glokñ *A*. **106** jagt *c*; irñ *A*. **108** sewbˢlichñ *A*. **110** ain] ain andˢn *c*.

---

91 *nicht identifizierte Personen.* **93** ungesmack ›stinkend‹. **95** merken ›markieren, kennzeichnen‹. **96** reimen ›sich einen Vers darauf machen‹? **101** docht = dachte. **106** jeuchen = jagen.

umbegürt mit ainem swert;
sich hueb ein wilds gevärt.

XV Mein gueter strich der reut mich nicht,
»von guldin« was sein name,
seid das die kristenhait verricht 115
5 ist worden zu Narbane.
herzog von Prig, bischoff von Rig,
gross graf, künig Sigmunds sig
was euch empfolhen eben,
der lon wirt euch gegeben 120

XVI Und allen den, die harnasch, ros
zu letze dort haben gelassen.
ouch ob ir kainer durch ein moss
müesst watten in der strassen,
5 die haben all genad davon, 125
ob si mit andacht geren gan.
von meinen örsen all⟨e⟩n
so bracht ich ouch drithalben.

XVII Zwar Peterlin, du böse katz,
ain kind mit falscher laune, 130
dir hat gevält der alte glatz;
ich hort zu Affiane
5 ein brief von künigen, herren, lant,

---

111 vmbgürt *c*. **112** geferte *A*. **113** rewet *A*. **114** golde *c*. **118** Sigismūds *A*.
119 weuolhen *c*. **127** rossen *c*. **133** von] vnd *A*.

---

112 ain wilds gevärt ›ein heftiges Treiben, ein Tumult‹. **113** strich ›Geldbeutel (in Gürtelform)‹. **115** Beendigung des Schismas. **117** Prig vgl. 81; Johann von Wallenrode, Bischof von Riga. **118** Nikolaus von Gara, großer Graf von Ungarn. **121–128** Ob die Strophe ernst gemeint ist und denen, die viel verloren haben, himmlischen Lohn verspricht oder sich sarkastisch gegen Feiglinge wendet, ist unklar. **122** letze ›Abschiedsgeschenk‹. **123** ir kainer ›einer von ihnen‹; moss ›Morast‹. **126** ›wenn sie ergeben den Bittgang tun‹ (Hofmeister) oder ›wenn sie gern andächtig zu Fuß gehen‹ (frei nach Marold, Röll). **127f.** Die Pointe ist unklar. **131** ›dein alter Glatzkopf hat daneben geschossen‹, d.h. wohl: du selbst (vgl. 142). **132** Affian: *Avignon*.

die vor an dich geloub*et* hand,
die pfeiffent dir mit grillen 135
zu tanz auff ainer tillen.

XVIII Des trat wir die procession
ze hauffe mit gedrange,
mit pfeiffen, trummen, gloggen don
und löblichem gesange. 140
5 des nachtes ward der tanz berait,
secht, do ward Petro glatz verklait
von ma⟨n⟩cher schönen dieren
mit springen und hofieren.

XIX Zwar alle ding verker⟨n⟩t sich knauss; 145
der strich leit mir im sinne,
ein ander füeret zwen hinaus,
so liess ich ainen dinnen,
5 der gieng zu rund umb meinen leib.
vil mancher nimpt ein edel weib, 150
er deucht sich wol geheuer,
wurd im so vil haimsteuer.

XX Noch ist es als ain klainer tadel,
seid mir die schöne Margarith
stach durch die oren mit der nadel 155
nach ires landes si*tt*.
5 die selbe edle künigin,
zwen guldin ring sloss si mir drin
und ein in bart verhangen,
also hiess si mich prangen. 160

---

134 geloubent *BA*, gelaubet *c*. **142** peters *c*; weklait *c*. **143** manich*s* *A*; diern *c*. **144** hofiern *c*. **145** verkert *BA*, vˢkernt *c*. **146** im] in dem *A*. **147** ain ander] ye ainˢ *c*; furt *A*; heraus *c*. **150** manichˢ *A*. **151** sich] sy *A*; wol] gar *c*. **153** alles *A*. **156** sitt c] sitte *BA*. **157** dieselbig *c*; edele *A*. **158** dar in *A*.

---

136 tille ›*Diele, Tanzboden*‹. **142** verklagen *wie 63*. **145** knauss *(mhd.* knûz*)* ›*keck, rasch*‹. **146** strich *wie 113*. **148** ›*ich aber verlor drinnen (im Festsaal) einen*‹. **151** geheuer ›*froh*‹. **152** haimsteuer ›*Mitgift*‹.

XXI Ain edler nam ward mir gelesen:
»wisskunte von Türkei«.
vil manger wont, ich sei gewesen
ain haidnischer frei.
5 mörisch gewant, von golde rot, 165
künig Sigmund mirs köstlich bot,
dorinnen kund ich wol swanzen
und haidnisch singen, tanzen.

XXII Zu Paris manig tausent mentsch
in heusern, gassen, wegen, 170
kind, weib und man, ein dick gedenns,
stuend wol | zwo ganz lege. 9ʳ
5 die taten alle schouen an
künig Sigmund, römischen man,
und hiess⟨en⟩ mich ain lappen 175
in meiner narrenkappen.

XXIII Die nacio von aller schuele
mit iren guldin bengel
erten in auf seinem stuele
noch höher dann ein engel; 180
5 und jede schuele besunderlich
die lobt in sicher maisterlich
in ainem grossen sal,
studenten, maister ane zal.

---

162 durkeÿ *A.* **163** manich^s *A.* **164** haidenisch^s *c.* **166** küng *c*; mir *A*; erbot *c.* **167** darjnn *c.* **168** haidenisch *c.* **171** man vnd weyp *A*; dicke *A*, dicks *c.* **172** zwe *A.* **173** all *A.* **175** hiess *BA*, hiessn *c.* **179** in] im *A.* **184** studenten] da stuenden *c*; ane] an *A.*

---

162 wisskunte *altfrz.* viscomte, *Adelstitel, hier offensichtlich als scherzhafte Auszeichnung.* **164** frei ›Freiherr‹. **167** swanzen ›stolzieren‹. **171** gedenns ›Gedränge‹. **172** lege *it.* leghe ›Meile‹. **177** nacio: *An der Universität Paris waren Lehrende und Studenten in vier* nationes *eingeteilt, die Deutschen gehörten zur englischen* natio, *die hier wohl gemeint ist;* von aller schuele ›aus allen Fakultäten‹? **178** bengel ›Szepter‹.

XXIV Auf baiden knien so lernt ich gan 185
in meinen alten tagen,
zu füessen torst ich nicht gestan,
wolt ich ir nahen pagen:
5 ich mein frou Elst von Frankereich,
ein künigin gar wirdiklich, 190
die mir den bart von handen
verkrönt mit aim diamanden.

XXV In grossen wassern michel visch
facht man mit garnen strecken,
des ward mir geldes auf ein tisch 195
wol fünfthalb grosser secke.
5 künig Sigmund follet mir
den strich mit manchem planken zier,
was ich an als verzagen
selb dritt neur mocht ertragen. 200

XXVI *Eh*afft not mich dar vermuet,
von dannen muesst ich reitten.
künig Sigmund, das edel bluet,
schueff pald, ich solt nicht beitten.
5 von Paris bot er mir die hand 205
und sigelt über in Engelant,
die künige ze verainen,
anzu ich das maine.

---

187 bestan *c*. **188** nahend *c*. **189** els *c*; franckreich *A*. **192** vorkronet *A*; ain dyamandum *A*. **194** garen *c*. **195** ainē *A*. **196** segh *A*. **198** manigñ *A*; planken] groschen *c*. **200** getragñ *c*. **201** Crafft *Bc*, Ehafft *A*; da *A*. **207** kunge *c*.

---

188 pagen *nicht befriedigend erklärt, es muss sich um eine Aufwartung oder einen Gesangsvortrag handeln; Schatz 1930 schlägt* böugen *vor, was als dialektaler Reim möglich wäre, aber nur transitiv belegt ist.* **189** Elst: *Isabeau, Gemahlin Karls VI., geb. Elisabeth von Bayern-Ingolstadt.* **192** verkrönen *sonst* ›krönen‹, *hier etwa* ›auszeichnen‹. **194** mit garnen strecken ›*indem man Fanggarn spannt*‹ *(Schatz 1930).* **198** plank *frz.* blanc: *eine Silbermünze.* **201** ehafft not: *eine Situation, die die Unterbrechung der Dienstverpflichtung rechtfertigt;* vermüen ›*drängen, nötigen*‹. **208** anzu ›*nebenbei*‹?

XXVII Über all die Franzos breis ich ain
getreuen, permafoia, 210
des frümkait dunkt mich sicher rain:
der edel von Sophoia.
5 das wort er von des kaisers hand
ain herzog wirdiklich genant,
do manicher an den ruggen 215
viel mit des stueles bruggen.

XXVIII Wie vil ich ⟨sich,⟩ hör, sing und sag
den louff der werlde strieme,
so ist recht an dem jüngsten tag
ein watsack als ein rieme, 220
5 ein glogghaus gilt ein essichkrueg.
dient wir der sel nach irem fueg,
das si wär unbetwungen,
so hett ich wol gesungen.

20. Es seusst dort her von orient

I **E**s seusst dort her von orient
der wind, levant ist er genent;
durch India er wol erkennt,

---

19 209 alle *A*; franczes *A*.   211 duncket *A*.   212 saphoia *A*, sophia *c*.
214 wirdicklichn̄ *A*.   217 sich *A*] *fehlt Bc*; sag] sāg *A*.   218 streyme *Bc*, stryeme
A.   220 rim *A*.   223 vmwetwūgn̄ *A*.
20 *B 9ʳᵛ (A 11ʳᵛ, c 22ʳ–23ʳ, E 270ʳ–271ʳ = BW 29, Sch 6); einstimmig, 1–15 und 31–37 den
Noten unterlegt, 16–30 dazwischen BA. Überschrift: Tagweise E.*   3 er] gar *E*.

---

19 210 permafoia = 69,75 auff mein treu.   212 *Amadeus VIII. von Savoyen.*
213 *das wort = des wart.*   215f. *ein auch sonst bezeugter Unfall (s. Marold).*
218 *striem ›Streifen‹, auch ›Rinnsal‹ (DWb.).*   220f. *Alle Dinge haben wenig
Wert.*
20 *Die extreme Reimfülle des Tons hat zu einigen Zugeständnissen bei der lautlichen
Genauigkeit (a/o, m/n) und der Wortwahl (besonders in Genitivumschreibungen)
geführt.*   2 levant ›Ostwind‹.   3 erkennt ›bekannt‹ (Partizip ohne Rückumlaut)
oder ›kennt sich aus‹?

20. Es seusst dort her von orient

    in Suria ist er behend,
5 zu Kriechen er nit widerwent,
    durch Barbaria das gelent
    Granaten hat er bald errent,
    Portugal, Ispanie erbrent.
    über all die werlt von ort zu end
10 regniert der edel element;
    der tag in hat zu bott gesennt,
    der nach im durch das firmament
    schon dringt, zu widerstreit ponent.
    des freut sich dort in occident
15 das norbögnische geschlächte.
    Den sturm erhort ein freulin zart,
    do es mit armes banden hart
    mit liebem lust verslossen ward.
    si sprach: »ich hör die widerpart,
20 der tag die nacht mit schein bekart.
    wach auf, mein hort! sich hat geschart
    der sterne glast von himels gart.
    wachter, ich spür ein valsche wart,
    dein leib pringt mich in jamers art.
25 ach wicht, wer hat dich das gelart,
    das du mich pringst in sendes mart?
    davon mein herz in laid erstart,

---

4 Siria *E*. **5** chrichñ *A*, kriehñ *c*. **7** kranaten *A*. **8** portigal *AE*; Hispania *E*; entprennt *E*. **9** die] dis *E*. **10** regnist *A!*, regiert *c*. **11** in hat] hatt | hatt jn *E*; potñ *c*. **15** norbognisch *A*, norbonische *c*, Norbanisch *E*; geslacht *A*. **17** do] das *E*. **18** mit] in *E*; liebñ *AE*. **22** des sternes *E*. **23** ein] dein *E*. **24** dein leib pringt] du pringest *E*. **25–27** *fehlen, stattdessen ein Plusvers nach 29 E*.

---

4 Suria: *der gesamte nahe Osten*. **6** Barbaria: *Berberland Nordafrika*. **8** erbrennen ›*aufbrennen lassen*‹ *(Partizip ohne Rückumlaut)*. **13** zu widerstreit ponent ›*damit er gegen den Westwind streite*‹. **14** des *bezieht sich wohl auf den Tagesanbruch*. **15** *Narbonne steht wohl für den ganzen Westen*. **19** die widerpart: *die streitenden Winde*. **20** bekart = bekert. **21f.** sich scharn ... von *(als Gruppe)* ›*sich wegbegeben*‹. **23** *Der Wächter habe zu spät gewarnt*. **26** mart = mort.

es müesst mich reuen hie und dart,
ob im missling mit hinevart;
30 das pringt dein snödes geträchte.«   etc 30
Zwar si began in drucken,   ⟨Repeticio⟩
zucken   aus dem slaff,
freuntlich an sich smucken,
5 rucken   ane straff, |
das er began zu krachen,   9ᵛ 35
wachen,   sunder swachen
machen   lieplich zaff.

II **D**er knab erschrack aus laure⟨n⟩s wan.
»sag, lieb, wie sol ich das verstan,
das mich dein zärtlich vmbefan   40
in grimmer rache hie began
5 erschreken ser mit widerzam?
hab ich dir missevallen tan?«
»Ach nain, du ausserwelter man,
mich reut dein sorgklich von mir gan,   45
des bin ich muetes worden an.
10 hör zue den voglein wunnesan!
den tag zu melden si nicht lan,
ain jedes vicht sein sundern jan
mit heller stimm auff poumes pan.   50

---

28 es] das *E*. **29** im] mir *E*; missliüng *cE*; *danach Plusvers:* du hast dich vil ze lang gespart *E*. **30** pringt] macht *E*; deins *c*; schnöds *E*; getrachte *A*. **31** *am Rand* R(epetici)o *Ac*. **37** zaff] aüglen zart *E*. **38** laurens *E*. **41** in grimmer rache] so grymeclich *E*. **43** dir] dich *A*; misuallñ *Ac*, mißgeuallen *E*. **47** vogeln *E*. **49** ain] ye *A*, jr *E*; gan *A*. **50** heller] sußer *AE*; styme *A*.

---

28 dart = dort. **30** geträchte ›Trachten, Verhalten‹. **35** krachen *meint wohl das Knacken der Gelenke beim Aufwachen.* **37** zaff ›Pflege, Behandlung‹. **38** aus laure⟨n⟩s wan *möglicherweise* ›wegen der Erwartung eines Hinterhalts‹, *wahrscheinlicher aber* ›aus seiner Erwartung noch zuwarten zu können‹ (vgl. *DWb. lauern*). **42** widerzam ›Widerspenstigkeit, Ungehörigkeit‹. **43** tan = getan. **49** vicht sein sundern jan ›streitet für seine besondere Reihe‹, d. h. wohl ›verfolgt seine besondere Melodie‹. **50** pan ›Weg‹, *wenig bedeutsames Reimwort.*

mein herz, das muess dem wesen gran,
15 der uns hat überslichen.«
»Zwar, liebste frou, deins herzen qual
mich freuden ant zu manchem mal.
wie wol dein er mit lieber zal 55
mich hat erfreut an argen val,
20 so ist so vil der merker schal,
die uns verdenken überal
mit snödem ticht in schanden tal,
das ich wolt sein ein animal, 60
jo wesen gleich der nachtigal,
25 da mit deins zarten leibes sal
an schuld nicht flür der eren gral.
doch hoff ich, das kain böser gal
sich an dir freu in neides pal. 65
O wachter, dein verswigen hal
30 mit treuen hat gewichen.«
Das zünglin gan si im spitzen, Repeticio
smitzen   in den mund;
plind lieb, die hat nicht witzen: 70
hitzen   trähers kund

---

51 das] des *A*; gram *A*. 53 Zwar] Zart *E*. 54 manigem *E*. 55 ere *A*. 56 hat erfreut] hat gefrewt *A*, fräen tůt *E*. 57 merker] klaffer *A*. 58 verdenken] verdönen *E*. 60 das ich wolt] ych wolt ee *c*; ain animal] ein *(nachgetragen)* ane mal *A*, ain ainig mal *E*. 61 jo] in *E*. 63 an schuld *fehlt E*; verlur *E*. 65 sich an dir freu] sich frä an dir *E*. 66 dein] den *A*; verschwigner *E*. 68 gund *E*; im *fehlt E*; Randschrift R(epetici)o *auch Ac*. 69 im schmitzen *E*. 70 plinde *c*; die *fehlt Ac*; witze *E*. 71 trähern *A*, tzäher *aus* trähers *korrigiert c*; Hitzig zäher sy begund *E*.

---

51 gran = gram. 54 anen ›berauben‹. 55 mit lieber zal ›erfreulich oft‹. 58 verdenken ›verdächtigen‹. 60 animal lat. ›Tier‹, d.h. beim Weggehen in unverdächtiger Tiergestalt. 62 sal ›Saal‹, wenig bedeutsames Reimwort. 64 gal ›Ruf, Gerücht‹. 65 pal ›Gebelle‹. 66f. am überzeugendsten Hofmeister: ›dein unterbliebenes Hornsignal bedeutet einen Treuebruch‹; schwierig bei dieser Deutung allerdings mit treuen *statt* von treuen. 68 gan = began. 71 hitzen trähers ›die Hitze einer Träne‹.

```
 5  si aus den öuglin giessen,
    niessen    an verdriessen
    sliessen   schon verwunt.

III »Ach schaiden, ich bin worden dein«,                    75
    so redt das zarte freuelein,
    »gross freud an mir ist worden klein,
    seid ich dich, ausserweltes ein,
 5  hie meiden muess von tages schein.
    O trumetan, wie hastu mein                              80
    vergessen hie in solcher pein,
    das du hast lan gewaltig sein
    den süd und osst spatzieren hrein.
10  ponent, dein sterklich widergrein                       85
    verdrungen hat der dies rein.
    auch lucifer, der klarhait vein,
    dein greisen du lasst überfrein;
    des muess ich ellends magatein
15  auss lieben slossen strecken.«
    »Frou, nicht betrüeb dein öuglin klar.                  90
    mich hat dein mündlin wolgevar
    erzunt mit rechter liebe gar,
    das mir kain not nicht schaden tar.
20  umb trauren gäb ich nicht ein har.
```

---

72 si *fehlt* E; augelin A.   **74** fliessen c.   **76** zart AE; frewlein A.   **77** ist an mir A.   **80** trumitan A.   **80–82** O trumetan mir pringet pein E.   **83** den] dein E; herein Ac, hain E.   **84** sterklich] schreklich A, schricklich c, starcker E.   **85** der dies] er dis E.   **86** Ach Lucifer gar clår vnd vein E.   **87** dein] den AE; greyffñ A.   **88** muess] bin E.   **89** liebe A; schloß entstricket E.   **90** nicht betrüeb] mich betrübt E; deine E; eugelein A.   **92** entzündt E; mit] in E; gar] zwar A.

73f. niessen ... sliessen ›das Umarmen genießen‹; verwunnen ›in wunne versetzen‹.   **80–85** trumetan ›Nordwind‹ und ponent ›Westwind‹ als Exponenten der Nacht, verdrängt von Ost- und Südwind als Boten des Tags (lat. dies); widergrein ›Entgegenheulen‹.   **86** Lucifer: der Morgenstern; der klarhait vein ›schön im Leuchten‹.   **87** greisen ›grau, blass werden‹; überfrein ›überwinden‹.   **89** ›mich aus den Liebesfesseln / den süßen Umarmungen aufrichten‹.

mein herz, sich an deins leibes nar, 95
die mich ie weisst von tadels par.
dein er behüet sant Balthasar,
die von mir ungeswachet zwar
25 hie worden ist an zweifel gar,
das zeug ich mit der engelschar. 100
sleuss auff dein weisse ermlin mar.
zu bleiben lenger ich nicht tar.«
»gesell, dein widerkunft nicht spar,
30 sant Peter müess dich decken.«
Die maid liess in mit sinnen Repeticio 105
rinnen   in den grans
durch weisse zendlin zinne
der minne   sant Johans.
5 zwai lieplich umbevahen
nahen   da beschahen 110
zu gahen   mit geranns.

21. Ir alten weib, nu freut eu mit den jungen   9ᵛ–10ʳ

s. S. 326

---

95 sich an deins leibes] sůcht an dir liebes *E*. **96** die mich ie weisst von] du weiszst mich von des *E*. **97** ere *A*. **98** zwar] gar *c*. **99** zweifel *A*, zfeifel *c*; gar] zbar *c*; Beliben ist on alle făr *E*. **100** himel schar *E*. **101** sleusse *A*; Die mich zu dir an dein gewar *E*. **102** beleibn̄ *A*; Mit frăden wider schicke *E*. **103–111** *fehlen E*. **103** geselle *A*. **105** R(epetici)o *auch Ac*. **108** Johannes *A*. **109** vmbfahen *A*. *Nachschrift:* Finis illius cyta(r)iste *A*.

95f. par *zu* barre ›Riegel, Schranke‹ *oder zu* bar/par ›Art, Beschaffenheit‹? ›Mein Herz, achte auf dein Heil, das mich immer von Tadelnswertem abhält.‹ **101** mar (*sonst bei Oswald nur* marb) ›mürbe, zart‹. **106** grans ›Mund‹. **107** zendlin ›Zähne‹, *Genitiv, abhängig von* weisse zinne. **108** der: *partitiver Genitiv:* Johannesminne *als Abschiedstrunk*. **111** zu gahen ›zum (Fort-)Eilen, eilends‹; geranns *wohl zu* ransen, rensen ›die Glieder strecken‹.

22. Des grossen herren wunder

I   **D**es grossen herren wunder
    niemand volsingen mag;
    doch wil ich ains besunder
    vast legen an den tag:
5 wie sich der mentsch formieret
    in der planeten purt,
    von dem er wirt gezieret,
    geswechet und naturt.
    Zwelf zaichen, klar durchjetten,
10 die folgen auch darzue
    mit siben der planeten,
    teglichen spat und frue
    sich maisterlichen senken
    tieff in des mentschen prüet,
15 darnach es sich muess lenken
    mit leib, sinn und gemüet. |
    Ain planet ich eu melde
    von erst: der Sunne fluss,
    darnach des Mannes zelde,

---

22 *B 10^{IV} (A 29^{IV}, c 24^{V}–26^{r} = BW 17, Sch 79); einstimmig, 1–8 und 16–24 unter Noten B, 1–32 unter Noten A.*   **7** den *A.*   **8** gnaturt *c.*   **13** meisterleich *A.*   **17** *Initiale fehlt A.*   **18** sünen *A.*   **19** mannen *A.*

Einfluss der Planeten und Tierkreiszeichen auf die Menschen; die Zuordnungen zwischen beiden Systemen sind traditionell. Die Planetenkinderverse des Mönchs von Salzburg (ohne Tierkreiszeichen!, abgedruckt u.a. bei Marold) können, unabhängig von der Frage, ob Oswald sie (wie ich vermute) gekannt hat, an einigen schwierigen Stellen Denktraditionen verdeutlichen. – Den gleichen Ton haben Kl 23–25.
6 in der planeten purt ›beim Gebären der Planeten‹: *das Geprägtwerden durch den jeweils dominanten Planeten wird als Kindschaftsverhältnis verstanden.*
7 *Sowohl der Singular von Bc als auch der Plural von A ist akzeptabel.*
9 durchjetten *nach Marold* ›auserlesen‹, *nach Okken/Mück S. 554* ›hindurchgetrieben‹.   **14** prüet *(neutr., sonst nicht belegt)* ›das Ausgebrütete‹, *hier* ›das Neugeborene‹.   **18** fluss ›Fließen‹ *(d.h.* ›Bewegung‹*) oder* ›Einfluss‹?   **19** des Mannes zelde ›Gang des Mondes‹.

20 Mars und Mercurius,
Jovis, Venus, zwen kluege
zu recht niemand verdringt,
mit seuberlichem fuege
Saturnus zue in springt.
25 Der Leo in seinem zaichen
ein zwelfer ist genant,
ein Krebs mit seinem slaichen
geleichet dem Tarant.
Stier, Wider, die Junkfroue,
30 das Zwiling, Visch, ein Schütz
leg auf die Wag und schoue.
Wassermann, den Stainbock sprütz!

II Und welcher von der Sunne
orient geboren ist,
dem geit der Leo die wunne,
stark ring zu aller frist,
5 klueg fündig haiss und fraidig
ersam ouch dick gesund
släffrig und selten laidig
unbleiblich zu aller stund,
Smal füess und mitten klaine,
10 brait antlitz, brüste gross,
klain houbt, klar öuglin raine,
schön nas, niemt ir genoss,

---

20 Marcurius *A*.   **22** zu] mit *A*.   **23** saŵberleichen *A*.   **24** im *Bc*, in *A*.
28 torant *c*.   **30** ein] vnd *c*.   **42** antluczt *A*; grozze (e getilgt?) *A*.
43 eugellein *A*.   **44** nass *A*; nymt *B*, nyempt *A*, nymbt *c*.

---

21 Jovis ›Juppiter‹.   **28** Tarant ›Skorpion‹.   **33f.** ›bei wessen Geburt die Sonne im Aszendenten ... sich befindet‹ (Marold).   **36** ring ›leicht‹, hier vielleicht ›beweglich, behend‹; die astrologische Tradition legt die Konjektur stark ringer (›tüchtige Ringkämpfer‹) nahe, doch könnte Oswald oder bereits seine Quelle die Tradition missverstanden haben.   **37** fündig ›erfinderisch, einfallsreich‹; fraidig ›keck, mutig‹.   **39** laidig ›missmutig, mürrisch‹.   **40** unbleiblich ›unbeständig‹ (Mönch von Salzburg: nach frömden landen ist yn gach).   **41** mitten ›in der Taille‹.
44 Übergang in den generalisierenden Plural; Mönch von Salzburg: und yglicher ist nit ir genoss.

22. Des grossen herren wunder — 69

    dick forschen nach dem schaden.   45
    vil mär der sind si fro,
15 undienstlich, hübsch geladen,
    und achtent klain der dro.
    Der Mon ist kalt und feuchte,
    der Krebs also gestalt,   50
    ir mentschen faister euchte,
20 der slaff tuet in gewalt.
    gross houbt und klaine ougen,
    si⟨n⟩wel der nasen spitz,
    von lügen gross an lougen,   55
    saumig, launiger witz,
25 Kheusch in der minne wunder,
    vil freud ist in ein gast,
    und allzeit gern besunder,
    von herter heut getast;   60
    dünn lebson, klaine zende,
30 der amplick lang gezafft,
    smal schulter, dicke hende,
    bewart gar tugenthafft.

III **A**in herr der bösen glider   65
    Mars, dürr und grimmlich haiss;
    der Tarant und ein Wider
    sten in dem selben krais.
5 ir lob ich nicht vast treute
    in mentschlicher natur;   70
    si früchtent vast swach ir leute
    mit leib, sinn und figur.

---

46 der der *A* (Zeilenende und -beginn).   **53** clain *A*.   **54** sibel *BA*, sinbel *c*. **55** lugern *B*, lugḁren *A*, lugen *c*.   **58** in] im *A*.   **59** sunder *A*.   **61** clain *A*. **65** gelider *A*.   **67** torant *c*.

---

45 *Mönch von Salzburg:* und vorschen allen dingen nach.   **47** ›nicht unterwürfig, gerne bei Hof gesehen‹ (Hofmeister).   **51** euchte ›Fülle, Wuchs‹ (Marold). **55** ›im/durch Lügen groß‹.   **56** launiger witz ›von launischem Geist‹. **59** besunder ›abgesondert, allein‹.   **60** getast ›wenn man sie anfühlt‹. **62** amplick ›Gesicht‹; zafen ›ziehen‹.   **71** früchten ›hervorbringen, ausstatten‹.

22. Des grossen herren wunder

    Ir volgk ist gar verlogen,
10 krieg, stelen, rouben tuet,
    unendlich gar betrogen,   75
    schendt fraun und priester guet.
    dünn wang gerumpfen, rüemer,
    teuff ougen inn der pra,
15 brait schulter, weitmäulig lüemer,
    falsch zung, bös hie und da.   80
    Ain adelar ich finde
    an dem Mercurio
    darnach ain hübsch gesinde,
20 Junkfrou, das Zwili⟨n⟩g so,
    die würken göttlich cristen,   85
    reich mild warhafft getreu,
    scharf tichter, klueg juristen,
    stainmetzer, goldsmid neu,
25 Die red mit red verkeren,
    hübsch praun, ein mittre leng,   90
    forchtig, und hören geren
    fremd sach, ir antlitz eng,
    lang nas, ein hohe stieren,
30 schön augen, dick das har,
    verswigen, weis ir hieren,   95
    rain sauber über jar.

IV Jovis, der tugent krone,
    über alle tugent frisch,
    der Schütz hilft im des schone,
    darzue der edel Visch.   100
5 feucht haiss, zu fride schiessen,
    sich schamen böser weiss

---

76 frawen *A*. **78** praw *B*, pra *Ac*. **79** weyt můlig *B*, weyt maulig *A*, weit meulig *c*. **85** cristan *B*, christen *Ac*. **88** stainmeczen *A*. **91** gern *A*. **92** frend *A*. **98** all *A*.

---

75 betrogen *hier aktiv:* ›falsch, betrügerisch‹.   **79** lüemer ›träger Mensch‹. **93** stieren = stirn.   **95** hieren = hirn.   **101** *als Subjekt* ›die Juppiterkinder‹ *zu ergänzen;* zu fride *wohl* ›friedfertig‹.

22. Des grossen herren wunder

    hofflich an als verdriessen,
    zu waidenhait den breis.
    Clain houbt, schön har, murr nasen,   105
10 gross brust, ein runt person,
    eng brau, dünn lebs, an fasen,
    lang zend, dick waden gedon,
    misstraurig, wankler sinne,
    zu reuten gier von stat,   110
15 genaiget zue der minne,
    hüglich zu aller tat.
    Venus, der wun⟨n⟩e haile,
    sein mentschen waidenleich;
    die Wag, des Stieres gaile   115
20 si machet gogelreich
    mit saittenspil und singen,
    was die natur erfreut.
    zu buelen, tanzen, springen
    si niemand übergeut.   120
25 Dick hals, klain houbt, vil löcke,
    swarz ougen, stieren brait,
    lank krumb der nasen schöcke,
    gross zend, schön hend gemait,
    kurz arm, klain, dicke füesse,   125
30 nach der person wol lank,
    die unkeusch ist in süesse,
    das nachst ir liebster gedank.

---

103 allez *A*.   **109** mistraurig *c*.   **110** reiten *Ac*.   **113** Enus *A (Initiale fehlt)*.
115 Stiers *A*.   **121** Dick haubt klain hals *c*; lokk *A*.   **124** hende *A*.

---

104 zu waidenhait ›auf der Jagd‹, Prädikat zu ergänzen.   **105** murr ›zart‹.
107 an fasen ›ohne Bart‹.   **108** gedon *(nicht belegt, zu* donen ›sich spannen‹*)*
›straff, stramm‹.   **110** gier ›begierig‹.   **112** hüglich ›freudig‹.   **113f.** sein *entweder Possessivpronomen bezogen auf* Venus *als Maskulinum, syntaktisch als Anakoluth (so Marold) oder* sein=sind *mit* Venus *im Dativ (angedeutet im Dativ* haile*)*
›der Venus gehören‹; waidenlich ›stattlich, trefflich‹.   **116** gogelreich ›lustig, freudig‹.   **120** übergeuden ›überbieten‹.   **123** schock ›Haufe, Aufgehäuftes‹, *hier
wohl für* ›Größe‹.   **126** nach der person *bezogen auf die Füße, wohl* ›der jeweiligen Figur angemessen‹.

22. Des grossen herren wunder

V   Saturen, kalt dürr geboren,
sein kinder bös gelart   130
(der Stainbock mit den horen
stat in derselben art)
5   ze morden, stelen, rouben,
frouen schenter sind bekant,
ze spil, swärn, trinken; glouben   135
untreulich sind gewant.
Von aissen, engring täsig,
10 trüeb augen swarz, nas flach,
dick har brait, herz gar hessig,
dick lebs, törocht ir sach.   140
17 ⌜doch wirt ir fluss gemenget   145
18 vom zaichen Wasserman,   146
19 ein tail da von gesprenget,   147
20 als ich eu sagen kan: 148
13 Gäch durch des zornes flamme,   141
zu wankelhait geplunst,
aussrichtig von dem stamme
16 des Wassermannes flunst,⌝   144

---

129 geborn *A*.   **135** sweren *A*.   **137** engrin *A*.   **140** torot *c*.   **141–152** *Versblöcke vertauscht:* gäch ... flunst (*Bc 141–144*) *steht in A nach* Doch ... vernicht (*Bc 145–152*).   **141** zorns *A*.

---

129 kalt dürr geboren *Apposition zu* Saturen *oder zu* kinder?   **135** glouben: *am ehesten als Dativ zu fassen* ›dem Glauben wenden sie sich ohne Treue zu‹.   **137** aiss ›Geschwür‹; engring ›Engerling, Wurm‹, *auch* ›Mitesser, Pusteln‹; täsig ›schlaff, bedrückt‹.   **141–148** *Ohne Änderung der Verszählung, aber mit Anpassung der Strophengliederung umgestellt nach Handschrift A. Die Umstellung in B mag durch die negative Eigenschaft des Zorns angeregt sein, die zur Torheit zu passen scheint. Es werden jedoch nicht alle Auswirkungen des Saturn durch den Wassermann beseitigt.*   **141** *Subjekt des hier beginnenden Satzes sind die Saturn-Wassermann-Kinder.*   **142** plunsen ›aufblähen‹.   **143f.** aussrichtig ›tätig, geschickt‹, *gemeint sind handwerkliche Fähigkeiten;* von ... flunst ›aus dem Fließen des Wassermanns stammend‹.   **145** fluss *nach Marold* ›Gussmasse‹ *des Metallgusses, gemeint ist jedenfalls eine Vermischung (Reduzierung) des Einflusses.*   **147** sprengen ›springen lassen, entfernen‹.

21	sich schamen diser dinge,	149
	blaich weiss ir angesicht.	150
	ir zuekunft mit gelinge	
	natürlich niemt vernicht.	
25	Doch hat der mentsch ein adel	
	von got natürlich brait,	
	ob in ein böser tadel	155
	berüert, als ich vor sait,	
	das er im mag entrinnen	
30	durch tugenthaffte spreutz,	
	und fleiss sich rainer sinne	
	mit hilf des heilgen creutz.	160

23. Wie vil ich sing und tichte

1	Wie vil ich sing und tichte	
	den louff der werlde not,	
	das schätz ich als für nichte,	
	wenn ich bedenk|den tod,	11^r
5	der mich nicht wil begeben,	5
	wie ferr ich von im ker,	
	und stellt mir nach dem leben;	
	sein gieng mir nahent *ser*.	
	An widerpott in sätzen	
10	zeucht er uns all hindan,	10

---

22 **152** nymant *A*. **159** sÿnnen *A*. **160** heiligen *A*.
23 B 10^v–11^r (A 28^v, c 26^r–27^v = BW 2, Sch 111); *einstimmig, Anfang der Melodie mit unterlegtem Text BA.* **1** vil] wil *A*. **6** Wo ich jn der weld hin ker *A*. **8** not *Bc*, ser *A*.

---

22 149 diser dinge *bezieht sich auf* zorn *und* wankelhait. **151** *Beginn der Schlussbetrachtung: das Eintreffen der astrologischen Bestimmungen kann niemand im Rahmen der Natur verhindern.* **158** spreutz ›Stütze‹.
23 *Ton wie Kl 22.* **5** begeben ›frei geben, in Ruhe lassen‹. **8** *entweder ist* sein *kausativer Genitiv (›deshalb‹) und* ser *(›Leid‹) Subjekt oder* sein *partitiver Genitiv als Subjekt (›ein Stück von ihm‹) und* ser *Steigerungsadverb.* **9** ›ohne ordentliche Fehdeansage‹.

23. Wie vil ich sing und tichte

    mit scharpfen kluegen lätzen
    er jedem richten kan.
    guet frid ist im zerrunnen,
    gar snell walt sein gevert.
15 wer ich im nicht entrunnen,   15
    er het mich langst verzert.
    In wasser und auf lande,
    ze rosse, füessen dick
    hett er mich an dem bande
20 verknüpft mit snellem strick.   20
    hett ich all schätze funden,
    die soldan ie erkos,
    die müesst er han verslunden,
    wer ich gewesen los.
25 Mit fällen, wassers trenke   25
    und grosser wunden tieff
    siben mal ich gedenke.
    noch hab ich dhainen brief,
    das er mich sichern welle
30 zeit, weil, minut noch quint;   30
    er ist mein zergeselle,
    got waiss, wie er mich vindt.

II **M**it warhait wil ich sprechen
    von erst ein not gezalt:
    mit einem pflag ich ze stechen   35
    auff rossen gross und valt;
5   ein tür von klafters klimme

---

13 ist dinn zerunne *A*.   **14** walt] wart *A*.   **16** lang *A*.   **17** landen *A*. **18** fusuen *oder* fusnen *A*.   **22** solden *A*.   **23** haben *A*.   **24** Hett er mich lässen los *A*.   **27** siben mal ich] fert syben ich *A (auf Rasur – Indiz einer sekundären Erweiterung)*.   **28** kainen *c*.   **31** er] vnd *A*.   **34** ein] mein *A*.

---

11 latz ›Schlinge‹.   **12** richten *mit Dativ* ›urteilen über, Gerechtigkeit verschaffen‹. **13** frid *hier* ›Friedfertigkeit‹.   **14** walt *zu* wallen ›reisen‹ *oder zu* walten ›herrschen‹? gevert ›Reise, Zug‹ *oder* ›Art und Weise‹?   **20** strick ›Fesselung‹. **22** soldan ›Sultan‹.   **28** dhainen brief ›keine Urkunde‹, *d.h.* keine Gewissheit. **30** quint *kleine Menge, als Zeitmaß nur hier und 68,6 belegt.*   **36** välen ›verfehlen‹.   **37** klimme ›Höhe‹.

    und dreier füesse weit
    da fuer ich durch mit grimme,
    dannocht was es nicht zeit: 40
    Wol vier und zwainzig staffel
10 tieff in eins kellers grund
    die viel ich ab mit raffen;
    mein ross zerbrach den slund.
    mich daucht, ich wolt versinken   45
    in ainem vas mit wein,
15 jedoch bott ich ze trinken
    den gueten freunden mein.
    Darnach über ettlich wochen
    got lech mir seinen huet: 50
    ein schiff ward mir zerbrochen
20 auff wilden meres fluet,
    ich lert ein vas begreiffen
    mit guetem malvisir,
    das zoch mich zu dem reiffen;   55
    verzagt so hett ich schier.
25 Und nach derselben raise
    so was mein erste gab:
    gevangen und ain waise
    ward ich all meiner hab.   60
    mein houbt hett volgesungen,
30 von slegen ward es krank,
    ouch ward in mich gedrungen
    ein swert nach halbes lank.

III **Auch** schwimmen wolt ich leren   65
    auf einem tieffen see,
    do schoss ich zu der erden,

---

42 tieff *fehlt A;* eines *A;* keler *c.* **44** meim *A;* den] der *A.* **48** freunden] gesellen *c.* **52** wildem *c.* **54** malfasir *c.* **55** dem] den *c.* **61** hett volgesungen] daz het uol sungñ *A.* **65** swinben *A.*

---

43 raffen = raffeln ›poltern‹; *ist* raffel *zu schreiben?* **50** huet *m.* = huete *f.* **53** lert = lernte. **55** reiffe ›Ufer‹. **64** nach ›nahezu‹. **65** leren = lernen.

das mich sach niemand me
5 vil über ain guete stunde;
do kom ich aus der hitz. 70
visch suecht ich an dem grunde
mit meiner nasen spitz.
Gevangen und gefüeret
10 ward ich ainst als ein dieb
mit sailen zue gesnüeret; 75
das schueff meins herzen lieb,
von der ich hab erworben
mein aigen leiden swär.
15 wer si noch ainst gestorben!
noch ist si mir gevär. 80
Des bin ich worden innen,
do ich gen Ungern rait,
noch von derselben minne
20 kom ich in grosses laid.
in wasser, wetter, wegen 85
husch lert ich maierol
und was ouch nach belegen:
der tauggel ward ich vol,
25 Das ist ein wassersumpern
von hohen kläpfen gross, 90
dorin viel ich mit pumpern,
des gouggels mich verdross.
ich wett umb all die stainer
30 poliert durch edel dach,

---

72 nase *A*.   **82** ung^s *A*.   **84** groß *A*.   **87** nachent *A*.   **88** tawgkel *A*.
89 wasser sumper *A*.   **90** klippen *A*.   **91** pumperñ *A*.   **92** gawkel *A*.
93 wett] welt *A*.

---

80 hier scheint die Hausmannin als lebend vorausgesetzt zu sein, 119f. (in der in A nachgetragenen Strophe) ist sie tot – wohl Relikt einer sekundären Erweiterung des Lieds; anders Marold.   **86** husch *Interjektion bei Kälte*; maierol ›ungarisch‹. **87** nach belegen ›beinahe tot‹.   **88** tauggel *unerklärt*, Ferenc Zemplényi, Az európai udvari kultúra és a magyar irodalom, Budapest 1998, S. 100 *vermutet einen Fluss- oder Bachnamen, aber einen solchen gibt es nur in Österreich (Hinweis András Vizkelety).*   **89** wassersumpern ›Wassergetöse‹, d.h. wohl Wasserfall. **90** klapf ›Fels‹.   **92** gouggel ›Possen‹.   **94** durch edel dach ›für edle Kopfbedeckungen‹, d.h. für Kronen und Diademe.

ob doch aus hundert ainer 95
　　　plib, gauggelt er mir nach.

IV　**D**arnach bei dritthalb jaren
　　　mir trauren ward bekant,
　　　von haim so wolt ich varen
　　　ein rais in fremde land, 100
5　　in Portugal, Kranaten,
　　　Ispania, Barbarei
　　　(dorinn kom mir zestatten
　　　vil krumber stampanei).
　　　Ain herzog hochgeboren, 105
10　gehaissen Fridereich,
　　　beweisst mir seinen zoren,
　　　des ward ich lützel reich.
　　　durch in ward ich gevangen
　　　an schuld auf meinen leib; 110
15　ich wand, es wär zergangen
　　　auf diser erden pleib.
　　　Got lat nicht ungestraffet
　　　von seinem höchsten stuel,
　　　des bin ich wild gezaffet; 115
20　dank hab mein alter buel,
　　　die mir hat zue gepfiffen
　　　vil meines leibes not,
　　　wie wol si hat begriffen
　　　vor lang der bitter tod. 120
25　Ir letz die slach der schauer
　　　und kratz der wilde bär!
　　　die ist mir worden sauer,

---

95 doch] dauch *A*.　　**97–128** *von anderer Hand nach den Beischriften mit Verweiszeichen nachgetragen A*.　　**101** portigal *A*; granaten *c*.　　**105** hochgeporn *A*.　　**121** schawr *A*.　　**123** sawr *A*.

---

96 ›am Leben bliebe, wenn er mir den Possen nachmachte‹.　　**103f.** *Rückblick auf frühere Glanzzeiten.*　　**104** ›viel toller Zeitvertreib‹.　　**112** pleib ›Verbleiben‹.　　**115** zaffen *hier* ›züchtigen‹.　　**119f.** *vgl. oben zu 80.*　　**121** letz ›Abschiedsgeschenk‹ (*wegen des Singulars in 123 wohl nicht zu* latz).

       das ich ir nimmer ger.
       het ich die lieb versüdert 125
30 bei ainer haissen gluet,
       des wär ich bas gefüdert,
       an leib, sel, er und guet.

V **E**s wär noch vil ze sagen,
       da wil ich lassen von, 130
       was ich in jungen tagen
       geabenteuert han
5 mit kristan, Reussen, haiden,
       in Kriechen guete zeit;
       der schimpf wil mir erlaiden, 135
       seid mich das alder *reit*.
       Und waiss, wenn er mich zucket,
10 davon ich hab gesait,
       stümpflichen nider bucket,
       wie schon wer ich berait? 140
       wurd mich der richter houen
       mit seinem strengen sail,
15 – owe des grossen grauen! –
       wem wurd ich dann zu tail?
       Darumb, ir fürsten, herren,
       so gebt euch selber rat, 145
       ich darf euch nicht ze leren,
20 ir secht wol, wie es gat.
       all menig, arm und reiche,
       macht euch der sünde keusch, 150
       das euch nicht übersleiche
       der tod mit seim gereusch.
25 Welt, mich nimpt immer wunder,
       wer dich neur hab geplent,

---

132 geawbētewrt *A*.   **136** ritt *B*, reit *Ac*.   **139** vnd stumpfleich *A*.   **141** wurd] solt *A*.   **149** reich *A*.

---

125 versüdern ›verkochen‹.   **127** füdern = fürdern.   **137** und waiss: *Negation impliziert;* er: *der Tod.*   **139** ›zu einem Stummel niederdrückt‹.   **141f.** *genaue Bildvorstellung?*   **152** gereusch ›Brausen‹ oder ›Fischreuse‹?   **154** geplent = geblendet.

  und sichst täglich besunder, 155
  das uns der tod entrent:
  heut frisch stark, morgen krenklich
30 und übermorgen tod.
  dein lob ist unverfänklich,
  bedenkst du nit die not. etc 160

Nota diss vorgeschriben lied Wie vil ich sing und tichte singet sich inn der melodi des grossen herren wunder etc

24. Kain freud mit klarem herzen

1 **K**ain freud mit klarem herzen
  trueg ich nie ainen tag
  an hoffnung, forcht und schmerzen,
  der ains mich | jo bewag. 11ᵛ
5 vil armuet ich empfinde 5
  täglich auf diser erd
  mit mangerlai gesinde,
  des mir das alder mert.
  Mein freud ward nie so michel,
10 vil grösser ist die wart, 10
  wenn mir des todes sichel
  die zeitlich freud verkart.
  guet hoffnung tuet mich waichen,

---

23 *Nachschrift:* Amen Amen Amen, *am Rande, vereinzelt:* Abt *(?), danach rot, mit neuer Zeile beginnend:* Nota daz lied singt sich in der weise als des grossen heˢren jn folio seq(uen)te; *danach mit neuer Zeile beginnend braun:* Vil hor vnd wänig sag. So lebstu mit frauden manigen tag *A.*

24 *B 11ʳᵛ (A 41ᵛ, c 28ʳᵛ = BW 119, Sch 91); einstimmig, Anfang der Melodie mit unterlegtem Text BA.*

---

23 **159** unverfänklich ›untauglich, wertlos‹.

24 *Ton wie Kl 22.* **3** an ›ohne‹. **4** ›von denen eines [d. h. eine dieser Empfindungen] mich, ach, [immer] bewegt hat‹. **5** armuet *hier* ›Elend, Armseligkeit‹. **7** gesinde ›Begleitung, Gefolge‹. **10** wart ›Erwartung‹. **13** waichen ›weich machen, verlocken‹.

das ich ir wolgetrau;
15 ich fürcht, si werd mich laichen,
wie vil ich auf sei pau.
So mich der schmerz begreiffet
und dent mich zue dem tod,
freud, hoffnung von mir sleiffet
20 und lat mich in der not.
die forcht kompt, wie ich sterbe,
grausslicher wirt die kunst,
das ich dort nicht verderbe
in engestlicher brunst.

II All maister uns das lesen
aus der vil hailgen schrifft,
das kainer müg genesen,
wer inn der sünde gifft
5 tödlichen wirt erfunden
an beicht, buess, ware reu;
des sel werd dort geschunden
mit mangerlai gepreu.
Seid jecklich sünd besunder
10 gebüesset wirt swärleich,
so nimt mich immer wunder
(wes ich mich selber zeich),
das ich mein tödlich leben
hie büesslich nicht vertreib
15 und lass mich überstreben
den kranken snöden leib
Mit sünd gross mitter klaine
und swachlichem gelust.
vernunft volgt mir unraine
20 und all mein sinn vertust,
das ich nicht wil verschrenken

---

15 fürch *c*.   **26** geschrifft *c*.   **32** mit] durch *A*.   **42** swachlichen *A*.

---

15 laichen ›betrügen‹.   **18** denen ›dehnen, ziehen‹.   **22** kunst *hier etwa* ›Aufgabe, Problem‹.   **32** gepreu: *Höllenstrafen als Brauwerke*.   **36** ›was ich mir selbst vorwerfe‹.   **39f.** ›zulasse, dass der ... Leib mich überwindet‹.   **44** vertussen ›unterdrücken‹.   **45** verschrenken ›in die Schranken weisen‹.

24. Kain freud mit klarem herzen

den gifftiklichen wurm,
der mir die sel maint krenken
schärpflich mit hertem sturm.

III **A**in schacz hab ich verloren 50
köstlich, das ist mein klag,
und tuet mir immer zoren
umb mein vergangen tag,
5 der ich schier hab vertriben
wol segs und vierzig jar,
sündtlich darinn beliben; 55
das reut mich sicher zwar.
Die zeit auf erd hie pringet
10 der sel mang sweren stoss.
die zeit auf erd hie twinget
von got genad so gross. 60
die zeit schafft freud und quale
hie nach des todes zil.
15 des hastu, mentsch, die wale
zu nemen, was du wil.
O ausserwelte schranke, 65
keusch junkfreuliche macht,
mein lob dir immer danke,
20 seid du ein kindlin bracht,
das uns mit seinem leiden
erlost an creutzes päm, 70
ob wir neur wellen meiden,
was im ist widerzäm.

---

64 wil] wild *c*. **66** junckfraunliche *c*. *Nachschrift (rot):* (et) cet(er)a. Nota das lied singet sich jnn der weyse des grossen herren wunder nyemant etc *A*.

49 schatz: *die Lebenszeit.* **65** schranke *als Epitheton Marias ›Schutz‹.*
70 erlost: *Präteritum.*

25. Ain burger und ein hofman

I Ain burger und ein hofman
begunden tispietiern
(die namen einen obman,
für war ein alte diern),
5 und welcher bas möcht geben
den freulin hohen muet;
darumb si wurden streben.
do sprach der hofman guet:
»Ich bin ain jüngling küene,
10 kraus weiss ist mir das har,
darauf ein krenzlin grüene
trag ich das ganze jar.
wol kan ich singen, schallen
und schreien frischlich ju,
15 solt ich nit bas gevallen
den freulin rain wann du?«
»Ich sei ein burger weise,
gar still ist mein gevert.
mit süessen worten leise
20 wirt mir vil liebs beschert,
und trag ein swere taschen,
die ist der pfenning vol,
darinn so lass ich naschen,
das tuet den freulin wol.
25 Des frag die alte keue
mit kurzen worten slecht.«
»ich sprich bei meiner treue,
der burger hat wol recht.
ich hab mein zeit verkuppelt

---

25 B 11ᵛ–12ʳ (A 45ᵛ, c 28ᵛ–30ʳ = BW 31, Sch 112); einstimmig, Anfang der Melodie mit unterlegtem Text BA. **12** trúg Bc, trag A. **17** sei] pin c. **23** laß] län A. **24** vol B, wol Ac.

Ton wie Kl 22. **17** Marold: ich sei = ich ensî ›wenn ich nicht bin/wäre‹ (anknüpfend an 16). **25** keue Schimpfwort für die Schiedsrichterin (wohl zu mhd. kouwe ›Hütte, Kasten‹).

30 zu Brixsen in dem krais,
    vil parell aus gesuggelt,
    das ich den louff wol waiss.«

II »Ich pflig nit grosser witze,
    mein barschafft, die ist klain,
    ir alte kamerzicze,
    ja bin ich hübsch und rain.
 5 solt mir nicht bas gelingen?
    nu tuen ich mir so we
    mit reitten, tanzen, springen
    vil durch den grüenen kle.«
    »Ich buel mit gueten sitten,
10 daran bin ich nicht lass.
    hab ich nicht vil geritten,
    leicht mag ich dester bas
    mit guet und an dem leibe
    wann ir, vil röscher knab.
15 auch füeg ich mangem weibe
    mit kostberlicher gab.«
    »Kain frou von hohen eren
    der ist dein gab enwicht.
    ir herz mag nicht emberen,
20 wann si mich frölich sicht
    verwegenlichen sprengen
    über einen graben tieff.
    ich hoff, si tue verhengen,
    send ich ir meinen brieff.«
25 »Des muess ich aber lachen«,
    sprach es die grieswärtlin,
    »was sol man daraus machen?

---

30 brichsen c. **45** güt und] gůttåt A. **49** kain BAc (bisher als rain gelesen)!
51 ir] der A. **56** ir meinen] newr ain A.

---

31 parell ›Fässchen‹; suggeln ›saugen‹. **35** zitze ›weibliche Brust, Saugwarze‹, hier Schimpfwort. **45** an dem leibe: Andeutung sexueller Potenz. **46** rösch ›wacker‹. **47** füegen hier intransitiv ›passen zu‹. **55** verhengen ›nachgeben, erlauben‹. **58** Zum überschüssigen es vgl. Anm. zu 2,8.

	die buelschaft hat nicht inn.	60
	ich hett mich ainst verschossen	
30	mit einem knaben junk,	
	des hett ich nie genossen	
	neur umb ein bösen trunk.«	

III »Her jünglingk, eu möcht friesen, 65
ir habt verschrotten zwier,
werdt ir das dritt verliesen,
das habt ir neur von ir.
5 ich trau ein maid ersleichen,
zwar die ir nicht erloufft, 70
und mügt mir nit geleichen,
ir werdt dann recht getoufft.«
»Das müesst der valant schaffen,
10 ich sei von cristen art,
und weiss das mit dem pfaffen, 75
der mich töufflich bewart.
auch wil ich des geniessen
gen freulin weit für dich,
15 wenn ich mein sper lass fliessen
mit ritterlichem stich.« 80
»Turnieren und ouch stechen,
das ward mir nie bekant.
ich hab ein peutel frechen,
20 darin stoss ich mein hand,
gold, silber, edel gestaine 85
zeuch ich daraus genueg
und tail den freulin raine,
dasselb ist bas ir fueg.«

---

63 des hett ich] ich hiet sein *c*. **68** hab *c*. **72** wert *A*, wärt *c*. **79** schiessenn *c*. **81** turniern *c*. **85** gstaine *A*.

60 hat nicht inn ›enthält nichts, bringt nichts ein‹. **61** sich verschiessen ›falsch schießen, sich falsch verlieben‹. **63f.** ›davon hatte ich keinen Vorteil außer …‹ **66** verschrotten ›untergehen, verlieren‹. **72** touffen hier metaphorisch, ›einweihen, reich werden‹? **74** ich sei = ich ensî. **75** weiss ›ich beweise‹. **76** bewart ›beschützt hat‹ [vor der Hölle].

25 »Gar war«, sprach es die alte,
»so werdt mir nimmer hold. 90
kain besser lieb nicht walte
wann silber oder gold.
darumb liess ich mich nützen
30 auf den gerackten tod,
e ich mich wolt beküzten 95
mit kaines hofmans not.«

IV »Seid ich nu han verloren,
du alter böser sack,
das tuet mir immer zoren.
ich slach dich auf dein nack, 100
5 das dir bei ainlif zende
empfallen nicht gar schon;
der tiefel müess dich schenden,
das gib ich dir zu lon.«
»Ich burger zuck ein riem guet 105
10 von einem peutel gross,
see hin, mein liebe Diemuet,
fünf pfund für disen stoss.
kouff hüener, air und würste
und darzu gueten wein, 110
15 und wenn dich aber dürste,
so kom herwider ein.« |
»Der lon der wirt mir sauer, 12ʳ
nu han ich kainen zand,
den hofman slach der schauer, 115
20 der mir si hat entrant,
und muess hinfür derwelhen,
koufft ir mir nit ain kue,
da mit ich hab zu melhen
ein muess des morgens frue.« 120

---

90 wert *A*, werd *c*.   **95** bekützlen *A*.   **101** zenden *Ac*.   **105** zuck] zewch *A*.
106 von ainem] an ainē *A*.   **114** nu han ich] seyd ich hän *A*.   **120** morgñ *c*.

---

89 Vgl. zu 58.   **93** ›dafür würde ich mich hingeben‹?   **94** gerackt ›hingestreckt‹.
95 beküzten ›bekleiden‹, hier ›befassen‹.   **117** derwelhen ›verwelken‹.

25 »Ich kouff dir kue und kalben,
und wes dein leib bedarf,
seid ich den hofman valben
hab überstritten scharf;
und waiss ein schöne mätzen 125
30 dort oben an dem egk,
die soltu mir erswetzen,
das gilt dir würst und wegk.«

Der streit hat sich verbrauset,
redt all darzue das best. 130
35 wer alde weiber hauset,
der hat ouch geren gest;
wann alte weib und änten
gehören in ainen see:
was sol man dran verquenten? 135
40 kain vich das schnattrot me.

Nota diss vorgeschriben zwai lieder Kain freud mit klarem herzen etc und Ain burger und ain hofman singet sich inn der melodei Des grossen herren wunder etc

26. Durch abenteuer tal und perg

1 **D**urch abenteuer ⌈tal und perg⌉
so wolt ich varen, das ich nicht verläge.
Ab nach dem Rein gen Haidelberg,
in Engelant stuend mir der sin nicht träge,

---

25 **122** wes] was *A*. **125** und] ich *A*. **127** soltu] mŭst du *A*. **135** dran] vil *A*.
136 schnattert *Ac*; mer etc *A*. *Nachschrift:* Nota das lied Ain burger vnd ain hofman singet sich jnn dˢ wyse des grossñ hˢrn etc *A*.
26 B 12ʳᵛ (A 42ᵛ–43ʳ, c 30ʳ–32ᵛ = BW 13, Sch 109); einstimmig, 1. Strophe unter Noten BA.
1 awbentewr *Ac*; perg vnd tal *B*, tal vnd perg *Ac*. **2** ich *fehlt c;* varen] raysen *A*.
4 stuend] was *A*.

---

25 **135** verquenten ›entstellen, verheimlichen, Schlimmes zum Besseren deuten‹ (vgl. verquanten *DWb., Schweiz. Idiotikon*).
26 Zweite Gefangenschaft 1427. Zum Ton vgl. Kl 27.

26. Durch abenteuer tal und perg — 87

5   gen Schottlant, Ierrland über see
     auf hölgen gross gen Portugal zu siglen;
     nach einem plüemlin was mir we,
     ob ich die liberei da möcht erstiglen
     von ainer edlen künigin,
10   in mein gewalt verriglen,

II   Von Lizabon in Barbarei,
     gen Septa, das ich weilent half gewinnen,
     da manger stolzer mor so frei
     von seinem erb muesst hinden aus entrinnen,
5   Granaten hett ich bas versuecht,
     wie mich der rotte küng noch hett empfangen.
     zu ritterschafft was ich geschuecht
     (vor meinen kindlin wer ich darinn gangen) –
     dafür muesst ich zu tisch mit ainem
10   stubenhaitzer brangen.

III Wie wol ich mangen herten straiff
     ervaren hett, des hab ich klain genossen,
     seid ich ward zu dem stegeraiff
     mit baiden sporen seuberlich verslossen.
5   dieselbig kunst ich nie gesach,
     doch hab ich sei an schaden nicht geleret;
     do klagt ich got mein ungemach,
     das ich mich hett von Houenstein verferret.
     ich forcht den weg gen Wasserburg,
10   wenn sich die nacht versteret.

IV   In einem winkel sach ich dort
     zu Fellenberg zwen boien eng und swäre.

---

6 portigal *A.*   **12** zepta *c.*   **16** künig *c.*   **20** stubmhaitz^s *c.*   **23** seid] do *A.*
28 verferrent *A.*   **30** versterent *A*, versternet *c.*   **32** zwo *c.*

---

6 hölg ›*Lastschiff*‹ *(vgl. DWb. Holk).*   **7** plüemlin: *wohl Metapher für Orden oder Auszeichnung.*   **8** liberei ›*Kleid mit Zeichen der Zugehörigkeit*‹ *(vgl. DWb);* erstiglen ›*erklettern*‹.   **16** der rotte küng: *Jussuf III. von Granada, ›Sohn des Roten‹.*   **26** geleret = gelernet.   **30** versteren ›*be- oder entsternen*‹ *(d. h. nachts oder gegen Morgen)?*   **32** boie ›*Fußfessel, Fußblock*‹.

ich swaig und redt da nicht vil wort,
ie doch gedacht ich mir nöttlicher märe.
5 wurd mir die ritterschafft zu tail, 35
in disen sporen möcht ich mich wol streichen.
mein gogelhait mit aller gail
geriet vast trauriklich ab in ain keichen.
was ich guet antlas dorumb gab,
10 das tet ich haimeleichen. 40

V Also lag ich ettlichen tagk
(der römisch küng die sorg mir nicht vergulde),
das ich nicht wesst, wenn mir der nack
verschrotten wurd, wie wol ich hett kain schulde.
5 zwar oben, niden, hinten, vor 45
was mir die huet mit leuten wol bestellet.
»wart, Peter Märkel, zue dem tor,
er ist bescheid, das er uns nit entsnellet!«
mein listikait hett in der fürst
10 die oren vol erschellet. 50

VI Darnach so ward ich gen Insbrugk
ein Preussenvart gen hoff köstlich gefüeret,
dem meinem pfärd all über rugk
verborgenlichen niden zue versnüeret.
5 ellender rait ich hinden ein 55
und hett doch nicht | des kaisers schatz verstolen. 12ᵛ
man barg mich vor der sunne schein,
für springen lag ich zwainzig tag verholen.
was ich da auff den knieen zerraiss,
10 das spart ich an den solen. 60

---

39 güt] in *A*.   **41** also] darjnn *A*.   **44** ward *c*.   **47** Märkel] merck *c*.
53 meinen *c*.

---

36 streichen ›herausputzen‹.   **39** *Lesart A wohl vorzuziehen;* antlas ›Ablass, Vergebung‹.   **40** ›behielt ich für mich‹ (*Hofmeister*).   **44** verschrotten ›zerhauen‹.
48 bescheid ›schlau‹.   **58** springen ›springen, tanzen‹.

VII Ain alter Swab gehaissen Plank
der ward mir an die seitten dick gesetzet.
Ach got, wie bitterlich er stank!
von seinem leib wird ich des nicht ergetzet.
5 er trueg ein bain mit ainer klufft,   65
der atem gieng im wilde von dem munde,
darzue so felscht er dick den lufft
vast ungehäbig niden an dem grunde.
und ob er noch den Rein verswellt,
10 wie wol ich im des gunde!   70

VIII Der Peter Haitzer und sein weib,
Plank und ein schreiber, der was täglich trunken,
die machten grausen meinen leib,
wenn wir das brot zesamen wurden dunken.
5 simm, ainer kotzt, der ander hielt   75
den bomhart niden mit der langen masse,
als der ein büxs von ander spielt,
die überladen wär, durch bulvers lasse.
hofieren das was mangerlai
10 von in durch volle strasse.   80

IX Mein frölichkait gab tunkeln schein,
do mich gedenk hin hinder machten switzen,
das mich der pfalzgraf von dem Rein
vor kurzlich bat ob im ze tische sitzen.
5 wie gleich der falk den kelbern was!   85

---

64 des] sein *c*.   **67** dick] offt *c*.   **68** niden] hinden *A*.   **75** kotzt] grötzt *c*.
79 hofiern *c*.   **81** tunckel *A*.

61–100 *Anton Schwob, Historische Realität und literarische Umsetzung, Innsbruck 1979, S. 202f. versteht diese Partie als Schilderung der Zustände auf Fellenberg; ich denke eher, dass die zwanzig Tage in Innsbruck gemeint sind.*   **65** klufft ›*offene Stelle*‹ *(Wunde, Geschwür).*   **68** ungehäb ›*unenthaltsam, unanständig*‹.   **69** verswellen ›*zum Anschwellen bringen, aufstauen*‹.   **71f.** *vermutlich Aufsichtspersonal.*   **76** bomhart mit der langen masse *hier wohl* ›*Bass in langen Noten*‹ *für Furz.*   **77** büxs ›*Geschütz, Mörser*‹; lasse ›*Loslassen*‹, *hier* ›*Zünden*‹.   **79** hofieren ›*Aufwartung machen*‹ *(ironisch für Notdurft).*   **80** durch volle strasse ›*in reicher Fülle*‹ *(Hofmeister).*   **85** ›*Wie sehr war [jetzt] ... gleichgestellt!*‹

der römisch küng hett mein so gar vergessen,
bei dem ich ouch vor zeitten sass
und half das kraut auss seiner schüssel essen.
da wider was ich von dem vierst
10 abgvallen ungemessen.

X Noch waiss ich ainen inn der leuss
mit namen Kopp, den kund ich nie geswaigen;
der snarcht recht als ein hafenreuss,
wenn in der stark traminner trang ze saigen.
5 zwar sölhen slaff ich nie gehort,
des muesst ich baide oren dick verschieben,
mein houbt hat er mir dick bedort,
das es mir von ainander wolde klieben.
wär ich ein weib, umb alles guet
10 so möcht er mir nicht lieben.

XI Der Kreiger und der Greisnegger,
Moll Trugsäzz retten all darzue das besste,
der Salzmair und der Neidegger,
frein, graven, Säldenhoren, freunt und gesste,
5 die baten all mit rechter gier
den fürsten reich durchleuchtig hochgeboren,
da mit er wär genädig mir
und tät kain gäch in seinem ersten zoren.
er sprach: »ja werden solcher leut
10 von boumen nicht geboren.«

---

86 so] da *A*.   **89** von] ab *A*.   **90** abgvallen] geuallen *A*.   **91** lauss *c*.   **97** dick] vil *A*, oft *c*.   **98** das] als *A*.   **100** geliebn̄ *c*.   **102** trugsatz *c*.   **104** säldenhorn *A*.   **106** hochgeporn *A*.   **109** sölich *c*.   **110** von boumen nicht] von holcz nicht vil *A*.

---

91 leuss = lauss ›Versteck, Hinterhalt‹, hier wohl fürs Gefängnis.   **92** Kopp: identisch mit Hans Kopp, dem Pfleger von Fellenberg?   **93** hafenreuss ›Kesselflicker‹, nach Marold Wortspiel mit raussen ›schnarchen‹.   **94** saigen trotz der ai-Graphie wohl = mhd. sîgen ›herabsinken‹, hier für ›einnicken‹.   **101–104** Konrad von Kreyg, Hofmeister; Johann Greisenegger, Kämmerer; Hans Truchsess von Dießenhofen, gen. Molli; Salzmair vgl. Marold z. St.; Hans von Neideck?; Ulrich Seldenhorn, Rat.   **109** solcher leut Genitivus partitivus in Subjektsfunktion: ›Leute dieser Art‹.

26. Durch abenteuer tal und perg — 91

XII Die selbig red was wol mein fueg;
mit meines buelen freund muesst ich mich ainen,
die mich vor jaren ouch beslueg
mit grossen eisen niden zue den bainen.
5 was ich der minn genossen hab, 115
des werden meine kindlin noch wol innen,
wenn ich dort lig in meinem grab,
so müessen si ire hendlin dorumb winden,
das ich den namen ie erkannt
10 von diser Hausmaninnen. 120

XIII Do sprach der herr auss zornes wan
gen seinen räten gar an als verdriessen:
»wie lang sol ich in ligen lan?
künt ir die taiding nimmer mer versliessen?
5 was hilft mich nu sein trauren da? 125
mein zeit getraut ich wol mit im vertreiben:
wir müessen singen fa-sol-la
und tichten hoflich von den schönen weiben.
pald ist die urfech nicht berait,
10 so lat si kurzlich schreiben.« 130

XIV Dem kanzler ward geboten zwar,
auss meiner vänknuss half er mir behende
geschriben und versigelt gar.
des dank ich herzog Fridrich an mein ende.
5 der marschalk sprach: »nu tritt mir zue, 135
mein herr hat deins gesanges koum erbitten.«

---

121 sprach] rett *A*.   **124** wesliessen *c*.   **126** getraut] die trawt *A*.   **133** geschribn̄ vnd geschribn̄ *c*.   **134** fridreich *A*; an] bis an *c*.   **135** marchschalk *c*.
136 mein herr] der fürst *A*; deines gsanges *c*.

---

111 mein fueg ›mein Glück, günstig für mich‹.   **121** auss zornes wan ›aus der Ungewissheit seines Zorns heraus‹?   **124** taiding ›Verhandlung, Geschäft, Übereinkunft‹.   **129** urfech ›Urfehde(urkunde)‹.   **133** ›mit Hilfe von Urkunden und Siegeln‹.

26. Durch abenteuer tal und perg

     ich kom für in, do lacht er frue;
     secht, do hueb sich ein heulen ane sitten.
     vil mancher sprach: »dein ungevell
10 soltu nicht han verritten.«   140

XV **D**er wirdig got, der haimlich got,
     der wunderlich in den vil ausserkoren,
     der liess mir nie kain freis gebott
     die leng, des han ich dick ein spil verloren.
5   mein tentschikait und üppig er   145
     ist mir durch in an wasser offt erloschen.
     wann zeuch ich hin, so wil er her,
     in disem streit so wird ich überdroschen.
     verdiente straff zwar umb die minn
10 bestet mich manchen groschen.   150

---

138 heulen] hönen *c*.   *Nach* **140** *in A noch eine Strophe eingeschoben (Graphie reguliert):*
    140a Do batt ich in an allen hass
    140b für meinen freund, der ist für war ain freie,
    140c der neunt halb jar gelegen was
    140d gevangen inn des edlen fürsten kreije.
    140e er sprach: »nun füer in mit dir haim
    140f und hilf im durch sein freund genade suechen.«
    140g also kert ich gen Hauenstain.
    140h zwar disem fürsten sol ich nimmer fluechen,
    140i das er mir noch so wol getraut;
    140k des helf mir got geruechen.
144 dick] oft *c*.   **145** mein] mit *A*; und üppig er] mit aller gail *c*.   **148** so *fehlt c*; so wird ich] pin ich vil *A*.   **149** straff] strass *c*; zwar umb die minn] von seiner macht *A*.   **150** gestet *c*.   *Nachschrift:* Ultimus versus est verissimus. Per oswaldum Wolckenstainer. Finis istius *A*.

---

138 heulen ›johlen‹.   **139** ›du hättest nicht versuchen sollen, deinem Missgeschick durch Wegreiten zu entkommen‹.   **140b** Aldriget von Castelbarco-Lizzana.   **140d** krei *sonst* ›Schrei, Losung‹, *hier* ›Befehlsbereich‹?   **140k** wohl statt *des* geruech mir got helfen.   **142** ›der Wunder wirkt an seinen Auserwählten‹.   **145** tentschikait *wohl zu* däntschig ›niedlich, artig, graziös‹ (Schmeller), *hier wohl im Sinne von* ›Eitelkeit‹.

27. Ich hab gehört durch mangen granns

I Ich hab gehört durch mangen granns
mit ainem sprichwort dick ein toren triegen:
simm, Lippel wär ein guete ganns,
hett er neur federn, das im slaunt ze fliegen.
5 bei dem ein jeder merken sol,
das sich | die löuff in manchem weg verkeren;
das prüefft man an den gensen wol,
ir ainvalt si gescheidiklichen meren
zu Behem und ouch anderswo,
10 do si die federn reren.

II Das federspil hat ser verzagt,
die adler, falken, häbich, sparwer, smieren,
sein baiss mir laider nit behagt,
wann ich ir schellen vast hör timpelieren.
5 des wirt vil manig edel geviecht
von ainer groben ganns ze tod geslagen,
gebissen ser und gar verdiecht,
wie da beschicht, darnach türft ir nicht fragen,
wann alte sünd pringt neue scham,
10 hör ich die weisen sagen.

---

27 B 12ᵛ–13ʳ (A 44ᵛ–45ʳ, c 32ᵛ–33ᵛ = BW 18, Sch 110); einstimmig, 1. Strophe unter Noten BA. **5** bei dem] da bey A. **6** manchen BA, mangem c. **9** beheim c. **10** federen A (2 Noten). **12** håbick smyern A. **13** sein] ir A. **16** erslagñ A. **18** da] das Ac.

Lied gegen die Hussiten auf der Basis der Namensetymologie Hus = Gans. Metrisches Schema identisch mit Kl 26, aber neue Melodie. **1** granns ›Schnabel, Mund‹. **2** triegen *hier* ›verspotten‹. **4** slaunen ›gelingen‹. **6** ›dass sich die Weltläufe vielfach umkehren‹. **8** ›umsichtig vergrößern sie ihre Dummheit‹ (Hofmeister). **10** reren ›fallen lassen‹. **11** federspil: *die Greifvögel, d. h. der Adel, der kämpfen sollte, aber nur redet.* **12** smieren ›Zwergfalken‹. **13f.** sein *bezogen auf* federspil, ir *bezogen auf die einzelnen Arten.* **15** geviecht ›Tier‹. **17** verdiechen = *mhd.* verdiuhen ›unterdrücken‹. **18** *die Lesart Ac liegt nahe.*

III Ir edlen valken pilgerin,
eur nam ist gaistlich wirdikleich gebreiset,
mit euerm flug vil höher hin
wann ander valken kürlich underweiset.
5 ein maister gross von oberlant 25
eur schnäbel, füess hat forchtiklich verhürnet;
nu lat eu reulich wesen ant,
wo ir denselben maister hand erzürnet,
und mausst die alden federn ab,
10 leicht wirt die ganns verdürnet. 30

IV Ir sägger, blaufüess, nemet war,
als edel geviecht der cristenhait besunder:
seid euch entstet ein genslich schar
von ainem land, des lat eu wesen wunder.
5 des hört man offt ein genselein 35
durch seinen vaisten kragen spöttlich lachen.
wol auff, all vogel, rauch und rain!
hilf, adler gross, dein swaimen las erwachen!
fliegt schärpflich ab und stosst die genns,
10 das in die rügk erkrachen! 40

V Ju Huss, nu hass dich alles laid,
und heck dich Lucifer, Pilatus herre!
des herberg wirt dir unversait,
wenn du im komst auss fremden landen ferre;
5 und ist dir kalt, er macht dir warm 45
mit einem bett, so wirstu nicht verlassen.
vil guet geferten reich und arm

---

28 maister] hrñ *c.* **31** saiger *c.* **41** ju] nú *c.* **42** luciper *c.*

---

21 pilgerin ›Wanderfalken‹ *(wohl die geistlichen Fürsten).* **23f.** ›*sollt mit eurem Flug, der höher reicht als der anderer Falken, erlesene Lehrmeister sein*‹. **26** verhürnen ›*mit Horn versehen*‹. **27** ant ›*schmerzlich*‹. **29** mausst ab ›*werft (in der Mauser) ab*‹. **30** verdürnen ›*in Dornen fangen*‹. **31** sägger ›*Sackerfalken*‹. **33** entsten ›*sich erheben, widerstehen*‹. **42** hecken ›*schlagen*‹; Pilatus: *Genitiv.*

      die möchstu finden auff derselben strassen.
      wilt du den Wigklöff nicht verlan,
10 sein ler die wirt dich hassen.   50

VI **A**in jeder vogel inn der welt
      sein orden halt, in dem er ist geboren,
      mit seinem gelouben unvermelt,
      wann neur die ganns wil tragen krumpe horen,
5   da mit si ander vogel rain   55
      verstossen wil, sich selber gar versenken
      mit tieffem flug von der gemain.
      gen feuerspach tuet si die federn schrenken,
      die schrift zu felschen, mer wann all
10 ir vodern ie gedenken.   60

VII »**D**en besten vogel, den ich waiss,
      das was ein ganns« vor zeiten ward gesungen.
      das hat zu Beheim inn dem krais
      verkeret sich, wann in ist misselungen
5   mit einem wort: wo vor »das best«   65
      in disem raien merklich ist gestanden,
      da wider schreiben maister, gest
      »das bösst«, so man es vindt in allen landen.
      Also hat sich die ganns verkert
10 daselbs mit grossen schanden.   70

VIII **I**r braitter fuess möcht werden smal,
      wolt neur ein man, der uns all hat beschaffen:
      wie der vergäss seins zornes fal

---

48 strauße *A*.   **49** Wigklöff] vorlauff *c*.   **52** geborn *A*.   **56** verstossen wil] verstoßt vnd tůt *A*.   **57** mit tieffem] durch tieffen *A*.   **59** gschrift *c*.   **63** pehem *A*.   **64** verkeret] verwandelt *A; in* ist] ist in *A*.

---

49 *John von Wycliffe († 1384), Vorläufer von Hus.*   **60** vodern = vordern ›Vorfahren, Vorgänger‹.   **61f.** *Vgl. Georg Forsters Frische Teutsche Liedlein, hg. von M. E. Marriage, Halle 1903, S. 85 und 227;* was: *die Vergangenheitsform des Rahmensatzes ist ins Zitat gedrungen.*   **66** raie *hier* ›Lied‹.   **73** fal *hier vielleicht* ›Strafe‹.

und stiess durch barmung ein sein veintlich waffen,
5 das er über uns gezogen hat
mit scharpfer schneid und grauselichem spitze
umb unser grosse missetat,
die wir täglich begen durch sünden glitze,
der kaine ungeschaben bleibt
10 mit peiniklicher hitze.

IX Ir gueten cristan, seit gemant,
andächtiklich helft uns den fürsten flehen,
das im sein zoren werd gewant,
den wir durch grosse zaichen rächlich sehen
5 in Frankreich, Engelant, Katalon,
in Lampart und zu Behem auf der mitte
mit inflüss, mansleg, sterben gan
und durch gelouben ketzerlicher sitte.
stee für, Maria, wend dein kind!
10 ich Wolkenstein das bitte. | Amen

---

76 grauslichem *c*. **81** gemant] gemait *c*. **82** helft uns] so helft *A*. **83** zorn *c*. **86** beheim *c*. **90** *Beischrift* Amen *auch c,* etc *A*.

---

78 glitze ›Glanz‹, *hier vielleicht für offenkundige Sünden.* **79** ungeschaben ›ungetilgt‹. **87** influss ›Ansteckung, Seuche‹; manslag ›Mord‹.

28. Mentschlichen got beschnitten schon

Cisioianus 13ᵛ

I **M**entschlichen got beschnitten schon,
drei küng für Erhart hohen lon
han in dem tron, ouch Marcellus, Anthoni.

---

28 B 13ᵛ (A25ʳ–27ᵛ, c 34ʳᵛ = BW 123, Sch 57); *einstimmig, 1. Strophe vollständig unter Noten B; in A 1. Strophe zuerst unter Noten (=A¹), dann das ganze Lied zweispaltig Wort für Wort untereinander (1. Strophe = A²). Vor den Wörtern fünf Spalten: drei Zahlenspalten, auf jeder Spalte überschrieben (hier nach 25ᵛ): zuerst* die guldein zal, *dann* hore / minutt *(Zeitpunkt des Neumonds), eine Spalte für* d (= dies) *und* n (= nox), *und eine Spalte für die Wochentagsbuchstaben. Einzelne Heiligennamen sind in A hervorgehoben durch rote Schrift, rote Durchstreichung oder roten Punkt hinter dem Namen (hier nicht verzeichnet). Randbemerkungen in A: am unteren Rand von 25ᵛ:* Ir solt merchen daz anno d(o)m(ini) xxxi ist vii die guldein czal vnd dar nach xxxii sint viii die guld, czal vnd also fur vnd fur iarichleich vncz auf newnczehñe · so hebt man widˢ an einē an · vnd wa ir in dem kalendˢ vii findet anno · 31 · da wirt dˢ man new; *am unteren Rand von 26ʳ:* It(e)m ob ir welt wissen wen d' vasenacht ist so merchket den nachsten newen manē nach dem liechtmesmes (so!) tag vnd der nachste mittich dar nach ist dˢ aschˢmittich. *Titel im Inhaltsverzeichnis 38ʳ:* Der gesungen kalender A. *Überschrift fehlt Ac.*
1 *Initiale fehlt* A². 2 kunig A (in A¹ 1 Note); für] vnd A.

Zum Ton von Kl 28–32 vgl. Kl 16.– Cisiojanus (Kalendermerkgedicht, in dem für jeden Tag ein Wort steht und viele Namen von Tagesheiligen untergebracht sind); zur Deutung vgl. Wolfgang Kersken, Genner beschnaid. Die Kalendergedichte und der Neumondkalender des Oswald von Wolkenstein, *Göppingen 1975, dazu Heribert A. Hilgers in: AfdA 90 (1979), S. 160–169. Die Beischriften und die ersten fünf Spalten in der tabellarischen Anordnung von A dienen der Berechnung des Neumonds. Zur sechsten Spalte mit den Wochentagsbuchstaben vgl. zu Kl 67. Dass Oswald die Namen in (z. T. witzige) syntaktische Zusammenhänge bindet, ist sicher, meine Zeichensetzung kann aber nur ein Vorschlag sein, der voraussetzt, dass mehrfach zu mehreren Subjekten das Verb im Singular steht. Die folgenden Erläuterungen beschränken sich auf die Fälle, in denen ein Name zugleich syntaktische Funktion zu haben scheint.*
1 *Syntaktisch frei vorangestellt.*

Prisca octavo Fabien,
5 Agnes Vinzenzen wil besten,
Paul Pollicarpen.   Hanns macht Val Constantini.
die Breid, Maria Blasen da.
Ag, Dor und Helena Polon, Scolastica
octavo lieplich loben.
10 Valtein und Julian began
Simeon fragen freuntlichen umb Peterman.
ins Math Walpurg wil zoben.

II **R**oman, Donat, Sim, Küng, Äderlein
pfinztages in des merzen schein
ein bädelein   Gregorio beraiten.
Hilf, *matron*, das Gedrut verleich
5 uns herberg! Benedict, nit weich!
unser froue reich,   Rueprecht, well uns dort laitten.
abrelle: wankelicher muet.
Ambrosius der Celestim mit hohem fruet
gab babst Leo dem Tiburzen.
10 auss ellend uns Valer schier ker,
eins gueten endes Jörg, Marcus [ ] hie gewär.
Vitalis früchtet wurzen.

---

4 Brisca *A²*; fabian *A¹ (undeutlich)*.   **5** vincenten *A¹*; besten] westien *A²*.
6 mach *A¹*.   **7** Die] *Initiale fehlt A¹*.   **8** elena *A*; scholastica *A¹*.   **11** Symäon *A¹*, Symon *A²*.   **14** pfincztags *A*.   **15** bedëlein *B*, padellein *A*, pädlein *c*.
16 marthan *Bc*, matron *A*; gedrawt *Ac*.   **18** uns] mich *A*.   **19** wankleicher *A*.
20 celestin *A*.   **21** dem] den *A*.   **23** vns hye *Bc*.

4/9 octavo ›an der Oktav‹ (der Nachfeier eines Fests am 8. Tag, manchmal wegen eines höherrangigen Fests auch verschoben).   **6** Val *wohl Valerius und* ›fahl‹.
7 Blasen *Blasius und* ›blasen‹.   **12** Math *Matthias und* ›Schachmatt‹; zoben (mhd. zouwen) ›eilen‹.   **14** pfinztages ›donnerstags‹ (Bäder an Märzdonnerstagen galten als besonders gesundheitsfördernd).   **16** *Eine heilige Martha ist für diesen Tag nicht nachzuweisen.*   **20** fruet ›Weisheit, Freude‹.   **23** vns *in Bc markiert einen Tag zuviel.*

III **P**hilipp, Sigmund, creutz, Florian.
Gothart, Johanns, zwen hailig man.
Corbianus bran.   Pangratz brangt der Sophellen.
Pilgrin der bracht Potenz Basill,
5 ein maien plüed, durch Urbans will.
vergib, Hanns, Zirill,   genzlichen Petronellen.
bewart, getreuer Asimus
und Bonifacius mit Senat! der Primi alsus
wart! pflanz las, Veut, nicht faulen!
10 gelobt ein heilger ritter vein,
Achacius, und Johannes toufft Henselein.
peiss, Leo, Peter Paulen!

IV **D**ie künigin vor Ulrich rait,
und ouch Kilianus dar nach schrait.
Margret, Hainz sait: »tailunge gebt Allexen!«
Arnolf der lued Praxederlein,
5 Magdalena junkfrou Cristein,
Jacob, Ändlein die band Felix ein krächsen.
Petrus, Steffan, Steffanus frumm,
Oswaldus, Sixt. Affra, die Romt Laurenzium
und nussen Polt Euseben.
10 »Frou, trink«, sprach Agapt, »ein Bernhart!«

---

26 heilige *A*.   **27** corbinianus *A*; der] vor *A*.   **28** Pilgrim *A*; pasill *Ac*.
31 bewart] weratt *A*; treuer *c*; asinus *A*.   **32** bonifacz *A*.   **33** Veut, nicht] nicht
veitt *A*.   **34** heiliger *Ac*.   **40** praxedellein *Ac*.   **41** Magdalen *A*.   **45** pold *A*.

25f. *Syntaktisch nicht gebunden.*   **27** *Gordianus, der hier wohl gemeint ist, wurde enthauptet, nicht verbrannt; sollte ein anderer Name gemeint sein, etwa Brandan, der allerdings an einem anderen Tag im Mai verehrt wurde?* brangen ›prahlen, prangen‹, *hier mit Dativ* ›vor Sophia‹ (vgl. Lesart A).   **28** Basill *Basilla und* ›Basilikum‹.   **31** bewart ›schützt‹ (Lesart A ›beratet, versorgt‹).   **33** wart ›möge aufpassen‹.   **34** *ergänze* gelobt sei.   **36** Leo *Leo II. und* ›Löwe‹.   **37** künigin: *Mariä Heimsuchung.*   **39** tailunge *Aussendung (Teilung) der Apostel und* ›Anteil‹.
40 laden ›einladen‹.   **43f.** *Syntaktisch nicht gebundene Namenreihe.*   **44** Romt *Romanus und* ramt ›macht schwarz‹ *(Afra und Laurentius erlitten den Feuertod).*
45 Polt *Hippolytus und* bolt ›warf‹.   **46** *Minnetrinken zu Ehren eines Heiligen war verbreitet.*

    fragt Thimotheen den Bartlomeen unverkart,
    ob Ruff, Hanns, Augst mer leben.

V   **G**ilg schankte gueten most sant Mang,
    Regin, Marei, Corbin, Illang.   50
    Protuslin sang: »hochgelobtes creutze froni,
    Offnei, Lamprecht, vernempt mich gar,
5   Matheus und Mauritz, Ruprecht zwar,
    Virgil, Cosmar, Wenzla, Michel, Jeroni!«
    Remigius, kens*t du* Frenzelein   55
    mit seinen faulen käsen? Dionis im gugelein
    Maxim, Colman lert hangen.
10   Gall husch! Lucas göttlichen schraib,
    Urs suechte Colen, Crispinus. Columb haim blaib.
    Simon, *N*arz kunt Wolfgangen.   60

VI   **H**eiligen. Eustachius der vieng wild.
    Lienhart gebrüedern vier gilt
    Mart. Martein milt   Britzien gens briet. Ottel,
    iss mit Elsbetha frölich fro,
5   Cecil, Clement, Crisogono,   65
    Kathrein, Cuenzo!   Virgil, louff nach Andriottel!
    Cant frölich »Sola«, Barbara!
    Nicetus, Claus und Maria von Montsera,
    Damasius und Luceie,
10   Die müessen alle hilflich sein.   70
    auss India Thomas kündt uns das Ihesumlein.
    Ste, Hanns, kind, Tho kumpt Silvreien [ ]. |

---

47 Thimotheen] dyemothe *A;* Bartlmen *A.*   **48** Hanns Augst] augst hanns *A.*
49 Gill *A;* schankt *A.*   **51** protusellein *A;* hochleiches *A.*   **53** und Mauritz]
Mauricz vnd *A.*   **55** kenst dw *A,* kenstu *Bc.*   **56** diniss *A;* gugellein *A.*
59 pelaib *A.*   **60** nartz *A,* martz *Bc.*   **61** heilgñ *c;* Eustacheus *A.*   **63** gens]
gengs *A;* otell *A,* öttel *B,* öttl *c.*   **65** cezill *A.*   **66** anderötl *A.*   **67** sol la *c.*
70 all *A.*   **72** Silfrey *A,* silureyen Siluester *Bc.*

---

51 froni = frone ›des Herrn‹.   **63** Mart *Papst Martin I. und* = mort.   **67** Cant
Candida *und* ›sing‹; Sola *Hl. Sola und Noten* so la.   **72** Ste *Stephanus und* ›steh‹;
Tho *Thomas Beckett und* do.

28a Vorstufe des cisioianus: der gelöschte Kalender aus Handschrift A

In Handschrift A war auf Blatt 12rv ein Wortcisioianus eingetragen, da er im gleichen Ton verfasst war, offensichtlich eine Vorstufe von Lied 28. Der Eintrag wurde auf 12r durch schwarzbraune Tinte übermalt, auf 12v zum Teil radiert. Nur der Schluss ist ganz lesbar. Im Folgenden sind die einzelnen von Schatz trotz Übermalung und Rasur entzifferten Wörter in der Graphie der Handschrift wiedergegeben (in Klammern die entsprechende Verszahl von 28 und das Datum des Heiligen). Nur der Schluss ab 5. November, fast eine ganze Strophe, von Brichzen an *gut lesbar, wird in Versform mit leicht geregelter Graphie dargeboten.*

    Valentein *(vgl. 10, 14. Februar)*   12r
    Benedic[*(vgl. 17, 21. März)*
    frewlin san[ ] krist[*(vgl. 46, 24. Juli)*
    Sprach timothee czu Bartholomee *(vgl. 47, 21.–24. August)*
    Augustein der *(vgl. 48, 28./29. August)*
    schencket *(vgl. 49, 2. September)*
    wolffgangen Heiligen all *(vgl. 60f., 31. Okt. – 2. Nov.)*   12v

              schilt   *vgl. 61*
    Lienhard von nicht gebild.
    Martinus milt   Brichzen sein gens wil sträuen.
    verzuck, Elsbetha, sunderbar
    ain genselein Clementen zwar!   *vgl. 65*
    Katherina zwar   Virgili sand nach Andreien.
    treu frölich, edele Barbara,
    sand Nicolaus und Maria von Montserra,
    zu Vinedig Luceie,
    die weln alle genedig sein.   *vgl. 70*
    aus India Thomas khund uns Jesumlein,
    »Steff, Hans, khind« sull wier greien.

29. Der himel fürst uns heut bewar

I Der himel fürst uns heut bewar,
got und sein liebe muetter klar,
die engelschar   und all gots heilgen werde.
Allmächtikait über alle macht
5 und der als wesen hat bedacht,
künstlich volbracht   in himel und auf erde,
Der sei unser schilt vor aller not,
beschierm uns durch sein marter und den bittern tod.
das bluet hailg rot   walt unser sünd ablässe.
10 Lass, herr, dein zoren nicht ergan
nach unser schuld, wie wol wir dick verschroten han
mit tuen und lan   dein huld durch sündlich rässe!

II Gesegen uns heut altissimus,
darzue der minnikliche fluss,
den Longinus   mit seinem spiess hett funden.
Dasselbig sper, kron, nagel drei,
5 ste uns vor schaden, schanden frei,
frid won uns bei   und die heilgen fünf wunden.
Verleuss dein bitters gallen getrank,
herr, nicht an uns, wie wol wir sein der sünden krank!
kreutzlicher hank,   erlös uns ewikleichen!

---

29 B 14ʳ (A 37ᵛ, c 35ʳ = BW 99, Sch 105); einstimmig, Anfang der Melodie mit unterlegtem Text BA. **1** *Initiale fehlt A;* uns] *mich A.* **2** got und] *darczu A.* **3** die] *der A.* **7** unser] *mein A.* **8** uns] *mich A.* **9** bluet hailg] *hailg plut A.* unser] *meinˢ A.* **10** zorn *c.* **11** unser] *meinˢ A;* wir] *ich A.* **13** uns] *mich A.* **17** uns] *mir A.* **19** dein bitters] *das pitter A.* **20** uns] *mir A;* wir sein] *ich pin A.* **21** uns] *mich A.*

Zum Ton von Kl 28–32 vgl. Kl 16. – Die Fassung A mit ihrem abweichenden Schluss ist konsequent in Ich-Form gehalten, nur bei 18 frid *erscheint sinnvoll der Plural* uns. *Dass A in Vers 7 und 22 metrisch glatter ist, besagt nicht viel, da kleine metrische Unebenheiten auch sonst vorkommen.*
5 als = alles. **9** walt … ablässe ›*nehme sich der Vergebung … an*‹. **12** rässe ›*Schärfe*‹. **15** Longinus *legendarischer Name des Hauptmanns, der am Kreuz Jesu Seite öffnete.* **17** ste … vor … frei *etwa* ›*stelle sich befreiend vor …*‹ **21** kreutzlicher hank ›*Hängen am Kreuz*‹.

10 Ich bevilch uns heut dem heilgen grab
    und dem, der sich unschuldig toten darein gab.
    Maria, hab,   hilf an dem letzten keichen!

III Trivaltikait, sun, heilger gaist,   25
     verslossen in ains vatters laist,
     seit du nu traist   die macht, kron aller fürsten,
     So tail dein barmung köstlich gross
5   mit unser sel, wenn si gar bloss
     nach Abrahams schoss   tuet seniklichen dürsten!   30
     Verheng dem tiefel nicht gewalt,
     das er uns trieg, vorlait durch grauselich gestalt,
     wenn er sich spalt   gen unserm kranken leibe!
10   So wir hie raumen ditz ellend,
     freuntlos und stummlich vechten mit des todes hend,   35
     o got, das end   uns gnediklich verschreibe!

30. Kain ellend tet mir nie so and

I   **K**ain ellend tet mir nie so and
     von klainer sach in fremdem land,
     neur wenn ich fand   die herberg voller kinder.

---

29 22 bevilch uns] gib mich *A*.   29 unser] mein^s *A*.   32 uns] mich *A*.   33 gen] pey *c*; unserm] meinem *A*.   34 So ich von disem ellend ker *A*.   35 stim̃lich *Bc*; Frewntloser stumlich vicht ring nach des todes ser *A*.   36 Götleicher herr dein hilf mir dann verschreibe *A*. *Nachschrift:* Amen *A*.

30 *B* 14ʳ (*A* 46ʳ, *c* 35ᵛ–36ʳ = BW 19, Sch 102); einstimmig, Anfang der Melodie mit unterlegtem Text *BA*.   *Überschrift:* Nota das lied Kain ellend etc singet sich inn der weyse Mentzschlichen got etc *A*.

---

29 24 hab ›halt [uns] fest‹.   26 laist ›Form‹.   28f. tail ... mit ›verleihe‹.
    31 verhengen ›erlauben‹.   33 sich spalten hier wohl ›den Rachen öffnen‹.
    35 stimmlich *Bc* ›mit Beteiligung der Stimme‹ für ›ächzend‹ ist nicht ganz sicher auszuschließen; wahrscheinlich liegt jedoch in *B* ein Schreibfehler vor (Fehlen eines Abstrichs).
30 Zum Ton von Kl 28–32 vgl. Kl 16.   1 and tuen ›Ärger zufügen‹.

Ir schreien hat mich dick bedort,
5 das ich offt selber nicht gehort
mein aigen wort;   und sunder gen dem winder,
So ich den langen tag erfros,
müedlichen rait, gen abent zwar des klain genoss.
ein stuben gross,   die ward mir offt zu enge.
10 In mancher wiegen dick ergal
ein kindlin klain, das es mir durch die oren hal;
die nachtigal   mich fröuet bas die lenge.

II Ir rumplen gross mit hurlahai,
dafür lob ich den grüenen mai,
und sunder zwai   freuntlich dorin gesellet.
Noch ist sein vil, das mir gewirt
5 von ainem kindlin, so es kiert
und mich veriert   mein singen und erschellet
Durch manche falsche disonanz,
falseten gross, dabei kain freuntlich concordanz;
der resonanz   hat mich so dick verdrossen.
10 Zu swaigen ist offt eins so tratz
mit widerwärtikait recht als ein böse katz;
von meiner tatz   hand si des klain genossen.

III Zu Prespurg dort in Ungern zwar
ein kind mir macht vil graue har
von dritthalb jar   und liess mich selden slaffen
Die langen nacht bis an den tag,
5 und ander vich, des ich da pflag
Neur »ju ich jag«   (dick eines tet ich straffen).
Das kind schrai offt: »wie ser mich dürst!«

---

6 gen] in *c*.   **9** stuben *Ac*] stauben *B*.   **11** hal *A*] gal *Bc*.   **12** freuet bas] bas erfrewt *A*.   **16** das] des *c*.   **28** lange *A*.   **30** ju *BA*] sw *c*; ains tet ich zu sträffen *A*.

---

13 rumplen ›lärmen‹.   **16** gewerren ›schaden, verdrießen‹.   **17** kirren ›schreien, kreischen‹.   **18** verirren ›irre machen‹, hier mit doppeltem Akkusativ.
20 falseten *hier wohl einfach* ›falsche Töne‹.   **21** resonanz ›Widerhall, Lärm‹.
22 swaigen ›ruhig stellen, zum Schweigen bringen‹; tratz ›trotzig, widerspenstig‹.
29 vich: *gemeint sind Läuse.*

       man bracht im met und wein,   als ob es wär ein fürst,
       fisch, hüener, würst,   neur wes sein herz begeret.
  10   Dannocht gewan es selden rast.
       vil manchen zwick hab ich im zue der heut getast,   35
       haimlichen vast,   das es sein stimm verkeret.

IV   Mich wundert ser an einen man,
       das er sein kind nicht ziehen kan
       und lat es gan   so gar an alle ruette.
       Der dunck⟨t⟩ mich sicherlich nicht weis   40
   5   und möcht wol schlipfen auf dem eis
       mit klainem breis   an seinem aigen bluette.
       Guet muetter, hand ir nie gelesen
       vor langer zeit »ie lieber kind, ie grösser besen«?
       das ewig wesen   mügt ir an in verhönen,   45
  10   Das ir in hengt den willen nach,
       da von offt ains die leng gewinnt vil ungemach;
       dorumb gross rach   volgt eu mit bösen lönen.

31. Der oben swebt und niden hebt

I   **D**er oben swebt   und niden hebt,
       der vor und hinden, neben strebt
       und ewig lebt,   ie was an | anefange,   14ᵛ
       Der alt, der jung,   und der von sprung
   5   trilitscht gefasst in ainlitz zung   5
       an misshellung   mit unbegriffner strange,

---

30 **43** nie] ye *A*.   **46** in] im *A*; dem *A*.   **47** gebingt *c*.
31 B 14ᴵⱽ (A 36ᵛ, c 36ᴵⱽ = BW 100, Sch 90); einstimmig, Anfang der Melodie mit unterlegtem Text BA.   **4** sprung] vrsprung *c*.   **5** triliczst *A*, trilisch *c*.

---

30 **37** einen: *der Akkusativ ist auffällig.*   **46** nach hengen ›zulassen, nachgeben‹.
31 *Zum Ton vgl. Kl 16, das metrische Schema ist gegenüber Kl 28–30 um Binnenreime bereichert. – Die Serie der Gottesprädikate führt erst in 33 zum Hauptsatz.*
    4 sprung *hier* ›Ursprung‹.   **5** zung ›Wort‹.   **6** strang ›Verflechtung‹.

Der strenklich starb und was nicht tod,
der keuschlich ward empfangen und an alle not
geboren rot   weiss durch ein junkfrou schöne,
10 Der manig wunder hat gestifft,
die hell erbrach, den tiefel dorin ser vergifft,
getult, geschifft   all wurz durch stammes tröne,

II **D**em offen sein   all herzen schrein
grob tadelhäfftig swach guet vein,
das er dorein   sicht allerlai gedenke,
Dem tuen und lan   ist undertan,
5   die himel, steren, sunn, der man,
der erden plan,   mentsch, tier, all wasser renke,
Auss dem all kunst geflossen ist,
von dem, der aller creatur durch spähen list
zu jeder frist   ir zierhait würkt, schon eusset,
10 Dem alle tier zam und ouch wild
hie dankber sein, das er den samen hat gebildt
der narung milt,   gar waideleich vergreusset,

III **D**er himel, erd   gar unversert
hat undersetzt an grundes herd,
das wasser kert   dorin durch fremde rünste, –
Der wunder zal   vil tusent mal
5   wär mer ze singen überal
mit reichem schal,   so hindern mich die künste –
Der mir die sel klar geben hat,
leib, er und guet, vernufft und kristenliche wat:
der geb mir rat,   das ich im also danke,
10 Da mit ich all mein veind verpau

---

9 junckfraun *c*. **11** dorin ser] ser darjn *A*. **17** stern *c*. **18** all*ˢ c*. **21** ir] sein *A*; ewssent *A*. **24** waidenleich *A*; vergrewssēt *A*.

---

12 tulten schiften ›mit Dolden und Stängeln versehen‹; tron ›*Saft*‹. **18** rank ›*Bewegung*‹. **20** von dem *syntaktisch überschüssig, Variation von 19* auss dem. **21** eussen ›*(nach außen) zeigen*‹, vgl. Österr. Wb. 1, S. 484, Frühnhd. Wb. 2, Sp. 1355. **24** vergriessen ›*ausstreuen*‹. **26** herd ›*Boden*‹. **27** runst ›*Rinnsal*‹. **30** ›*doch hindert mich [mein mangelndes] Können*‹. **32** wat ›*Kleid*‹, *hier nur umschreibend.*

baid hie und dort, das mich ir kainer nicht verhou. 35
o keuschlich frou,   dein hilf mir dorzu schranke!

32. Durch toren weis so wird ich greis

I   Durch toren weis   so wird ich greis
    und mag bejagen klainen breis
    auf disem eis,   es well sich dann verkeren,
    Und schier gedächt,   wie das ich mächt
5   dort komen auss des tracken ächt;   5
    derselb mich vächt,   wil ich sein nicht emperen.
    Das ist die hell mit irem slund,
    darinn wol siben kamer grauslich sind erzunt.
    fund ich den fund,   mein laid das wurd sich meren,
10 Als Salomon gemeldet hat: 10
    mentsch, wie du sündst, geleich vindst du die widertat.
    gross freud umb quat   der kouff ist nicht ze leren.

II   Gelt wider gelt,   got selber melt.
    der ersten kamer swach gezellt
    zu hell, da quellt   versigelt haisser lecken   15

---

31 **35** das mich ir] damit mich *A*.   **36** dein] den *c. Danach* Amen *A. Nachschrift:* Nota das lied der oben swebt vnd etc singet sich jnn der weyse Mentzschlichn̄ got etc *A*.

32 B 14ᵛ (A 27ᵛ, c 36ᵛ–37ᵛ = BW 25, Sch 98); *einstimmig, Anfang der Melodie mit unterlegtem Text BA;* etc ut in p(re)cedenti melodia s(cilicet) vor heng vnd las *(= Kl 17) A.*
1 wurd *A*.   **3** verchern *A*.   **5** trachen *A*.   **7** irem] seinē *c*.   **11** gleich *c*.
12 lern *A*.

Zum Ton vgl. Kl 16, das metrische Schema ist gegenüber Kl 28–30 um Binnenreime bereichert.   **3f.** ›außer es änderte sich etwas und ich dächte bald daran...‹ **5** ächt ›Ächtung, Verfolgung‹.   **6** sein *bezieht sich auf das bisherige törichte Leben.*   **9** fund ich den fund *etwa* ›wenn ich diese Erfahrung machen müsste‹ *(anders Marold).*   **15** quellt ›quält‹ *(nicht* quillt!*);* versigelt *wohl indirekt noch auf* kamer *bezogen:* ›eingeschlossen‹; lecke *(fem.)* ›Badewasser‹, *partitiver Gen. Plural in Subjektsfunktion (anders Marold).*

32. Durch toren weis so wird ich greis

    Von feuer, gram   gar widerzam,
5 das alle flüss, des meres tam
    der minnsten flamm   ir raiss nicht mag erstecken.
    Dieselbig kamer pringet we,
    wer sich unkeusch begreiffen lasset sunder ee,   20
    gross jamers kre   vindt er in haissen secken.
10 Da mit so wirt vergolten das,
    ein jeder metz nach seinem lehen mit der mass.
    die rechten strass   helf uns Maria strecken.

III **D**ie ander kamer   ist mit jamer   25
    voller kelt, ein gross gewammer,
    dasselb getammer   kain feur nicht mag erhitzen.
    Wer hass und neid mit widerstreit
5 vertriben hat in diser zeit,
    derselbig leit   darinn frostlichen glitzen.   30
    Die dritte kamer tunkelfar,
    das man die vinster greiffen mag bei ainem har,
    des scheines klar   sol da kain mentsch besitzen.
10 Wer ungelouben hat gefüert,
    all juden, haiden, ketzer darinn sind versnüert;   35
    das liecht berüert   in mund und nas durch blitzen.

IV **D**ie vierd prisaun   ist swacher laun
    von snödem smakh in wildem zaun,
    das kain allraun   noch wurz den mag vertreiben.
    Mit wunder mail   so vindt man vail   40

---

18 räzz *A*, räss *c*.   **22** wurd *A*.   **27** nicht *fehlt A*.   **33** scheins *A*.   **38** snödem] grossem *A*; gsmach *c*; wildem] snodem *A*.   **39** mag] mage *c*.

---

18 raiss *für ›Weg, Bahn‹ ist nicht sicher auszuschließen, wahrscheinlich aber ein Fehler für räss ›Schärfe‹ (Ac).*   **21** kre *›Schrei‹.*   **23** metz: *Raummaß;* nach seinem lehen *(wohl auf* metz *bezogen) ›gemäß seinem Fassungsvermögen‹.* **24** strecken *›gehen‹ (DWb.* strecken *C6).*   **26** gewammer *zu* wimmern *›klagende Töne von sich geben‹ oder zu* wimmern *›starr, steif sein vor Kälte‹ (vgl. Schmeller).*   **27** getammer *›Lärm‹, hier für Zähneklappen?*   **29** vertriben *hier ›treiben‹.*   **30** glitze *›Glanz, Glitzern‹.*   **37** prisaun *›Gefängnis‹;* laun *›Laune, Art‹.* **38** zaun *›Zaun‹, hier für das Verschlossensein.*   **40** wunder mail *›unerhörter Makel‹;* vail *hier ›zahlreich‹.*

5   dorinn die rouber, brenner gail
    und die an hail   den armen recht vermeiden.
    Die fünfte gilnitz ungestallt
    von schäutzen schricken, greulich brünsten gross gezalt,
    gar manigvalt   so ist dorinn das leiden   45
10 Von hochfart, grosser üppikait;
    wie sich der mentsch gezieret hat gestalt und klaid,
    swär herzenlaid   muess er da wider sneiden.

V   Die sechste keich   ist wunder reich
    von würmen, atern, slangen, sleich,   50
    der hässig teich   dem wuecher ist beschaffen;
    Und wer sein lätz   mit fürkouf, sätz
5   hie richten tuet, gross zöll und tätz,
    der sünd geträtz   schreit alles dorinn waffen.
    Das sibent gadem ist beswärt   55
    mit grosser zagknuss, ewiklich dorinn bewärt,
    da sein vermärt   böss nunnen, münch und pfaffen
10 Und alle, die verzweifelt han
    in iren sünden, darzu an dem höchsten man.
    des gadems pan   tuet si daselben straffen.   60

Item die vier lieder oben geschriben nach ainander das erst Der himel fürst das ander kain ellend etc singent sich jnn der melody Menschlichen got etc |

---

41 rouber brenner] prenner rauber *A.*   **47** wn̄ *B,* vnd *Ac.*   **48** er] es *A.*
50 wurm *A.*   **51** dem *B,* der *Ac;* häsig *B,* hästig *A,* hesslich *c;* wuchrer *A.*
54 schreiet *A.*   **57** münich *A.*   **60** desselben *c.*

---

43 gilnitz ›*Gefängnis*‹.   **44** schäutzen schricken ›*Hochfahren von Scheusalen*‹.
48 sneiden: *Ernte- oder Kleidermetapher?*   **49** keich ›*Gefängnis*‹.   **50** ater
›*Natter*‹; sleich ›*Kriechtier*‹.   **51** hässig ›*hässlich, abscheulich*‹.   **52** fürkouf *Hortung von Waren;* satz *hier wohl* ›*Zinssatz*‹.   **53** tatz ›*Aufschlag*‹ *(DWb. Datz, Dätz).*
54 der sünd geträtz ›*solcher Sünde Widerspenstigkeit*‹ *(Marold).*   **57** vermären
›*verkünden*‹, *hier wohl* ›*öffentlich verurteilen*‹.

33. Ain tunkle farb von occident

I   **A**in tunkle farb   von occident   15^r
    mich senlichen erschrecket,
    Seid ich ir darb   und lig ellend
    des nachtes ungedecket.
5   Die mich zu vleiss   mit ermlein weiss   und hendlin gleiss   5
    kan freuntlich zue ir smucken,
    Die ist so lang,   das ich von pang   in meim gesang
    mein klag nicht mag verdrucken.
    Von strecken   krecken   mir all bain,
10 wenn ich die lieb beseuffte,   10
    Die mir   mein gier   neur weckt allain,
    darzue meins vatters teuchte.

II   **D**urch winken wank   ich mich verker
    des nachtes ungeslaffen,
    Gierlich gedank   mir nahent ferr   15
    mit unhilflichem waffen.
5   Wenn ich mein hort   an seinem ort   nicht vind all dort,
    wie offt ich nach im greiffe,
    So ist neur, ach,   mit ungemach   feur in dem tach,
    als ob mich brenn der reiffe.   20
    Und winden,   binden   sunder sail
10 tuet si mich dann gen tage.
    Ir mund   all stund   weckt mir die gail
    mit seniklicher klage.

---

33 B 15^r (A 30^v–31^r, c 37^v–38^r = BW 32, Sch 71); einstimmig, 1. Strophe vollständig den Noten unterlegt BA.   **1** von] in A.   **5** mir Bc, mich A.   **6** freuntlich] fröleich A.   **7** meim] dem A.   **9** all] die A.   **11** weckt] went A.   **19** so] sü A.   **22** dann] gar A.

Den gleichen Ton haben Kl 34–36.   **12** vatter vgl. Schmeller I, Sp. 850 nach clm 4395: der vater oder mutter leiyt zwischen dem nabel und der scham; teuchte (zu mhd. diuhen ›niederdrücken‹) ›Kummer, Schmerz‹.   **16** unhilflich ›unwiderstehlich‹.   **20** reiffe ›Reif, Frost‹.

III **A**lso vertreib   ich, liebe Gret,   25
　　die nacht bis an den morgen.
　　Dein zarter leib   mein herz durchgeet,
　　das sing ich unverborgen.
5　Kom, höchster schatz!   mich schreckt ain ratz   mit grossem tratz, 30
　　davon ich dick erwache,
　　Die mir kain rue   lat spät noch frue.   lieb, dorzu tue,
　　damit das bettlin krache!
　　Die freud   geud   ich auf hohem stuel,
10　wenn das mein herz bedenket,
　　Das mich   hoflich   mein schöner buel   35
　　gen tag freuntlichen schrenket.

34. Es leucht durch grau

I　**E**s leucht durch grau   die vein lasur
　　durchsichtiklich gesprenget.
　　Blick durch die brau,   rain creatur,
　　mit aller zier gemenget.
5　Breislicher jan,   dem niemand kann   nach meim verstan   5
　　blasnieren neur ein füessel,
　　An tadels mail   ist si so gail,   wurd mir zu tail
　　von ir ein freuntlich grüessel,
　　So wär   mein swär   mit ringer wag

33　**30** erwache *A*] erwachen *B*, erbache *mit radiertem* –n *c*.　**35** Das] vnd *A*.　*Nachschrift:* etc Amen *A*.

34　*B* 15ʳ (*A* 34ʳ, *c* 38ᵛ = BW 101, Sch 54); einstimmig, ohne Noten anschließend *B*, eine Notenzeile als Andeutung des Melodieanfangs *A*.　**5** Breislichˢ *c (bisher als* Vreisl. *verlesen);* nÿe͞bt *c*.　**6** plasyniren *A (undeutlich);* fusslin *A*.　**7** si] er *A*.　**8** gruslin *A*.　**9** mit] auf *A*.

33　**30** ratz *Sexualmetapher*.　**33** auff hohem stuel ›*auf einem Thron*‹?　**36** schrenken ›*verschränken, umarmen*‹.

34　*Ton wie Kl 33*.　**1** lasur ›*Azurblau, Farbe des Lapislazuli*‹.　**5** jan ›*Reihe geschnittenen Getreides, Streifen bestellten Bodens*‹ (Ähren und Acker sind Mariensymbole).　**6** blasnieren ›*(ein Wappen) kunstgerecht malen oder auslegen*‹.　**9** wag ›*Gewicht*‹.

10 volkomenlich gescheiden,
   Von der   man er,   lob singen mag
   ob allen schönen maiden.

II **D**er tag leucht gogel-   eichen hel,
    des klingen alle ouen,
    Dorinn mang vogel   reich sein kel
    zu dienst der rainen frouen
 5 Schärpflichen bricht,   süesslichen ticht,   trostlichen flicht
    von strangen heller stimme.
    All plüemlin spranz,   des maien kranz,   der sunne glanz,
    des firmaments h*och* klimme
    Dient schon   der kron,   die uns gebar
10 ein sun keuschlich zu freuden.
    Wo ward   kain zart   junkfrou so klar
    ie pillicher zu geuden?

III **D**as wasser, feuer,   erd, lufft, wind,
    schatz, krafft der edlen gestaine,
    All abenteuer,   die man vindt,
    gleicht nicht der maget raine,
 5 Die mich erlöst,   täglichen tröst;   si ist die höchst
    in meines herzen kloster.
    Ir leib so zart   ist unverschart.   ach rainer gart,
    durch wurz frölicher oster
    Ste für   die tür   grauslicher not.
10 wenn sich mein houpt wirt senken
    Gen deinem   veinen   mündlin rot,
    so tue mich, lieb, bedenken. |

---

13 leucht] scheint *A*. **17** trostlichen] vnd trostlich *A*. **18** von] mit *A*.
19 sunnen *A*. **20** hôh *Bc*. **22** sun] frucht *A*. **25** lufft] vnd *A*. **26** der] des *c*;
staine *A*. **35** deinē *A*.

---

13 gogeleich ›*fröhlich*‹. **17** brechen *hier* ›*lange Töne in kurze zerlegen, verzieren*‹. **20** klimme ›*Höhe, Dach, Spitze*‹. **31** unverschart *zu* verscherten ›*verletzen*‹. **32** ›*um des (Heil)krauts froher Ostern willen*‹?

35. In Suria ein braiten hal

I   In Suria   ein braiten hal   15ᵛ
    hört man durch gross geschelle,
   Des freu⟨n⟩t sich da   die frummen all
   auf erden und zu helle
5 Der neuen mär,   wie das an swär   geborn wär   5
   ein sun von rainer maide.
   Des wunders bloss   gar ser verdross   den tiefel gross,
   das er durch zornes laide
   Brach in ain mauer tieff ein klufft,
10 als es die alten jehen.   10
   Zu Betlaheme ob der grufft.
   die spalt hab ich gesehen.

II O reicher got,   küng aller reich,
   herr, fürste aller herren,
   Der lebentig rot   auf ertereich   15
   vergangen und noch werden,
5 Wie ward die nacht   mit armer macht   so wol bedacht
   durch dein göttliches wunder,
   Als dich an mail   löblichen gail   mit grossem hail
   gebar keuschlich besunder   20
   Die schönste junkfrou wolgetan,
10 als si ie ward erkoren,
   Die muesst ein ellend herberg han,
   do si dich hett geboren.

---

35 *B 15ᵛ (A 36ᵛ, c 39ʳ = BW 102, Sch 55); einstimmig, ohne Noten anschließend B, eine Notenzeile als Andeutung des Melodieanfangs A.* **3** frewt *BA,* freünt *c;* da] dort *A.* **5** geporn *Ac.* **8** durch zornes] von rechtem *A.* **9** in ain] durch die *A;* tieff] dick *A.* **11** Bethleheme *c.* **15** lebentigñ *A.* **22** si] mentzsch *A;* erkoren] geporen *A.* **24** hett geboren] erkoren *A.*

Ton wie Kl 33, aber Binnenreime in 9 und 11 eingespart. **1** Suria *Sammelname für den Nahen Osten.* **7** bloss *Adjektiv zu* wunders *(›offenbar‹) oder Adverb zu* verdross *(›nur‹)?* **15** rot *›Gemeinde, Schar‹ (Genitiv abhängig von* herr*).* **16** werden = werdend *›künftig‹, bezogen auf 15* rot. **17** mit armer macht *›samt ihrer Armseligkeit‹?*

III Ein ochs dem esel,   tierlich sipp,   25
   mit freuntschafft tet begegen,
   Vor den mit fesel   stuend ein kripp,
   dorin muesst si dich legen,
5 Die dein genas,   vor der du sass,   ir herr du was,
   got, vatter und si dein muetter,   30
   Du si beschueff   von veiner bruef,   si hat den rueff,
   du seist, ir kind, sun guetter,
   Freuntlich veraint, das ich Wolkenstein
10 die lieb nicht kan beklaiden.
   Göttlich geburd, durch magt mentsch rain,   35
   hilf an dem letzten schaiden!

36. Zwar alte sünd pringt neues laid

I   Zwar alte sünd pringt neues laid,
    des wird ich täglich innen,
    Umb das ich leid vil gross arbait,
    dem kan ich nicht entrinnen.
5   Wie wol der leib   von ainem weib   mit todes schreib   5
    ist inn der erd versoffen,
    So hat ir letz   mit scharpfer wetz   und sneller hetz

---

35 25 dem] den *c*.   29 sast *c*; wast *c*.   33 wolckhenstain *A*, wolkenstain *c*. *Nachschrift:* Nota das lied singet sich jnn der weyse Ain tunckle farb von occident *A*.

36 B 15ᵛ (A 42ʳ, c 39ᵛ = BW 103, Sch 104); einstimmig, ohne Noten anschließend B, eine Notenzeile als Andeutung des Melodieanfangs A.   *Überschrift:* Nota das lied zwar alte sünd etc singet sich jnn der weyse Ain tunckle farb von oc etc *A*.   3 vil] mein *A*.

---

35 25 tierlich sipp ›tierische Verwandtschaft, Tier dem Tier‹.   27 fesel ›Spreufutter‹.   29 sas = sassest, was = warst, vgl. Besserungsversuch von *c*.   31 beschueff = beschueffest; bruef ›Prüfung, Bewährung‹, hier etwa ›Erlesenheit‹; si hat den rueff ›man rühmt von ihr‹.   32f. *Verbinde* du seist [mit ir] ... veraint.   34 beklaiden hier ›ausschmücken‹.

36 Ton wie Kl 33, aber Binnenreime in 1, 3, 9 und 11 eingespart.   5 schreib ›Schrift, Brief‹, hier vielleicht ›Erlass‹.   6 versaufen ›ertrinken, versinken‹.   7 letz ›Abschiedsgeschenk, Nachlass‹; wetz ›Schneide‹.

36. Zwar alte sünd pringt neues laid

    mein hail auf erd erloffen.
    Ich watten noch geswimmen kan
10 und get mein pflueg uneben.
    was si mir lieb, laid hat getan,
    das well ir got vergeben.

II **A**in schaffer aller creatur,
    herr, maister aller fürsten,
    Der sich nach mentschlicher natur
    liess seniklichen dürsten,
5 Das er den val   von Adams qual   mit seinem gral
    löblichen widerbrächte,
    Vil bittrikait   er dorumb laid   der marter brait
    von jüdischem geslechte.
    Ein schatz vand er mit seinem tod,
10 der tiefflich was verloren,
    dank hab sein edel bluet hailg rot,
    von rainer maid geboren.

III **O** vas der barmung überfluss,
    das niemand kan erschepfen!
    Ich han vermodelt mangen guss
    mit sündiklichem trepfen
5 Von anefangk   eins kindes gangk   bis auff die schrank
    schier gen den fünfzig jaren.
    Das ich dein huld   nie hab verguld,   mein sünd, mein schuld
    due mir ze grab nicht sparen,
    zwar die mich reuen innikleich,
10 das ich der hab begangen.

---

13 pschaff° *c.*   **19** an] *unter Stockfleck nicht lesbar c.*   **32** spare *A.*   **34** der] die *c.*

13–20 *Hauptprädikat ist* **19** *laid.*   **21** schatz: *die verlorene Menschheit.* **27** vermodeln *›verderben‹.*   **28** trepfen *substantivierter Infinitiv ›Verschütten‹.* **31** verguld = *vergolten.*   **32** due = *tue;* ze grab *›bis zum Tod‹, d. h. bis zum Jüngsten Gericht.*   **34** der *Genitivus partitivus in der Funktion eines Akkusativobjekts.*

hilf, got, den ich unwirdikleich 35
auf barmu⟨n⟩g hab empfangen.

Nota die vorgeschriben dreu lieder Es leucht durch grau und die andre zwai darnach etc singent sich inn der weise Ain tunkle farb etc

37. Des himels trone

I   Des himels trone
     entpfärbet sich
     durch tags gedrank.
     Die voglin schone
5   erwecken mich   5
     mit süessem klank.
     Verswunden ist der snee,
     laub, gras, kle
     wunnikleich entspringen.
10 Des wil ich von herzen   10
     an smerzen
     meiner frouen singen, |
     Die mir kan wenden   16^r
     als mein senden,
15 trauren blenden   15
     mit den henden
     minnikleich.
     freud⟨e⟩n reich
     macht mich die raine,

---

36 *Nachschrift:* Finis istius, *daneben eingerahmt:* Hilf got *A.*
37 B 15^v–16^r *(A 34^v–35^r, c 40^{rv} = BW 33, Sch 35, Pelnar 1); einstimmig B, zweistimmig A:* 34^v Tenor *mit unterlegtem Text der 1. Strophe (die musikalisch wiederholten Partien zweizeilig unterlegt, am Ende* cla⟨u⟩sula wo ich gach*), 35^r* Contratenor hui(us) des himels trone *ohne Text.*
17 myklich *c.*

---

36 **36** auf ›in der Hoffnung auf‹; empfangen: *in der Eucharistie.*
37 *Zum musikalischen Satz von Handschrift A vgl. Pelnar, Textband, S. 21–30; gleichen Ton hat Kl 38.* **14** als = alles; senden = senen.

20 klaine
ist mein ungemach.
Wenn ich gedenk
an ir gelenke
sunder wenke,
25 freuntlich schrenke,
die si kan,
undertan
so ist mein leib
dem zarten weib,
30 neur wo ich gach.

II Pfeiff auf, lass raien,
die lind ist grüene,
der wald entsprossen.
Gen disem maien,
5 herzlieb, bis küene
und unverdrossen.
Schou an die blüemlin klar,
wolgevar,
zierlich ir gepflänze.
10 Dorinn well wir brangen.
empfangen
sind die liechten glänze,
Von manger varbe,
junk und marbe,
15 schmelhlin garbe,
würzlin harbe,
manigvalt.
neu und alt
hand sich gesüesset,

---

23 an *A*, in *Bc*.

---

23 gelenke ›*Taille*‹.   **24** wank ›*Nachlassen, Unterbrechung*‹.   **39** gepflänze (nur hier belegt) etwa ›*Pflanzendasein, Wuchs*‹.   **41** empfangen hier ›*entzünden*‹. **43** hier auf die nachher genannten Kräuter bezogen, könnte auch ohne Komma nach Vers 42 auf *glänze* bezogen werden.   **44** marbe ›*zart*‹.   **45** schmelhe ›*Schmiele*‹, eine Grasart; garbe Adjektiv ›*fertig, ausgewachsen*‹ oder (mit Komma nach schmelhlin) Substantiv ›*Schafgarbe*‹?   **46** harbe ›*herb*‹.

20 grüesset
    sei ir sprinz und sprannz,
    Gezwait, gefieret,
    schärlich tieret,
    schrailich gieret,
25 kurzlich schieret
    alle gnucht.
    weiplich zucht,
    gedenk an mich,
    wenn ich
30 kom zu dir an den tanz.

III Fliehet, scharpf winde,
    lat uns an not.
    ir seit genidert,
    Die meinem kinde
5   sein mündlin rot
    han durchfidert.
    Sein amplick, hendlin weiss
    sol mit fleiss
    von eu versichert sein,
10 Wenn si durch die oue
    mit toue
    benetzt ir schüechlin klain.
    Wol auf, die lassen,
    an die gassen,
15 die vor sassen
    als die nassen
    auf der bank,
    blöd und krank!
    freut eu der sunne,
20 küeler brunne

---

52 gefuret *A*. **67** sein] jr *A*. **69** gesichert *c*. **70** durch] in *A*.

---

51 sprinz *Lautvariante zu* sprannz ›Glanz‹. **52** gefieret ›zu viert‹. **53** schärlich ›in Scharen‹; tieren *wohl* ›als Tier sich regen‹, *anders Marold*. **55** schieren ›eilen‹. **56** gnucht ›Lebensfülle‹ (Hofmeister). **66** durchfidern *Schatz 1930* ›rissig machen‹, *DWb*. ›mit Fittichen durchdringen‹. **73** die lassen ›ihr Trägen‹.

klar geflinst.
Mai, du kanst machen
allen sachen
ein erwachen,
25 des wir lachen. 85
fraget, wes?
alles des,
das neur ain got
an spot
30 uns sölche gnad verzinnst. 90

38. Keuschlich geboren

1 Keuschlich geboren
ein kind so küene
von rainer maid,
Das grossen zoren
5 durch ewig süene 5
hat erlait.
All unser veind an zal
sein zu mal
schricklich ser erloschen
10 von dem kindlin klaine, 10
sein raine
lauter vein gedroschen.
Derselben plueder

---

37 *Nachschrift:* Et sic est finis i(llius) *A*.
38 B 16ʳ *(A 46ʳ, c 40ᵛ–41ʳ = BW 104, Sch 53); einstimmig ohne Noten anschließend B, mit einer unterlegten Notenzeile der Tenormelodie als Andeutung des Anfangs A.*
1 geborn *A*. **10** klaine] raine *c*.

37 **81** geflinst *Verbform ›fließt‹ (Marold).* **88** neur ain got ›*der eine Gott und er allein*‹. **90** verzinsen ›*mit Zinsen (d. h. in Fülle) zukommen lassen*‹.
38 *Ton wie Kl 37.* **5** ›*um für immer zu sühnen*‹. **6** erlait *sonst* ›*verleidet*‹, *hier* = erliten. **8, 11** sein = sind. **13** plueder: *wohl Plural von* plued ›*Blühen*‹ *(Schatz 1930); zu erwägen auch schweizerdeutsch* blueter ›*armer Mensch, Tropf*‹ *(Marold, danach Hofmeister* ›*Halunken*‹*) oder* pluder ›*tempestas turbida, Gestöber*‹ *(DWb.) mit jeweils anderen Sinnbezügen.*

freut eu, brueder,
15 seid ein mueder
hat die lueder
zuegeschockt,
suess gelockt
uns zue dem raien;
20 maien
zier hat er gewalt.
Und alle⟨r⟩ freude
übergeude,
würzlin, kreude,
25 loub, gesteude,
pluemen spranz,
disem tanz
mag nicht geleichen.
weichen
30 vor des raien schalt!

II Ein weib, ein dieren,
ein maid und froue
des kinds genas.
Wer kan volzieren
5 so genaue
des degens vas,
Das er im selb erwelt?
als ein held
frischlich er daraus sprangk
10 An sorg, we, sunder mail,
So gar gail;
des hab er immer dank!
Der grossen wunder
freut eu munder,

---

22 aller *A*] alle *Bc*. **31** diern *c*. **35** gnawe *A*. **38** als ein] all sein *A*. **43** der] des *c*.

---

15 mueder = muoter. **16** lueder ›*Lockspeise*‹. **17** zueschocken ›*aufhäufen*‹. **23** übergeude ›*Überfreude, Überjubel*‹. **24** kreude *irreguläre Bildung zu* kraut. **30** schalt ›*Schwung*‹. **36** vas ›*Gefäß*‹ (*Maria*).

15	seid ein zunder	45
	bracht besunder	
	feures flünt,	
	unerzünt.	
	wer hat die macht	
20	bedacht,	50
	der alles ding vermag?	
	Des freu dich immer	
	in dem zimmer,	
	da kain timmer,	
25	trauren, wimmer	55
	nie hin kam!	
	nicht enscham	
	dich, rain figur,	
	der kur	
30	von dem, der in dir *l*ag!	60

III **W**er mag durchgründen
    die abenteuer
    von dem jungen
    Aus de*r* erzünden
5   mit gaistes feuer?   65
    nie gedrungen
    Wart seiner werkhe spür
    durch kain tür,
    so weit volkomner gab,
10 Unzälich aus der mass.   70
    sein tuen, lass

---

51 alle *A*. **54** wymm^s *A*. **55** tymm^s *A*. **60** lag *Ac*] erlag *B*. **62** abenteur *c*.
64 der *A*] den *Bc*. **65** feur *c*.

---

47 flünt *wohl mittelniederländisch* vlint ›Feuerstein‹, *anders Marold:* ›Glut‹, *im Sinn passend, aber etymologisch wenig überzeugend.* **48** unerzünt ›ohne zu brennen‹ *für* ›ohne Makel, jungfräulich‹. **49** macht *ergänze* ›dessen‹.
53 zimmer: *gemeint ist der Himmel.* **54** timmer ›Dunkel‹. **59** kur ›Erwählung‹.
64 erzünden = erzündeten *(in anderer Perspektive als 48).* **67** spür *wohl aktiv* ›Nachspüren, Erforschen‹. **69** ›die (andererseits) so weit offen steht für seine vollkommenen Gaben‹. **70** aus der mass ›unermesslich‹.

gerecht an widerhabb.
Gerüemt der steren,
dein geberen
15 und das meren. 75
sterbens geren
uns ze trost
hat erlosst
mit deiner früchte
20 güffte 80
von dem höchsten bam,
Die von dem zoren
was verloren,
das ein doren
25 stach das koren 85
deiner sat,
die du jat
aus deinem garten.
warten
30 sei wir gnaden gam. 90

Nota diss obgeschriben lied keuschlich geboren etc singt sich inn der melodi Des himels trone etc |

---

82 zorn c. **83** vˢlorn c. *Nachschrift:* Nota das lied Kewschlich geboren etc singet sich jnn der weyse Des himels trone ent etc A.

---

72 widerhabb ›Widerhaken‹, ergänze ›ist‹. **73–75** ergänze ›sei‹. **75** meren ›fördern‹, lies neren (Marias Säugen des Kindes, das öfter gerühmt wird)? **76** ›[seine] Bereitschaft zu sterben‹. **79–81** ›mit dem Schrei deines Kindes vom höchsten Baum (dem Kreuz)‹. **82–90** Deutungsversuch nach Marold; er impliziert, dass in 86f. nicht Maria, sondern Gott angeredet ist und dass Genesis 3,15 nicht als Christusprophetie verstanden wird; eine abweichende Deutung, die aber jat und garten (87f.) auseinanderreißt, habe ich in unserer Reclam-Auswahl versucht. **82f.** Eva als Objekt der Erlösung. **84–86** Sündenfall; das ›weil‹. **87f.** Vertreibung aus dem Paradies. **89f.** warten sei wir Indikativ ›wir erwarten‹ oder Konjunktiv ›wir sollen erwarten‹; gam = goum ›Wahrnehmung‹.

39. Mein sünd und schuld eu, priester, klag

I   Mein sünd und schuld eu, priester, klag
an stat, der alle ding vermag,
grob lauter schamrot forchtlich das sag
durch andacht nasser ougen,
5 Und hab ein fürsatz, nimmer mer
mit vleiss zu sünden, wo ich ker.
diemüetiklich mit willen, herr,
gib ich mich schuldig taugen.
An dem gelouben zweifel ich,
10 bei gottes namen swer ich vast,
mein vatter und muetter erenreich
vertragen hab mit überlast.

II   Roub, stelen, töten ist mir gach
leib, er und guet dem menschen nach,
banveirr, vast tuen ich ungemach,
falsch zeugknus füegt mir eben.
5 Spil, fremder hab wird ich nicht vol,
zoubrei, lüg, untreu tuet mir wol,
verräterschafft, brand gib ich zol.
hochvertig ist mein leben,
Von geitikeit ich selden rue,
10 spot, zoren, unkeusch ist mir kund,
überessen, trinken spat und frue,
träg, neidig als der esel und hund.

---

39 *B 16ᵛ (A 48ʳ, c 41ʳ–42ʳ = BW 105, Sch 106); einstimmig, 1. Strophe ganz unter Noten B, 1–4 und 9–12 unter Noten A.*   **5** ain] kain *A.*   **6** ich] ich hin *A.*   **10** swer *A*, swër *Bc.*   **13** steleten *c.*   **16** füegt] ist *A.*   **19** vᵉrätrey *c.*   **22** zoren, unkeusch] vnkewsch zoren *A*, zorn vnkeüsch *c.*   **23** überessen] vil essen *A.*

Beichtspiegel. Als Subjekt ist mehrfach ich *zu ergänzen.*   **2** *der Priester anstelle Gottes.*   **9–16** *Zehn Gebote.*   **12** vertragen *hier ›verleumden, schädigen‹ (DWb.* vertragen *I.4).*   **14** *ergänze ›ich strebe‹.*   **15** banveirr *›gebotene Feiertage‹;* vast *›Fasten‹ oder ohne Komma ›sehr‹.*   **18f.** *Casus episcopales (Sünden, die vor dem Bischof zu beichten sind)?*   **20–24** *Haupt- oder Todsünden.*

III **D**ie sünd ich haiss, die sünd ich rat, 25
die sünd ich tuen und leich ir stat
günstlich nicht understen die tat,
tailhafftig an rüeglichs melden.
5 Den blossen hab ich nie erkennt,
armen durst, hungers nie gewent, 30
krank, tod, gevangen, ellend hend
kain barmung nicht mag velden.
Unschuldigs bluet vergossen han,
10 die armen leut beswär ich ser,
ich kenn die sünd von Sodoman, 35
verdienten lon *n*it halb gewär.

IV **D**ie weisshait gots, vernufft und kunst,
göttlicher ratt, gots sterk, inbrunst,
göttliche vorcht, göttliche *g*unst,
göttlich lieb, güet nie kande. 40
5 Den priester ich smäch, mein e zerbrich,
mein touff und fiermung übersich,
gots leichnam ich nim unwirdiklich,
ölung, beicht, buess tuet mir ande.
Unwillig armuet, übelhait 45
10 treib ich durch zeit verloren,
das gots recht an barmherzikait
ich hass nach gunst mit zoren.

---

26 tuen] lieb *A*. **28** tailhaft *A*; rewlichs *A*, rüglich *c*. **30** hung^s *A*; nie] nicht *A*.
36 v^{s}dientem *A*; mit *Bc*, nicht *A*. **37** kunst] prunst *A*. **39** gunst] kunst *ABc*.
40 nie] nit *A*. **42** und] mein *A*. **43** nim] halt *A*.

25–28 Fremde Sünden.   **29–32** Werke der Barmherzigkeit.   **32** velden: am nächsten scheint Johann von Würzburg, Wilhelm von Österreich, hg. von Ernst Regel, Berlin 1906, Vers 1453 zu stehen: rede velden ›schildern‹, dort hergeleitet von ›Wappenschild in Felder einteilen‹; hier vielleicht ›vorweisen‹; andere Erklärungsversuche bei Schatz 1901, S. 117, Schatz 1930 und Marold.
33–36 Himmelschreiende Sünden.   **35** Sodomie und Homosexualität.
37–40 Gaben des Heiligen Geistes.   **41–44** Sakramente.   **44** tuet ande ›ist zuwider‹.   **45–48** Seligpreisungen?

V Mein sehen, hören sünntlich brauch,
   mein kossten, smecken lustlich slauch,
   mein greiffen, gen, gedenkh verdauch
   unfrüchtiklich dem herren,
5 Der himel und erd beschaffen hat,
   und was dorinne wonlich stat,
   der gab mir Wolkenstainer rat,
   auss beichten solt ich leren
   Durch mein gesangk vil hoveleut
10 und mangen ungewissen mentsch,
   die sich verfliegen inn der heut,
   recht als zu Behem tuent die genns.

VI Dorumb hab ich die zechen gebot,
   die siben todsünd, grosse rot,
   die fremden *sünd* an allen spot
   bekannt durch reulich schulde,
5 Die werk der hailgen barmung rain,
   die gab des heilgen gaistes stein,
   vier rueffend sünd, fünf sinn verain.
   o priester, gebt mir hulde!
   Durch hailikait der siben gab
10 sprecht ablas meiner sünde,
   acht sälikait ir nempt mir ab,
   das ich gaistlich erzünde.

---

49 sehen] sechen vnd *A.* **50** lutstlich *A.* **51** mein] mit *A.* **54** darjnn wonleichen *A.* **55** geb *c.* **56** auss] auch *c.* **59** verfliegen] vᵘierren *A.* **60** zu] in *A*; pechem *A*, Beheim *c*; tŭt *A.* **61** pott *A.* **62** grosse] michel *A.* **63** synnd (d nachgetragen) *B*, synn *A*, sünd *c.* **65** werk der hailgen] hailgen werck der *A.* **66** heiligñ *c.* **72** gaistlich] in got *A.*

49–52 *fünf Sinne.* **50** slauchen ›verschlingen‹. **51** verdauch *zu mhd.* verdiuhen ›unterdrücken‹ *oder zu* verdöuwen *(mit reimbedingtem Auslaut)* ›verdauen‹? **59** inn der heut ›im Innern, durch und durch, ganz und gar‹ (vgl. DWb. Haut, Sp. 707). **60** die genns: *die Hussiten vgl. zu Kl 27.* **62** rot ›Menge‹. **66** stein ›Edelsteine‹ (als Apposition zu gab)? **72** erzünden *hier intransitiv* ›entbrennen‹.

40. Erwach an schrick, vil schönes weib

I   Erwach an schrick, vil schönes weib,
der nie geleicht kain ierdisch leib
mit aller hendlin visament,
des fröu dich loblich heuer!
5   Blick durch des maien | obedach   17ʳ 5
und tröst mich, lieb, für ungemach;
wenn man den hohen tag erkennt,
so kom mir, frou, zu steuer,
Das ich des wachters nicht engellt
10 und von im bleib still unvermellt,   10
dorumb ob ich zu lang geblennt
wurd in verslaffner scheuer
Bei ainer, der ich nacht und tag
günstlich mit guetem herzen pflag
15 und die mich zölich nach ir zennt   15
durch sorgklich abenteuer.   claus(ula)
     Auff, jung und alt! ir macht eu küen   Repeticio
     und gailt eu gen des maien grüen,
     der sich erglennz⟨t⟩ lustlich ze blüeen
     über alle farbe gärwe.   20
5   Poliert eu klärlich, weib und man,
     das wir den maien nicht verlan,
     mit dem wir sollen ho⟨c⟩h erstan
     gar wunniklich an härwe.   claus(ula)

---

40 B 16ᵛ–17ʳ (A 51ʳ, c 42ʳᵛ = BW 34, Sch 11); einstimmig, 1–12 und 17–20 unter Noten B, eine Notenzeile als Andeutung des Melodieanfangs A.   **1** Initiale fehlt A.   **3** aller] kainˢ A.   **17** Repeticio] *auch* cA.   **19** erglētzt Ac, erglenntz B.

Das metrische Schema und die Melodie finden sich wieder in Kl 116 und ohne Refrain in Kl 126, dasselbe metrische Schema, z.T. geringfügig variiert, ohne Refrain mit je anderen Melodien in Kl 58, 59, 122 und 123. – Tagelied an Maria.
3 visament ›Aussehen‹.   **11** geblennt ›verblendet‹.   **12** in verslaffner scheuer *etwa* ›in der Scheune des Verschlafens‹.   **13** wohl Frau Welt.   **15** zölich *(mhd. zöuwelîche)* ›eifrig‹; zennen ›locken‹.   **18** gemeint ist der himmlische Mai.   **20** gärwe ›zubereitet, geschmückt‹.   **22** verlan ›versäumen‹.   **24** härwe ›Herbheit‹.

II Ich hör vil süesser voglin don 25
　　in meinem houbt erklingen schon
　　von oben abher gar zu tal,
　　das sich mein herz erwecket
5　Gen dir, vil ausserweltes ain.
　　ich hoff, du lasst mich nicht allain, 30
　　seid du nu bist mein höchster gral,
　　der alles laid verdecket.
　　Dein stäter diener ewiklich
10　so wil ich sein, du minniklich,
　　kürlich für aller frouen zal 35
　　mit reichem schatz bestecket.
　　Das hastu wol verschuldet zwar
　　umb mich, durchleuchtigs freulin klar,
15　mit deines zarten leibes sal,
　　der eren vol verstrecket.　　　　　　　Rep(eticio) ut sup(ra) 40

III Es nahent gen des tages glanz.
　　frou, ich solt luegen auf mein schanz,
　　das ich den warner nicht versaum,
　　der uns ie was mit treuen,
5　Und im so wol bevolhen sind 45
　　mit grosser lieb recht als ein kind,
　　das seiner muetter nimet gaum;
　　des müg wir uns wol fröuen.
　　Die zeit dringt her aus küelem tufft,
10　das spür ich wol *an* mangem lufft, 50
　　der mich berüert durch swären traum;
　　ich fürcht ein schidlichs streuen.

---

36 schatz] schall *c*.　　**41** R(epeticio) ut sup(ra) *auch Ac*.　　**49** die zeit dringt her] her dringt die zeit *A*; küelem] kaltem *A*.　　**50** an *Ac*, jm *oder missglücktes an B*.　　**51** durch swären] mit swërem *A*.　　**52** fürch *c*; schidlich *Ac*.

---

35 kürlich ›*auserwählt*‹.　　**37** verschulden *hier* ›*verdienen*‹.　　**40** verstrecken *m. Gen.* ›*verleihen*‹ (*DWb.*).　　**45** und im ›*und dem wir*‹.　　**47** gaum nemen ›*wahrnehmen*‹.　　**49** tufft ›*Tau, Nebel*‹.　　**52** ein schidlichs streuen ›*ein trennendes Verteilen*‹ (*das Jüngste Gericht*).

Hilf, schatz, das ich dein schön gestallt
kurzlich seh in des maien wald
15 mit freuden bei dem höchsten paum, 55
der sich grüenlich tett neuen.

Sequitur Aliud

41. Von Wolkenstein wolt ich zu Cölen guetter laun

I   **V**on Wolkenstein wolt ich zu Cölen guetter laun
und kom gen Salzburg zu einem wiert gehaissen Praun,
der hett ein also tugenthaffte schöne fraun
frölich mit eren, hoflich ir gemüete.
5 In guetter main vil zucht ist mir engagent zwar 5
von ir unsträfflich. | dank hab die seuberliche klar. 17^v
mit guetem herzen wünsch ich ir vil lieber jar,
got well ir meren haill durch all sein güete.
Zwar meiner kunft   durch guet vernunft   des innen ward
10 ein bischoff gross   erzwierden gnoss,   her Eberhart, 10
der schickt nach mir;   kurzlichen schier   ich zue im kart,
ob seinem tisch dick essens ward ich müede.
Vil grosser freud,   zierlicher geud,   wellend ich kum,
ward mir bekant,   der ich da vand   ein michel drum

---

40 54 seh Ac, sëh B.   Nach 56: Rep(eticio) Auf jung vnd alt etc A, Repeticio c. *Nachschrift:* It(em) das singt sich in der melodey zergangn̄ ist meins herczn̄ we A (= Kl 116).

41 B 17^{rv} (A 46^v–47^r, c 43^r–44^r = BW 12, Sch 100); B 17^v teilweise schlecht lesbar; einstimmig, 1. Strophe den Noten unterlegt bis 14 michel, Rest der Strophe ohne Noten B; 1–4 und 9–12 unter Noten, Wiederholungsteile ohne Noten A.   **3** der Ac, undeutlich B.   **7** ich *fehlt* A; lieber] güter A.   **13** willend B(?), wellent Ac.

---

40 55f. *Das Kreuz als Lebensbaum.*
41 *Deutschlandreise Ende 1427 oder Anfang 1428 zur Aufnahme in den Geheimbund der Freischöffen. Zum Ton vgl. Kl 18.*   **10** *Eberhard IV. von Starhemberg, erst kurz zuvor am 1. 6. 1427 geweiht.*   **13** *kum: Das Präsens ist im Kontext auffällig, aber durch den Reim gesichert.*

15 durch mangen tritt;   das weis ich mit   dem reutter frumm,
   der braitlich frisch besach der welde plüede.

II In freim gelait so ward ich aber wegehafft
    gen München bald. ich dank der edlen ritterschafft,
    die mich da lued zu gueten frouen schön gezafft.
    nach unserm fueg begund wir singen, schallen.
 5 Von guetter hait vil manger wein ward mir geschankt
    zu Augspurg, Ulmen, des in mein dienst noch willig dankt.
    zu Ulmen vand ich einen tanz köstlich verschrankt
    von freulin klueg, die kunden hoflich schallen.
    Ain edelman,   der weist heran   sein elich kon
10 für mich zu sten: »nu haiss mir den   wilkomen schon!«
    si sprach zu im: »ich wol vernim   dein krumben don.
    was möcht mir, ach, der beghart wolgevallen?«
    Ser ich engalt,   das mein gestalt   fuert halbs gesicht.
    wer einen wigt   nach schaun, der pfligt   der witze nicht;
15 ein slächt gewand   tet mir die schand,   als offt geschicht.
    mein mandel sprach: »wes liesstu nicht dein wallen?«

III Gen Haidelberg rait ich zu meinem herren reich.
    fünf fürsten von der kur vand ich da wirdikleich:
    von Cölen, Mainz und Triel drei bischof hoher zeich,
    Pfalzgraf bei Rein, Marggraf Brandburg gemachet.
 5 Hoch auf den berg schrait ich gen hoff gar an die tür
    zu herzog Ludwig, den ich für alle fürsten spür
    an frümikait göttlichen milt; do kom ich für,

---

19 frouen] frewlin *A*.   **25** kůn *BA*, kan *c*.   **30** schauen *c*.   **35** drei] der *c*.
38 zu] für *c*; all *c*.   **39** frümkait götlich^s *c*.

15f. Unklare Anspielung; weis *zu mhd.* wîsen, *hier vielleicht* ›bezeugen‹; reutter (rodender) ›Bauer‹ (Schatz 1930) *oder* ›Reiter‹, *jedenfalls von der Standesbezeichnung* ritter *unterschieden*.   **19** zaffen ›schmücken‹.   **21** hait ›Art‹.   **28** beghart: *Begarde, Angehöriger einer frommen Bruderschaft, hier verächtlich* ›schlampiger Pilger‹.   **29** gesicht ›Sehen‹.   **32** mandel ›Mantel, Reisegewand‹.   **35** Triel ›Trier‹; zeich ›Ansehen‹.   **36** Pfalzgraf bei Rhein = *Herzog Ludwig III., Kurfürst; Kurfürst Markgraf Friedrich I. von Brandenburg, seit 1417, vorher Burggraf von Nürnberg (daher vielleicht* gemachet ›erhoben zum‹).   **38** für ›höher als‹.
39 göttlichen ›auf gottgefällige Weise‹.

güetlichen vein ward ich von im versprachet. 40
Schier muesst ich singen, hell erklingen manig liet,
10 an allen jamer in sein kamer ich geriett,
dorinn zu ligen unverzigen; sölcher miett
und eer ward nie den freunden mein erwachet.
Von mandel, rock recht als ein tock ward ich beklait: 45
durch fuxs und marder mein wallgehader von mir lait,
15 huett underzogen kom geflogen auf mein schait.
sein rat ich ie muesst sweren still verdachet.

IV **A**uff meinen voln und schiffen ich zu Cölen fuer,
von dann gein Aach miet ich ein karren wilder ruer, 50
neur blitz und blatz wielg er nach ungeleicher schnuer,
des ich empfand durch kümberlich gebosse.
5 Mein herr von Cöln und der von Perg, zwen fürsten suess,
beweissten mir genediklichen iren gruess;
wes ich all da begert, des ward mir sorgen buess, 55
günstlich an schand durch fürdernusse grosse.
Nit mer ich sprach, was mir darnach kuntlichen ward.
10 ab nach dem Rein suecht ich guet wein, die widervart
von Fürstenberg gen Haidelberg zu meinem bart,
herzog genannt, Pfalzgraff, kurfürsts genosse,
Der zerung, speis mit guetem fleiss für mich bagärt. 60

---

44 freuden *c*. **47** schaitl *c*. **48** swēren *B*, swerē *A*. **49** ainen volen vnd schiffe *c*. **50** Aach *B(?)*, Auch *Ac*; mût *A*. **51** nu plitzsch vnd blatzsch vielg *A*. **53** Cölen *c*. **59** zu meinem] by meinē *A*.

---

40 versprachet ›ins Gespräch gezogen‹ (Schatz 1930). **41** erklingen *hier transitiv* ›erklingen lassen‹. **43** unverzigen ›nicht verweigert‹; miett ›Lohn, Schenkung‹. **46** *Der Binnenreim ist nahezu rein, wenn das* r *in* marder *nicht gerollt wird*; wallgehader ›Reiselumpen‹. **47** underziehen ›unterfüttern‹; schait (*adhoc-Bildung*) = schaitel. **48** ›Ich musste schwören, seinen Rat immer still verdeckt zu halten‹ (*bezieht sich wohl auf die Oswald zugänglich gemachte Abschrift der sog. Ruprechtschen Fragen zur Femegerichtsbarkeit*). **49** vol ›Fohlen, Pferd‹. **50** miet = mietete; ruer ›Bewegung‹. **51** wielg: walgen swv. ›sich wälzen, rollen‹ *vermengt mit* walken redv. ›walken, schlagen‹; schnuer ›Reihenfolge‹. **52** gebosse ›Stoßen, Schlagen‹. **57** sprachen ›sprechen, reden‹ (*Präsens!*); *der Satz bezieht sich auf die Aufnahme als Freischöffe*. **59** bart: *Ludwig III. heißt auch Ludwig der Bärtige, vgl. auch 86,36.* **61** bagären ›bezahlen‹ (*it.* pagare).

wellend ich kos, so was ich los mit knecht und pfärd.
15 nu bin ich hie und waiss noch, wie es sich verdärt,
e ich zu land kom in meins weibes schosse.

        Discantus Den *(?)* gůt geboren edelman
        Cont(ra)tenor Ain gůt geboren – *zu Kl 43* |

42. Vil lieber grüesse süesse

I Vil lieber grüesse süesse   18ʳ
  sich erheben, streben,
 frölich zölich jetten,
 tretten in das pfat
5 drat. frue und spat   5
 hört man dringen,
 singen, klingen
 voglin in den ouen
 Durch helle döne schöne,
10 in den strau⟨c⟩hen, rau⟨c⟩hen   10
 esten glesten, fliegen,
 kriegen widerstreit.

---

41 63 waist *oder* waiss *B*?, wais *Ac*; noch] nicht *A*.
42 *B 18ʳ (A 44ʳ, c 44ʳ–45ʳ = BW 35, Sch 37); einstimmig, 1–8 und 16–26 (16–29 jarlag B) unter Noten, Rest der 1. Strophe jeweils anschließend BA.* 8 den] der *Ac.*

---

41 63 waiss *implizit negiert; verdärt: wohl zu dem seltenen Verb dæren, dêren ›spielen, tändeln (?)‹, etwa ›was sich etwa noch abspielt‹?*
42 *Variante des Tons von* Man siht louber *(Barantton Peters von Sachs), vgl. W. Röll, Vom Hof zur Singschule, Heidelberg 1976, und G. Kornrumpf, Vom Codex Manesse zur Kolmarer Liederhandschrift, Tübingen 2008, S. 245–256. Syntaktische Gliederung im wesentlichen nach Marold und Röll, S. 92–96. Die Zeilengliederung blieb der eingeführten Verszählung zuliebe unangetastet.*
 3 zölich *(mhd. zouweliche)* ›eifrig‹; jeten *sonst* ›jäten‹, *als Verbum der Bewegung nur im Schweiz. Idiotikon nachgewiesen.* **10** rauch ›pelzig, belaubt‹. **11** glesten ›glänzen, schimmern‹ *(Subjekt weiterhin* voglin*).* **12** widerstreit *hier adverbiell* ›wetteifernd‹.

        breit   anger weit
        sol man grüenlich
15   küenlich   süenlich 15
        kurzlich ane schouen.
        Winder kalt
        ungestalt,
        dein gewalt
20   ist entspalt 20
        von den süessen lüfften.
        liechten summer
        ane kummer
        wil ich tummer
25   als ein frummer 25
        geuden und güffte⟨n⟩.
        Grüener kle
        jagt den snee
        jarla⟨n⟩g me
30   inn den see 30
        wilder meres flüete.
        nachtigalle,
        droschel schalle,
        lerchen halle
35   uns gevalle 35
        für des ofens güete.

II   **Die bluemen g**ele   hele,
       hübsch geverbet,   gärbet,
       praune   schaune   plaue

---

13 augenbeit c. **20** gespalt A. **26** vnde A; güffte BA, güfftñ c. **29** jarlag BA, jarlang c. **37** gele Ac, gële B. **38** hübsch] gar schon A. **39** schaune] schöne c.

14–16 grüenlich ›grün‹ *ist Adjektiv,* kurzlich ›bald‹ *ist Adverb,* küenlich *und* süenlich *könnten Adjektive (›üppig und friedlich‹) oder Adverbien (›munter und zufrieden‹) sein.* **20** entspalt = entspaltet ›zerspalten, gebrochen‹. **26** geuden ›sich freuen‹ *und* güfften ›jubeln‹, *hier mit Akkusativobjekt* summer. **32–34** nachtigalle, droschel, lerchen *Genitive;* schalle, halle *Plural?* **37** hele = helle. **38** gärbet ›zubereitet, gekleidet‹, *ergänze* ›sind‹. **39** schaun ›gelb‹ *(frz.* jaune*).*

graue   mangerlai.   40
5 mai,   dein geschrai
sich florieret,
zieret,   gieret
kösstlicher gelüsste.
Und hübsche wäsli,   gräsli   45
10 sich entsliessen,   spriessen
hüglich   tüglich,   plüede
früede,   violspranz,
glanz   firlafanz,
aller pame   50
15 zame   game
zier auss kalder früste.
Stauden stock
machet schock.
rauhen rock   55
20 als ain bock
löblichen bedecket
swarzer doren
weiss *erk*oren.
gar verloren   60
25 ist der zoren,
den der winder wecket.
Küeler brunn,
warme sunn
geit uns wunn.   65
30 gail dich, nunn,

---

46 entspriessen sliezzen *A*.   **47** heüglich teüglich *c*.   **49** virlofantz *A*.
59 weysser koren *Bc*, weisserkoren *A*.

---

41 geschrai *bei Oswald gelegentlich für* ›Fülle‹.   **43f.** gieret ... gelüste ›*verlangt nach Lust*‹.   **45–52** *Subjekte der Verben sind* wäsli, gräsli, plüede, violspranz, firlafanz *und* game.   **47** hüglich ›*froh, munter*‹, tüglich ›*tüchtig, trefflich*‹ *(Adverbien)*.   **48** früede *Variante zu mhd.* vruot ›*schön, munter, frisch*‹; violspranz ›*Veilchensprießen*‹.   **49** firlafanz *Kl 21,77 ein Tanzname, hier aber wohl schon in der jüngeren Bedeutung* ›*Flitter, Putz*‹.   **51** zame game *(mhd. goume)* ›*zahme Wahrnehmung*‹, *d. h. etwa* ›*freundlicher Anblick*‹.   **52** zier *hier wohl nachgestelltes Adjektiv;* frust *fem. Variante zu* frost.   **54** schock ›*(Laub-)Büschel*‹ .   **55f.** ›*sein bockähnlich struppiges Kleid*‹.   **62** wecket = weckete.   **66** sich gailen ›*sich erlustigen*‹.

   hinden auss dem kloster,
   bei dem Reine
   in dem scheine
   als ein veine   70
35 buelbegeine
   raien nach den ostern!

III **D**ie swammen stupfen, lupfen
   auss der erde   herde.
   würmli   türmli   wachen,   75
   machen   neuen slauch.
5 gauch, lock uns auch
   durch die haide!
   raide,   ir maide,
   suecht der stauden winkel!   80
   Da well wir kosen,   losen
10 mit beslossen,   gossen,
   warmen   armen   lieplich
   dieblich   inn dem busch.
   dusch,   mündlin, kusch!   85
   ob die raine
15 klaine   saine
   mir emblösst ein schinkel
   An ain knie,
   ich wer hie,   90
   des nit lie
20 und tet, wie
   ich das gefüegen kunde,

---

73 swammē *auch A (Haarstrich über dem e sehr fein!)*; lupffen stupffen *A*. **82** beslossen] plossen *c*. **85** kuss *c*. **87** saine klaine *A*.

---

67 auss ›*außerhalb von*‹. **71** buelbegeine: *Beginen waren weibliche ehelose Angehörige in christlichen Hausgemeinschaften ohne Ordensgelübde, wurden aber vielfach misstrauisch angesehen.* **74** herd ›*Erdreich, Boden*‹. **75** türmli = *mhd.* türmel ›*schwindelig, taumelnd*‹. **76** slauch *wohl nicht* ›*Schlangenhaut*‹ *(Marold), sondern* ›*Schlemmen, Schlucken*‹. **79** raide *wohl nicht zu* reit ›*lockig*‹, *sondern zu* reit ›*bereit, schnell*‹. **82** gossen ›*(um einander) gegossen*‹, *Attribut von* armen. **85** dusch = tuss ›*drücke*‹; kusch = kuss? *Reime* ss : sch *auch sonst bei Oswald.* **87** saine ›*langsam*‹.

zue ir rucken,
freuntlich smucken, 95
lieplich drucken,
25 biegen, bucken,
ob si mir des gunde.
So wär quitt,
was ich litt. 100
hielt sis mit,
30 disen stritt
müesst ich überwinden,
sunder klifen
tasten, grifen, 105
manigen lifen
35 lust vertrifen,
bleiben bei dem kinde.

43. Ain guet geboren edel man

I   Ain guet geboren edel man
   warb umb ein freulin wolgetan,
er sprach ir zue mit tugentlichem sitten:
»Genad, ein freulin waidelich,
5 wolt ir ein klain verhören | mich,   18ᵛ 5

---

42 **105** taste *A*.   **106** mangñ *c*.   **107** vertriben *A*.   **108** bleiben bei dem] bey dem schönen *A*.

43 *B 18ʳᵛ (18ᵛ teilweise schlecht lesbar) und 17ᵛ (A 47ᵛ, c 45ʳ–46ʳ, E 326ᵛ–327ᵛ = BW 36, Sch 20, Pelnar 19); in A einstimmig, 1–3 und 7–10 unter Noten, 4–6 dazwischen; in B zunächst einstimmig, 1–10 vollständig unter Noten, dann 17ᵛ zwei Stimmen nachgetragen.*   **1** guet geboren] wolgeporner *E*.   **3** ir zue] zu ir *E*; mit] aus *cE*; tugentlichen *E*.   **4** Gnad *c*; waidelich] mynneclich *E*.

---

42 **102–107** *Nichtdiphthongierte mittel- oder niederdeutsche Formen.*   **104** klifen ›kneifen, zwicken‹ (Marold).   **106** lifen = lieben.   **107** vertrifen = treiben.   **108** *Sollte (mit überschüssigem Reim) ein pseudoniederdeutsches* blifen *gemeint sein?*

43 *Zum musikalischen Satz vgl. Pelnar, Textband, S. 75–77.*

was ich eu underteniklich wolt bitten?
Ich bin verellendt also ser,
an freuden muess ich armen
und wais nicht, wellend ich hin ker;
10 das lat eu, frou, erbarmen.«

II »Ir liesst gen mir wol euern spot,
und seit ir krank, so helf eu got,
der mag eu alles trauren wol embinden.
An mir so leit ein klainer trost,
5 dorumb so werdt ir hart erlost.
suecht anderswo, wo ir mügt freude finden.
Wann ich mag kaines helfer sein,
das möcht ain jeder schouen:
ich bin ain klaines freuelein,
10 was wolt ir auff mich pauen?«

III »Ach frou, was sol der ungelimpf?
es ist mir laider auss dem schimpf;
mang jar bis her muesst ich vil kumbers tragen
In euerm dienst verborgenleich;
5 und waiss got wol von himelreich,
das mich nie half gen euch mein senlichs klagen.
Wann mir kain weiplich creatur
nie bas geviel von herzen,
dorumb mein leiplich krank natur
10 muess leiden grossen smerzen.«

---

6 was] wes *cE*; vnderteniklichñ *A*.   10 lat eu] laß dir *A*, laß eüch *E*.   11 gen mir wol] wol gen mir *A*.   13 traurens *E*.   15 dorumb] dauon *E*.   16 wo] da *E*; frewden *AE*.   17 kains hellferin *E*; gsein *A*, gesein *cE*.   18 möcht] mag *E*; schauen] an schauen *c*.   20 pawuen *B*.   21 der] eẅr *E*.   22 laider] wärlich *E*.   23 mang] vil *A*, manig *E*; vil] groß *A*.   25 und] das *E*; wais *AcE*, waisst *B*.   26 gen eüch nye halff *E*; sendleich *A*, senlich *E*.   28 von] in *E*.   29 kranck natur] creatur *A*, krancke *E*.   30 grossen] senlich *E*.

---

15 hart ›schwerlich‹.   22 auss dem schimpf ›keineswegs ein Scherz‹.   25 zur Form waisst *der Handschrift B vgl. Frühnhd. Grammatik § M 136: vorwiegend südwestdeutsch.*

IV »Ir mügt wol sagen, was ir wellt,
si ist nicht hie, die euch gevellt,
das waiss ich wol, mich triegen dann mein sinne;
Wann ich bin grauselich gestalt,
5 von vier und zwainzig jaren alt,   35
was möcht eu gen mir lussten klueger minne?
Und kan ouch weder weis noch wort,
das kainen müg erfröuen,
und wär ich jetz euer leiser hort,
10 es wurd eu morgen greuen.«   40

V »Was dürft ir neur der kluegen sprach?
euer schön die tuet mir ungemach,
euer wandel klueg der hat mein herz betwungen.
Erhör mich, stolz freulin gemait!
5 zwar mir ist ie gewesen laid,   45
wer dich betrüebt mit seiner falschen zungen.
Und was dich üebet, säligs weib,
zu nassen öuglin klare,
dasselb betrüebet mir den leib
10 und macht mir graue hare.«   50

VI »Des dank ich eu mit ganzem fleiss.
davon so habt ir lob und brais,
das euch, der fröulin smäh, tuet missevallen.
Jedoch beswärt es mich ein klains:
5 ich tröst mich sicherlichen ains,   55
das mir nicht schaden mag kain übels kallen.
Wer freulin schendet ane sach

31–40 *fehlen in A, Ir mügt am Rand nachgetragen zwischen Str. V und VI A.*
31 sagen] reden *E*.   **33** mein] all mein *E*.   **37** und] ich *E*.   **39** leiser] lieb^s *cE*.
40 morgen] hart *E*; gereüen *cE*.   **41** neur] nun *E*.   **43** der hat] hatt mir *E*.
44 erhört *E*; mich *fehlt c*; stoltzes *E*.   **46** dich betrübt] eüch versert *E*.   **47** sälig
A, säliges *E*..   **48** augen *E*.   **53** freulin] frowñ *AE*; schmächt *A*.   **55** ich] vnd *E*.
56 v̊bel *E*.   **57** frawen *AE*.

---

36 klueg ›fein, gepflegt‹.   **38** kainen ›irgendjemand‹.   **47** üeben ›bedrängen‹.
53 smäh *Konjunktiv:* ›wer … schmäht‹.

und sich ir an schulde rüemet,
derselb verpfendet ungemach,
10 sein lob wirt im enthüemet.« 60

VII »Lat mich geniessen, edle frucht,
durch all euer er und weiplich zucht,
das ich nie gert, was eu möcht schaden bringen.
Was hilft eu neur mein teglich pein?
5 euer treuer diener wil ich sein 65
und wär unfro von eu kain misselingen.«
»Zwar ich bedarf nicht sölcher knecht,
euer dienst ist mir zu wähe.«
»nit redt als scharpf, frou, bedenkt eu recht,
10 wie geren ich das sähe.« 70

44. Durch Barbarei, Arabia

I Durch Barbarei, Arabia,
durch Hermani in Persia,
durch Tartari in Suria,
durch Romani in Türggia,

---

43 58 schuld *E.* 60 verhůnet *E. Nach* 60 *nachgetragener Kommentar:* das mag niemant gelawben das es chain barhait ist furbar ich das sag etc *A.* 63 was] das *E.* 64 neur] nü *c.* 66 kain] ain *c.* 67 sölicher *E.* 68 ist] sind *cE*; wähe] swäre *E.* 69 frau *fehlt E.* 70 gern *c; am Ende* etc *A.*

44 B 18ʳ–19ʳ (A 49ʳᵛ, c 46ʳ–47ʳ = BW 3, Sch 107); *einstimmig, 1–21 unter Noten B, 1–6 und 13–21 unter Noten A.* 1 *Initiale fehlt A.* 2 harmaney *A.* 3 tartarey *A.* 4 türkia *A,* turgia *c.*

---

43 58 ›und grundlos mit ihnen prahlt‹. 59 verpfenden ›ein Pfand geben oder nehmen‹, hier wohl ›sich einhandeln‹. 60 enthüemen (nur hier belegt) ›absprechen‹? 66 von eu kain misselingen (wohl Genitiv) ›über irgendeinen Misserfolg von Euch‹ oder ›... bei Euch‹? 68 wähe ›glänzend, vornehm‹ (ironisch).

44 *Ton wie Kl 45.* 1 Barbarei ›Berberland‹. 2 Hermani ›Armenien‹? 3 Tartari: *Tataren waren verschiedene Turkvölker, die in verschiedenen Gegenden Europas und Asiens siedelten.* Suria: *nicht nur Syrien, in Kl 35,1 z.B. das heilige Land.* 4 Romani ›Byzanz‹.

    5 Ibernia,
der sprüng han ich vergessen.
Durch Reussen, Preussen, Eiffenlant,
gen Litto, Liffen, übern strant,
gen Tennmarkh, Sweden, in Prabant,
10 durch Flan|dern, Frankreich, Engelant
und Schottenland
hab ich lang nicht gemessen,
Durch Arragon, Kastilie,
Granaten und Afferen,
15 auss Portugal, Ispanie
bis gen dem vinstern steren,
von Profenz gen Marsilie –
In Races vor Saleren,
d*a*selbs bel*e*ib ich an der e,
20 mein ellend da zu meren
vast ungeren.
Auff einem runden kofel smal,
mit dickem wald umbfangen,
vil hoher berg und tieffe tal,
25 stain, stauden, stöck, sneestangen
der sich ich teglich ane zal.

---

7 prewssen rewssen *A*. **9** tenmarck *A*, teñmarch *c*; probāt *A*. **13** Arragun *A*.
14 kranatñ *A*. **15** portigal *A*. **18** bey salern *A*. **19** deselbs belaib *B*, daselbñ blaib *A*, daselbs welaib *c*; an] in *A*. **22** runden kofel] kofel rund vñ *A*.
26 sach *A*.

---

5 Ibernia *nach Marold* ›Iberien‹ *(Georgien)*. **7f.** *Staat und Interessenbereich des Deutschen Ordens:* Reussen ›Russen‹, Preussen ›Prussen‹ *(vor allem in Ostpreußen)*, Eiffenlant *und* Liffen ›Livland‹ *(heute Estland und Lettland)*, Litto ›Litauen‹, Strant ›Nehrung‹. **13** Arragon: *Königreich mit Kerngebiet Aragonien.*
14 Granate ›Granada‹, *zu Oswalds Zeit Hauptstadt des Sultanats der Nasriden;* Affere ›Navarra‹, *Königreich im westlichen Pyrenäenraum.* **16** vinster stere ›Cabo de Finisterre‹. **17** Profenz ›Provence‹; Marsilie ›Marseille‹. **18** Races vor Saleren ›Ratzes vor dem Schlern‹, *der Ort, zu dem Hauenstein gehört.* **22** kofel ›Bergkegel‹.

noch aines tuet mich pangen,
das mir der klainen kindlin schal
mein oren dick bedrangen
30 hand durchgangen.

II Wie vil mir eren ie beschach
von fürsten, künigin gefach
und was ich freuden ie gesach,
das büess ich als under ainem dach.
5 mein ungemach
der hatt ein langes ende.
Vil guetter witz der gieng mir not,
seid ich muess sorgen umb das brot,
darzue so wirt mir vil gedrot
10 und tröst mich niena mündli rot.
den ich ee bott,
die lassen mich ellende.
Wellent ich gugk, so hindert mich
köstlicher ziere sinder.
15 der ich e pflag, da für ich sich
neur kelber, gaiss, böck, rinder,
und knospot leut swarz hässelich,
vast ruessig gen dem winder;
die geben muet als sackwein vich.
20 vor angst slach ich mein kinder
offt hin hinder.
So kompt ir muetter zue gebraust,
zwar die beginnt zu schelten;
gäb si mir aines mit der fausst,

---

27 tuet] twingt *A*.   **29** dick] tůt *A*.   **30** hat *A*.   **31** beschach] gesach *A*.
32 von] durch *A*.   **38** müst *c*.   **40** niena] nit ain *c*.   **48** ruessig] rotzig *A*.
49 vich] tut *c*.   **51** offt] vast *c*.   **52** so] dann *A*.

---

27 tuet pangen ›*macht ängstlich*‹.   **28** schal *Plural*.   **29f.** *Wechsel vom Präsens ins Perfekt vielleicht als Steigerung:* ›*bedrängen, ja schon hindurchgegangen sind*‹.
32 gefach ›*wiederholt*‹.   **44** sinder ›*Schlacke*‹.   **45** pflegen *m. Gen.* ›*Umgang haben mit*‹.   **47** knospot ›*klotzig, klobig*‹.   **49** sackwein ›*schlechter Wein*‹ (DWb.); vich: *Dativ – oder ist zwischen* sackwein *und* vich *ein Komma zu setzen* (›*wie schlechter Wein und Vieh*‹)?

25 des müesst ich ser engelten.
si spricht: «wie hastu nu erzausst
die kind zu ainem zelten!«
ab irem zoren mir da graust,
doch mangel ich sein selten
30 scharpf mit spelten.

III **M**ein kurzweil die ist mangerlai:
neur esel gesang und pfauen geschrai,
des wünscht ich nicht mer umb ain ai.
vast rauscht der bach neur hurlahai
5 mein houbt enzwai,
das es beginnt zu kranken.
Also trag ich mein aigen swär;
täglicher sorg, vil böser mär
wirt Houenstain gar seld⟨e⟩n lär.
10 möcht ichs gewenden an gevär,
oder wer das wär,
dem wolt ich immer danken.
Mein lanndesfürst der ist mir gram
von böser leutte neide.
15 mein dienst die sein im widerzam,
das ist mir schad und laide,
wie wol mir susst kain fürstlich stamm
bei meinem gueten aide
nie hat geswecht leib, er, guet, nam
20 in seiner fürsten waide
köstlich raide.
Mein freund die hassen mich überain
an schuld, des muess ich greisen.

---

56 hastus *c*. **58** zorn *c*. **59** mangeln *B*, mangel *Ac*. **62** gsang *A*; pfawbn *A*. **63** des *fehlt A*; ich] ich mir *A*. **64** neur] in *A*. **74** von] durch *c*. **79** nie hat geswecht] geswechet hab *A*, nye hat seswëcht *c*.

---

57 zelte ›Fladen‹. **60** spelte ›Spreißel, Splitter‹. **77** fürstlich stamm ›Fürstenspross‹ (Hofmeister) oder ›Fürstenhaus‹. **79** oder guet nam ›guten Ruf‹? **80** waide ›Weide, Freude‹. **81** raide: *Weder* reit ›lockig‹ *noch* reit ›bereit, schnell‹ *scheint zu passen, Schatz 1930 schlägt ohne Belege* ›herrlich‹ *vor.*

```
         das klag ich aller werlt gemain,
      25 den frummen und den weisen,                              85
         darzue vil hohen fürsten rain,
         die sich ir er land preisen,
         das si mich armen Wolkenstein
         die wolf nicht lan erzaisen,
      30 gar verwaisen.                                            90
```

45. Wer machen well sein peutel ring

```
I    Wer machen well sein peutel ring,
         und im desselben wol geling,
         der frag den weg gen Überling,
         da gelten vierzen pfifferling
      5  fünfzen schilling                                          5
         der Costnitzer geslagen;
         Und sechzen haller umb ein ai,
         der zwen und dreissig gelten zwai.
         fleisch lützel, kraut ain gross geschrai;
      10 auss klainer schüssel gat der rai                          10
         von mangem lai,
         dem hungrig ist sein magen;
         Ain wassermuess in ainer pfann,
         die braten kurz gemessen.
      15 »wildbrät und visch sein inn dem bann,                     15
         der turrent ir nit essen.
         da mit wol auff, hebt eu von dann,
```

---

45 B 19ʳᵛ *(A 53ʳ, c 47ʳ–48ʳ = BW 4, Sch 60); einstimmig, eine Notenzeile zur Andeutung der Melodie BA.* **1** *Initiale fehlt A;* sein] den *Ac.* **4** vierzehñ *c.* **5** funffzehen *c.* **7** sechzehen *c.* **15** sein inn dem] die sein im *A.* **16** turrent ir] tar man da *A.* **17** auff] vmb *A.*

---

44 88–90 erzaisen ›zerrupfen‹; verwaisen ›zur Waise machen‹; die Infinitivkonstruktion ist doppeldeutig: Wer ist Subjekt, wer Objekt des Zerrupfens?

45 Ton wie Kl 44. **2** und: ›wer will, dass‹ eingespart. **6** ›Konstanzer Prägung‹. **9** ein gross geschrai ›viel Lärm‹, d. h. wohl ›eine Riesenmenge‹. **10f.** Viele Esser reihum aus der gleichen kleinen Schüssel; lai wohl allgemein ›Mensch, Gast‹. **16** turren ›wagen, dürfen‹.

```
        ir sein zu lang gesessen.
        zwen groschen so geb jederman,
20      des sond ir nit vergessen,                              20
        wol anhin hessen.
        Nicht lenger ich gebeitten mag,
        nu ziecht die riem, gesellen.
        nach dem so ist kain andre frag,
25      ich gib eu kurze ellen                                  25
        und nim die langen nach dem tag.
        das gelt lat von eu snellen.
        zal, gilt, du muesst, das ist mein sag.
        ich woltz nicht anders wellen
30      mit ainer kellen.«|                                     30

II      Vasst süesser wein als slehentrank                      19ᵛ
        der reuhet mir die kel so krank,
        das sich verierrt mein hels gesangk
        (dick gen Traminn stet mein gedank);
5       sein herter twangk                                      35
        pringt scharpfen ungelimpfen.
        Wann er geit freud und hohen muet,
        recht als der sack dem esel tuet,
        sein räss erschreket mir das bluet,
10      davon so wird ich swach, unfruet,                       40
        sein wilde fluet
        schafft mir den triel verrimpfen.
        Zwar gueter kurzweil sicht man vil
        da mitten auf dem blatze,
```

---

31 getranck *A*.   **43** Auch vindt man wunder kurczweil vil *A*.

---

18 sein = seit.   **20** sond = solt.   **21** anhin ›fort, weiter‹; hessen *(zum Hetzruf huss/hess) Infinitiv als Aufforderung zu verschwinden?*   **23** riem ›Geldbeutel‹, *wohl am Gürtel getragen.*   **25f.** *Geben und Nehmen nach zweierlei Maß.*   **29** wellen *am ehesten zu* wellen *(stv.)* ›wälzen, rollen‹, *wohl bezogen aufs Geld:* ›mit dem Schöpflöffel herrollen lassen‹; *anders Okken/Mück S. 22–24.*   **34** *Tramin/Termeno, Weinort bei Bozen.*   **39** räss ›Schärfe‹.   **40** unfruet ›missmutig‹.   **42** triel ›Mund, Maul, Rachen‹; verrimpfen ›runzelig werden, sich zusammenziehen‹.

15 mit tanzen, springen, saitenspil 45
von ainer rauhen katze.
gen Überling ich nicht enwil
mer fragen nach dem schatze,
Ich wolt dann einen slegelstill
20 da kouffen umb ein ratze 50
in zu tratze.
Mein wiert der was beschaiden zwar,
er schied das gold von leder;
das nam ich an der bettstat war,
25 zwelf pfenning gulten ein feder, 55
und käm ein alter karren dar,
er liess im niena reder.
sein lob ich nicht gebreisen tar
als einem boum von zeder,
30 denselben fleder. 60

III **D**en bessten schatz ich da verschreib,
zwar das was misst und alde weib
und faisste swein gemescht von kleib,
vil flöch mit langer weil vertreib;
5 der pauren leib 65
wolt mir nicht lenger smecken.
Doch reut mich noch ein klainat kraus,
das was die dieren in dem haus:
zwai brüstlin als ein fledermaus
10 trueg si vor an irs herzen paus, 70
ir kratzen, zaus
vil mangen tett erschrecken.
Zwai smale füesslin als ein schilt

---

45 springen] singen *c*. **55** gulten] die gulten *A*. **57** niena] nit die *c*. **60** des selben *c*. **63** von] mit *c*. **68** diern *c*; in] von *A*. **73** zwai] zwar *c*.

49f. slegelstill ›*Hammerstiel*‹; *Okken/Mück S. 32f. vermuten sexuelle Metaphorik, anders der Erklärungsversuch der Reclam-Auswahl.* **52** beschaiden ›*klug*‹. **53** leder *hier für* ›*Geldbeutel*‹. **60** fleder *Scheltwort, Nomen agentis zu* fledern ›*mit dem Flederwisch reinigen*‹, *also* ›*Abstauber*‹? **61** verschreiben *entweder* ›*beschreiben, schriftlich festhalten*‹ *oder* ›*als Pfand hinterlassen*‹. **63** ›*gemästet mit Kleie*‹. **70** paus ›*Wölbung, Wulst*‹.

        trait si in braiten schue⟨c⟩hen,
15   darob zwai bainlin, klain gedilt   75
        recht als ain dicke bue⟨c⟩hen.
        ir ermlin, hendlin sind gevillt,
        weiss als ein swarze rue⟨c⟩hen.
        vil grosser sleg der was si milt,
20   mit swären und mit flue⟨c⟩hen   80
        kund si das tue⟨c⟩hen.
        Verborgen was der liechte glanz
        von berlin und von spangen
        zu Überlingen an dem tanz,
25   und da man inn solt brangen.   85
        unlöblich was des maien kranz
        bei röselochten wangen,
        neur bei dem ofen stuend mein schanz,
        mit kinds geschrai umbfangen,
30   das tet mich pangen.   90

Nota diss vorgeschriben lied Wer machen well den peutel ring singt sich jn der melody durch Barbary arabia etc

---

74 trait] trůg *A;* braiten] paiden *c.* **75** zwai] die *A;* klain] wol *A.* **79** vil grosser sleg der] mit grossen slegen *A.* **80** mit … mit] durch … durch *A.*

---

75 gedilt ›aus Brettern gemacht‹. **77** sind gevillt ›haben eine Haut / ein Fell‹. **78** rue⟨c⟩he ›Krähe‹. **81** tue⟨c⟩hen ›bekleiden, zudecken‹. **85** und da man inn ›worin man‹.

46. Du ausserweltes schöns mein herz

Discantus

Du ausserweltes schöns mein herz,
dein wunniklicher scherz
hat benomen mir besunder smerz;
ei, minnikliches falkenterz,
wie süess ist dir dein snäblin wolgevar! 5
Kain mentsch gesach nie lieber diern,
ich kan ir nicht volziern:
weisse brüstlin, sinwel als die biern,
damit si kösstlich kan hofiern;
ir stolzer leib benimpt mir trauren gar. clam(ula) 10
Und solt ich die vil zarten gesehen nimmer mer, Secunda pars
ir ler,   zucht und weipliche er
muess ich bedenken, wo ich inn der werlt hin ker,
sennliches schaiden bringt sauer zuckernar.
Tröstlich gedingen ich zue der guetten han, Tercia pars 15
wie si mich nicht well lan.
unvergessen bin ich ir undertan
und harr auff gueten wan.
Du ausserweltes schöns mein herz ... | etc ut supra etc

Triplum, Contratenor, Tenor *textlos mit Beischriften* claus(ula) *und im* 20ʳ
Tenor 2a p(ar)s *und* 3a pars

---

46 B 19ᵛ *(A 13ᵛ–14ʳ, c 48ʳ = BW 37, Sch 31, Pelnar 20); vierstimmig,* Discantus *mit unterlegtem Text (zweiter Stollen ohne Noten),* Triplum, Contratenor *und* Tenor *ohne Text BA.*   **3** besunder] betrubtn̄ *A.*   **5** snåbelein *(2 Noten) A,* snebelein *c.*   **6** dirn̄ *A.*   **7** volczyrn̄ *Ac.*   **8** birn̄ *A.*   **9** hofyrn̄ *A.*   **12** beiplich *c.*   **13** welde *A.*   **14** bringt] geit *A;* sawr *(2 Noten) A.*   **19** *fehlt Ac.*

Vorlage des musikalischen Satzes ist die anonyme Ballade Je voy mon cuer, *vgl. auch Pelnar, Textband, S. 82–86.*   **9** hofiern *hier etwa ›aufwarten, stolz sein‹.*   **14** bringt sauer zuckernar *›macht Süßes sauer‹.*   **19** *Ob am Ende 1–5 oder 1–10 zu wiederholen ist, muss offen bleiben; musikalisch bildet jedenfalls die clausula den Abschluss.*

47. Fröleichen so well wir

I Fröleichen so well wir
schir   singen,   springen   ho⟨c⟩h,
uns zwaien,   schon raien
all inn des maien   lo⟨c⟩h,
5 mit frechen   abbrechen
der pfifferlingen ro⟨c⟩h,
an wenken   gedenken,
wo mir die zart empfloch.
herwider ker,
10 herz lieb, das ist mein ger.
du waisst wol, wie
du mich und ich dich lie.
mein höchster hort,
zwar ich halt stät die wort,
15 wurd mir der kranz von rosental.

II Dein weipliche güet   tuet
mich straffen,   zaffen   dick

---

47 B 20ʳ (A 17ʳ/18ʳ, c 48ᵛ = BW 38, Sch 16, Pelnar 29); Str. II und III teilweise schlecht lesbar B; einstimmig, 1. Strophe den Noten unterlegt B; zweistimmig A: 17ʳ der Tenor mit unterlegtem Text der 1. Strophe, 18ʳ zwischen textlosen Melodien (Triplum zu Kl 49 und Discantus hui(us) liebri zu Kl 94) eine zweite Stimme, zuerst in feiner Schrift als triplu(m) bezeichnet, dann in kräftiger Schrift als (Contrate)nor (?). **10** liebe *(1 Note)* A; ist das mit Umstellungszeichen B, daz ist Ac.

In den Versen 1–8 sind je zwei Verse als Langzeilen gleicher rhythmischer Struktur aufzufassen; in der ersten Langzeile ist die Position der inneren Reime variabel. Vorlage des musikalischen Satzes ist die Ballade [N'] ay je cause von Martinus Fabri (gest. 1400), vgl. Pelnar, Textband, S. 104, und L. Welker in: JOWG 6 (1990/91), S. 260.
5 frechen ›keck, freudig sein‹. **6** roch *Marold:* ›Turm des Schachspiels, hier bildlich für die Pilze‹; *wenn man* der pfifferlingen *als Genitivus partitivus* ›(etwas) von den Pfifferlingen‹ *auffasst, kommt auch* ›roh‹ *in Frage.* **8** empfloch = entfloch.
15 kranz von rosental *Metapher für die Hingabe der Geliebten.* **16** güet : tuet *ein Augenreim, geschrieben in B* gût : tût, *allenfalls zu bessern durch Herstellung eines Neutrums* dein weipliches guet. **17** zaffen ›ziehen‹, *hier* ›züchtigen‹.

47. Fröleichen so well wir

    mit geren-   verkeren;
       des meren   ich erschrick.
5 lass faren,   nicht sparen   20
       durch mich dein lieplich blick.
    mein quelen   dein helen
       pald mir trostlichen schick.
    Ach, traut gesell,
10 ich sol, was dein gnad well.   25
    dein fremden gross
    mich annt der sinnen bloss.
    mach haimlich zam
    gierlichen sunder scham,
15 ergetz hüglich meins herzen qual.   30

III **Senliche begir**   mir
       pringt achen,   wachen   vil.
    das leiden   und meiden
       sich nindert schaiden   wil.
5 ich lamer   mit jamer   35
       nicht treffen kan das zil.
    die kluege   durch fuege
       mich halt, neur wie si wil.
    der bitter tod
10 mag helfen wol aus not,   40
    ob ir genad
    nicht wenndt engstlichen schad.
    zart liebstes weib,
    den jamer hie vertreib,
15 erkück den man in freuden schal. | etc 45

---

30 ergeczt *A*. **32** brenget *A*. **41** genade *A*, gnad *c*. **42** angslich^s *A*. **45** den man] dein nam *A*. *Nachschrift:* Finis *A*.

---

18 ›durch Umkehren (d. h. Abweisen) meines Begehrens‹. **19** des meren ›umso mehr‹ (Marold), ›dass sich dies häuft‹ (Hofmeister). **20f.** las faren … dein … blick; sparen ›zögern‹. **22f.** ›schicke mir bald zum Trost dein Meine-Leiden-Verbergen‹, anders Marold; oder ist mit doppeltem Dativ zu lesen meim quelen? **24** gesell *Anrede auch für die weibliche Geliebte*. **26** anen ›berauben‹. **28** zam ›Vertraulichkeit, Freundlichkeit‹. **32** achen ›ach rufen‹.

48. Stand auff, Maredel / Frou, ich enmag   20ᵛ

s. S. 338f.

49. Los, frou / Sag an, herzlieb   21ʳ

s. S. 340f.

50. Der mai mit lieber zal

Discant(us)

    Der mai mit lieber zal   21ᵛ
    die erd bedecket überal,
    pühel, eben, berg und tal.
    auss süessen voglin schal
5   erklingen,   singen   hohen hal   5
    galander, lerchen, droschel, die nachtigal.
    der gauch fleucht hinden hin nach
    zu grossem ungemach
    klainen vogelin gogelreich.
10 höret, wie er sprach: 10

---

50 B 21ᵛ (A 19ᵛ–20ʳ, c 49ᵛ–50ʳ = BW 41, Sch 45, Pelnar 21); zweistimmig, Discantus *mit unterlegtem Text (v. 1–40), Tenor textlos, 2a pars markiert BA, zu Beginn des Tenor Textmarke des französischen Vorbilds* Per montes foys *A*.   **2** bedeckt *(3 Noten) A*; übral *c*.   **3** pühl *c*.   **4** susˢ vogelein *A*.   **6** die *fehlt A*.   **7** hin *fehlt A*.   **8** zu] mit *A*.   **9** gogoleich *A*.

Zeilenfall geändert, Anmerkungen und Apparat beziehen sich auf die Zählung links; rechts steht die Zählung Kleins und für den Schlussteil die von Schatz 1902 und 1904. – Vorlage des musikalischen Satzes mit seiner Imitation von Vogelstimmen ist ein Virelais des Jean Vaillant (Ende 14. Jahrhundert) Par maintes foys *(zitiert in der Textmarke des Tenors von A), vgl. zuletzt L. Welker in: JOWG 6 (1990/91), S. 260.*

1 zal *hier* ›Fülle‹.   **4** schal *Plural*.   **9** gogelreich ›lustig‹ *(nachgestelltes Adjektiv)*.

»cu cu, cu cu, cu cu,
den zins gib mir,
den wil ich han von dir.
der hunger macht lunger mir
15 den magen schir.«
»Ach ellend! nu wellent sol ich?«
so sprach das klaine vich,
küngel, zeisel, mais, lerch, »nu komen, wir singen: oci
und tu ich tu ich tu ich tu ich,
20 oci oci oci oci oci oci,
fi fideli fideli fideli fi,
ci cieriri ci ci cieriri ciri,
ciwigk cidiwigk fici fici.«
so sang der gauch neur: »kawa wa cu cu.«
25 »Raco«, so sprach der rab,
»zwar ich sing ouch wol.
vol muess ich sein.
das singen mein:
scheub ein! herein! vol sein!«
30 »liri liri liri liri liri liri lon«,
so sang die lerch,
so sang die lerch,
so sang die lerch.
35 »ich sing hel ein droschelin,
ich sing hel ein droschelin,
ich sing hel ein droschelin,
das in dem wald erklinget.«
ir lierent, zierent,
40 gracket und wacket
hin und her recht als unser pfarrer.
zidiwick zidiwick zidiwick,
zificigo zificigo zificigo nachtigall,

15

20

2a pars 25

30
31a
31b

32a
32b

35
36/37

---

11 cu *fünfmal A*. **18** komen] kuṁ *A*. **22** ci ci] ciri *A*. **23** cidiwigk] civigk *A*. **24** sing *A*; cu cu] ca ca *B(?)*, cu ca *c*. **38** erklingt *A*. **40** gracket] gracƺ gracket *A*. **42** ³zidiwick] zidigwigk *c*.

---

14 lunger ›gierig‹. **18** komen *Infinitiv als Aufforderung*. **39** lieren *wohl* ›liri singen, tirilieren‹; zierent *als Objekt ist wohl* ›Gesang‹ *zu ergänzen*. **40** gracken ›torkeln‹ *(Fischer)*; wacken ›wackeln, schwanken‹.

    dieselb mit irem gesangk behüeb den gral.   etc tan etc   40
45 ⟨ »Upchahi«, so sprach das fül,
    »lat uns auch dar zue.«
    frue   vert die kue.
    der esel lue:
    »her, sak,   auf meinen nack!«   [45]
50 »rigo, rigo, rigo, rigo, rigo, kum«,
    so rüefft die mül,
    so rüeff⟨t⟩ die mül,
    so rüefft die mül.
    »ker ab«, so sprach die mülnerin.
55 »heb auff«, schrei die päurin,
    »nu trag hin, mein eselein,   [50]
    da da,   prusta: i-a.
    nu lei⟨e⟩r,   nicht vei⟨e⟩r,
    bis dir der gei⟨e⟩r
60 die haut abziehen wirt bei dem weier.«
    wol auff, wol auff, wol auff!
    wol auff, sail an, pint auff, schint dich,   [54a–56]
    Wolpurg. rügel dich, guet waidman,
    mit iagen, paissen, rogken in den tan. ⟩ |

                        Tenor *zu Kl 50 mit Markierung der* 2a pars   22ʳ

---

44 irn̄ *A*.   **45–64** *fehlt in Bc, das in B für die Clausula mit eigener Note angegebene Schlusswort* tan *zeigt, dass nur ein Versehen vorliegt. Text nach A.*   **45** prach *A*.   **60** veyer *A*.   **62** saylon *A*.

---

44 beheben ›behaupten, gewinnen‹, *möglich wäre auch der Indikativ* behueb.   **45** *Okken/Mück S. 159 versuchen die überlieferte Form* prach *als musikalischen Terminus* ›arpeggieren‹ *zu retten*.   **48** luen ›brüllen‹, *hier vielleicht Konj. Präs.* ›mag schreien‹.   **57** prusten *wohl* ›prusten, schnauben‹ (*damals nur niederdeutsch*).   **63** rügel dich ›tummel dich‹ (*vgl. Schmeller* rigeln).   **58** leiern ›Leier spielen‹, *vielleicht auf den* ›Eselgesang‹ *bezogen*.   **64** rogken *Verb, wohl zu nordital.* roccolo ›(Jagd mit dem) Vogelnetz‹.   **60** weier *Vorschlag von Schatz 1930, anders Marold, Okken/Mück und Hofmeister*.   **62** *Aufforderung zum Einspannen und (Heu-)Aufladen, gerichtet an eine Magd oder – als verkürzte Datumsangabe – an die heilige Walburgis, die am 1. Mai gefeiert wurde*.

51. Ach senliches leiden

Discantus *zu Kl 51*

Tenor

I **A**ch senliches leiden,
meiden, neiden, schaiden, das tuet we,
besser wer versunken in dem see.
Zart minnikliches weib,
5 dein leib mich schreibt und treibt gen Josophat. 5
herz, muet, sin, gedank ist worden mat.
Es schaidt der tod,
ob mir dein gnad nicht helfen wil,
auss grosser not;
10 mein angst ich dir verhil. 10
Dein mündlin rot
hat mir so schier mein gier erwecket vil,
des wart ich genaden an dem zil. |

II **M**ein herz in jamer vicht, 22^v
erbricht. bericht und slicht den kummer jo! 15
frou, schidlicher freuntschafft wart ich so,
Recht als der delephin,
5 wenn in der sin füert hin zu wages grund
vor dem sturm, und darnach wirt enzunt
Von sunnen glast, 20
die im erkückt all sein gemüet.
herzlieb, halt vast
10 durch all dein weiplich güet!

---

51 B 22^{rv} (A 20^v–21^r, c 50^{rv} = BW 42, Sch 18, Pelnar 2); *zweistimmig, Discantus textlos, dann Tenor mit unterlegtem Text der 1. Strophe B, Discantus und Tenor, beide mit unterlegtem Text der 1. Strophe (soweit nicht identisch Discantus = A¹, Tenor = A²) A.*
5 Josaphat *Ac.* **6** sin] sein *A¹*, seyn *A²*. **7** schaid *A.* **8** gnad] trew *A.*
17 delphin *A*, telphin *c.* **19** erczunt *A.* **23** durch durch alle *A*; gute *A.*

Zum musikalischen Satz vgl. Pelnar, Textband, S. 31–33. **5** schreiben *hier ›verordnen, zwingen‹; das Tal Josaphat nach Ioel 3,12, später identifiziert mit dem Kidrontal, steht für Jerusalem.*

Lass deinen gast
nicht sterben,   serben,   werben   in unfrüet.   25
in ellenden pein ich tob und wüet.

III **M**ein houbt das ist beklait
mit waffen,   slaffen,   straffen   die natur,
das mich twingt ein stund für tausent ur.
Wenn ich mein laid betracht   30
5 die nacht,   so wacht   mein macht   mit klainer krafft,
und ich freuden ganz wird sigehaft.
Mich niemand tröst
und ist mein leiden sicher gross,
mein herz das wirt geröst   35
10 mit manchem seufften stoss.
Ach we, wann wirt erlöst
mein trauren?   tauren,   lauren   negt und pösst,
da mit ich der sinn wird gar emblösst.

---

26 ellender *c*.   **35** geröscht *B*, gerost *A*, geröst *c*.   **36** manchñ *A*.   **37** ach] o *c*.   **38** mein] mich *A*.

---

25 serben ›*schwach werden*‹; unfrüet ›*Torheit, Trauer*‹.   **28** waffen ›*wehrufen*‹.
29 ein stund für tausent ur ›*in einer Stunde mehr als sonst in tausend Stunden*‹.
38 tauren ›*aushalten, warten*‹; lauren ›*lauern, warten*‹; possen ›*schlagen*‹.

52. Wol auff, gesell, wer jagen well

Discantus

a Wol auff, gesell,   wer jagen well,
   engagent im kain ungevell.
   wart   unverkart,
   so pringstu vil wild in mart.
5 los, Freud!   5
   zwar dein stimm ich geud.
   ich hör Lieb und Trost,
   der mich dick erlost
   auss verhangem rost.
10 hetz zue,   es ist noch frue.   10

---

52 B 22ᵛ–23ʳ (A 15ᵛ–16ʳ, c 50ᵛ–51ʳ = BW 43, Sch 44, Pelnar 24); *dreistimmig*, Discantus, Tenor, *beide mit nur teilweise unterlegtem Text und partienweise Platz für Melismen oder instrumentale Ausführung, dann Rest des Textes ab 28, dann textloser Contratenor BA.* **2** entgagen *c.* **9** vˢlangñ *korrigiert aus* vˢhangñ (?) *A.*

Apparat und Anmerkungen beziehen sich auf die neue Zählung links. Diskant und Tenor haben teilweise identische, teilweise verschiedene, teilweise gar keine Texte. Eine Synopse würde falsche Sicherheit vorspiegeln. Das hier gebotene Arrangement orientiert sich an dem Zuordnungsvorschlag der 3. Auflage, stellt sie nur etwas anders dar. Danach wären 28f. und 31–38 Text des Diskant, 28–30 Text des Tenor, beide musikalisch entsprechend den Versen 1–10 bzw. 19–21. Der Rest, der auch unklare Wiederholungen anzudeuten scheint, ist unsicher. Vgl. auch die teilweise abweichenden Vorschläge von Timm, S. 49–56, S. Beyschlag in: Oswald v. Wolkenstein, hg. v. E. Kühebacher, Innsbruck 1974, S. 37–50, und Pelnar, Textband, S. 88–96. – Vorbild des Satzes ist die anonyme Ballade Fuiies de moy, *vgl. zuletzt L. Welker in: JOWG 6 (1990/91), S. 261. – Lebhafte Jagdszene, nur die Hundenamen als Tugenden und Laster der Minne lassen eine zweite Sinnebene ahnen.*
3 *Der Imperativ* wart *erklingt in etwa gleichzeitig mit dem Substantiv* wart *im Tenor Z. 21;* unverkart ›unablässig‹. **4** mart = mort. **6** geuden *hier transitiv* ›sich freuen über, preisen‹. **8** der: *Singular im Letztbezug.* **9** verhangen rost ›verhängte Glut, Qual‹.

52. Wol auff, gesell, wer jagen well — 155

[*musikalische Wiederholung mit neuem Text, endend:*]
hin rück,   heng nach, Gelück!   clausula 11
[*Teil II, mit textlosem Melisma beginnend:*]
Jagt nach, ir trauten hundes kind!   12
ju Schenk,
richt *ab*, Stät und Wenk!
15 zuewi, Will und Harr!   15
der vart bistus ein narr.
krais umb, suech wider dar.
nach, Trüeb!   das wild ist müed.

Tenor

b **W**ol auff, gesell,   wer jagen well,
20 wiss, das er sein netz recht stell,   20
psetz die hohen wart.
[*Rest des ersten Stollen textlos, zweiter Stollen fehlt.*]   claus(ula) 21a
Los, zue hin all   mit laut und schall,
das es den forstern wol gevall,
perg und tal.
25 nu kall!   blas ab der klingen,   25
das uns müess wol gelingen.
Hin loufft die stolze hind.
[*Rest des Schlussteils textlos*] |

---

11 *Hinweis auf clausula fehlt Ac.*   **12** Jagt *Initiale fehlt A.*   **13** jv *A,* eu *B,* ey *c (vgl. 40).*   **14** ab *A,* ob *B,* obñ *c.*   **15** zẅ *by B,* zwoby *A,* zu *c;* will *BA,* pill *c.*   **16** bist du *A.*   **27** stolczen *BA,* stoltze *c.*

---

11 nach hengen ›nachjagen‹.   **12** kind *erklingt kurz nach Z. 27* hind.   **13** ju *Jagdruf.*   **14** richt ab ›setz dich auf die Spur‹.   **15** zuewi = 22 zue hin *(vgl. Schmeller* zue*).*   **16** *der Hund hat eine falsche Spur verfolgt;* bistus: *zum überschüssigen* s *vgl. zu 2,8.*   **18** Trüeb *drückt als Hundename eher die Stimmung des enttäuschten Jägers aus; diesem wird dann doch Hoffnung auf Jagderfolg gemacht.*   **25** kallen ›rufen‹; klinge ›Schlucht‹.

52. Wol auff, gesell, wer jagen well

[ohne Noten]

a/b Wart, Wunn und Hail! lass nicht von dem sail,		23ʳ 28/29
so machstu wild wolfail.		30
30 vertritt die alten spür.		
nicht lass für		
Geud und Meld mit Willenkür.		
Se, lapp,		
setz von Rüegg und Trapp!		35
35 her loufft, Gail und Gsund!		
still, ir lieben hund,		
dank so hab eur mund.		
hin rück, heng nach, Gelück!		
heuch, heuch, heuch, heuch, hoch, hauch – und –		40
40 ju Schenk, richt *ab*, Stät und Wenk.		
zuewi, Will und Harr!		
der vart bistus ein nar.		
krais umb, suech wider dar.		
nach, Trüeb! das wild ist müed.		45
45 Jagt nach, ir trauten hundes kind! Ju Schenk etc		

Contratenor *zu Kl 52*

---

35 Gsund] sund *A*. **38** hin ruk *fehlt an dieser Stelle, steht aber am Ende des letzten Tenor-Melismas, noch unter den Noten A*. **39** hauch] hach *A*. **40** ab *A, Bc*. **41** zu wy *BAc; c bricht nach* harr *ab mit:* ut sup(ra). **42** bistu *A*. **45** trauten] liebñ trawtñ *A;* ju] jusu *A; amEnde* etc (?) *vt supra A*.

---

32 *Minnelaster: Prahlen, Ausplaudern, Beliebigkeit*. **34f.** ›He, du Narr, zieh (die Hunde) Tadel und Torheit (von der Spur) weg!‹   **29** wolfail ›leicht zu gewinnen‹. **30** ›zertritt die alte Spur‹ (des Wilds, damit die Hunde nicht abgelenkt werden). **39** *Das Hundegebell passt am ehesten in eine Tenorpassage am Ende von Teil II*.

53. Frölich zärtlich lieplich und klärlich

Discantus *zu Kl 53*

Tenor

I	Frölich zärtlich lieplich und klärlich,	
	lustlich stille leise,	1a
	in senfter süesser keuscher sainer weise	
	wach, du minnikliches schönes weib,	
	reck, streck, breis dein zarten stolzen leib.	
5	Sleuss auf dein vil liechte öuglin klar.	2a pars 5
	taugenlich nim war,	
	wie sich verschart der sterne gart	
	inn der schönen haittren klaren sunne glanz.	
	wol auff zu dem tanz!	
10	machen einen schönen kranz	10
	von schaunen praunen plauen grauen	
	gel rot weiss	
	viol plüemlin spranz!	

II	Lünzlot münzlot klünzlot und zisplot,	23^v
	wisplot freuntlich sprachen	14a
	auss waidelichen gueten rainen sachen	15
	sol dein pöschelochter rotter mund,	

---

53 B 23^{rv} (A 32^v–33^r, c 51^{rv} = BW 44, Sch 12, Pelnar 28); zweistimmig, Discantus *textlos B, mit Textmarken A*, Tenor *mit unterlegtem Text der 1. Strophe BA*. **6** teugentlich *c*. **7** gart *auch A!* **8** sunnen *A*. **11** schonen *c*. **14** -lot] -locht *5mal A*. **15** rainen guten *c*.

Vorbild des musikalischen Satzes ist das anonyme Rondeau En tes doulz flans, *vgl. Pelnar, Textband, S. 100–103, und L. Welker in: JOWG 6 (1990/91), S. 261.*
  2 sain ›langsam‹. **4** breisen ›schnüren, kleiden‹. **7** verscharen ›zerstreuen‹. **11** schaun *frz.* jaune ›gelb‹. **13** viol *hier wohl Farbadjektiv;* spranz ›Glanz, Zierde‹. **14f.** *Unbelegte Adverbien, wohl zu* lunzen ›schlummern‹, mund *oder* münzen *hier für* ›küssen‹, klunse/klunze ›Spalte‹ *oder* klünseln/klünzeln ›schmeicheln‹, zispeln ›zischen, lispeln‹, wispeln ›flüstern‹; sprachen ›sprechen, plaudern‹. **15** aus ... sachen *wohl nicht* ›über ... Dinge‹, *sondern* ›aus ... Gründen‹. **16** pöschelocht ›bauschig, voll‹.

53. Frölich zärtlich lieplich und klärlich

    der   ser   mein herz lieplich hat erzunt
5 Und mich fürwar tausent mal erweckt,
    freuntlichen erschreckt
    auss slaffes träm,   so ich ergäm   20
    ain so wolgezierte rotte enge spalt,
    lächerlich gestalt,
10 zendlin weiss dorin gezalt,
    trielisch   mielisch   vöslocht   röslocht
    hel   zu vleiss   25
    waidelich gemalt.

III **W**olt si,   solt si,   tät si und käm si,
    näm si   meinem herzen   27a
    den senikleichen grossen herten smerzen,
    und ein brüstlin weiss darauff gedruckt,
    secht,   slecht   so wär mein trauren gar verruckt.   30
5 Wie möcht ein zart seuberliche diern
    lustlicher geziern
    das herze mein   an argen pein
    mit so wunniklichem zarten rainen lust?
    mund mündlin gekusst,   35
10 zung an zünglin, brüstlin an brust,
    bauch   an beuchlin,   rauch   an reuchlin,
    snel   zu fleiss
    allzeit frisch getusst.

---

17 lieplich] tiefflich *A*.   **24** trewlisch mülisch *A*.   **29** gedruckt] gesmuckt *A*. **30** so *fehlt A;* gar] da *A;* u^{s}zuckt *c*.   **31** dieren *c*.   **32** lustlicher] trostlicher *A;* gezieren *c*.   **33** herczen *A;* argen] allen *A*.   **34** zarten] lieben *A*, zartem *c*. *Nachschrift:* Amen *A*.

---

20 ergämen = ergoumen ›wahrnehmen‹ (im Traum).   **24** trielisch *zu* triel ›*Lippe, Mund*‹; mielisch *nicht erklärt, lies* schmielisch ›*lächelnd*‹ *(mit Einsparung eines der aneinander stoßenden sch) oder in Anlehnung an Handschrift A* treulisch meulisch*?* völocht *nicht erklärt, zu* fasle^n ›*gedeihen*‹ *(Schweiz. Idiotikon)?*   **37** rauch ›*Pelz*‹.   **39** tussen ›*stoßen*‹ *(vgl. Schmeller* tuschen*).*

54. Frölich geschrai so well wir machen

Discantus

F rölich geschrai so well wir machen,   lachen,
swachen   den zwar, der uns nicht gevellt.
»junkfrou, sind die air noch gar gezellt?«
»so loufft, ir zieren held,
und esst si ungeschellt.«   5
»frou, gelt,   trag her des weines kelt.«
»so schon«, sprach des maiers dieren all niden auff der bank,
»mach lank,   geselle mein, hab immer dank.
dein gesangk

---

54 B 23ᵛ–24ʳ (A 21ᵛ, c 51ᵛ- 52ʳ = BW 45, Sch 47, Pelnar 22); *in B zweistimmig: textierter* Discantus, *auf der Folgeseite untextierter* Tenor *mit Markierung der* 2a pars; *in A dreistimmig: textierter* Discantus Skak *(vgl. Anm.), dann untextiertes* Mediu(m), *schließlich untextierter* Tenor. 1 greschrey *A;* wir] mir *A.* 3 ayer *nach A.* 5 si] die *c.* 7 all] da *c.*

Vorbild des Satzes ist das anonyme Rondeau Qui contre fortune, *das auch als* Schack melodye *überliefert ist (vgl. die Beischrift in A), s. R. Strohm in: Musica disciplina 38 (1984), S. 212f., L. Welker in: Early music history 7 (1987), S. 217, und zuletzt ders. in: JOWG 6 (1990/91), S. 261.*
3 sind ... gezellt: *Der Paraphrasevorschlag von Schatz 1930 ›bist du noch unberührt?‹ ist nicht belegbar; Marold denkt an volkstümliche Eierspiele, die jedoch bei genauerem Hinsehen nicht passen; Okken/Mück verweisen S. 197 auf einen Brauch, nach dem Mädchen einem Burschen ein Ei als Gunstbeweis schenken – das würde passen (›hast du noch ein Ei‹, d. h. ›bist du nett zu mir‹), doch ist das Alter des Brauchs ungewiss.* **4** ir zieren held: *Plural oder Höflichkeitsanrede im Singular? Zu* zier *als Personenattribut vgl. DWb.* ¹zier adj. *2, hier wohl spöttisch.* **6** gelt: *für einen Namen könnte sprechen, dass* Gelt *in der Handschrift B groß geschrieben ist; aber wahrscheinlicher ist mir doch, dass es sich um die Interjektion* gelt *handelt, die auch mit dem Imperativ gebraucht wird (DWb.* gelt *1g); vgl. jedoch auch Marold und L. Okken/ H. L. Cox in: Neophilologus 56 (1972), S. 302f.* **7** so schon ›*nur sacht!*‹ *(Hofmeister);* niden ›*unten*‹ *(nach der Sitzordnung) oder* ›*liegend*‹*?* **8** mach lank ›*mach lange weiter*‹ *oder* ›*leg dich lang hin*‹*?*

> und getrank 10
> und süesser winkenwank
> pringt mir freuden vil.«
> »Smutz«, sprach mein froue, »nu welcher fidelt mir neur auf meinem
> saittenspil?«
> »das tuen ich, Hainzel und Jäckel.«
> damit hueb sich ain gäggel. 15
> do sprach si: »snäggel,
> owe, Hainz, magstu nimmer?
> so kom, Jäckline,
> trauter socie,
> ler mich das ABC, 20
> und tue mir doch nicht we!
> ite, venite!«|

Tenor *mit Markierung der* 2a pars *von Kl 54*   24ʳ

55. Wes mich mein buel ie hat erfreut

I Wes mich mein buel ie hat erfreut,
das han ich seider wol verdeut
mit mangem ungefegten rost,
den ich durch iren willen kost;

---

54 **11** winkvank *(3 Noten) A.*   **13** fraw *A.*   **15** gäggel] checel *A.*   **16** snakel *A.*
17 awe *A.*

55 B 24ʳ *(A 22ʳᵛ, c 52ʳᵛ = BW 8, Sch 101); einstimmig, 1. Strophe vollständig unter Noten BA.*   **2** seider] sichˢ *A.*   **3** manichen *A (2 Noten);* vngesechtñ *A.*   **4** durch iren willen] von jrm̃ wegñ *A.*

---

54 **11** winkenwank ›Hin und Her‹.   **13** smutz Lockruf ›Schmatz‹.   **14** wohl als gleichzeitige Antwort beider zu verstehen.   **15** gäggel = goukel ›närrisches Treiben, Schäkern‹.   **16** snäggel ›Schneckchen‹ als Kosewort.   **17** magstu ›kannst du‹.   **18** Jäckline: Anlehnung an den lateinischen Vokativ.   **22** ite, venite ›gehet, kommt‹ (Anklänge ans Ende der Messe und an den Beginn des Stundengebets?).

55 Den Versen 5–21 sind Kl 98 und 99 metrisch sehr ähnlich, beide Lieder haben aber andere Melodien.   **3** ungefegter rost ›ungereinigter Rost‹ (wohl Anspielung auf die eisernen Fesseln in der Gefangenschaft).   **4** kost = kostete.

5   und ist das laider ane zal.   5
    gelückes hab ich klainen val,
    seid das si mich mit grossem qual
    hieng mit den füessen lieplich an ain stange,
    An andern grossen überlast,
10 den mich ir lieb hat angetast.   10
    sol ich ir dorumb danken vast,
    des muess si von mir warten eben lange.
        Von ir ich dol   Repeticio
        zu Ungern wol
        der kinder vol,   15
        genant mit siben füessen.
5   die tretten mich
        und jetten mich
        und knetten mich
        und fretten mich,   20
        das ich mein sünd möcht büessen.

II Zu Prespurg vor dem ofenloch
    ich und der Ebser hetten rat.
    zwar schüren, haitzen kund ich doch,
    das ich den künig fürher jagt.   25
5   ich meldt mich, das er es ersach.
    er sprach zu mir: »dein ungemach
    leidst du von der, die an dir brach
    dorumb das dir die saitten nimmer klungen.«
    Ich antwurt im an als gevär: 30

---

5 das] des *c*.   **8** leiblich *A*.   **12** von mir warten eben lange] sich^s baitñ von mir ebñ *(nachgetragen)* lange *A*.   **14** hungern *A*.   **18** jetten] knetñ *A*.   **19** knetten] getñ *A*.   **20** *Vers fehlt in A. Unter dem Schluss von Vers* 21 *(sund mocht bussen) in A:* Nichil deb(et) hic stare nisi montserra t(a)le dd̄ *(?)*.   **23** Da bleib ich alle czeit in dem rat *A*.   **25** Bis das der kunig da furher trat *A*.

---

5 ane zal ›nicht in Worte zu fassen‹.   **6** val ›was einem zufällt‹.   **10** antasten *hier* ›zufügen, zumuten‹ (zum doppelten Akkusativ vgl. Marold und Behaghel I, S. 726).   **13** doln *mit Genitiv* ›ertragen, leiden an‹.   **18** jetten ›jäten‹, *hier ironisch für* ›sauber machen‹?   **20** fretten ›verwunden‹.   **23/25** *ungenauer Reim, vgl. die inhaltlich blassere Lesart A*.   **28** brechen an ›mit jemand brechen‹.

10 »hett ich gehabt ein peutel swär
 als euer genad, vernempt die mär,
 von meiner frouen wär mir bas gelungen.«   Repeticio ut sup(ra)

III Ich hoff, mein sach möcht werden guet,
 liess herzog Fridrich seinen strauss.   35
 wie er desselben nicht entuet,
 so ist dem schimpf der bodem auss.
5 Segs tausent guldin wil er han,
 die buelschaft käm mich sauer an.
 do sis verbott, hett ichs gelan,   40
 so törft mein rugg jetz gen der bank nicht krachen
 In Ungerlant die lange nacht,
10 da man die küss auss sätteln macht.
 dorumb ain jeder minner tracht,
 damit er buel, das er des schimpfs müg glachen. | ⟨Repeticio⟩ 45

56. Tröstlicher hort, wer tröstet mich / Frölich das tuen ich   24ᵛ

s. S. 342f.

---

32 eür *c*; vernemet *A*.   Nach **33** Repeticio ut sup(ra) *auch c*, R(epeticio) Von ir ich dol *A*.   **34** moch *A*.   **35** frydreich *A*.   **37** boden *Ac*.   **39** kumpt *A*.   **40** sis] sy es *A*.   **41** torst *A*.   **42** vngernlant *c*.   **43** seteln̄ *A*.   **45** das er pul damit *(auf Rasur)* er *(übergeschrieben)* des *A*; müg] mog *A*; lachen *A*, gelachen *c*; *am Ende* R(epeticio) Von ir ich *A*, Repeticio ut s(upra) *c*.

---

35 strauss ›*Streit*‹.   **36** wie ›*wenn*‹.   **40** do sis verbott ›*als sie sie (die* buelschaft*) abbrach*‹?   **43** küss ›*Kissen*‹.   **45** damit ›*mit wem*‹.

57. Ain mentsch von achzehen jaren klueg

I   Ain mentsch von achzehen jaren klueg
       das hat mir all mein freud geswaigt,
       dem kund ich nie entwinnen gnueg,
       seid mir ein oug sein wandel zaigt.
5   An underlass hab ich kain rue,
       mich zwingt ir mündlin spat und frue,
       das sich als lieplich auff und zue
       mit worten suess kan lenken.

II   Wie ferr ich bin, mir nahet schir
       ir rains gesicht durch alle land,
       ir zärtlich blick umbfahent mir
       mein herz in rechter lieb bekannt.
5   Ach got, und wesst si mein gedankh,
       wenn ich vor ir senlichen krank
       hert stan und tar in kainem wank
       ⟨mich⟩ desgeleichen renken.

III   Weiplicher weib mentsch nie gesach,
       so liederlich an tadels punt.
       ir schön gepärd tuet mir ungemach
       von höch der schaittel über ab den grund.
5   wenn ich bedenk so gar die mass,
       kürz, leng, smal, brait, zwar tuen und lass,
       wer möcht der lieben sein gehass?
       O, wolt si mich bedenken!

---

57   B 25ʳ (A 8ʳᵛ, c 53ʳᵛ = BW 47, Sch 1); einstimmig, 1. Strophe unter Noten BA. *Überschrift* Regina margarita *A*. **3** genüg *c*. **9** nahent *A*. **16** mich *A, fehlt Bc*. **17** mentsch nie] nie mensch *A*. **19** geper *A*. *Nachschrift* Finis istius *A*.

---

3 entwinnen ›abgewinnen‹ (Schatz 1930). **4** ein oug *Anspielung auf den eigenen Sehschaden.* **8** suess *kann nachgestelltes Adjektiv oder Adverb sein.* **12** in rechter lieb bekannt: *die Blicke.* **16** renken ›bewegen‹. **18** liederlich ›anmutig‹; punt = punct: ›ohne ein Tüpfelchen Tadelnswertes‹. **20** über *impliziert wohl die zwischen Scheitel und Boden ausgesparten Körperteile.*

58. Mein buel laisst mir gesellschafft zwar

I Mein buel laisst mir gesellschafft zwar,
   recht als die monat tuent dem jar.
   von ersten jenner ich nicht spar,
   der mich dick keltet und erfröret.
5 Zu jedem hat si sich verpflicht
   mit muet und ouch mit angesicht.
   der hornung lat michs liegen nicht,
   des freud der winter hat erstöret.
   Si macht mich siech dick, offt gesund,
10 mit lieb und laid zu manger stund,
   das macht der merz, der irs tuet kund,
   als ich von ärzten han gehöret.
   Gelück ist guet für ungevell.
   wann ich wen, ich sei guet gesell,
15 so tuet si gleich als der abrell,
   halb hie und dort ist si betöret. |

II Zwar si ist hübsch und wolgetan,
   das erbt si von dem maien an,
   des gelückes ich ir zeittlich gan,
   darnach und si mich fröuen tuet.
5 Ir har, ir mund, ir wenglin vein,
   ir öuglin klar als der rubein,
   dem geit der junius liechten schein
   mit seiner krafft in hübschem pluet.

58 B 25ʳᵛ (A 8ᵛ–9ʳ, c 53ᵛ–54ʳ = BW 48, Sch 2); einstimmig, 1–4 und 9–12 unter Noten, die zweiten Stollen jeweils anschließend BA; jeder Stollen (d.h. in etwa jeder Monat) mit eigener Initiale A.   **3** ersten] erst den c.   **7** hornug A; mich A.   **9** siech dick] sich dickt A.   **10** manigˢ A (2 Noten).   **12** gehort A.   **13** für] vor A.   **19** gluckes A.   **20** vnd am Rand nachgetragen A; frewen zu erfrewen korrigiert A.   **21** weglein c.   **23** Julius A; liechtem c.

Zur metrischen Form vgl. Anm. zu Kl 40.   **5** zu jedem *bezogen auf* monat.   **16** ›spielt mal da, mal dort verrückt‹ (Hofmeister).   **18** erbt si ... an ›ist ihr Erbteil‹.   **19** zeittlich ›gemäß der Zeit‹ (und gemäß ihrem der Zeit entsprechenden Verhalten).   **20** darnach und ›je nachdem, wie‹.   **23** dem (Singular!) ›dem allem‹.   **24** pluet ›Blühen‹.

Der julius hat seinen fleiss
10 gelegt auf ir brüstlin weiss,
ir ermlin blank, ir hendlin gleiss
recht als das silber in der gluet.
Si ist ain waideliche dierñ,
gedrät sinwel recht als die bierñ,
15 die uns der augst kan fürher ziern,
mit lust und ouch mit guettem muet.

III Si tuet geleich dem september,
der ist ein tail ouch mit gevär,
dorumb das er macht lass und swär
die leut an muet und ouch an macht.
5 Des bin ich worden von ir inn,
das si mich lat auss irem sinn.
ich hoff, der october mir pring
gelück, als er vor offt hat bracht
Wol in das haus. als due ouch mir
10 mein herze vol, damit mein gier
erfüllet werd von irer zier!
der november ist wol besacht
Mit mangerlai, des man sich nert.
seid si hat jeder zeit ain geferrt,
15 so wirt mir klain von ir beschert.
kalt ist december tag und nacht.

---

25 der Julius] der Junius der *A*. **26** geleget *A*. **27** ire hendlein *c*. **29** dierñ *c*. **30** pierñ *c*. **31** zieren *c*. **32** guttñ *A*. **33** gleich *A*. **36** an muet] den mût *A*. **39** pringt *A*. **40** gluck *A*; vor offt] off dick *A*. **41** du *ABc*. **42** hercz *A*. **43** jrrer *A*. **45** manicherlay *A*. **47** so *nachgetragen A*.

---

30 gedrät sinbel ›*rund gedrechselt*‹. **31** fürher ziern ›*prächtig hervorbringen*‹ (*Hofmeister*). **33** ›*teilweise auch böse gesonnen*‹ (*Hofmeister*). **41** als due ›*so tue sie*‹. **46** geferrt *entweder masc.* ›*Gefährte, Führer*‹ *oder neutr.* ›*Verhalten*‹.

59. Solt ich von sorgen werden greis

I   Solt ich von sorgen werden greis
    und nach dem schaden klueg und weis,
    des dank ich meines buelen breis,
    den si mir hat gemessen,
5 Der ich zu willen ainmal trueg
    ein guldin kettenlin gefueg
    haimlich am arm verslossen klueg.
    des hett si rain vergessen,
    Seid mir mit solcher underschaid
10 ein eisen dreier finger brait
    von iren züchten eng berait
    was an die stat gesessen
    Und ich den tratz muesst sehen an,
    das sis ain andern treuten kan,
15 der mir vil laides hett getan,
    das laidot mir mein essen.

II **A**uff wolgetrauen ich mich verschoss
    zu ir von rechter liebe gross,
    des hab ich mangen herten stoss
    desselben gangs erlitten,
5 Do ich ir kirchfart übersach,
    die si wolt reitten, als si sprach.
    kain hailg hett irs geschriben nach,
    hett si die fart vermitten.
    Doch hab ich es also betracht,

---

59 B 25ᵛ (A 22ᵛ–23ʳ, c 54ʳ–55ʳ = BW 7, Sch 87); einstimmig, 1. Strophe vollständig unter Noten BA.   **2** schadem A.   **5** ainmal] ainest A.   **7** am] den A.   **12** gesessen] gessen A.   **14** sis] sye A; ander A.   **23** hailig A; irs] ir c; uerschribn̄ c.   **24** fart] wart A.

Zur metrischen Form vgl. Anm. zu Kl 40.   **3** breis ›Kragen, Einfassung (von Kleidungsstücken)‹, hier für die Hand- und Halsschellen.   **9** underschaid ›Gegensatz, Kontrast‹.   **14** sis: zum überschüssigen s vgl. zu 2,8.   **17** sich verschiessen ›falsch schießen‹, auch ›sich verlieben‹.   **20f.** desselben gangs ›auf diesem Weg‹, erklärt durch kirchfart ›Wallfahrt‹; übersehen ›verkennen‹.   **23** nachschreiben hier ›ankreiden‹.

10   die rais wär mir zu guet erdacht,
     wann hett si mich gen himel bracht,
     so müesst ich dort für si bitten,
     Dorumb das si mir an gevär
     mit ainer boien michel swär
15   die schinbain freuntlich hin und her
     hiess reiben ane sitten.

III **W**olhin, das wenndt ein ringer muet.
     es schadt nicht, was die liebe tuet,
     ie zarter kind, ie grösser ruet,
     ain liebt ich ir getrange.
5   Das prüefft ich wol, wann si ist stät;
     untäsche lieb wil han gerät,
     des ward ich hübschlich aufgedrät
     mit füessen an die stange.
     Viertausent mark begert ir herz
10   und Houenstain, es was ir scherz,
     das prüefft ich wol, do mich der smerz
     macht kerren an dem strange.
     Do si mir pfaiff der katzen lon,
     do därrt ich ir der meuse don.
15   fünf eisen hielsen mich gar schon
     durch iren willen lange. |

---

26 rayße *A*.   **28** dort *fehlt A*.   **34** schad *A (danach Rasur)*.   **36** lieb *A*.
38 liebe *A*.   **39** hübschlich] zartlich *A*; auff getrett *A*.   **42** hawenstain *zu* hausenstain *korrigiert A*.   **43** prüefft] hort *A*.   **46** tert *A*, därt *c*.

---

29 an gevär ›ohne böse Absicht, arglos‹ (ironisch).   **30** boie ›Fußfessel‹.
36 ›ich allein war ihr entschieden (mhd. gedrange) lieb‹.   **38** untäsch ›nicht dumm, verständig‹.   **44** kerren ›ächzen‹.   **46** därrt *zu dem seltenen Verb* dæren, dêren ›spielen, tändeln‹ *oder zu* tärre^n ›tönen‹ *(Schweiz. Idiotikon)?*
47 halsen ›umarmen‹.

60. Es nahet gen der vasennacht

I   Es nahet gen der vasennacht,   26ʳ
des süll wir gail und frölich sein.
ie zwai und zwai ze sament tracht
recht als die zarten teubelein.
5 doch hab ich mich gar schon gesellt   5
zu meiner krucken,
die mir mein buel hat ausserwellt
für lieplich rucken.
      Und ich die kruck   vast an mich zuck,   Repeticio
      freuntlichen under das üechsen smuck;   10
      ich gib ir mangen herten druck,
      das si muess kerren.
5   wie möcht mir gen der vasennacht
      noch bas gewerren?
      plehe, nu lat eur plerren!   15

II Seid das die wilden voglin sint
gezwait jet schon an allen neidt,
was wolten dann die *zamen* kind
nu feiern gen der lieben zeit
5 mit halsen, küssen ein schönes weib?   20
smutz, la dich niessen!
haimlichen brauch dein jungen leib
an als verdriessen!   Rep(etitio) Und ich die kruck etc

---

60 B 26ʳ (A 23ʳ, c 55ʳ = BW 49, Sch 86); einstimmig, 1. Strophe vollständig unter Noten BA. **1** nahent A, nehnet c.   **9** Repeticio auch cA.   **14** gewerrñ (2. r hineinkorrigiert) A!   **15** plehe] pleher c.   **16** voglin wildñ c.   **18** wes A; zamen A, lieben Bc.   **22** haimlich A, haimelichen c.   **23** als] alles A; am Ende R(epeticio) Vnd ich ut supra A, Repeticio c.

---

8 für lieplich rucken ›anstelle von Liebesbewegungen‹.   **10** üechse *(sonst fem.)* ›Achselhöhle‹.   **12** kerren ›knarren‹.   **15** plehe *wohl schmähende Interjektion:* ›bäh‹; plerren ›schreien‹.   **17** jet = jedes.   **19** feiern ›faul sein‹.   **21** smutz Lockruf.   **23** als = alles.

III ⟨D⟩ie vasnacht und des maien pfat,
die pfeiffen vast auss einem sack.
was sich das jar verborgen hat,
das tuet sich öugen an dem tag.
5 doch hat mein frou ir tuck gespart
mit falschem winken
all gen dem herbst; ich schrau ir vart,
seid ich muess hinken.

61. Gelück und hail ein michel schar

I Gelück und hail ein michel schar
wünsch ich dir, frou, zum neuen jar.
mein stät gerechte treu für war
in deinem dienst ich nimmer spar,
5 des soltu werden innen.
Das macht dein mündlin wolgevar,
mit wenglin rot, ain lieplich par,
verglanzt von liechten öuglin klar,
die örlin klain, darob das har
10 raid krispel krumpel krinnen
krauss güldloch gel durchflocket. |

etc *rot:* O got

---

60 **24** des] das *A*; pfat] watt *A*. **27** dem] den *A*. **30** herbest *A*; ir vart] jrbaˢt *A*.
Nach **31** R(epeticio) ut sup(ra) *A*, Repeti(ci)o *c*.
61 *B 26ʳᵛ (A 23ᵛ, c 55ᵛ = BW 50, Sch 3); einstimmig, 1. Strophe vollständig unter Noten
AB.* **2** neuen] new *(3 Noten) A.* **11** krewß güldloch *A*; gele *c*; durchflockelt *A*.

---

60 **25** *Dudelsackmetaphorik.* **27** öugen ›zeigen‹. **30** schrau *wohl zu mhd.*
schriuwen, schrûwen ›schreien‹, *hier vielleicht im Sinne von* ›Zeter schreien, öffentlich warnen vor‹.
61 **10f.** raid ... krauss *fünf Wörter für* ›lockig, kraus‹; *problematisch ist* krinnen, *als
Adjektiv nur hier belegt: ein Zusammenhang mit* krinne ›Einschnitt, Kerbe, Rinne‹
ist semantisch schwierig, eine Ableitung von krinc, kringel ›Kreis‹ *(so Marold) setzt
ungenauen Reim und ungewöhnliche Wortbildung voraus.*

II Nas, zendlin, kin, kel, der hals zu tal
    mit ganzer mass hat seinen val
    bis auff der weissen brüstlin sal
    (der sinkel hert geit reichen schal)
5   ain jeds gelid durchmessen.
    Arm, finger lang, zwai hendlin smal,
    das beuchlin hel, slecht überal,
    und ein volkomen reuch zumal,
    gross hindersetzt mit gedrolter zal,
10 mit herter mass besessen;
    die füesslin klain geschocket.

III Ir zarter leib nie mailes pein
    verschart; zucht, tugent eitel rain,
    junk edel adeleicher schein
    mit wandel sich probiert dorein
5   nach maisterlichem sitten.
    An allen tadel ist si vein.
    zart traut gesell, vergiss nicht mein!
    seid ich nu bin gehaissen dein,
    so la dir, herzlieb, aberfrein,
10 des ich lang hab gebitten,
    und das mich senlich locket.   etc

---

13 seinem *A*. **16** glit *A*. **18** hel] hail *A*, häl *c*; slecht *A*, sleicht *Bc*.
19 wolkomen *A*, volkomne *c*. **20** hindersechczt *A*; mit *fehlt A*. **22** geschockt
A. **27** maisterlichñ *A*. **29** geselle *A*. **32** das *zu* des *korrigiert A*.

---

15 sinkel *wohl verwandt mit* sinken, *nach Schatz 1930 die Vertiefung zwischen den Brüsten, das Brustbein (Hofmeister: ›die feste Einbuchtung dazwischen löst lauten Jubel aus‹); zu erwägen ist aber auch, ob der sich auf und ab bewegende Kehlkopf gemeint sein kann, der wirklich Töne von sich gibt.* **19** reuch ›Pelz, (Scham-)Haar‹. **20** ›stattlich hinterbaut mit gedrechselter Fülle‹ *(gemeint ist der Po)*. **21** ›maßvoll straff im Gesäß‹ *(Hofmeister) oder* ›beim Anlegen eines strengen Maßstabs‹? **22** geschocket *(zu* schocken ›aufhäufen‹*)* ›gewölbt‹; *oder zu* schocken ›schaukeln, tanzen‹ *mit reimbedingter Verschiebung der Partizipialform:* ›getanzt‹ *statt* ›tanzend‹? **24** verschart: *Schatz 1930 stellt die Form zu* verscharen ›ansammeln‹, *Marold zu* verscherten ›verletzen‹, *was in Vers 23 die Konjektur* zarten *erfordert*. **26** mit wandel ›im Gebaren, Verhalten‹; sich probieren ›sich erweisen‹. **31** aberfrein ›abgewinnen, entlocken‹. **32** gebitten *zu* beiten ›warten‹.

62. Von rechter lieb krafft / Sag an gesellschafft 26ʳ–27ʳ

s. S. 346f.

63. Wol mich an we der lieben stund

I Wol mich an we der lieben stund,
   do mich ain pöschelochter mund
   an lacht mit wunniklichem smiel
   und sich ain röselochter triel
5 von ander spielt die höch zu tal   5
   mit zendlin weiss, geschaiden smal;
   Darob zwai praune öuglin klar
   schälklichen spilen her und tar
   von plick zu plick scharpf mit gewalt,
10 schriems über ain näslin wolgestalt.   10
   Ich grauer brach nach disen trutz.
   und trot si mir mit ainem smutz,
   Das müesst ich sicherlichen wagen
   an verzagen,   still verhagen,
15 niemand sagen   oder klagen,   15
   gar haimlich inn dem herzen tragen.

II Tenkisch ze sehen weisst mich das,
   wann mir gerecht ie was gehass,

---

63 *B 27ʳ (A 24ʳᵛ, c 56ᵛ–57ʳ = BW 52, Sch 5); einstimmig, 1. Strophe unter Noten BA.*
3 vuṅgklichṅ *(4 Noten) A.* **7** augelein *(2 Noten) A.* **9** scharpf] schraff *A.*
10 näslin] roslein *A.* **11** grabˢ *BAc;* präch noch *c;* disen *Ac,* disem *B.* **16** gar fehlt *A.*

2 pöschelocht ›wulstig, voll‹. **3** lacht *Prät.;* smiel ›Lächeln‹. **4** triel ›Schnäbelchen‹. **8** tar = dar. **10** schriems *wohl* ›schräg‹ *(vgl. DWb.* schräm*).* **11** brechen *hier wohl transitiv:* brach nach ›habe beinahe gebrochen‹ *oder mit anderer Deutung der Graphie (vgl. Lesart c)* bräch nach ›würde, wollte beinahe brechen‹. **12** trot ›drohte‹. **14** verhagen ›einschließen‹. **17** tenkisch ›links‹, *d. h. nur mit dem linken Auge;* weissen ›strafen, verdrießen‹. **18** gerecht ›rechts, die rechte Seite‹; gehass ›feindlich‹.

```
        wie si vor trüeg zwen sinwel knöpf
        spitzlich gedrät recht als die töpf,                          20
  5     gedrollen auf des herzen wulst.
        owe der zarten lieben geswulst!
        käm mir die blösslich an die brust,
        so wär mein greisen gar umb susst;
        der bart müesst weichen von der heut,                         25
 10     mir zerunn denn messer oder leut.
        und wurd mir dann ein umbefangk
        von ermlin bloss, erst wär ich krank;
        wie sich die lieb als umb mich wünde,
        freuden g⟨r⟩ünde    ich da fünde.                             30
 15     ob si mir günde    sölcher pünde,
        ich spräch ir ablas für all ir sünde.

 III    Und von der gürtel umbevangk
        bis auf den fuess stat mein gedank,
        wie si wol hab die rechten mass.                              35
        doch möcht ich es gefüegen bas,
  5     das ich die lidmass griff und säch,
        käm si mir dan in solh genäch,
        das ich die manhait retten solt,
        ich fluh ir nicht, gult was es wolt.                          40
        ob ich des kriegs dernider läg,
 10     villeicht so wurd mir dannocht täg
        ze laisten wider in ir haus,
        darab so hett ich klainen grauss.
        ich wolt mich dannocht mit der rainen                         45
        schier verainen,    an vermainen
```

---

19 sinwel] swel *A*. **20** gedrät recht] gerundet *A*. **23** an die] an mein *c*. **26** zerunn dem] ze rum dem *A*. **29** also *c*; wünde] wand *A*. **30** grůndn̄ *A*. **32** all *fehlt A*. **36** möchte] macht *A*. **38** solche ge *(nachgetragen)* nåch *A*. **41** ob] vnd ab *A*; ernider *c*. **42** willeich *A*; wurdn̄ *c*. **44** hatt *A*. **46f.** vmb dye czainen / schier verainē / an vᵘmainen / zů jr lainen *A*.

---

19 wie *abhängig von 17* sehen. **21** gedrollen ›gedrechselt‹. **31** pünde ›Bindungen‹, *d. h.* Umarmungen. **38** genäch ›Nähe‹. **39** ›dass ich mich als Mann beweisen müsste‹. **41** ›wenn ich im [Liebes-]Kampf unterläge‹. **42** täg ›Gerichts- oder Verhandlungstermine‹. **46** an vermainen ›ohne böse Gedanken‹.

15 umb die zainen   zue ir lainen
mit leib, hend, füessen und gepainen. | etc

64. Gar wunniklich hat si mein herz besessen

fuga   27^v

I   Gar wunniklich hat si mein herz besessen,
    in lieb ich ir gevangen bin mit stätikait,   2, ab initio
    verslossen gar in der vil zarten ermlin strick.
    Mein höchstes hail, ich bin dein aigen,
5   zwar des gib ich dir meinen brieff.   5

II »In welcher main hastu dich freud vermessen
    gen mir? doch unergangen so bin ich berait.
    herzlieb, nim war, das uns nicht vach der melder rick!
    Als ungevell behüet die faigen,
5   jo und geschech in nimmer lieff!«   10

III In aller treu, weib, du solt nicht vergessen,
    teglich ist mein belangen dir zu dienst berait.
    der freuden schar ich wart von liechten öuglin blick.
    Dein mündlin rot mit süessem naigen
5   schon mich beroubt der sorgen tieff.   etc 15

---

63 **48** gepainē *mit schwachem Haarstrich A!*   *Nachschrift:* Finis istius tractatuli *A.*
64 B 27^v *(A 25^r, c 57^{rv} = BW 53, Sch 33, Pelnar 13); Kanon, Einsatz der zweiten Stimme nach dem ersten Vers.*   *Überschrift* fuga *fehlt Ac.*   **2** gevangn^s *c.*   **3** strick] schrick *A.*   **11** du solt] ich sol *A.*   **12** u^{s}langen *c;* dienst] danck *A.*

---

63 **47** umb die zainen: *unklar (vgl. DWb. Zain, Zaine); Marold schlägt vor* umbezainen ›*umzäunen, umarmen*‹*, danach Komma;* lainen ›*lehnen*‹*.*
64 **7** unergangen *wohl* ›*ohne dass es zum letzten Schritt kommt*‹*.*   **8** rick ›*Band, Fessel*‹*.*   **9** behüeten *hier* ›*bleiben bei*‹*.*   **10** lieff = liep.

65. Mein herz das ist versert

Discantus

Tenor

I   Mein herz das ist versert
     und gifftiklichen wunt
     mit einem scharpfen swert
     zwier durch bis an den grund.
5   Und lebt kain arzt auff erd, der mich verhailen kan,
     neur ain mentsch, das mir den schaden hat getan.

II   Frou, krön dein edle art!
     bewar dein höchsten schatz,
     das dir nicht werd verschart
     dein wild in schanden latz,
5   Da mit kain zungen an dir nicht werd erfreuet,
     so wirt mein herz gesund gar und verneuet. |

III Ich man dich, lieb, der wort
     mit williklichem trost.
     bedenk das kleglich mort,
     da mit ich werd erlost.
5   Vil besser ist mit eren kurz gestorben zwar
     wann mit schanden hie gelebt zwai hundert jar.

---

65   B 27ᵛ–28ʳ (A 30ʳ, c 57ᵛ = BW 54, Sch 29, Pelnar 31); *zweistimmig,* Discantus *textlos,* Tenor *mit unterlegtem Text der 1. Strophe B,* Discantus *mit Textmarken,* Tenor *mit unterlegtem Text der 1. Strophe, vor Zeile 5 in beiden Stimmen* 2a p(ar)s *A.*
1 uˢseret *c.* **9** verkart *A.* **11** an dir] dar jnn *A.* **12** gar und] vnd gar *A.* **17** ist] wer *A.*

Vorlage des Satzes ist die Ballata Questa fanciulla *von Francesco Landini (gest. 1397), vgl. Th. Göllner in: Die Musikforschung 17 (1964), S. 393–398, und zuletzt L. Welker in: JOWG 6 (1990/1991), S. 262.* **4** zwier ›zweifach‹. **9** verschart *zu* verscharen ›zerstreuen‹ *oder zu* verscherten ›verletzen‹. **10** wild: *Metaphorik der Liebesjagd;* latz ›Schlinge, Falle‹. **11** zungen *bair. Nominativ vgl. Schmeller.*

66. Weiss rot mit braun verleucht

I Weiss rot mit braun verleucht
   in ainem runden veld,
   schueff mir vil manig teucht
   hertlich, der ich nicht meld.
5 gar eng ward mir die welt,
   Do sich zu fleiss mein oug
   gierlich dorin verschoss;
   von krankheit ward ich plaug,
   der zeit mich nicht verdross.
10 mein anmacht die was gross.

II Ein farb von eitel grüen
    den possen rain verdackt,
    der jedem fürsten küen
    sein manhait wol erwackt,
5   wenn er sich bei im strackt.
    Nach dem, als ich in sach
    gar waidelich verstampt,
    so wendt er ungemach.
    der mir empfulch das ampt,
10 vil nahent ich im rampt.

III Ain zwisel waideleich,
    darob ain maser hert,
    die tragt zwo bieren reich;
    gar süess ist ir geverrt,

---

66 B 28ʳ (A –, c 57ᵛ–58ʳ = BW 55, Sch 30); nach einer Freizeile ohne Noten anschließend B. **5** werlt Bc. **12** uˢdeckt c. **14** erweckt c. **15** streckt c. **19** befulch c.

Gleicher Satz wie Kl 65, geringfügig anderes Versmaß. **1** verleucht ›zum Leuchten gebracht‹. **3** teucht *(zu mhd. diuhen ›niederdrücken‹)* ›Kummer, Schmerz‹. **8** plaug *(mhd. blûc)* ›schüchtern, benommen‹. **12** possen ›Figur‹. **17** waidelich ›stattlich, hübsch‹; verstampt *(wohl zu stemmen ›stauen, anschwellen‹, vgl. DWb.)* ›angeschwollen, drall‹. **19** ampt *hier etwa* ›Aufgabe‹. **20** ramen ›zielen, trachten‹. **21** zwisel ›Gabelung‹. **22** maser *eigentlich* ›Auswuchs am Ahornstamm‹, benutzt für Drechselarbeiten, hier ›Holz, Stamm‹? **23** bieren ›Birnen‹ *(für die Brüste)*. **24** geverrt ›Weg, Benehmen, Art‹.

```
 5   weiss frisch, wo man si zert.                                    25
     Wer ich ein kindlin klain,
     vernüfftig alt und weis,
     und ich der bieren ain
     müesst saugen für mein speis,
10   so wurd ich nimmer greiss.                                       30
```

Nota diss obgeschriben lied Weiss rot mit braun etc singet sich inn der melodi Mein herz etc

67. Genner, beschnaid Crist wirdikleich

G enner^a, beschnaid^b Crist^c wirdikleich^d!
drei^e **künig**^f, für^g Erhart^a lobleich^b,
dem^c stern^d eilten^e snell^f hin^g nach^a.

---

66 **28** piern aine *c*.
67 *B 28^{rv} (A 28^r, c 58^r–61^r, H = BW 121/122, Sch 56); Reimpaarverse ohne Melodie. Vierspaltig, Wort für Wort untereinander, davor jeweils die Wochentagsbuchstaben (hier nachgestellt), die hier fett gedruckten Fest- und Gedenktage rot B; ähnlich, nur zweispaltig, teilweise andere Gedenktage rot c; ähnlich, aber dreispaltig in Monatsabschnitten mit Überschriften H; als Reimpaarverse in Monatsabschnitten mit Angabe der Zahl der Tage jedes Monats, Monatsnamen und Zahl der Tage rot, teilweise andere Gedenktage rot A. Überschrift im Inhaltsverzeichnis (38^r) Der gesprochen kalender A.*
Orientierung in A: 1 Genn^s hat xxxi tag. 7 Hornung hat xxviii. 13 Mercz hat xxxi tag. 19 Abrel hat xxx tag. 26 May hat xxxi tag. 32 Junius hat xxxi tag *(!)*. 38 Julius hat xxxi tag. 44 Augst hat xxx tag *(!)*. 51 Septēb^s hat xxx tag. 57 Octob^s xxxi tag. 63 Nouemb^s xxx tag. 69 Decemb^s xxxi tag.
Orientierung in H: 1 KL' der Genner. 7 *vor* Breid] KL' der hornūg. 13 *vor* Merz] KL' der Mercz. 19 *vor* Abrell] KL' der Abrell. 26 KL' der May. 32 KL' der prachmonat. 37 *vor* frisch] KL' d^s snyt mon. 44 *vor* Petro] KL' der Augst. 51 *vor* Gilg] KL' der erst herbst. 57 *vor* October] KL' d^s and^s herbst. 63 *vor* Heiligen] KL' d^s dritte. 69 KL' d^s kristmonadt.
1 beschnaid] gepar *H*.

---

66 **25** zern ›verzehren‹, hier ›daraus trinken‹.
67 *Cisiojanus (vgl. Anm. zu Kl 28). Die Wochentagsbuchstaben, in der Handschrift vorangestellt, dienen der Identifizierung des Wochentags in verschiedenen Jahren.*
1 *Das g in* Genner *ist wohl wie j zu sprechen.*   **2** *für* ›mehr als‹.

67. Genner, beschnaid Crist wirdikleich

Marcell[b] Anthoni[c], Priscam[d] sach[e],
Fabian[f], Agnes[g], Vinzenz[a] vil[b] kund[c] 5
Paul[d], Pollicarp[e]. Hanns[f] guldiner[g] mund[a],
zündt[b] hornung[c]! »Breid[d], **Maria**[e], Blas[f]!«
schraib[g] **Agath**[a]. Dorothea[b] las[c].
Elen[d], Polon[e], Scolastic[f] span[g],
das[a] worcht[b] Valtein[c] und[d] Julian[e]. 10
der[f] Simeon[g] swärlich[a] trueg[b].
puel[c], **Peter**[d] und[e] **Mathe**[f], Walpurg[g] klueg[a]!
empfacht[b], her[c] merz[d], frau[e] Kunigund[f]!
Adrianus[g] der[a] ward[b] gesund[c]
pfinztages[d] in[e] merzischem[f] bad[g]. 15
Gregori[a], ler[b] die[c] schüeler[d] drat[e]!
Gedraut[f], mach[g] uns[a] dein[b] herberg[c] klar[d]!
schür[e] zue[f], **Marei**[g], nim[a] Ruprecht[b] war[c]!
das[d] uns[e] der[f] abrell[g] dick[a] begiess[b],
Ambrosi[c] hat[d] des[e] kain[f] verdriess[g]. 20
bewar[a] uns[b], adelicher[c] Leu[d]
und[e] Tiburz[f], vor[g] pöslicher[a] treu[b]!
Valer[c], das[d] gross[e] ellend[f] versmä⟨c⟩h[g]!
Sant[a] **Jörg**[b], **Marcus**[c], stet[d] für[e] gäch[f]
genediklich[g] unverlan[a]! 25
Philipp[b], mai[c] **creuczt**[d] Florian[e].

---

5 agnes *rot A.* 6 Pauls *H.* 7 zünd *cH;* plass *A.* 8 Agatha *H;* lass *A.* 9 helen *cH;* Scolastica *H.* 10 valtein *rot A,* Valentein *H.* 11 Symon *AH;* swërlichen *H.* 12 pul *B,* Pul *A,* puel *c,* Půl *H;* und] *radiert A;* Mathyas *H.* 13 frawn *AH;* kungūd *A(!).* 15 merczischen *A.* 17 Gerdrawt *H.* 18 Maria *H;* Ruprecht *rot A.* 21 adenleicher leo *H.* 22 vor] von *H.* 23 das gross] groß daʒ *H.* 24 Jörig *H;* marx *c.* 26 Philipp *und* creuczt *fehlen mit Lücken c (Wochentagsbuchstaben vorhanden);* crëwcz *H;* Florian] *davor et-Zeichen c.*

---

5 kund *für* kunten. 7 zündt hornung ›entzündet den Februar‹, d.h. lässt ihn beginnen, heizt ihm ein? Blas *Blasius und* = blast. 9 span *für* spunnen. 12 puel *(Graphien s. Lesarten) verstehe ich als Imperativ* ›liebe!‹, *hier mit Akk. (vgl. DWb.* buhlen *5).* 15 pfinztag ›Donnerstag‹: Baden an Donnerstagen im März galt als gesund. 24 gäch ›Jähzorn‹ oder ›jäher Tod‹. 25 unverlan ›ohne zu verlassen, verlässlich‹. 26 mai *Apposition zu* Philipp *(1. Mai);* creutzt *Kreuzauffindung und* ›kreuzigt‹.

67. Genner, beschnaid Crist wirdikleich

Gotthart^f, Johanns^g, wont^a uns^b bei^c,
Corbian^d, der^e Pangratz^f und^g die^a Sophei^b!
Pilgrin^c der^d bracht^e Potenz^f Pasill^g,
ein^a krenzlin^b grüen^c, durch^d Urbans^e will^f. 30
kom^g, Hanns^a, | Zirill^b, gen^c Petronell^d!   *28^v*
der^e junius^f Asem^g koufft^a da^b snell^c.
Senat^d und^e Preim^f, setzt^g pflanzen^a guet^b,
so^c wirt^d Veitlinus^e wolgemuet^f!
gelobt^g drei^a hailigen^b sunder^c pein^d, 35
Achatz^e, gross^f **Hanns**^g, klain^a Henselein^b.
hilf^c, Leo^d, **Peter**^e, Paulen^f frisch^g!
Marei^a schankt^b **Ulrich**^c, Julius^d fisch^e,
und^f Kilian^g brach^a kersen^b segs^c.
Margreth^d, **Hainz**^e die^f tailten^g mit^a Alex^b. 40
Arnolf^c, der^d lued^e Braxederlein^f,
Magdalena^g junkfrou^a Cristein^b.
Jacob^c Anna^d melt^e. Pantaleon^f
fliecht^g haissen^a augst^b. **Petro**^c, Steffan^d,
Stefflin^e, künig^f Oswalt^g, Sixt^a, Affra^b 45
mit^c dem^d **Laurenzen**^e baissten^f da^g.
Ypold^a, Euseb^b, **Maria**^c zart^d,
die^e trunken^f einen^g Bernhart^a.
sprach^b Thimothe^c zu^d **Pertelin**^e:
»wie^f münchisch^g predigt^a **Augustin**^b.« 50

---

27 wonend *H.* **28** Gordian *H*; Pangracz *rot Ac*, Pangrecz *H.* **29** Pilg^sim *A*, Pilgrein *H*; der] *auf derselben Zeile wie* Pilgrein *(Kalenderfehler, korrigiert in 31) H.* **31** der *gestrichen (Wochentagsbuchstabe erhalten, wohl als Korrektur zu 29) H.* **32** der] den *H*; Asm̄ *A*, Asmen *H.* **33** Genatt *H*; Prim *H.* **34** veitlinus *rot Ac.* **35** drei] trey *A*, treẅ *H.* **36** henselin *rot A.* **38** Maria *H.* **40** Hainczl *c.* **41** braxedelein *rot c.* **43** anna *rot c*, pontholeon *A.* **45** Oswalt *rot c.* **46** laurenzñ *nicht rot c.* **47** ypold *rot A.* **49** Partelein *AH*, pertlin *c.* **50** augustin *nicht rot c.*

---

29 Pasill *Basilla und ›Basilikum‹.* **31** kom *für* komt. **32** Asem *Erasmus (1. Juni) wird durch der* junius *näher bestimmt.* **33** Senat: *nicht als Heiliger für diesen Tag nachweisbar.* **35** *ergänze* seien. **39** kersen *›Kirschen‹.* **41** laden *›einladen‹ (auch Prädikat von 42).* **46** baissen *›mit Vögeln jagen‹.* **48** *Minnetrinken zu Ehren eines Heiligen war verbreitet.*

inn^c dem^d september^e Gilg^f schankt^g guet^a most^b.
gib^c, Mang^d, der^e Marei^f, das^g si^a kosst^b!
das^c minniklich^d **creutze**^e fron^f,
Offni^g, Lamprecht^a beschierm^b uns^c schon^d!
Matheus^e, Mauritz^f, empfelcht^g mein^a sel^b!   55
Virgil^c, Cosmar^d, Wenzla^e, **Michel**^f,
Jeron^g, october^a. hüpf^b auff^c, Franz^d,
mit^e deiner^f kutten^g an^a den^b tanz^c!
des^d hieng^e Colman^f in^g Österreich^a.
Gall^b sprach^c »Lucas^d schreibt^e waideleich^f.«   60
Urs^g ze^a Cölen^b Crispinum^c vand^d,
Dolos^e hat^f Simon^g wol^a erkannt^b.
november^c **Heiligen**^d all^e verkünd^f.
auss^g vanknuss^a, **Lienhart**^b, los^c all^d pündt^e!
trink^f, **Martein**^g, wein^a, und^b gens^c iss^d, Ott^e!   65
leicht^f kompt^g Elsbetha^a zue^b getrott^c.
Cecil^d, Clement^e prach^f **Ketterlin**^g.
Chuenz^a sprach^b »was^c fischet^d **Anderlin**^e?«
december^f: hilf^g uns^a, Barbara^b,
sant^c **Nicklas**^d und^e **Maria**^f,   70
dar^g zue^a die^b minniklich^c Lutzei^d,
das^e wir^f der^g sünden^a werden^b frei^c,
her^d **Thomas**^e und^f der^g heilig^a **Crist**^b,
Steffan^c, **Hanns**^d, kind^e! Thomel^f frist^g
Silvester^a. | etc 75

---

51 gil *A*.   **52** marey *rot A*, Marein *H*.   **53** krewcz *H*.   **54** Offney *AH*.
55 maricz *A*.   **56** Vigilg Cosmas *H*.   **60** Gall *nicht rot A*.   **61** Vrsel *H*.
62 Symon *rot Ac*.   **64** lienhart *nicht rot A*; los] lass *oder* loss? *A*.   **66** elisabet *c*,
Elspet *H*.   **67** Cecilig *H*; sprach *c*, pracht *H*; Getterlein *A*, katherlein *H*.
68 enderlein *cH*.   **69** Barbara *rot c*.   **70** Niklaus *c*.   **75** Siluerster *A*.
Nachschriften: Amen *A*, Den kalender hat von newen dingn̄ gemacht der Edel
Oswald von Wolkenstain *H*.

56f. *Syntaktisch nicht gebunden.*   **59** *Koloman, Landespatron von Österreich, Martyrium durch Erhängen.*   **67** prach *für* prachen; Ketterlin *Katharina von Alexandria und ›Kettchen‹.*   **74** fristen ›*aufhalten, retten*‹.

68. Mein herz jüngt sich in hoher gail

I **M**ein herz jüngt sich in hoher gail
und ist getrösst, erlösst von lieber hand,
Die mir zu fleiss frei tadels mail
zärtlich erschoss, entsloss all meine band
5 so gar an sträfflich schand.
Ich lob den tag, stund, weil, die zeit, minut und quint,
do ich es hort und gaistlich sach,
Das mir mein klag unzweifelichen so geswind
ward abgenomen; do zerbrach
10 meins herzen ungemach.

II **M**it eren, o ausserweltes G,
so freust du mich glich inn der sele grund;
Darnach ein edel R und E
mich trösten sol so wol durch rotten mund,
5 frölich zu aller stund.
An end der wort zwai T beslossen han die treu
von dir zu mir in ewikait.
Mein höchster hort, das lass dir teglich wesen neu,
und desgeleichen ich berait
10 mit ganzer stetikait.

III **V**ergiss durch all dein weiplich ler,
wo ich dein zucht, frucht ie erzürnet han.
Für all diss werlt liept mir dein er

---

68 B 29ʳ (A 30ᵛ, c 61ᵛ = BW 56, Sch 69, Pelnar 5); einstimmig, 1. Strophe vollständig den Noten unterlegt B; zweistimmig, Discantus mit Textmarken, Tenor mit unterlegter 1. Strophe, die wiederholten Teile (1f.=3f. und 6f.=8f.) zweizeilig, die überschüssigen Verse 5 und 10 in beiden Stimmen als Cla⟨u⟩sula markiert A.   **4** meine] mein c.   **8** das] do A.   **11** ausserweltes] seübˢliches c.   **12** so freust du] du freuest A.   **16** T] tt c.   **18** Mein] Nain c.   **21** er Bc, ler A.

Zum musikalischen Satz vgl. Pelnar, Textband, S. 39–46.   **3** frei ›frei von‹, hier mit Akk., sonst mit Gen. oder Präposition.   **4** erschoss ›ersprießlich geworden ist‹.   **6** quint *kleine Menge, als Zeitmaß nur hier und 23,30 belegt (vgl. DWb.).*   **7** gaistlich sach ›innerlich erkannte‹.   **12** glich = gleich *(reimbedingt).*   **19** bin *zu ergänzen.*

       und wil   der vil   bas wesen undertan,
5   löblich an abelan,   25
       Ungeschaiden   hie auff erd bis in den tod
       und darnach hundert tausent jar.
       Von uns baiden   kain falsche zung das bettenbrot
       sol fröuen mer klain umb ain har;
10   herz lieb, got füeg das war!   30

69. Do frayg amors

I   **D**o frayg amors,
    adiuva me!
    ma lot, mein ors,
    na moy sercce,

---

68 29 sol freuen mer] mer fröwen sol *A*. *Am Schluss etc A.*
69 *B 29ʳᵛ (A 31ʳᵛ, c 62ʳᵛ = BW 57, Sch 77); einstimmig, 1–6 und Repeticio unter Noten, 7–12 dazwischen BA; die Exposicio ist strophenweise fortlaufend geschrieben, in A mit größerem Zeilenabstand und den Sprachbezeichnungen über den entsprechenden Phrasen. In die Graphie der fremdsprachigen Brocken habe ich nur durch Worttrennungen, u/v-Differenzierung und zur Verdeutlichung der Reime eingegriffen, eine aufgelöste Abkürzung ist durch runde Klammern markiert; in den Lesarten sind abweichende Graphien etwas reichlicher als sonst angeführt.*
3 loat *A*.   **4** na] nay *A*; serce *A*.

---

68 28 bettenbrot: *Lohn des Boten (hier des Verleumders) durch den Empfänger der Nachricht.*
69 *Zu den fremdsprachlichen Phrasen können nur erste Hinweise gegeben werden. Welche regionalen Sprachvarianten Oswald konkret verwendet und wie er und die Schreiber sie möglicherweise umgeformt haben, kann hier nicht diskutiert werden. Erklärungen vielfach nach Marold und Heinrich Kuen, Rätoromanisches bei Oswald von Wolkenstein, in: Ladinia 3 (1979), S. 101–124.*
1/43 altfranzösisch tu vrai amors ›du wahre Liebe‹; *das g in* frayg *dürfte wie j zu sprechen sein (vgl.* mayg ›*Mai*‹).   **3/45f.** ungarisch ló, *Akk.* lovat (*vgl. Lesart A*) ›*Pferd*‹; ma: *unerklärt, nicht ungarisch; mittelniederländisch* mijn ors: *Ist die Graphie* mein *verhochdeutscht oder frühe Andeutung der neu-ndld. Diphthongierung?* ors *von Oswald auch hochdeutsch gebraucht.*   **4/46** slowen. na moje serce ›*dazu mein Herz*‹.

69. Do frayg amors

```
 5   rennt mit gedank,                                    5
     frou, pur ä ty.
     Eck lopp, ick slapp,
     vel quo vado,
     wesegg mein krap
10   ne dirs dobro.                                      10
     ju gslaff ee franck
     merschy voys gry.
           Teutsch, welchisch mach!              Repeticio
           franzoisch wach!
           ungrischen lach!                              15
           brot windisch bach!
 5         flemming | so krach!                          29ᵛ
           latein die sibend sprach.

II   Mille schenna,
     yme, man gür                                        20
     per omnia
     des leibes spür.
 5   cencza befiu
     mit gschoner war
     Dut serviray,                                       25
     pur zschätti gayss,
```

6 puräty *B*, pur ä ty *A*, puraty *c*.   7 ick] eck *A*.   11 sglaff *A*; frankh *A*.   Nach 12 etc *A*.   13 welisch *c*.   14 wach] lach *A*.   15 ongrischen *A*; lach] wach *A*.   23 befiw *A*.   24 mett schoner *A*.   26 schzäty *A*, tzschatti *c*.

6/48 ä *dürfte hier für a stehen: altgrödnisch* pur a ti ›*nur zu dir*‹.   **7/49** *mndld.* ick lop, ick slap ›(*wenn*) *ich laufe oder schlafe*‹.   **8/50** *lat.* ›*oder wohin ich gehe*‹.   **9/51** *ungar.* bezzeg ›*wahrlich*‹; krap(f) ›*Haken, Klammer, Türangel*‹ – *das Bild ist unklar.*   **10/52** *slowen.* ne drži dobro ›*hält nicht gut*‹.   **11/53f.** *rätoromanisch, vgl. ital.* io schiavo e franco ›*ich als Sklave und Freier*‹.   **12/55** *frz.* merci vous cri ›*rufe Euch Dank zu*‹.   **19/56** *slowen.* mila žena ›*liebe (Ehe-)Frau*‹.   **20/57f.** *ungar.* íme ›*hier, siehe da*‹; *altfrz.* mon cuer ›*mein Herz*‹.   **21f./59f.** ›(*ich*) *spüre (mein Herz) in allen Gliedern*‹.   **23/61** *rätorom., vgl. ital.* senza beffa ›*ohne Spott*‹.   **24/62** war Marold: *mndld.* baer ›*Benehmen, Betragen*‹ *in bair. Graphie; ist* werd *als* berd *(mhd.* bærde*) zu deuten?*   **25f./63f.** *altgrödn.* ›*ganz diene ich nur*‹, *vgl. ital.* tutto servirai ›*werde ich ganz dienen*‹.   **26/64** *slowen.* pur če ti kaniš ›*was du begehrst*‹.

69. Do frayg amors — 183

    nem tudem fray
10 kain falsche rais.
    got wett wol, twy*u*
    eck de amar.   etc 30

III De mit mundesch,
    Margaritha well,
    ex profundes
    das tuen ich snell.
5   datt löff, draga   35
    Griet, per ma foy!
    In recommisso
    dyors et not
    my ty commando,
10 wo ich trott,   40
    jambre, twoya,
    all opp my troy.   etc Teutsch welisch etc

---

29 wet *A;* twyw *BAc.* **30** egk *c.* *Nach* 30 R(epeticio) Tewczsch welchisch mach etc *A,* Repeticio ut s(upra) *c.* **31** mündesch *c.* **32** margrita *A.* **34** tü *c.* **35** dat *c;* loff *A.* **38** et] ee *A.* *Nach* **42** etc Repetitio Tewczsch welisch mach etc *A,* Repeticio ut supra *c.*

27/65f. ungar. nem tudom ›ich weiß nicht‹; frz. vrai ›wahr‹. **28/67** ›keinen falschen Weg‹, d.h. ›keinen Weg der Falschheit‹ (Marold). **29f./68f.** mndld. god wet wol twi eck ›Gott weiß wohl wie ich‹. **30/69** lat. te amare ›dich lieben‹ (Infinitiv statt 1. Person Sing.). **31/70** ungar. de mit mondasz ›aber was du sagst‹, ungenauer Reim auf 33/72. **32/71** vgl. ital. Margarita bella ›schöne Margarete‹. **33/72** lat. e profundis ›aus den Tiefen‹. **35f./74–76** mndld. dat (ge)lauwe ›das glaube‹; slowen. oder ungar. draga ›lieb‹; afrz. par ma foi ›bei meiner Treue‹. **37/77** lat. in recommissionem ›als anvertrautes Gut‹. **38/78** afrz. jurs e noit ›Tag und Nacht‹. **39/79** vgl. ital. mi ti commendo ›ich empfehle mich dir‹. **40/80** trotten ›laufen‹. **41/81f.** ungar. jámbor ›fromm, zahm, sanft‹, hier Substantiv? slowen. tvoja ›deine‹ (fem.). **42/83** mndld. al op min trouwe ›ganz auf meine Treue‹, troi nach Marold verfremdete Schreibung der oberdeutschen Aussprache.

Exposicio

(I) **D**o frayg amors – ach wars mein lieb
adiuva me – hilf mir
malout – mein pferd 45
min ors – mein ross 45a
nay moy sercce – dorzue mein herz
rennt mit gedank
frou pur ä ti – frou neur zu dir
eck lopp eck slapp – ich louff ich slaff
vel quo vado – oder wo ich gen 50
wesegg – wärlich
mein krappf 51a
ne dirs dobro – der halt nicht vast
ju gslaff – ich aigen
ee franck – und frei
merschy voys gry – dir denklich rueff 55

(II) **M**ille schenna – zart liebstes weib
yme – see hin
man gür – mein herz
per omnia – überal
meins leibes spür 60
cencza befi*u* – an allen spot
met gschoner war – mit schönem werd
dut serviray – ich dien dir ganz
pur tschätti gaisch – neur was du wilt
nem tudem – und waiss nit 65

Überschrift expositio huius *c*.   **43** *darüber* franczoß *A*.   **44** *darüber* latinisch *A*; mir] mir zwar *A*.   **45** ma loat *darüber* vngrisch *A*, ma lot *c*.   **45a** *darüber* flemmsch *A*.   **46** *darüber* windisch *A*; na *Ac*.   **47** *darüber* tewzsch *A*. **48** *darüber* welsch *A*.   **49** *darüber* flemmsch *A*.   **50** *darüber* lateinsch *A*. **51** *darüber* vngrisch *A*.   **51a** *darüber* tewzsch *A*.   **52** *darüber* windisch *A*. **53** *darüber* welsch *A*.   **55** *darüber* franczoß *A*.   Nach 55 Repeticio Tewczsch welchisch etc vt prius *A*.   **56** *darüber* windisch *A*.   **57** *darüber* vngrisch *A*. **58** *darüber* franczoß *A*.   **59** *darüber* lateinsch *A*.   **60** *darüber* tewczsch *A*. **61** befiw *BA*, befiu *c*; *darüber* welsch *A*.   **62** *darüber* flemmisch *A*.   **63** *darüber* welsch *A*.   **64** *darüber* windisch *A*.   **65** *darüber* vngrisch *A*.

frai – für war
kain falsche rais
got wet wol twyu – got waiss wol wie
eck de amar – ich dich lieb hab

(III) De mit mundesch – neur was du wilt 70
Margarita well – mein schöne Gret
ex profundes – auss ganzen gründen
das tuen ich snell
dat löff – das gloub
draga Griet – liebe Gret 75
per ma foy – auff mein treu
in recommisso – in dein bevelchnüss
dyors ee nöt – tag und nacht
my ty commando – mich dir empfilch
wo ich trott 80
jambre – liebe
twoya – neur dein
all opp my troy – all auf mein treu

---

66 *darüber* franczoß *A.* **67** *darüber* tewczsch *A.* **68** twyw *BA*, twiu *c; darüber* flemmisch *A.* **69** *darüber* lateinsch *A.* Nach 69 Repeti(cio) Tewczsch *A.* **70** *darüber* vngrisch *A.* **71** *darüber* welsch *A.* **72** *darüber* latein *A.* **73** *darüber* tewczsch *A.* **74** *darüber* flemmsch *A.* **75** *darüber* windisch *A.* **76** *darüber* franczoß *A.* **77** *darüber* lateinisch *A.* **78** *darüber* franczoß *A.* **79** *darüber* welsch *A.* **80** *darüber* tewczsch *A.* **81** *darüber* vngrisch *A.* **82** *darüber* windisch *A.* **83** *darüber* flemmisch *A.* Nach 83 Repeticio Tewczsch welchisch etc *A.*

70. Her wiert, uns dürstet also sere

Fuga

I   Her wiert, uns dürstet also sere,
     trag auf wein!   trag auf wein!   trag auf wein!
     Das dir got dein laid verkere, 2_9
     pring her wein!   pring her wein!   pring her wein!
5   Und dir dein sälden mere,   5
     nu schenk ein!   nu schenk ein!   nu schenk ein!

II   Gretel, wiltu sein mein treutel?
     so sprich, sprichs!   so ⟨sprich,⟩ sprichs!   so sprich, sprichs!
     Ja, koufst du mir einen beutel,
     leicht tuen ichs,   leicht tuen ichs,   leicht tuen ichs,   10
5   Und reiss mir nit das heutel,
     neur stich, stichs!   neur stich, stichs!   neur stich, stichs! |

III   Sim Jensel, wiltus mit mir tanzen? 30^r
     so kom auch!   so kom auch!   so kom auch!

---

70 *B 29^v- 30^r (A 32^r, c 62^v- 63^r, L = BW 58, Sch 43, Pelnar 11). In A nur Str. I–IV. In L wohl nur Str. I aufgezeichnet, aber nur das rechte Drittel der Seite erhalten; Lesarten in eckigen Klammern geben wieder, was F. A. Mayer / H. Rietsch (Die Mondsee-Wiener Liederhandschrift und der Mönch von Salzburg, 2. Teil, Berlin 1896, S. 355 [515]) noch zusätzlich lesen konnten. – Kanon zu drei Stimmen, Text der 1. Strophe den Noten unterlegt BAL; der Einsatz der zweiten Stimme ist am Beginn von V. 3 in B durch den Vermerk 2$_9$ (=secundus), in A durch übers System reichenden senkrechten Strich angedeutet, in L ist die Stelle nicht erhalten.*
Überschrift Fuga] *nicht Ac,* [sc]haft ein rädel *L; Registereintrag L 5^v:* Ein rädel von wirtten.   **1** Her wiert, uns] *Verlust L;* vns *Ac*] vnd *B;* dürstet] *nur* -et *erhalten L.*   **2** *Nur* trag ... wein tragauf wein *erhalten L.*   **3** Das dir got dein] *Verlust L;* laid verkere] [ge]lük mere *L.*   **4** *Nur* pringher ... pringher wein vnd *erhalten L.*   **5** *Nur* vnd ... alczeit mere *erhalten L.*   **6** ^{3}nu] *Verlust L.*   *Nach* **6** Her wirt *(Kanonbeginn, unter Noten) L.*   **7** Gredly *A,* Gretl *c.*   **8** ^{2}sprich *Ac*] *fehlt B.*   **9** ain *c.*   **12** ^{2}stich] stichs *A.*   **13** wiltus] wolst dus *A.*

Auf Anführungszeichen wurde verzichtet, die Reden wirken im Kanon eher als Stimmengewirr.   **13** wiltus *zum überschüssigen* s *vgl. zu 2,8.*

>   Böckisch well wir umbhin ranzen, 15
>   Jans, nit strauch!   Jans, nit strauch!   Jans, nit strauch!
> 5 Und schon mir meiner schranzen,
>   dauch schon, dauch! dauch nach, dauch! dauch, Jensel, dauch!

> IV Pfeiff auff, Hainzel, Lippel, snäggel,
>   frisch, fro, frei! frisch, fro, frei! frisch, fro, frei! 20
>   Zwait eu, rüert eu! snurra, bäggel!
>   Jans, Lutzei,   Cuenz, Kathrei,   Benz, Clarei,
> 5 spring kelbrisch, durta Jäckel!
>   ju haij haij! ju haij haij! ju haij haij!

> V Hin get der raie. seusa, möstel! 25
>   nu reckt an! nu reckt an! nu reckt an!
>   gump auf, Hainreich! noch ein, Jösstel!
>   rüer, biderbman! rüer, biderbman! rüer, biderbman! [ ]
> 5 Metz, Diemut, döut das kösstel!
>   dran, dran, dran! dran, dran, dran! dran, dran, dran! 30

---

18 dauch Jensel] Jans c.   **20** fro] frow *(dreimal)* B, fraw *(dreimal)* A, fro *(dreimal)* c; frey *(dreimal)* Ac, fri *(dreimal)* B.   **24** ju hayg hayg *(dreimal)* BAc, beim zweiten Mal ju hayg ju hayg A. *Nach* 24 *etc Amen, damit Ende der Aufzeichnung* A.   **25** raie] maie c.   **26** reck *(dreimal)* c.   **28** rüer biderbman] *viermal* B.

15 ranzen ›stoßend rennen‹ (DWb.).   **16** strauchen ›straucheln‹.   **17** schranze ›Spalte, Schlitz‹.   **18** dauchen ›drücken, schieben‹.   **19** snäggel ›Schneckchen‹ (Kosewort); Okken/Mück S. 236 denken eher an ein Verbum, vgl. bair. schnackeln ›schnalzen‹.   **20** frow *ist wohl mit Hs.* c *als Graphie von* fro *zu deuten, nicht mit* A *als* frau.   **21** bäggel: *vermutlich ein Schlaginstrument, Diminutiv entweder zu* beck *(›Tamburin‹) oder zu* bouke *(›Pauke‹); mit* snurra *könnte das Instrument oder der Musiker angeredet sein (›brumme‹ oder ›lass brummen‹), im zweiten Fall wäre das Komma zu tilgen.*   **22** *Je ein Männer- und ein Frauenname.*   **23** durta: *unerklärt, lies* hurta ›renn los‹?   **25** ›braus nur, Most‹.   **26** reckt an *vielleicht* ›streckt die Hände aus‹ (um euch im Reigen anzufassen).   **27** gumpen ›hüpfen, springen‹; Jöstel: *als Eigenname aufgefasst:* ›noch eins (d. h. einen Sprung oder einen Tanz), Jost!‹; *Marold und Okken/Mück S. 246 erwägen auch andere Deutungen.*   **28** rüer: *wohl auch ohne Reflexivpronomen* ›beweg dich!‹   **29** döuen ›verdauen‹.

VI Nu füdert eu, man isst im dorfe,
    nempt kain weil!   nempt kain weil!   nempt kain weil!
    nachin, Cuenrat, fauler thschorfe,
    du lempeil!   du lempeil!   du lempeil!
5   lueg umb dich als ein orfe,   35
    eil, held, eil!   eil, held, eil!   eil, eil, eil!   etc

71. Mit günstlichem herzen / Dein schallen und scherzen

s. S. 348f.

72. Die minne füeget niemand

Fuga

I   **D**ie minne füeget niemand,
    wer da nicht enhat;
    wann, wo er hin gat,   2₉ (vor gat)
    man spricht: »du | wicht,   30ᵛ
5   we dir!   was wiltu mir?   5
    ge fürhin drat!
    hast nicht,   so richt
    dich balde von hinnen!

---

72 B 30ᴵⱽ (A 33ʳ, c 64ʳ = BW 60, Sch 41, Pelnar 14); Überschrift fuga BA, danach Federprobe dem oder dein A; 1. Strophe unter Noten, Markierung des Einsatzes der zweiten Stimme durch senkrechten Strich vor gat B, nach gat A, in der Folgezeile 2₉ ab injcio A. **8** pald c.

---

70 **31** füdert = fürdert. **33** nachin = nach hin; thschorfe ›Schlurfer‹. **34** lempeil = lembel ›Lämmchen, einfältiger, träger Mensch‹. **35** orfe ›Orfe/ Aland/ Nerfling‹, ein Fisch aus der Karpfenfamilie.

72 Kanon, Vorlage ist die anonyme Chace *Talent m'est pris* aus dem 14. Jahrhundert, vgl. Pelnar, Textband, S. 67–70 und 125. **1** füegen *hier* ›passen zu‹, niemand *Dativ*.

72. Die minne füeget niemand

dein minnen
10 dir übel ane stat.«

II   **D**er wiert wil uns nicht borgen,
    das ist mein grösste klag.
    er fegt mich nacht und tag
    umb gelt.   o welt,
5 pfü dich! »wie kiffst du mich,
    du voller wiert!«
    nu schellt   und bellt,
    frou, knecht, diern und kinder.
    der winder
10 mich inn der taschen siert.

III **N**u trink wir auss dem fläschlin!
    lassen wir den kopf,
    so trenelt uns der schopf.
    schenk ein,   Henslein,
5 das fläschlin vol!   das tuet uns wol
    im godersnal.
    her wein,   get ein!
    her! frischlichen giessen
    und fliessen
10 bis in der blater fal!

IV **D**ie junkfrou solt ich minnen,
    das tet der frouen zorn;
    ie doch muesst ich si born.

---

9 mynne *A*.   **15** pfüg *A*, pfui *c*.   **20** teschen *c*.   **21** fläschelin *c*.   **22** lassen] vnd lassen *A*.   **23** trendelt *c*.   **24** henselein *c*.   **25** das] diczs *A*.   **31** junkfrou] dieren *A*.   **33** poren *c*.

---

13 fegen ›reinigen‹, auch ›plagen‹ (*DWb.*).   **15** kiffen ›nagen, plagen‹ (*Fischer* kife^n, *Frühnhd. Wb.* kiefen).   **17** schellt *Imperativ zu* schellen ›tönen‹ *oder zu* schelten.   **20** siert *zu* serten ›belästigen‹.   **22** kopf ›Becher, Humpen‹.   **23** trenen ›sich drehen, wirbeln‹.   **26** godersnal ›Kehlen-, Gurgel-Schluck‹.   **29f.** *Infinitive als Imperative.*   **30** ›bis zum Sturz der Harnblase‹ (*Frühnhd. Wb.* blater, *Österr. Wb.* Plätter).   **32** frou ›Hausherrin‹.

```
      ich schob     und klob
   5  dasselbig bloch    von ander doch,                              35
      ich armer knab.
      sich hob    das stro,
      der stadel ward schütten
      und rütten
  10  den iren slaier ab.
```

73. O herzen lieber Nickel mein

```
I    »O herzen lieber Nickel mein,
        vergiss mein nicht auff alle treu!«
     des heiaho.
     »Sim nain ich, zarts mein Elselein,
   5 dein freuntschafft ist mir allzeit neu.«                          5
     dem sei also!
     »Mein herz das swindt,    seid du dich schaidst von mire.«
     »sweig, liebes kind,    ich kom herwider schire.«
           »Ach Nickel, Nickel, trauter, schöner Kleusli,    Repeticio
           hals mich, küss mich, leich mir her das meussli!«           10

II   »Verhaiss mir bald, mein schöne Els,
     das du kain andern wellest han.«
     des heiaho.
     »Ich wolt e springen über den fels,
   5 e mich beslieff kain ander man.«                                  15
     dem sei also!
     »Mein treu gefueg    an dir nimmer erwinde.«
     »mein Nickel klueg,    du leist mir in dem sinne.«
```

---

72 **37** sich *A*] sy *Bc*. **40** ab *fehlt c*.

73 B 30ᵛ (A –, c 64ʳᵛ = BW 61, Sch 38); *einstimmig, 1. Strophe unter Noten B.*
4 agneslein *c*. **17** nÿmerm^s *c*. **18** nick *c*.

---

72 **34** klob *zu* klieben ›spalten‹. **35** bloch ›*Klotz, Bohle*‹. **38** ward schütten ›begann zu wackeln‹. **39f.** rütten ... ab ›abrütteln‹.

73 *Ton wie Kl 74.* **7** mire = mir *(ungewöhnliches epithetisches e)*. **10** leihen ›borgen, reichen‹; meussli: *Sexualmetapher*. **15** kein ›irgendein‹. **17** gefueg ›angemessen‹. **18** leist = ligest.

III »Gesegen dich got, mein höchster hort.
kain schaiden tet mir nie so we.«
des heiaho.
»Du lasst mich hie und, pleibst du dort,
5 wenn kom wir zue ainander me?«
dem sei also!
»In kurzer vart   wil ichs herwider keren.«
»mein Nickel zart,   das tue mich schier geweren.«

74. Sweig still, gesell, dem ding ist recht

I Sweig still, gesell, dem ding ist recht.
ju gib mir freulins bettenbrot!
des heiaho.
Si ward mein herr und ich ir knecht,
5 nu ist mir sicher ungedrot,
dem sei also!
Ich main die zart,   zu der ich bin verbunden.
des wol mich ward,   erst han ich freude funden.
   Ach raines töckel, traute schöne tocke,   Repeticio
   du liebst mir mit dem zipfel an dem rocke.

---

73 **26** das] des c.
74 B 30ᵛ–31ʳ (A 54ʳᵛ, c 64ᵛ–65ʳ, γ (vgl. S. XX unten) 296ᵛ = BW 62, Sch 39); einstimmig, in B ohne Noten anschließend, in A 1–3 unter Noten, 4–6 anschließend, 7f. = 9f. zweizeilig unter Noten. **1** Initiale fehlt A; dem ding] das γ. **2** gib mir freulins] frewlin gib mirs Aγ; Ende von γ. **4** ward] ist A. **5** ist] wirt A. Vor 9 Rᵒ A.

73 **25** ichs: zum s vgl. zu 2,8.
74 *Ton wie Kl 73.* **1f.** bettenbrot *ist der Lohn, den ein Bote, hier aber wohl das liebende Ich selbst, vom Empfänger der Nachricht erhält. Mit* gesell *kann bei Oswald auch die Geliebte angeredet werden. In den Textzeugen Aγ bleibt nur die Schwierigkeit, dass der Rest des Liedes in der 3. Person gehalten ist. Die B-Lesart ist ganz dunkel. Marold erwägt eine Anrede an die Zuhörer. Sind die Einleitungsverse als eine Art Widmung des folgenden Lieds an die Geliebte zu verstehen?* **5** *Das Liebesverhältnis als Schutzherrschaft.* **8** des wol mich ward ›mir ist es gut ergangen‹, *verbreitete Formel, trotz der Kasusbedenken von Marold dürfte* ward *eine Form von* werden *sein.* **10** mit ... rocke *d.h. mit allem, was zu dir gehört.*

74. Sweig still, gesell, dem ding ist recht

II Mein dienst ir allzeit ist berait,
und hoff, das mich die lieb nicht enstoss
(des heiaho)
Mit iren hörelein gemait;
5 e traut ich ir ein kinglin bloss   15
(dem sei also!)
An als gevär   als meinem rechten herren,
des knecht ich wär   gar williklichen geren. | Repeticio Ach raines
töckel ut sup(ra)

III Ich fröu mich noch der lieben stund,   31ʳ
do si zu diener mich erkoss.   20
des heiaho.
Und hoff, ir röselochter mund
5 soll mich von sorgen machen los.
dem sei also!
Herz, muet und sin   ir gailt mit stätem fleisse,   25
wie ferr ich bin   von ir. ju dar die weisse!   Rep(eticio) ut sup(ra)

---

11 ir allzeit ist] ist ir allczeit *A*. 12 enstoss] stoss *A*. 23 soll] well *A*. Nach 26 Rº Ach raines töckel etc *A*.

---

12 stossen *wohl* ›verstoßen‹. 14 hörelein = hörnelein *(Konkretisierung des Verstoßens).* 15 trauen *hier* ›anvertrauen‹; kinglin ›Zaunkönig‹, *hier als Metapher für das männliche Glied?* 25 ir gailt ›jubelt über sie‹. 26 ju dar die weisse: *Gemeint sein muss ein Ausruf* ›Hin zu ihr!‹ *Ist mit* weisse *das Ziel (etwa ihre weiße Haut) oder das, was zu ihr hinkommen soll, gemeint? Zu erwägen gebe ich, ob ein ungenauer Reim vorliegen könnte:* weisse = weise, *gemeint wäre die* ›Melodie‹ *oder das Lied, das zu ihr kommen soll, womit die Widmung des Anfangs wieder aufgegriffen würde.*

75. Wol auff, wol an

                                          Discantus

Tenor

1   Wol auff, wol an,
      kind, weib und man,
      seit wolgemuet,
      frisch frölich fruet!
5   Tanzen, springen,   5
      härpfen, singen
      gen des zarten
      maien garten   grüene!
      Die nachtigal,
10 der droschel hal   10
      perg, ou erschellet.
      zwai gesellet
      freuntlich kosen,
      haimlich losen,
15 das geit wunne   15
      für die sunne   küene.
          Amplick herte   Repeticio
          der geferte
          well wir meiden
          von den weiben   ungestalt.   20
5   Mündlin schöne
          der gedöne
          macht uns höne   manigvalt.

---

75 B 31ʳ (A 35ʳ, c 65ʳᵛ = BW 63, Sch 75, Pelnar 6); zweistimmig, in B Discantus *textlos, im* Tenor *1–8 und 17–23 den Noten unterlegt, 9–16 dazwischen,* in A Discantus *mit Textmarken und* Tenor *mit in je zwei Zeilen vollständig unterlegtem Text der ersten Strophe. Die Verse 17 und 21 werden nur vom Tenor gesungen, die Verse 18 und 22 nur vom Diskant (vgl. Hinweis im Tenor von A: in discanto).*
   17 *am Rand* Repeticz A.   **18** *nur vom Diskant zu singen, im Tenor ohne Noten* BA, *im Diskant textlos* B, *textiert* A.   **19** well] soll A.   **22** *wie 18.*   **23** *Am Ende der Melodie über* -ualt: Cla⟨u⟩sula A.

Zum musikalischen Satz vgl. Pelnar, Textband, S. 50f.   **5f.** *Infinitive als Imperative.*   **13** kosen ›plaudern‹.   **14** losen ›freundlich sein, schmeicheln‹.   **23** höne ›übermütig‹.

II
Raucha, steudli,
    lupf dich, kreudli!   25
in das bädli,
Ösli, Gredli!
5 Pluemen plüede
wendt uns müede.
laubes decke   30
rauch bestecke,   Mätzli,
Pring den buttern!
10 lass uns kuttren:
»wascha, maidli,
mir das schaidli!«   35
»reib mich, knäblin,
umb das näblin!
15 hilfst du mir,
leicht vach ich dir   das rätzli.«

III
Ju heia haij,   40
zierlicher maij,
scheub pfifferling,
die mauroch pring!
5 Mentsch, loub und gras,
wolf, fuxs, den has   45
hastu erfreut,
die welt bestreut   grüenleichen.
Und was der winder
10 vast hinhinder
in die mauer   50
tieffer lauer

---

27 Öslin gredlin *c*. **32** putren *A*. **33** kuttren *A*. **35** schaidli] pfaidlÿ *c*. **36** knably *A*, knäbly *c*. **37** näbly *Ac*. Nach **39** Repeticz Amplick herte vt supra *A*, Repeticio ut sup(ra) *c*. **40** haig *BAc*. **41** mayg *Bc*. **45** wolf, fuxs] hyerß tyer *A*. **47** bestreut] durchrewt *A*. **49** vast] ser *A*.

24 rauchen ›rauh, pelzig werden‹, hier ›belaubt werden‹. **30f.** ›stecke ein Dach aus belaubten Zweigen auf‹. **32** butter ›Bottich‹ (Österr. Wb. Püter[er]). **33** kuttren ›lachen‹. **39** rätzli ›kleine Ratte‹, Sexualmetapher. **43** mauroch ›Morcheln‹ (Schmeller Maurachen). **51** tieffer lauer ›zu/in geducktem Warten‹ (modaler Genitiv).

het gesmogen,
ser betrogen,
15 die sein erlöst,
mai, dein getröst   fröleichen. | etc Amplick herte etc   55

76. Ain graserin durch küelen tou

              Discantus *31ᵛ*

Tenor

I Ain [ ] graserin durch küelen tou
  mit weissen blossen füesslin zart
  hat mich erfreut in grüener ou;
  das macht ir sichel braun gehart,
5 do ich ir half den gattern rucken,   5
  smucken für die schrenken,
  lenken, senken ein die seul,
  wolbewart, damit das freul
  hinfür an sorg nicht fliesen möcht ir gensel.   etc

---

75 **55** mai, dein getröst] may deīnem trost *A*. *Nach* **55** Repeticz Amplick herte etc *A*, Repeticio ut supra *c*.

76 B *31ᵛ* (A *35ᵛ*, c *65ᵛ–66ʳ* = BW *64*, Sch *49*, Pelnar *7*); *in* B *zweistimmig,* Discantus *textlos, Text der 1. Strophe dem* Tenor *unterlegt; in A zuletzt einstimmig,* Tenor, *Text der 1. Strophe unterlegt, darüber Platz für zwei Notenzeilen, übermalt, aber lesbar:* Discantus *mit Textmarken.*
1 Ain] *nach dem Anfangsmelisma wiederholt* B.

---

76 *Hilfe beim Setzen eines Zauns und in Strophe III das Flachsschwingen dienen als Sexualmetaphorik; bei einzelnen Elementen ist allerdings die genaue Zweitbedeutung oder das tertium comparationis nicht ganz klar. Zum musikalischen Satz vgl. Pelnar, Textband, S. 51–55.*
1 graserin ›*Grassammlerin*‹, *hier eine Gänsehirtin;* durch *impliziert wohl das Gehen durch die betaute Wiese.* **5** gatter *(hier schwaches Maskulinum)* ›*Gatter*‹, *Zweitsinn ein Kleidungsstück?* **6** ›*anpassen/schmiegen zu den Verschränkungen*‹. **8** freul = freulein.

II Als ich die schön her zeunen sach, 10
    ein kurze weil ward mir ze lank,
    bis das ich ir den ungemach
    tett wenden zwischen zwaier schrank.
5   mein häcklin klain hett ich ir vor
    embor   zu dienst gewetzet, 15
    gehetzet,   netzet; wie dem was,
    schübren half ich ir das gras.
    »zuck nicht, mein schatz!« »simm nain ich, lieber Jensel.«

III Als ich den kle hett abgemät
    und all ir lucken wolverzeunt, 20
    dannocht gert si, das ich jät
    noch ainmal inn der nidern peunt;
5   ze lon wolt si von rosen winden,
    binden   mir ain krenzel.
    »swenzel,   renzel   mir den flachs! « 25
    »treut in, wiltu, das er wachs!
    herzliebe gans, wie schön ist dir dein grensel.«

---

13 zwaier] payder *A*, zbair *c*.   16 gehetzet] heczet *A*.   21 jät] gät *A*.
23f. pindñ binden *c*.   25 renzel] ranczel *A*.   Nach 27 etc *A*. Rezeptionszeugnis in
F (leicht redigiert, vgl. Mück, 1980, Bd. 2, S. 69–75):

    I   Ain graserin ⌈pat in der Kasteinn.⌉
        die gab lust, frôd mich mit irem gerein,
        da ich sach durch ir pfat die praün.
        mich dett nit iren hôgk noch zein,
    5   ich graiff sy an und tått sy zů mir schmucken,

---

10 her zeunen ›den Zaun in Richtung auf mich hin setzen‹.   13 ›zwischen der Verschränkung von zweien‹.   14 häcklin *Metapher für Penis.*   16 netzet = genetzet.
17 schübren ›aufhäufen‹.   22 peunt ›umzäuntes Feld‹.   25–27 Die Verteilung
der Sätze auf die beiden Partner ist unklar. Klein hatte 25f. dem Mädchen, 27 dem
Mann zugeteilt, ich denke mir 25 vom Mädchen und 26f. vom Mann gesprochen.
25 swenzeln ›schwingen‹; renzel (wohl zu ranzen ›ungestüm springen‹, vgl. DWb.)
›lass springen‹?   27 grensel ›Schnäbelchen‹.

Schon bucken,   iucken   in dem pad –
was aller welt ain klainer schad
und det uns baiden wol in leib und im herzen.

II Da sy so fraintlich mit mir facht,
ich sprach: »hett ich euch by der nacht,
wer waist aber, was da geschach,
doch das ich euch kain aug ausprach.
5 ich det ain ding, das ir euch nit der*ft* rimpfen,
in schimpfen,   glimpfen   her und dar,
das macht ain frelin wol gefar.
zuck nit, mein lieb! ich wil nur mit dir scherczen.«

III Da wolt die fein, die hüpsch als ich.
auch gund die zart, die mynigclich
schön sam ain teiblin sch*n*eblen mich,
dar durch die lieb ward lieben sich
5 vnd sy gar schon ward scherczen mit meiner tocken.
ir locken,   *sch*ocken   macht uns gail.
wir hetten baide frôde und hail,
da unser schimpf sich endet onne schmerzen.

Lesarten: I,1 jn der kasteinn pat; II,5 derst; III,3 schůeblen; 5 tockñ *Hamburger Ex.*, tock *Nürnberger Ex.*; 6 socken *Hamburger Ex.*, sockenn *Nürnberger Ex.*

F: *Der teilweise entstellt überlieferte Text der ›Neidhart-Fuchs‹-Drucke ist nur wohl als Rezeptionszeugnis zu werten nicht etwa als abweichende Fassung Oswalds: Die Strophenform weicht ab, die Grundsituation ist verschieden, Parallelen finden sich nur in I und II. Lesarten der späteren Drucke und Hinweise auf ältere Literatur in: Salzburger Neidhart-Edition, hg. von U. Müller u.a., Berlin, New York 2007, Bd. 2 und 3 unter z 26.* **I,1** pat = badete? **2** *Lies* mir *statt* mich? gerein ›Reinigung‹ *oder* ›Geraune, Flüstern‹? **3** pfat = pheit ›Hemd‹. **4** iren = irren. **II,3f.** geschach, ausprach *Konjunktiv.* **7** wol gefar ›schön‹. **III,5** tocke ›Puppe‹, *hier für Penis.* **6** schocken ›schwingen‹.

77. Simm Gredlin, Gret, mein Gredelein

                                                                Discantus

   Tenor

I   »Simm Gredlin, Gret,   mein Gredelein,
     mein zarter buel,   herzlieb gemait, |
    dein züchtlich er an mir nicht weich!«.   32ʳ
    »Halt wie es get,   mein Öselein,
5   inn deiner schuel   treu stetikait,   5
    die wil ich leren ewikleich.«
    »Die wort   sol ich behalten mier
    und schreib⟨e⟩n in meins herzen grund
    von deinem röselochten mund.«
10 »Mein hort,   das selb ist wol mein gier,   10
    wann ich wil nicht wenken.«
    ⟨»das sol ich pedenken.«⟩   11a
    »Gedenk, liebs Öselein, an mich,
    dein Gredlin sol erfreuen dich.«

II »Du kanst mich nicht   erfreuen bas,
    wann das ich läg   an deinem arm,   15
    verslossen als ein kleusener.«
    »In deiner pflicht   wurd ich nicht lass,
5   an sainlich träg   mach ich dir warm,
    und ist mir das ain klaine swär.«

---

77 B 31ᵛ–32ʳ (A 36ʳ, c 66ᴵⱽ = BW 65, Sch 76, Pelnar 8); zweistimmig, in B: Discantus vorgesehen, aber nicht ausgeführt, im Tenor Text von 1–3 und 7–13 unter Noten, nach 11 ein Pausezeichen für den nur vom Diskant zu singenden Vers 11a, der in B fehlt; in A: Discantus mit ausführlichen Textmarken (hier bei Abweichung als Aᴰ bezeichnet), nur für den vom Diskant allein zu singenden Vers mit dem Text aller drei Strophen: 11a, 25 und 39, dann Tenor, Text der ersten Strophe vollständig unter Noten, die beiden Stollen zweizeilig, Pausezeichen nach 11.
1 gredly A; mein BAᴰ, trawt A. **11a** fehlt in Bc, in A nur unter den Diskantnoten.
17 wird c.

Zum musikalischen Satz vgl. Pelnar, Textband, S. 55–58. **3** an mir: etwa ›in deinem Verhältnis zu mir‹; geläufiger wäre von mir. **4** halt: bekräftigend. **6** leren hier ›lernen‹. **17** in deiner pflicht ›in der Hingabe an dich‹.

»Hab dank, mein trauter aidgesell, 20
das sol ich dir vergessen klain,
wann du bist wol, die ich da main.«
10 »An wank von mir kain ungevell,
herzlieb, nicht enwarte.«
»dank so hab die zarte.« 25
»zart liebster man, mir ist so wol,
wenn ich dein brust umbsliessen sol.«

III »Vor aller freud tröst mich dein herz,
dorzue dein wunniklicher leib,
wenn er sich freuntlich zu mir smucket.« 30
»Gesell, so geud ich wol den scherz,
5 und gailt sich fro dein ainig weib,
wenn mir dein hand ein brüstlin drucket.«
»Ach frou, das ist mein zuckernar
und süesst mir alle mein gelid, 35
seid du mir haltst günstlichen frid.«
10 »Getrau mir sicherlichen zwar,
Öslin, gar an ende!«
»Gredlin, das nicht wende!«
»kain wenden zwischen mein und dir 40
sei uns mit hail beschaffen schier.«

---

20 trauter] zarter *A*.   **21** sol] mag *A*.   **25** *nur unter den Diskantnoten A.*
29 wunniklicher] minniklich^s *A*.   **30** er sich] sich der *A; smuckht A.*
33 druckht *A*.   **35** meine glid *A*.   **36** seyt mir dein er halt *A*.   **39** *nur unter den Diskantnoten A. Nach* 41 *etc A.*

---

23 an wank ›unbedingt‹.   **30/33** *In A männlicher Reim wie in Str. I und II.*
31 geuden *hier transitiv* ›jubeln über‹.   **32** gailen ›freuen‹.   **40** zwischen mein und dir: *auffälliger Kasuswechsel.*

78. Mich tröst ein adeliche mait

                                                                  Discantus

Tenor

I   **M**ich tröst ein adeliche mait,
     die ist für war   durchklar   an tadels mail.
     Der | keuschlich er ist wol so brait,   32ʳ
     das si verdeckt,   erschreckt   all sträfflich gail
5   mit wirdiklichem hail.   5
     Si hat den breis   in meinem herzen ewikleich
     für alle, die ich ie gesach;
     ir wandel, weis   ist wol so reich,
     das si wenndt ungemach,
10 süesslich an welich ach.   etc 10

II Fräu dich, du weltlich creatur,
     das dir all mass,   tuen, lass   recht wol anstat,
     Und du nach mentschlicher natur
     loblichen zart   von art   keuschliche wat
5   besitzt an missetat.   15
     Dick, smel, kürz, leng,   von höch zu tal so ist ir leib
     waidlich possnieret unverhönt,
     und dein gemeng   von amplick, weib,
     blaich weiss durch rot getrönt,

---

78 B 32ʳᵛ (A 39ᵛ–40ʳ, c 66ᵛ–67ʳ = BW 66, Sch 68, Pelnar 17); zweistimmig, Discantus *textlos (in A mit* Cla⟨u⟩sula*), Tenor mit dem vollständigen Text der 1. Strophe unter Noten BA.* **11** weltlich] weiplich *A*. **17** baidelich *c*.

L. Welker in: JOWG 6 (1990/91), S. 262, vermutet eine Ballade als Vorbild des musikalischen Satzes. **2** durchklar *(gegen die früheren Auflagen zusammengeschrieben)* ›durch und durch strahlend‹ *ähnlich wie sonst* durchleuchtig. **4** sträfflich gail ›ungehöriger Übermut‹ *(Hofmeister) oder* ›verwerfliche Lust‹. **10** welich ›schmerzvoll‹. **13** nach mentschlicher natur ›im Rahmen dessen, was einem Menschen möglich ist‹? **14** wat ›Kleid‹, *hier* = leib. **16** dick ... leng: *Adjektivabstrakta anstelle der Adjektive.* **17** possnieren ›bilden, formen‹. **18** gemeng ›Mischung‹ *(der Farben);* von amplick ›im Aussehen‹. **19** durch rot getrönt *etwa* ›von Rot durchströmt‹ *(zu* tron ›Flüssigkeit, Saft‹*).*

10 für alle maid verkrönt. 20

III Junkfrou, durch all dein köstlich er,
    solt ich von got   an spot   des wierdig sein,
    So wolt ich doch nicht wünschen mer,
    wann das ich möcht,   getöcht   neur wesen dein,
5   recht als ain gsläfelein. 25
    Erst wolt ich geuden,   gailich schallen, singen hel
    von meiner frouen, der ich wär,
    und die mit freuden   herz, muet, leib, sel
    wol hailen mag an swär
10 mit wort, werkh und gepär. 30

79. Frölich so wil ich aber singen

                                                              Discantus

Tenor

I »**F**rölich   so wil ich aber singen
      der edlen frouen suess.«
   »Hainz, Hainrich,   erst wirt mir wolgelingen,
    seid du mir haltst deinen gruess.«
5 »Ja frou, und wer das nicht eur spot?« 5
   »simm nain es, Hainrich, sommer got!«

---

79 B 32ᵛ–33ʳ (A 39ʳ, c 67ʳᵛ = BW 67, Sch 80, Pelnar 9); *zweistimmig, Diskant textlos, dann Tenor mit dem vollständigen Text der 1. Strophe BA; Beischrift* Discantus *und* Tenor *nur in B.* **1** Ffölich *A.* **4** dein *c.* **6** sommer] sammˢ *A,* sam̃iˢ *c.*

---

78 **21** durch *begründend* ›wegen‹ *oder beteuernd* ›bei‹. **24** getöcht ›dazu taugte‹. **25** gsläfelein ›kleiner Sklave‹.

79 *In den Reden des Bauern könnten einige Graphien vor allem in Handschrift A auf groben Dialekt deuten; sie sind daher gegen die sonstigen Regeln als Lesarten angegeben. Zum musikalischen Satz vgl. Pelnar, Textband, S. 58–60.*
1 *Die Parallelverse legen nahe, dass der Anfang lauten sollte* Fro frölich. **2** suess *kann Adverb zu* singen *oder Adjektiv zu* frouen *sein.* **4** haltst *impliziert vielleicht eine Wiederholung:* ›dass du mich wieder grüßt‹. **6** sommer got = so [war] mir got [helfe].

»We heut, wol e.   solt ich eur huld erwerben,
dorumb litt ich den tod.«
»Ist dir so we, | dannocht soltu nicht sterben
10 und leiden grosse not.«

II »Mich freut euer leib,   dorzue die guldin spangen
vor an den ermeln zart.«
»Ich bin ain weib   mit gürtel umbefangen
von adelicher art.«
5 »Ir secht recht als ain valken kel.«
»nu kan ich doch nicht fliegen snel.«
»Vergieng das pau,   ich verwäg mich zwaier oxsen,
und wurd mir neur ain smutz.«
»Was spräch dein sau,   mein Hainzel Ungeloxsen,
10 und brächstu disen trutz?«

III »Euer falbes har,   darzue die weissen hende
mir geben hohen muet.«
»Du laichst mich zwar,   das wett ich umb dein zende,
deucht es dich wesen guet.«
5 »Mit meinen zenden fräss ich wol drei.«
»sim, wenstu, Hainzel Trittenbrei?«
»Mich näm unnider   oder ich sprung in ain wasser
von zorn in ainer gäch.«
»Kämstu herwider   dann für mich also nasser,
10 wie geren ich das säch!«

---

12 ermel *A*.   13 vmbfangñ *c*.   15 sächt rächt *c*; als] sam *A*; volcken *Ac*.
17 verwäg] uˢbäge *c*.   21 Eŵr *Ac*.   22 gäben *c*.   23 das] des *Ac*.   25 fräß]
so fräß *A*.   27 unnider] bundˢ *c*; wosser *A*.   28 zorñ *c*.

---

7 ›heute Leid, früher Freude‹.   12 vor ›vorne‹; ermel ›Ärmchen‹ oder ›Ärmel‹.
15 secht ›seht aus‹.   17 pau ›Bestellung des Ackers‹; sich verwegen ›riskieren‹.
19 ungeloxsen ›ungeschlacht‹.   20 brächstu = brächtest du; trutz *auch* ›dreistes
Tun‹.   23 laichen ›betrügen, anschwindeln‹; zende ›Zähne‹.   27 mich näm unnider oder …: *Eine viel umrätselte Stelle, vgl. Marold, S. 207, Schatz 1930, S. 105, Okken/Mück, S. 344, Hofmeister, S. 212. Am besten scheint mir immer noch* ›eine Hochgestellte würde mich akzeptieren, andernfalls …‹   28 gäch ›Jähheit‹.

IV »Ir edle maid,   was bedürft ir mein ze spotten?
ja wurd ich schier so fraiss.«
»Zwar unversait   ist dir ain dicker schotten
von meiner rotten gaiss.«
5 »Sim, topfen hab ich selber gnueg.«   35
»dank hab, mein Hainzel Richtdenpflueg.«
»Ich wil es klagen   meiner lieben muetter,
das ir mich habt versmächt.«
»Ge, smierb den wagen   und drisch den rossen fuetter
10 als ander dein geslächt.«   40

80. Ain rainklich weib durch jugent schön

I Ain rainklich weib   durch jugent schön,
   klain aufgedrät   an tadels dro,
   der wandel, leib   gailt mich so hön,
   wes si neur bät,   des wer ich fro.
5 Der arbait deucht mich nicht ze vil;   5
   ich spräch: »herzlieb, neur was du wil,
   das sol ich tuen an endes zil,
   wolt es dir nicht versmahen.«

II Mich freut für war   ir rotter mund,
   darzue ir frölich   angesicht   10
   aufrüstig gar   zu aller stund.
   ir houpt untrölich   ist gericht

---

79 **31** dürft *c*; was bedürfft ir mein] mich dunckt ir welt mein *A*.   **32** ja] newr *A*.
35 selber] ott selb^s *A*; genüeg *c*.   **36** mein] ain *A*.   **37** meiner] ott mein^s *A*.
38 habt versmächt] also smächt *A*.   **39** den wagen] dein wagen *A*.
80 B 33^r (A 40^r, c 67^v–68^r = BW 68, Sch 67); einstimmig, Text der 1. Strophe den Noten
    unterlegt BA.   **1** rainlich *A*.

---

79 **32** fraiss ›schrecklich, wild‹.   **33/35** schotten = topfen ›Quark‹.
80 **2** klain aufgedrät ›zierlich gedrechselt‹ (Marold).   **3** gailt mich so hön ›erfreut
mich zu meinem Stolz‹.   **11** aufrüstig ›erhebend, aufmunternd‹.   **12–15** *Ich fasse
den Satz als dreigliedrig auf mit* ist *als gemeinsamem Prädikat, anders Marold*.
12 untrölich (zu schwach belegtem mhd. trœl ›Zank‹) ›untadelig‹; gericht ›ge-
schaffen‹.

    5 Mit ganzem fleiss, wort und gepär
        gar unverschroten an gever,
        ir zarter leib frücht tugent swär: 15
        das tuet mich senlich vahen.

III Si hat mein herz   mit stätter gier
        strenklich besessen nacht und tag.
        frou, disen scherz   den klag ich dir,
        dein trost mir wol gehelfen mag.   20
    5 Mein dienst dir allzeit ist berait,
        es sei dir, kind, lieb oder laid.
        erhör mich, stolz freulin gemait,
        lass dir mein ellend nahen! |

81. Sweig, guet gesell, schimpflichen lach

I   Sweig, guet gesell, schimpflichen lach,   33ᵛ
     lass dir kain fluech zu herzen gan,
     verantwurt nicht all krumpe sach,
     weich umb, wo du nicht solt bestan,
  5 schreibt uns Hainz Mosmair mit geschrai.   5
     Wer seinem richter geit bevor
     und halt den pfarrer unversmächt,
     der dunkt mich sicher nicht ain tor,
     ob er die zwai nutzlich volbrächt,
10 und hiess für war ain klueger laij.   claus(ula) 10

---

80 *Nachschrift:* Et cetera *A.*

81 *B 33ᵛ (A 40ᵛ, c 68ʳᵛ = BW 69, Sch 82); einstimmig: in B 1–5 unter Noten, angefügt die* Claus(ula) *über* Clůger layg, *6–10 ohne Noten, dann* Repeticio *unter Noten; in A alles ausnotiert und Text der 1. Strophe unterlegt.*   **4** nicht solt bestan] pist vndˢtan *A.*   **5** Hainz] hans *c.*   **10** layg *BA.*

80 **15** frücht tugent swär ›reich an Tugendfrüchten‹ (anders Marold).   **16** vahen ›fesseln, gefangen nehmen‹.   **18/20** *Der innere Reim fehlt hier.*   **19** scherz – klag: *Oxymoron.*

81 **3** verantwurten *hier* ›verteidigen‹.   **5** geschrai *bei Oswald gelegentlich für* ›Fülle‹, *hier etwa* ›Intensität, Dringlichkeit‹?

Wer nesseln zafft und gilgen strafft,   Repeticio
der wil das gärtlin stören gar,
und sein tauben tuet erlouben
rappen und geiern, die nicht feiern,
5   der wennt sein nutz die lenge zwar.   15

II An hass hab ich die wort erzalt, –
nu sing wir von den freulin rain,
der ich kain frumme nie geschalt,
neur si wär vor der eren sain
5   in frävelicher weise.   20
Wer haimlich sündt, dem wirt sein buess
in ainer stille auf gesatzt.
dasselb bedenkt, liebs freulin suess,
euer züchtlich er lat unverhatzt
10 und halt euer freuntschafft leise.   Repeticio ut sup(ra) 25

III Seid ich nu haiss die nachtigall
und lob ouch vast die freulin guet,
doch breis ich wol durch hellen schal
ein zart schön weib, mit er behuet,
5   für sterk der grossen leuen;   30
Und bin ouch got von herzen hold,
das er ain schön weib tadels frei
schon würkt, der lob für alles gold
erleucht, wont tugent, er da bei
10 an offenbars verstreuen.   35

---

11 R(epeticio) *auch Ac.* **14** den rappen *A.* **23** lieb *A. Nach* 25 R° Wer neßeln zaft etc etc *A*, R(epeticio) *c.* **28** doch] so *A.* **33** schon] rain *A. Nach* 35 R(epeticio) *A*, Repeticio ut s(upra) *c. Nachschrift:* Finis *A.*

---

11 zaffen ›ziehen, pflegen‹. **13** *Aus Vers 11 ist* wer *zu ergänzen.* **14** rapp ›Rabe‹. **15** wennt = wendet. **19** ›außer wenn sie der Ehre gegenüber nachlässig wäre‹. **23** suess: *Oswald reimt das Adjektiv sowohl auf* uo *wie auf* üe. **24** unverhatzt ›unverfolgt, unbeschädigt‹. **25** *Mahnung zur Diskretion in Liebesdingen.* **30** für ›mehr als‹. **34** erleucht *hier intransitiv;* wont ... da bei ›wenn bei ihr ... wohnt‹.

82. Got geb eu einen gueten morgen

I »**G**ot geb eu einen gueten morgen,
 ir vil edle kaiserinne!
 mich daucht vil wol in meinem muet,
 ir seit ein also schöne junkfrou,
5 als man si ferre kennet.«
 »Da pfleg ich klainer sorgen,
 darzue der gailen minne
 mit ainem hübschen knaben guet,
 der ist gesessen under Krau,
10 zu Kastellrut genennet.«
 »Secht, secht, des habet immer dank!
 das sol er umb eu dienen,
 dasselbig knechtlin, wol berait
 und fürder sich gar rasche,
15 das ir im neut empfaret.«
 »Kain weg, der ward mir nie so lank,
 und wer es halt gen Wiennen,
 ich hulf dem knaben hübsch gemait
 auss ungelückes masche,
20 damit er wär bewaret.«

82 B 33ᵛ–34ʳ (A 41ʳᵛ, c 68ᵛ–69ᵛ = BW 70, Sch 81); einstimmig, 1–5, 11–15, 21–28 unter Noten BA. **1** gäb A. **3** dunckt A. **5** färre A. **9** krä BAc. **10** Castelrût *mit Reimvirgel (vgl. die Reime V. 3 und 8) A.* **11** sächt sächt A. **13** knächlein c. **17** wienn c.

In den Reden des Bauern ist die Sprache durch Graphien und Vokabeln als grober Dialekt charakterisiert; einige Lesarten von A, die diesen Eindruck verstärken, sind gegen die sonstigen Graphieregeln angegeben. **4f.** ›so schön …, dass man sie weithin …‹ oder ›so schön …, wie man sie weit und breit nicht …‹ **7** gail ›froh‹. **9** under Krau: *Unter den hauensteinschen Lehensgütern ist auch ein Hof* ze Kraw *bezeugt.* **15** empfaret = entvaret. **19** masche ›Schlinge‹.

	Frisch frei fro frölich	Repeticio
	ju jutz jölich	
	gail gol gölich gogeleichen	
	hurtig tum tümbrisch	
5	knauss bumm bümbrisch	25
	tentsch krumm rümblisch rogeleichen	
	so ist mein herz an allen smerz,	
	wenn ich an sich meins lieben buelen gleichen.	

II »Awi, awäch, ir vil trautes gold,
  wie wol künd ir neur spächten!   30
  das ich sein schon derklupfe
  von rechten fräden, auf mein treu,
5 das macht euer klueges gelüdme.«
  »Ach lieber mair, werst du mir hold,
  zwar du förchst klain mein brechten,   35
  wann sich kain falscher tropfe
  in meinem herzen nindert preu
10 von kainerlai gepüdme.«

Vor **21** Repeticio *auch Ac.*   **26** krumb *BAc.*   **30** wole *A.*   **31** schone *A.*
32 rächten fräden *A.*   **35** vörcht *c.*   **36** trupffe *A.*

22–26 *Die Attribute für das freudig bewegte* herz *sind teilweise nur Jauchz- und Sprachspielwörter. Gut belegbar sind:* gail, gogeleich (›fröhlich‹), hurtig, knauss (›verwegen, keck‹), rogel (›locker, beweglich‹). *Etymologisch anschließbar sind:* jutz (*zu* juchezen), tümbrisch (*zu* tumben ›sich tummeln‹), bümbrisch (*zu* pumpern), rümblisch (*zu* rumpeln); tentsch *würde ich zu bair.* däntschig ›niedlich, artig, graziös‹ (Schmeller) *stellen, anders Marold und Okken/Mück S. 378f. Nur aus Klanggründen dürften die semantisch weniger passenden Wörter* tum, bumm *und* krumm *gewählt sein.*   **28** gleichen: *Schwer erklärbar; man erwartet, dass der Anblick des* buelen *selbst, nicht der von etwas Ähnlichem Freude macht.*   **30** spächten = *mhd.* spechten ›reden, schwätzen‹ (*bezogen auf den Refrain?*).   **31** sein ›darüber‹; derklupfen = erklupfen ›erschrecken‹.   **33** klueges gelüdme (*zu mhd.* geludeme ›Lärm, Geschrei‹), *etwa* ›feines Getön‹.   **35** förchst *Konjunktiv Prät.;* brechten ›lärmen, tönen‹.   **36f.** sich preuen ›sich zusammenbrauen, sich bilden‹ (*der Konjunktiv Präs. drückt wohl Distanz zur Möglichkeit aus*).   **38** gepüdme (*zu mhd.* bidemen) ›Beben, Erschütterung‹.

»Sich numerdum und numine!
so keut man unvermainet.   40
ich hett noch wol ain faistes rind,
das gäb ich drumb, wär ich eu leup,
15 und liesst das knächtlin gschämpen.«
»Her mair, das gieng mir an mein e.
ich han mich so verainet,   45
das mich erfreut mein hort, mein kind,
mein lieb, mein knäblin krauss gestreut,
20 wenn es sein har tuet kämpen.«

III »Nu gesegen uns heint der vil hailge gaist,
sant Hedewigk und sant Jenuein!   50
wie gar seit irs verschnorfen
ett als auf den versorten knecht,
5 und hett ich sein doch kunde.«
»Er ist der liebest und der maist
verslossen in dem herzen mein,   55
ich bin im unverworfen,
kund ich im dienen, wo ich möcht,
10 mit meinem rotten munde.«
»Se, sä, nu gämet zieren held!
was solt ich des gelauben,   60
das ir so luppiklichen acht,
was ich eu vor gekeude

---

43 schämppen *A.* Nach **48** R(epeticio) frisch fry fro etc *(rot:)* Respondit rusticus *A,* Repeticio ut s(upra) *c.* **50** Hadeweigk *A;* Jenubein *c.* **51** ir *Ac;* uˢsnorpffen *c;* knächt *A.* **53** doch] doch newr *A.*

---

39 verballhorntes *in nomine domini.* **40** keut = *mhd.* quidet ›sagt‹; unvermainet ›ohne Falsch‹ (Marold) *oder, bezogen auf die religiöse Formel,* ›ohne dass man es ernst meint, unversehens‹ (Hofmeister). **42** leup = *lieb.* **43** gschämpen = schampen *(DWb.)* ›gehen‹. **44** e ›Versprechen, Verlöbnis‹. **47** krauss gestreut ›lockig wallend‹ (Hofmeister). **49** heint ›heute Abend‹. **51** verschnorfen *(wohl zu* schnurfen ›sich krümmen‹*)* ›versessen‹. **52** ett als ›nur ganz‹; versorten *(zu mhd.* serten*)* ›verdorben‹. **56** unverworfen ›nicht entfremdet, unverschmäht‹. **59** se, sä *Interjektion* ›sieh da‹; zieren held *wohl nicht Anrede, sondern Objekt von* gämet = goumet*:* ›achtet nur auf den hübschen Helden!‹ **61** luppiklichen ›auf giftige Weise‹. **62** gekeude *Präsens oder irregulär schwaches Präteritum zum starken Verbum* queden ›sagen‹.

15 mit kluegen worten wacker?«
»Louff, hou das holz, wer dich der kelt,
und haitz ein mit den schäben. 65
auch drisch das koren tag und nacht.
erlass mich deins gesneude.
20 reut, mä und far gen acker.« Repeticio ut sup(ra)

83. Ain jetterin junk frisch frei fruet

1 Ain jetterin junk frisch frei fruet
auf sticklem berg in wilder höch
die geit mir | freud und hohen muet 34ᵛ
dort umb die zeit, wenn sich die löch
5 mit grüenem loub verreu⟨c⟩hen. 5
So wart ich ir recht als ein fuxs 7
in ainem hag mit stiller lauss,
– gugg auss der stauden, smeug dich, luxs! –
10 bis das ich ir die preun ermauss, 10
auf allen vieren kreu⟨c⟩hen
an als verscheu⟨c⟩hen.
    Ir rotter mund   von adels grund Repeticio
ist rain versüesst gar zuckerlich;
füesslin klaine,   weiss ir baine, 15
brüstlin herte;   wort, geferte
5 verget sich biergisch waidelich.

---

82 65 in] ein c. Nach 68 R(epeticio) frisch etc A, Repeticio c.
83 B 34ᴵᵛ (A 43ᵛ, c 69ᵛ–70ʳ = BW 71, Sch 48); einstimmig, 1–5, 12 und 13–17 unter Noten
BA, Beischrift cla⟨u⟩sula bei 12 nur A. Zählungssprung 5/7, weil die erste Auflage
hier den als clausula eingetragenen Vers 12 eingeschoben hatte. **10** ir fehlt c.
12 Gar sunder scheuhn̄ A.

---

82 65 schäben = schouben ›Reisigbündel‹ (Reim auf 60 gelauben *dialektal verfremdet?*). **67** gesneude ›Geschnaube, Geschwätz‹.
83 **1** jetterin ›Laub- und Grassammlerin‹; fruet ›tüchtig, hübsch‹. **2** stickel ›steil‹.
4 loch ›Gebüsch, Gehölz‹. **5** sich verreuchen ›rau werden, sich belauben‹.
8 lauss ›Lauer, Versteck‹. **9** luxsen ›lauern‹. **10** preun ›Schamhaare‹; ermausen ›naschen, stibitzen‹. **11** *Infinitiv statt Verbum finitum oder Partizip.* **17** sich
vergen ›sich verhalten‹; biergisch ›berggemäß‹.

83. Ain jetterin junk frisch frei fruet

II   **D**er amsel tuen ich ungemach
     und manger droschel ausserwelt
     ze öbrist auf dem Lenepach   20
     mit ainem kloben, der si fellt,
5   wenn ich das schnüerlin zucke
     In ainer hütten, wol gedeckt
     mit rau⟨c⟩hen esten lustlich grüen;
     leicht kompt zu mir, die mich erweckt   25
     mit ganzen freuden trostlich küen
10 gesloffen durch die lucke
     schon mit getucke.   Rep(eticio) ut sup(ra)

III **W**enn ich das voglen zue geschöck
     und aller zeug beinander ist,   30
     so hört man zwar ain süess gelöck
     durch gross gesneud in kurzer frist.
5   des möcht die schön gelachen,
     Das si mir all mein kunst abstilt,
     was ich zu voglen han gelert: 35
     von irem kloben mich bevilt,
     des gümpels er zu dick begert.
10 das macht die hütten krachen
     von solchen sachen.   Rep(eticio) Ir rotter mund etc

---

23 wolbedeckt *c.*   Nach **28** R(epeticio) Ir rot^s *A*, Repeticio ut s(upra) *c.*
37 des] der *c(?)*; dick] offt *c.*   **39** Las frischlich bachen *A.*   Nach **39** R(epeticio) Ir *A*, Repeti(cio) *c.*

---

21 kloben: *teilweise gespaltenes Holzstück, aufgespreizt zum Vogelfangen benutzt.*   **28** getucke ›Ducken‹.   **29** das voglen zue geschöck ›das [Gerät zum] Vogelfangen einsammle‹, aber auch ›mein Vögelchen aufrichte‹.   **31** gelöck ›Lokken‹.   **32** gesneud *(zu mhd. sniuden)* ›Geschnaube‹.   **35** voglen ›Vögel fangen, vögeln‹; gelert = gelernt.   **36** kloben: *hier für Scheide* ; mich bevilt ›mir wird zu viel‹.

84. Wol auff, wir wellen slaffen

Discantus

Tenor

I Wol auff, wir wellen slaffen.
hausknecht, nu zündt ain liechtel,
wann es ist an der zeit,
da mit wir nicht verkaffen
5 (der letzt sei gar verheit!),
das laien, münch und pfaffen
zu unsern weiben staffen,
sich hüeb ain böser streit. |

II Heb auff und lass uns trinken,
das wir also nicht schaiden
von disem gueten wein.
und lämt er uns die schinken,
5 so müesst er doch herein.
her kopf, nu lat eu winken.
ob wir zu bette hinken,
das ist ain klainer pein.

---

84 B 34ᵛ-35ʳ (A 45ʳ, c 70ʳᵛ, G 111ʳᵛ, G¹ Nr. 39 = BW 9, Sch 42, Pelnar 3); zweistimmig, Discantus *textlos B, mit unterlegtem Text der 1. Strophe A,* Tenor *mit Text der 1. Strophe BA. Strophenfolge in G: I-II-V-III, IV fehlt; in G¹: I, II, IV, III, V. Zu einem möglichen Zitat vgl. S. XXI, Nr. 2. Überschrift: Rotulū G, Eyn hübsch lytlin von huszknechten G¹.*
1 slaffen gan *G¹.* **2** nu] *fehlt G;* entzünd *G¹;* liecht *GG¹.* **3** an der] worden *G.* **4** da mit] das *G¹;* Vnd hab wir nit ze kauffē *G.* **5** sei gar] der seÿ *cGG¹.* **7** zu unsern] den buern zun *G¹;* staffen] nit staffen *c.* **8** sich hüeb] hebt sich *G;* böser] grosser *GG¹.* **9** Heb auff und] schenck ein *G,* schenckt in *G¹;* laszt *G¹;* uns] und *c.* **10** also] vnß *GG¹.* **11** gueten] külen *GG¹.* **12** schenkel *G¹;* Der lawbt mā vnß den schenckē *G.* **13** müß *AcGG¹.* **15** zům pettlen *G,* zu betten *G¹.* **16** das] es *G;* klaine *cG,* geringe *G¹.*

Zum musikalischen Satz vgl. Pelnar, Textband, S. 34f. **4** verkaffen ›zu lange schauen‹. **5** verheit (zu mhd. verhîen) ›geschändet, entehrt‹. **6** das *bezogen auf* verkaffen ›so dass‹ *oder mit Neuansatz* ›wenn‹. **14** kopf ›Becher‹.

III Nu sleich wir gen der türen.
     secht zue, das wir nicht wenken
     mit ungeleichem tritt.
     was gilt des stoubs ein üren?   20
  5 her wiert, nu halt es mit.
     wir wellen doch nicht züren,
     ob ir eu werdt beküren
     nach pollanischem sitt.

IV   Her tragt den fürsten leise,   25
     da mit er uns nicht felle
     auff gottes ertereich!
     sein lob ich immer breise,
  5 er macht uns freuden reich.
     ie ainr den andern weise.   30
     wiert, schlipf nicht auff dem eise,
     wann es gat ungeleich.

V   Hin slaffen well wir walzen.
     nu fragt das hausdierelin,
     ob es gebettet sei.   35
     das kraut hat si versalzen,

---

17 Nu sleich] so trât G, drett G¹; gen] zu cGG¹; türe G, dürre G¹. **18** secht zue *fehlt* GG¹; wir] wir doch G¹; nicht wenken] vnß nicht zûrē G. **19** tritt] stat G¹; Nach hoffenlichē sÿtt G. **20** stobs A, düsz G¹; hürne G¹; Vnd gült es vnß ein ewrē G. **21** nu] ir G¹; halt es] haltens G¹; Gût wirt so halt vnß mit G. **22** Vnd das wir vnß nit bezurē G, Ir solt dar umb nit zürnen G¹. **23** Vnd vnß nicht beküre G, Ob wir unsz beküurnen G¹. **24** pollinischē A, pollēdischē G, bollemschen G¹. **25** Her *fehlt* G¹. **26** Das ir yn nit fellent G¹. **30** ie] das G¹; ander G¹. **31** wirt schlipf nicht] wir schlifen G¹. **32** Ir gent gar unglich G¹. **33** Hin *fehlt* GG¹; well] söll A, wollen G¹; walzen] pâld sein G. **34** Nu fragt] Frag G; Herr wirt nu fragt das diernelin G¹. **35** es] unsz G¹. **36** si] sie unsz G¹; Sÿ hatt das krawt vˢsaltzē G.

---

20 staub: *wohl zu mhd.* stouben ›Staub aufwirbeln, feiern, trinken‹; üren: *Flüssigkeitsmaß,* ›Eimer‹. **23** sich bekür⟨n⟩en: *nach Schatz 1930* ›sich übergeben‹, *nach Okken/Mück S. 469* ›husten, nach Atem ringen‹. **25** fürst: *gemeint ist wohl nicht ein fürstlicher Zechgenosse, sondern der Wein.* **33** walzen ›drehen, torkeln‹.

5 darzu ain gueten brei.
   was soll wir dorzu kalzen?
   es was nit wol gesmalzen;
   der schäden waren drei.   etc 40

Zu dem nach Kl 84 in B getilgten Lied Ain kluegen abt *vgl. S. XIII.*   35^{rv}

85. »Nu huss« sprach der Michel von Wolkenstain

I   »**N**u huss« sprach der Michel   von Wolkenstain,
    »so hetzen wir« sprach Oswalt   von Wolkenstain,
    »za hürs« sprach her Lienhart   von Wolkenstain, |
    »si müessen alle fliehen   von Greiffenstain geleich.«   36^r

II Do hueb sich ain gestöber   auss der gluet   5
    all nider in die köfel,   das es alles bluet.
    banzer und armbrost,   darzu die eisenhuet,
    die liessens uns zu letze;   do wurd wir freudenreich.

III Die handwerkh und hütten   und ander ir gezelt,
    das ward zu ainer aschen   in dem obern veld.   10
    ich hör, wer übel leihe,   das sei ain böser gelt:
    also well wir bezalen,   herzog Fridereich.

---

84 **37** den gutten prein *G.* **38** dorzu] darūb *AG¹*; Dar vmb well wir nit kaltzen *G.*
39 es] er *G¹*; nit wol gesmalzen] halt vngeschmaltzē *G*, gar ungeschmaltzen *G¹*.
40 waren] der warent *G¹*.
85 *B 35^v–36^r (A–, c 70^v–71^r, G 120^{rv} = BW 10, Sch 78); einstimmig, 1. Strophe den Noten unterlegt B.* **3** za] zu *c.* **8** liessen sy vns *c.*

---

84 **38** kalzen ›schelten‹.
85 *Die Kämpfe, von denen das Lied berichtet, sind urkundlich nicht nachzuweisen, die Datierungen der Forschung schwanken zwischen 1418 und 1423. Strophen I–III sind durch Kornreim gebunden, IV–VII sind durchgereimt. Die (nur gelegentlich gereimten) metrischen Zäsuren der Langzeilen sind markiert.*
1/3 huss *(zu* hussen ›hetzen‹*) und* za hürs *(zu* hurzen ›jagen‹*):* Jagdrufe.
4 Greiffenstain *heute ›Sauschloss‹ oberhalb von Siebeneich im Etschtal.* **6** kofel ›Felskegel‹; bluet *wohl zu* blüejen, *nicht zu* bluoten. **8** letze ›Abschiedsgeschenk‹.

IV Schalmützen, schalmeussen niemand schied.
das geschach vorm Rabenstain inn dem Ried,
das mangem ward gezogen ain spann lange niet 15
von ainem pfeil, geflogen durch armberost gebiett.

V Gepauren von Sant Jörgen, die ganz gemaine,
die hetten uns gesworen falsch unraine,
do komen guet gesellen von Rabenstaine:
»got grüess eu, nachgepauern, eur treu ist klaine.« 20

VI Ein werfen und ein schiessen, ain gross gepreuss
hueb sich an verdriessen: »glöggel dich und seuss!
nu rüer dich, guet hofeman, gewinn oder fleuss!«
ouch ward daselbs besenget vil dächer unde meuss.

VII Die Botzner, der Ritten und die von Meran, 25
Hafning, der Melten, die zugen oben hran,
Serntner, Senesier, die fraidige man,
die wolten uns vergernen, do komen wir der von.

---

14 beschach *c*. **16** armbrosts *c*. **17** die paurñ *c*. **19** vom *c*. **24** bardñ *c;* besegnet *c*. **27** fraidigñ *c*. **28** vergnen *c*.
Fassung G (Überschrift: Walckenstainner), *Abkürzungen aufgelöst, wenige Verbesserungen:*

I Zu hůrß so spricht her Michel vom Walckenstainner
zů hectz so sprach her Arnolt | von Walckenstainner 120ᵛ
zů hůrß so spricht her Oswalt vom Walckenstainner
so wel wirß frischlich wagen ir trew die ist gar cklain

II Die půnd die sind ⌜gewunnen sÿ sind gefallen⌝ 5
wie pald wir sÿ derschnellen mit cklainem schallen
das rietten mir die pfaffen vnd die von Halle
vnd etlich gest im lande die ich becalle

---

14 Rabenstain: *Rafenstein im Sarntal.* **15** niet ›Nagel‹. **16** gebiett *eigentlich* ›Befehl‹. **17** Sant Jörgen: *St. Georgen zwischen Gries bei Bozen und Rafenstein.* **21** gepreuss ›Brausen‹. **22** glöggel dich ›schwing dich (wie eine Glocke), tummel dich‹. **26** Hafning: *Hafling;* Melten: *Mölten.* **27** Serntner: *Sarntaler;* Senesier: *Leute aus Jenesien;* fraidig ›trotzig, treulos, übermütig‹. **28** vergernen ›umstrikken, fangen‹.

86. O pfalzgraf Ludeweig

I   O pfalzgraf Ludeweig
    bei Rein, so vein dein steig
    geit braite schraitte tugent gross.
    kainer dein genoss
5   Dir nicht geleichen mag.
    hör mich, was ich dir sag:
    sich klärlich bärlich vindet das
    nach adelicher mass;
    Die rüerstu, füerstu in stätem schilt
10 durch manhait, weisshait warhafft milt.
    ouch fröuen dich die frouen, permafoi,
    hort ich von deim getreuen
    gemaheln von Sophoi.

II   Ich rüem dich, Haidelberg,
    lob ob- en auf dem perg,
    das schöne fröne mündlin rot
    da zeren muess und brot
5   Mit züchten wol gemuet.
    ir er ist ser behuet

---

85 III   Die pawren von Jorgen all gemaine
    die habent vnß gesworen falsch vnd vnraine
    sÿ wolten vnß haben geholffen das habendß nit getan
    sÿ wolten vnß übergerbt han da halff vnß got dar uon
Lesarten: **5** gafallē sÿ sind gewūnē G.   **11** geshoffē G.
86 B 36ʳᵛ (A 47ʳᵛ, c 71ʳᵛ = BW 11, Sch 99); einstimmig, 1. Strophe unter Noten BA.
1 ludewig BA, ludewig c.   **12** getreuen] getruwen B, getrawen A.
13 gemåchelin A, gemahl c.

Preislied auf Pfalzgraf Ludwig III.   **2** steig ›Weg‹, hier ›Lebensart‹.   **3** schrait ›berühmt‹ (zu schraien ›schreien lassen‹, Schatz 1930) oder ›ausgedehnt‹ (zu schreiten, Marold)?   **4** genoss ›Standesgenossen‹.   **7** bärlich ›offenbar‹; sich vindet das ›das zeigt sich‹?   **9** rüeren ›treiben, üben‹.   **11** permafoy = 69,76 auff mein treu.   **13** gemahel von Sophoi: Mechthild, Tochter von Herzog Amadeus von Savoyen.   **16** fron ›herrlich‹.

  durch Metzlin, Ketzlin, Kädrichin,   20
  Agnes und Engichin,
  Der jugent, tugent wol geziert
10 mit wandel, handel ungefiert.
  des lob ich got, den milden, was ich kan,
  das er also kan bilden   25
  schön kindichin wolgetan. |

III **D**o ich den Necker koss,   36ᵛ
  der bach gemach nicht floss
  in Rein, der Main, darzue die Nou
  umb Pingen. Neckerou,   30
5 Dein scheren ungenetzt
  der taschen maschen setzt,
  an rueff schueff ich mir guet gemach
  zu Manhaim, Bacherach.
  Unfröstlich köstlich mein da ward   35
10 gepflegen engegen von dem lieben bart,
  der mich hat schon gedecket mit füchsen swär,
  durch marder ser erschrecket;
  das spil louff mir nicht lär.

---

22 wolgezieret *c*. **23** wandel handel] bandl bandl *c*; vngefieret *c*. **24** das *B*, des *Ac*. **31** schern *c*. **36** von dem] durch den *A*. **37** bedecket *Ac*. **39** loff *A*, lieff *c*.

20f. *wohl die Töchter des Pfalzgrafen, bekannt ist* Metzlin *Mechthild, später Regentin und Literaturgönnerin in Rottenburg am Neckar.* **23** ungefiert: *wohl zu vieren ›viereckig und unverrückbar fügen‹,* Marold: *›ohne Steifheit‹ (?).* **27–32** *Fließen und Scheren wohl als Metaphern für Geldverlust.* **29** Nou: *Nahe.* **30** Neckerou *(angeredet) wohl die Gegend um die Mündung des Neckar in den Rhein.* **32** masche *›Schlinge‹, hier für netzartige Löcher.* **33** an rueff *›ohne Geschrei‹, hier wohl für ›ohne Aufwand, bescheiden‹.* **35** unfröstlich *›ohne [die dortige] Kälte‹.* **36** engegen *›demgegenüber‹; Ludwig wurde auch der Bärtige genannt.* **39** *In B ein Wunsch, in A und c Indikativ Prät.*

87. Rot weiss ain frölich angesicht

I Rot weiss ain frölich angesicht,
emplösst auss swarzer farbe klaid,
ain klain verdackt der stieren slicht
mit ainem schlaierlin gemait,
5 durchsichtiklich geschittert,
Darinn ein mündlin rosenvar,
smielisch mit zendlin weiss besteckt,
verleucht von swarzen öuglin klar:
die meinem herzen freuden weckt,
10 das es dorinn erzittert,
frölichen kittert.
    Ir wort, gepär   ringt mir die swär,   Rep(eticio)
    wenn ich das aigenlich beschau,
    darzue ir jugent,   freuntlich tugent,
    mit schallen, schimpfen   pringt gelimpfen.
5   des freu dich, aller liebste frau!

II Wie wol gedenk mich lan unfrei,
so tar ich doch gesprechen nicht,
dieselbig forcht mir wonet bei.
neur dester wierser mir beschicht,
5 das ich die teutsch sol meiden.
Darzue üebt mich mein grobe art,
das ich so selden wirt getröst.
von nöten greiset mir der bart,
seid mein herz senlich wirt geröst.

---

87 B 36ᵛ (A –, c 71ᵛ–72ʳ = BW 72, Sch 70); einstimmig, eine Notenzeile als Andeutung des Melodieanfangs B. **3** stiern c. **4** slairlin c. **7** bestecket c. **10** erzittert c, erzittret B. **12** Repeticio auch c. **13** aigentlich c. **20** wieser c. **21** tutzsch Bc. **25** gerösst c, geröscht B. Nach 27 R(epeticio) c.

---

3 slicht ›Glätte, Ebenmaß‹.   **5** schittern ›schütter, durchscheinend machen‹. **7** smielisch ›lächelnd‹.   **9** ergänze ›so ist sie‹.   **11** kittern ›lachen‹ (DWb.). **21** die teutsch ›das deutliche Sprechen‹.   **22** üeben hier ›drängen, nötigen‹.

10 gar dick mit grossem leiden
muess ich das reiden.

III †Sündlichen† sehen, klaine sprach,
und wer die teutsch nicht wil verstan,
das pringt dick ainem ungemach,
das er sein not nicht werben kan;
5 des muess ich offt engelten.
Mit eren, ausserweltes M,
liebst du mir in meins herzen grund.
dein stolzer leib mich nicht enklemm,
der mag mir freude machen kund.
10 so gar an alles melden
tet ich es selden.

Nota diss obgeschriben lied Rot weiss etc singt sich inn der melodi Ain jetterin iunk etc

---

29 teütsch *c*, tützsch *B*.   **30** dick] offt *c*.   Nach **38** R(epeticio) *c*.

---

27 reiden ›drehen, wälzen‹ (im Inneren).   **28** sündlichen *ist sicher falsch; am besten würde* senlichen *passen, aber das wäre paläographisch schwer zu erklären;* Schatz (1902, 1904) *hat* süenlichen ›friedlich‹ *in den Text gesetzt, im Wörterbuch (1930)* sainlichen ›träge, langsam‹ *erwogen; erwägenswert sind auch* kündlichen ›trotz guter Bekanntschaft‹ (Fehler des Initialenmalers) *und* sünlichen ›von Angesicht zu Angesicht‹ (zu mhd. siune).   **29** wohl ›und wenn einer sich nicht aufs Reden versteht‹.   **31** werben *hier* ›ausdrücken‹.   **35** enklemm *Negationspartikel +* klemmen ›beklommen machen‹.   **37** ›so völlig sprachlos‹?

88. Vier hundert jar auff erd die gelten neur ainen tag

                                                                             Discantus

Tenor

I   Vier hundert jar auff erd die gelten neur ainen tag,
     und wo sich lieb zu lieb haimlich versliessen mag,
     da wär ich nicht ein zag.
     ich druckt die minniklichen zu mir auf die brust
5   nach meines herzen lust,   5
     so wer mein laid, so wer mein laid | vertust,   37ʳ
     das hail drung mich zu liebem ungemach.

II Ich rüem den tag und breis den wunniklichen scherz,
     do si mich hat erwellt so gar an allen smerz
     ganz für ir ainigs herz,   10
     und desgeleichen unvergessen ewikleich

---

88 *B 36ᵛ–37ʳ (A 52ᵛ, c 72ʳᵛ, E 311ʳ, o 242ʳᵛ, α 374ᵛ–375ʳ, vgl. auch S. XXII, Nr. 7 = BW 73, Sch 19, Pelnar 33); zweistimmig, Discantus textlos, Tenor mit 1. Strophe unterlegt BA, Stimmbezeichnungen fehlen A.*
Überschrift Vonn scheÿdenn *oα.*   **1** *Initiale fehlt Aα;* erden *Eoα;* neur *fehlt AEoα.*
2 versliessen] geschliessen *α,* geschlieffenn *o.*   **4** ich druckt] ich truckt ich schmuckt *E,* druck dich schmuck dich *oα;* die *fehlt oα;* zu mir auf die] an mein *Eoα.*   **6** so wer mein laid *nur einmal AcEoα, zweimal unter Noten B;* vertust *AcEoα*] vertuscht *B.*   **7** Die lieb trüg mich zu lieb on vngemach *Eoα.*   **8** rüem] lob *Eoα.*   **9** do] seid *Eoα;* hat erwellt … smerz] hatt vsserwelt ja für ir aigen hertz *E,* außerwelet hatt ja jnn jrem hertz *oα.*   **10** So gar an allen schmertz (schertz *E) αoE.*   **11** Deß geleichen (gleichen *oα)* vnuergessen ym̄er vnd ewicleich *Eoα.*

Vorlage des Satzes ist das dreistimmige Rondeau A son plaisir *von Pierre Fontaine (Zeitgenosse Oswalds, gest. um 1450), vgl. L. Welker in: Early music history 7 (1987), S. 192–200.*   **2** *Der Konditionalsatz schließt V. 1 ab und bereitet V. 3 vor.*
6 *Die wörtliche Wiederholung steht unter Noten, ist also tatsächlich zu singen, während in Handschrift A nur* vertust *unter denselben Noten steht; wie nach B die Parallelverse der Strophen II und III zu gestalten sind, geht aus der Aufzeichnung nicht hervor.*   **7** ungemach *hier wohl ›Anstrengung, Aktivität‹.*

    5 ir nimmer mer geweich
       in meines herzen teich,
       als ich ir das löblichen hoch versprach.

III Mit urlob, frou, kain schaiden tet mir nie so we,   15
      solt ich dein stolzen leib gesehen nimmer me,
      das wär mein gifftlich kre,
      und rau mich ser dein pöschelochter rotter mund,
    5 der mich tiefflichen wunt
      gar in des todes grund.   20
      des mordaio, oi mi und immer ach!

89. Herz, muet, leib, sel und was ich han

I **H**erz, muet, leib, sel und was ich han,
   das freut ain lieplich angesicht,
   Dem sol ich wesen undertan,
   zu dienen stetiklich gericht.
     Frou, du solt unvergessen sein   Repeticio 5
     in meinem herzen ewikleich,
   und wär das ouch der wille dein,
   so ward nie kaiser mein geleich.

---

88 **12–14** In meines hertzen teich Von der ich doch nit weich Wann ich das ir mündtleich vnd hoch versprochen hǎn *Eoα*.   **15** frau *fehlt oα*.   **16** solt ich dein stolzen] vnd solt ich fraw dein *Eoα*.   **17** ein gifftig wee *Eoα*.   **18** So rewt mich fraw dein rosenuarber czucker süsser mund *Eoα*.   **19** tiefflichen] lieplichen *A*; Hatt mir mein hertz verwundt *Eoα*.   **20** Bis vff des todes punt *Eoα*.   **21** mordio jo *oα*; oi mi ... ach] vnd ach vnd ymer we *Eoα*.

89 B 37ʳ (A 54ʳ, c 72ᵛ = BW 74, Sch 34); einstimmig, Text der 1. Strophe unterlegt BA, die Wiederholung (1f.=3f.) in A zweizeilig unter Noten, in B mit Noten ausgeschrieben. **1** *Initiale fehlt A*.   **5** Repeticio *Bc, fehlt A*.

---

88 **12** geweich: *Subjekt ist immer noch* ich.   **17** kre *zu mhd.* krîe ›Schrei‹ *oder zu mhd.* krēn ›Meerrettich‹?   **18** rau: *Konjunktiv Prät.;* pöschelocht ›bauschig, voll‹.
89 **4** gericht ›bereit‹.

II   Ich wolt, du wesst an als gevär
    mein freuntschaft halb, die ich dir trag;   10
    Zwar du erfüerst vil lieber mär
    von *mir* zu *dir* an alle frag.

III Wie ferr ich bin, so nahet mir
    inbrünstiklich dein stolzer leib,
    Senlich darnach stet mein begier.   15
    du fröust mich zwar für alle weib.   Rep(eticio) Frou du solt unver etc

90. Ach got, wär ich ain bilgerein   37^{rv}

s. S. 352

91. Freuntlicher blick

                                                                 Discantus

Tenor

I   **F**reuntlicher blick
    wundet ser meins herzen schrein
    mit ainem scharpfen zain.
    zwai öuglin rain

---

89 **12** von dir zu mir B*Ac*.   Nach **12** R(epeticio) Frow du solt etc *A*, Repeti(cio) *c*. Nach **16** R(epeticio) Frow du solt etc *A*, Repeticio ut sup(ra) *c*.

91 B 37^v–38^r (A 53^v–54^r, c 73^r–74^r, E 313^r–314^r, K 134^v (wenige Verse, s.u.), o 244^v–245^v, α 377^r–378^v = BW 76, Sch 15, Pelnar 4); zweistimmig, untextierter Discantus, textierter Tenor (Bezeichnung fehlt *A*), nur 1–6 und 13–20 den Noten unterlegt B*A*, 2a pars *des Diskant in A markiert, clausula-Schluss in B mit* finis *über* kund *bezeichnet*.   **1** *Initiale fehlt A*.   **2** wundert *oα*.   **3** ainer *Eoα*; scharpffer *oα*.

---

89 **12** *Die Konjektur scheint mir unumgänglich.*
91 *Zum musikalischen Satz vgl. Pelnar, Textband, S. 35–39.*   **3** zain ›Stab, Pfeil‹.

5 lauter klar und vein
ein   sein gewaltig mein.
Auss slaffes schrick
vil gedenk, melancolei
dicke mir wonen bei.
10 zetter ich schrei,
nach der edlen krei,
ei,   das si bei mir sei!
Ir günstlich gruess
von dem mündlin suess
15 mit unmuess
mir pringt senlich buess
baide tag und nacht,
so ich betracht   und acht,
das mich liederlichen umbfacht
20 ermlin macht, | etc 20
Mit hertem druck   38ʳ
kürlich zu ir smuck
und mich tuck,
das si nicht enzuck,
25 bis ir rotter mund
auf sleust den punt   verwunt,
des si maisterlichen ain grund
schaffen kund.   *[37ᵛ unter Noten: finis kund]*

---

7 schaffes *oα*; strick *o*.   **9** dick *Eoα*.   **10** zetter] hilff jo *Eoα*.   **13** Ir] Ain *Eoα*. **14** dem] irem *Eoα*.   **16** pringett *Eoα*.   **18** betracht und acht] acht vnd betracht (betragt *o*) *Eoα*.   **19** liederlichen] lieplich *Eoα*.   **22** kurtzlich *Eo*; ir] mir *oα*. **24** sie mich nicht *α*.   **27** des] das *Eoα*; maistˢlich ainen *c*.   **28** schlaffenn *oα*.

---

6 ein ›allein‹.   **11** kreien nach ›rufen nach‹.   **16** senlich buess ›schmerzliche Linderung‹.   **18** betracht und acht *etwa* ›mir ausmale und vorstelle‹. **19** liederlichen ›anmutig‹.   **21ff.** *noch abhängig von 18:* ›wie ich mich schmiege‹. **23** sich tucken ›sich ducken‹, hier vielleicht ›lauern, zuwarten‹.   **24** enzucken ›zurückzucken‹.   **26** punt verwunt ›verwundete Fessel‹, d.h. die durch die Liebeswunde entstandene Fessel.   **27f.** ain grund schaffen ›verursachen‹.

91. Freuntlicher blick — 223

II **T**raut selig weib,
   selden sehen überal
   dort mir der sinne zal,
   seid mich zu mal
5 deines leibes sal,
   gral   werfen wil zu tal.
   Ellenden leib
   füer ich auf der ierren pan
   und hoff auf zweifels wan
10 recht als ain man,
   den man wil verlan.
   von   freuden muess ich stan,
   Und swebt mein klag
   auf dem wilden wag
15 tüglich tag,
   das ich schier verzag,
   seid mein höchstes hail
   mir machet fail   die gail,
   und in kainerlai wandels mail
20 brach das sail.
   Dorumb ist, ach,
   feuer in dem tach,
   kain gemach
   in meins herzen vach,
25 wenn ich recht bedenk
   die zarten renk,   gelenk

---

31 tört *c*; mir] mit *Eoα*. **33** deins *Eoα*; leibs *oα*. **35** ellende lieb *Eoα*. **36** auf] auch auff *oα*. **37** auf] auch *o*. **41** clage *Eoα*. **42** dem] aim *c*; wilde *o*; wåge *Eoα*. **43** teglich *coα*, taŭglich *E*; tage *Eoα*. **44** schier verzag] nyme͞s mage *Eoα*. **46** mir] *fehlt Eoα*. **47** wandels] wandel *A, fehlt Eoα*. **49** ach] auch *E*. **51** gemach] vngemach *o*. **52** meines *Eoα*.

---

31 dort = dorrt. **33** sal *häufig und ohne viel Gewicht in Genitivverbindungen, hier etwa ›Festsaal, Palast‹*. **36** auf der ierren pan ›*herumirrend*‹. **37** auf zweifels wan ›*ohne Gewissheit zu haben*‹. **43** tüglich *eigentlich* ›*tüchtig, brauchbar*‹, *hier schwierig, eher Adjektiv zu* tag *als Adverb, vgl. nhd.* ›*jeden schönen Tag*‹? **46** fail machen ›*preisgeben*‹; gail ›*Freude*‹. **47f.** ›*und durch keinen einzigen Fehltritt das Band durchtrennte*‹ (Hofmeister). **54** rank ›*Bewegung*‹; gelenk ›*Biegung, Wendung*‹.

mit so mangerlai hendlin schrenk 55
sunder wenk.

III **Ach raine frucht,**
lass erbarmen dir mein not!
was hilft dich nu mein tod?
dein mündlin rot 60
5   mag verhailen wol den schrot
grot,   den mir unfal bot.
Kain andre flucht,
neur allaine, frou, zu dir
lendt sich meins herzen gier. 65
10 dein köstlich zier
wil behelfen mir
schier,   des ich hart embier.
Bedenka jo,
lieb, du waisst wol, wo! 70
15 hab also,
lass mich nicht unfro!
nu wend meins herzen laid,
das mich all raid   beklaid,
durch dein seuberlich schön gemait 75
20 zierlich brait!
Erst wurd ich reich,
niemand mein geleich,
von dem speich,
süesser wunne teich; 80
25 urlob gäb ich we

---

55 maniger *Eo*, manche^s *a*.   58 dir] dich *Eoa*.   59 hulff *Eoa*.   61 hailen *Eoa*.
62 grot *fehlt c*.   64 allaine frau] fraw allain *Eoa*.   67 wöll helffen *Eoa*.
69 Bedenck jo *Eoa*.   72 nicht] nyendert *E*, nirgett *oa*.   73 nu] *fehlt Eoa*.
74 bekleÿb *oa*.   75 seüberliche *E*.   78 gleich *oa*.   80 suse *o*.   81 geb *Eoa*.

---

61 schrot ›*Schnitt, Wunde*‹.   62 grot = gross, *niederdeutscher Reim*.   65 sich
lenden ›*sich (zum Landen) ausrichten auf*‹.   67 wil ›*wird*‹, besser wel ›*möge*‹?
behelfen ›*aushelfen (mit dem, was ...)*‹.   71 Marold: Zu erg. ›*mich*‹.   74 all raid
›*schon, bereits*‹; beklaid = beklaidet.   75 schön: *Substantiv mit vielen Adjektiven*.
79 speich *frei erfundene Rückbildung aus* speicher *im Sinne von* ›*Vorrat*‹?

und grüent mein kle   als e.
schaiden, bitterlich kalter snee,
scharpfer kre,
kom nicht me!   85

92. Treib her, treib überher

I »Treib her,
treib überher, du trautes Berbelin das mein,   1a
zu mir   ruck mit den schäfflin dein,
kom schier,   mein schönes Berbelein!«
II »Ich merk,
ich merk dich wol, aber ich entuen sein warlich nicht,   4a

---

91 **82** eeeee *c*. **83** pitterlicher *Eα*. **84** scharpffen *E*. **85** meeeeeee *c*. *Die Verse **58–62** und **77** in K:*
    Zart liebste frauw
    nu lass erbarmen dich mein nodt
    was hilff dich nu mein todt
    dein mündlein Rodt
    mag verheilen wol den Strodt
    grodt   vnual bey /
    Erst wurd ich reich
    daran gedengk
92 *B 38^{rv} (A 55^r, c 74^r–75^r = BW 77, Sch 40); einstimmig, Text der ersten Strophe unter Noten BA. Gegenüber den früheren Auflagen dieser Ausgabe sind die Strophen gezählt und die Wiederholungen an den Strophenanfängen auf zwei Zeilen verteilt; die Zeilenzählung rechts ist aber unverändert geblieben, nach ihr richten sich Lesarten und Anmerkungen. Beim Zitieren sind die geteilten Zeilen als 1 und 1a usw. zu zählen. In Handschrift B sind jeweils vier Strophen zu einer Gruppe mit Initiale zusammengefasst, c schreibt den Text entsprechend in vier Blöcken.*
1a *Initiale fehlt A*. **1b** Bärbeli *A*, Agneslein *c*. **2** schäffgin *A*. **3** Agneslein *c*.

---

91 **82** grüent *Konjunktiv*. **84** kre *zu mhd.* krîe ›Schrei‹ *oder zu mhd.* krên ›Meerrettich‹?
92 **6** in grüener pflicht = grüen.

	dein waide die ist gar enwicht,	
	mein haide stat in grüener pflicht.«	
III	»Mein waid,	
	mein waid die ist wol auss der massen kurlich guet	7a
	mit kle, loub, gras, vil plüemlin pluet.	
	der snee get ab in meiner huet.«	
IV	»So hör,	
	so hör ich hie vil süesser vogelin gesangk,	10a
	da bei ist mir die weil nicht lank,	
	gar frei ist aller mein gedankh.«	
V	»So han,	
	so han ich hie wol ain küelen klaren brunn,	13a
	dorum ein schatten für die sunn.	
	nu kum, meins herzen höchste wunn.«	
VI	»Von durst,	
	von durst so hab ich kainerlaie hendlin not,	16a
	ja keut ich nie das käss und brot	
	von heut, das mir mein muetter bot.«	
VII	»Vil swammen,	
	swemmelein die wachsen hie in disem strauch,	19a
	darzu vil junger voglin rauch.	
	kämstu zu mir, ich gäb dir ouch.«	
VIII	»Wiltu,	
	wiltu mich sichern, genzlichen mit gemache lan,	22a
	villeicht so treib ich zu dir hnan;	
	susst weicht mein vich verrlich herdan.«	
IX	»Nu fürcht,	
	nu fürcht dich nicht, mein ausserwelte schöne tock!	25a
	ja flicht ich dir deinen weissen lock	
	und slicht dir deinen rotten rock.«	
X	»Das hast,	
	das hastu mir so dick versprochen bei der wid,	28a

---

5 die] de *A*. **13b** einen *A*. **14** dorumb *B*. **18** Das hewt mein můttˢ mir gebot *A*. **21** kombstu *c*. **28b** dick] offt *c*.

7b kurlich ›*auserlesen*‹. **16a** kainerlaie hendlin ›*keinerlei Art von*‹. **17** keut ›*kaute, aß*‹. **20** rauch ›*Pelz, Flaum*‹. **23** hnan = hinan. **25a** tock ›*Puppe*‹. **28a** bei der wid ›*beim Henkerstrang*‹.

	vest stet	zu halden einen frid.	
	noch tet	du mir an meim gelid.«	
XI	»Der schad,		
	der schad was klaine, der deinem leib allda beschach,	31a
	in mass,	als es dein swester sprach.	
	ich lass	dich fürbass mit gemach.«	
XII	»Das wirt,		
	das wirt sich sagen erst, so ich werden sol ain braut,	34a
	ob sich	verru*c*ket hat mein haut.	
	pfüj dich,	du tät mirs gar zu laut.«│	
XIII	»Bis wil-,		38ᵛ
	bis wilkomen, du wunniklicher schöner hort!	37a
	du bist	mir lieber hie wann dort.	
	nu lisp	mir zue ein freuntlich wort!«	
XIV	»Und wer,		
	und wer ich dort, wer wär dann, lieb, bei dir allhie?	40a
	mein herz	dich genzlich nie vorlie	
	an smerz,	du waisst wol selber, wie.«	
XV	»Des wol,		
	des wol mich ward vil mer wann hundert tausent stund.	43a
	mich trösst	dein röselochter mund,	
	der lösst	auf sweres herzen punt.«	
XVI	Vil freud,		
	vil freud und wunne ir baider leib all do betrat,	46a
	bis raid	der abent zueher jat.	
	an laid	schied sich ir baider wat.	etc

31b was] ist *A*.   **35** verraucket *B*, verrucket *Ac*; haut] hut *A*, hat *c*.   **36** pfuch *c*; tetst *Ac*; gar] vil *c*.   **37b** willigkom̅ *c*; du wunniklicher] mein vßerwelt*ˢ A*. **44** rosenfarber *A*.   **45** auf] aus *c*.

---

30 noch ›dennoch‹; gelid ›Glied‹, *hier für den Leib oder speziell das weibliche Geschlechtsorgan.*   **34a** das wirt sich sagen ›das wird man sagen können‹. **35** verrucket ›verschoben‹, *die Schreibung* verraucket *in B könnte durch Kontamination mit* verrauchet ›rau gemacht‹ *verursacht sein, jedenfalls ein Euphemismus für* ›zerrissen‹.   **45** punt ›Band, Fessel‹.   **47** raid ›schnell, bereits‹ (*DWb.* reit); jeten *auch* ›eilen, gehen‹ (*Schweiz. Idiotikon*).   **48** wat *wenn* ›Kleidung‹, *dann nur als Umschreibung der Personen; eher aber* ›Pfad, Weg‹, *vgl. Okken/Mück, S. 554f.*

93. Herz, prich! rich! sich

Discantus

Ia	⟨Herz⟩	prich!	rich!	sich:	
	⟨smerz,⟩	scherz	⟨hie⟩ dringt,		
	⟨ser⟩ zwingt	und pringt			
	natürlich lieb in immer ach.				
5	⟨nach⟩	rach	⟨ich⟩ grimmiklichen schrei.		5
	ei	frei,	gesell,		
	⟨wenn⟩	kenn	dein treu be⟨denken.⟩		

Tenor

Ib	**Herz,**	prich!	⟨rich!⟩	sich:	
	smerz,	⟨scherz⟩ hie ⟨dringt,⟩			8/9
	ser ⟨zwingt⟩	und pringt			
	natürlich *lieb in* immer ach.				10/11
5	nach	⟨rach⟩	ich grimmiklichen schrei.		11/12
	⟨ei⟩	frei,	gesell,		
	wenn	⟨kenn⟩	dein treu bedenken.		

II	**Hort**	mein,	dein	ain	15
	wort	mort	mir gail.		

---

93 B 38ᵛ (A 21ʳ, c 75ʳ = BW 78, Sch 22, Pelnar 15); *zweistimmig, beiden Stimmen sind nur Fragmente der ersten Strophe unterlegt BA.* **1–14** *nur der Text des Tenors c.* **10** *lib ich B, lieb ich c, lu (?) ich A.* **11/12** *nach A, rach Bc.*

Ein sinnvoller Text entsteht in der ersten Strophe erst durch das Zusammenwirken beider Stimmen. Was aufgezeichnet ist und von der jeweiligen Stimme gesungen werden soll, ist im normalen Schriftgrad gehalten, die Ergänzungen der anderen Stimme sind kleiner. Für die Folgestrophen wäre der Text entsprechend auf beide Stimmen zu verteilen. Zum musikalischen Satz vgl. Pelnar, Textband, S. 70f.
1 brich rich: *beide Stimmen geben einander widersprechende Ratschläge.*
2 ›Schmerz verdrängt das Scherzen‹? **3** ser ›sehr‹ *oder* ›Leid‹? **4** in immer ach ›in immerwährendes Achsagen‹. **6** frei *Imperativ* ›befreie ⟨mich⟩‹; gesell: *Anrede der Geliebten.* **7** ›wenn deine Treue fähig ist, an mich zu denken‹. **16** mort = mordet.

unhail, das sail,
ich schreiben tuen an wage schild.
5 wild   mild   mein herz begriffen hat
Quat,   mat!   nu snell,
Gelück, rück   mir lieb verrenken!

III Tod,   laid,   maid,   schaid
not!   rot   dein mund
tröst wund   die hund,
der stimm mir nie wolt louffen suess.
5 buess   muess   mir freuden werden an,
wan   man   gefell
nie   lie   plasen auff schrenken.

94. Lieb, dein verlangen

Tenor

I Lieb, dein verlangen
hat umbfangen
unergangen.
wiss, frau,   trau,   schau,

---

93 **21** rück] rücht *A*.   **22** laid maid] maid laid *c*.

94 B 38ᵛ (A 18ʳ, c 75ʳᵛ = BW 79, Sch 21, Pelnar 16); *nur* Tenor *mit unterlegtem Text der ersten Strophe, darüber eine leere Notenzeile B, zweistimmig, textloser* Discantus hui(us) liebri, *dann* Tenor *mit unterlegtem Text der 1. Strophe A*.

---

93 **17f.** ›Die Fessel Unheil male ich auf den Wappenschild meines Wagnisses‹ (anders Marold und Hofmeister).   **19** wild mild ›seltsame Sanftmut‹ oder ›ein zartes Wild‹ (als Beginn der Jagdmetaphorik)?   **20f.** Quat (›Bosheit‹) und Gelück *sind Hunde in der Liebesjagd;* rück mir lieb verrenken ›bring zu mir erwünschte Umarmung‹.
22 maid: *hier wohl Anrede* ›Mädchen‹.   **26** mir freuden ... an ›mir Freudlosem‹ (an = *mhd.* âne) *oder* ›mir in Freuden‹ (an = *mhd.* an)?   **27** gefell: *wenn das Wild gestellt ist und erlegt wird, dazu ertönt ein Hornsignal.*   **28** auff schrenken ›zur Umarmung‹.

94 *Teilweise alternative Deutungsversuche bei Marold und Hofmeister. Zum musikalischen Satz vgl. Pelnar, Textband, S. 71.*   **1** dein verlangen ›Sehnsucht nach dir‹?
2 mich *zu ergänzen*.   **3** unergangen ›ohne Erfüllung‹.

    5 mich tröst dein ellende.   5

II Dein lieplich possen
     hat beslossen,
     freuntlich gossen
     die zang,   lang   bang
5   mit süessem wellende.   10

III »Ei, was sol das?
      mit geren bas
      ich nie versass
      die schrenk.   wenk,   lenk,
5   herzlieb, mich fellende!«| 15

95. O rainer got

I **O** rainer got,   39ʳ
    gnad, tugent hoch der barmung tieffer gründe,
   ain doctor aller weishait schar*f*,
   ain loner guetter dinge,
5 ain recher böse*r* werkhe macht,   5
   gewaltiklich ain herr der mächtikait:
   Ich klag den spot,

---

94 **6** Dein] Ain *A*. **9** bang] wang *BAc*.
95 *B 39ʳ (A 48ʳᵛ, c 76ʳᵛ = BW 20, Sch 103); einstimmig, eine Melodiezeile (ähnlich wie der Anfang von Kl 11) als Andeutung BA.* **3** scharpf *B*, scharff *Ac*. **5** bözer *A*, böse *B*, pöser (r *radiert?*) *c*.

---

94 **5** tröst *Konjunktiv des Wunsches;* dein ellende ›da ich dir fern bin‹? **6** possen ›Figur, Gestalt‹. **7–9** ›hat die lange Angst gefangen genommen, liebevoll die Zange (Umarmung) [um sie] gegossen‹? **10** wellen ›wollen‹ oder ›wallen‹? **12f.** ›absichtlich versäumte ich nie‹ (Marold). **14f.** schrenk ›Umarmungen‹; ›bewege, lenke mich, Liebster, wenn ich fehlgehe‹ (*zu mhd.* vælen).
95 *Ton wie Kl 11 und 12, vgl. Anm. zu Kl 1.* **2** der barmung *Genitiv, abhängig von* tugent *(als Epitheton Gottes etwa* ›Macht‹*) oder bair. als ein Wort* derbarmung = erbarmung; gründe *Genitivus qualitatis zu* (der)barmung *(*›tiefgründig‹*).*

```
         den du vertraist in diser werlde sünde.
         ach frummer, klag, wenn du sein darf,
10       das schand für er sol dringen,                              10
         und recht durch unrecht wirt verkart;
         wer dasselb kan, der dunkt sich des gemait.
         Das lert man inn der fürsten schuel,
         seid ich es recht bedenk,
15       darumb so dringt da manger stuel                             15
         für alle tisch und benk,
         der billich wol ain schamel wär,
         wenn man im rechen solt der eren swär.

II       Ich spür dreu tier
         in diser werlt, die zwai jagt man gar selden,                20
         dem dritten lat man nimmer rue,
         und ist es falsch genennet.
 5       die zwai gehaissen treu und er,
         der nam ich breis für aller werlde schatz.
         So es die vier                                               25
         hie sprechen tuen »heb auff, trag hin, lass gelden
         sein schuld, grab ein und deck in zue!«,
10       erst wirt sein nam erkennet:
         er ist gewesen diser und der.
         was er der falsch, in vacht der helle latz.                  30
         Da vindt er seiner gnossen vil,
         gefangen umb ir schuld,
15       die hie mit mangem falschen spil
         auch fluren gottes huld,
```

---

8 sünde *Bc*, fünde *A*.   **9** darfft *c*.   **12** des] sein *c*.   **13** Das] des *A*.
14 bedencke *A*.   **15** menig^s *A*.   **16** bencke *A*.   **18** rechnen *c*.   **19** spür *Ac*,
spewr *B*.   **31** genossen *A*.   **33** manigem *A*.   **34** hulde *A*.

---

8 vertragen ›ertragen‹.   **9** darf: *Angleichung der 2. Person des Prät. an die 1. und
3. auch sonst öfter;* dürfen *mit Genitiv* ›Grund haben für‹, *anders Hofmeister.*
11 verkart: *der Reim auf Vers 5 ist gestört, lies* veracht?   **12** ›kommt sich großartig
vor‹ (Hofmeister).   **18** ›wenn man das Gewicht seiner Ehre nachrechnen wollte‹.
25 die vier: *die Totengräber.*   **30** latz ›Schlinge‹.

da von si niemand weysen kund, 35
bis si hat gar verschlickt der helle grund.

III **W**o in dem wald
wont treu und er, die suechen sich ainander,
und desgeleichen bös und falsch,
also das gleich sein gleichen 40
5 im ausserwelt mit liebem gunst.
das prüefft man an vil grossen höuptern wol:
Die sechen pald,
was in da füegt, käm ain⟨e⟩r dort auss Flandern;
ist er ain kraut von böser sals, 45
10 behend so muess er reichen.
secht, der geneusst sein⟨e⟩r bösen kunst,
des zwar ain frummer nicht engelten sol.
Wen allzeit vast nach eren dürst,
und fleisst sich guetter sach, 50
15 dem geit der obrist himelfürst
in seinem reich gemach,
und darnach hie ain vil guet wort,
das besser ist dann aller fürsten hort.

---

35 beweysen *A*, weysen *c*, breysen *B*. **36** gar *fehlt A*. **38** sich ainander] anenand^s *c*. **40** geleichen *A*. **42** grossen *Ac*, grossern *B*. **49** vast *fehlt A*. **52** seim *A*. *Nachschrift:* Nota das lied O reicher *(!)* got etc singt sich in der weyse O snöde welt etc in p(ri)ncipio *A*.

---

36 verschlicken = verschlucken. **43** sechen = sehen. **45** ›ein Kraut, das übel würzt‹. **46** reichen ›reich, mächtig werden‹.

96. Grasselick lif, war hëf ick dick verloren

Tenor   Discantus, Contratenor

I »**G**rasselick lif, war hëf ick dick verloren
   all dise lange sůtten summer tyt?«
   »Dat gy my komt tu vor⟨e⟩n,
   so left min hert in grot yolit.

II Geilicken fro, all tëlich sunder truren   5
   tůt yo frowen lan eynig minen lif.«
   »Dat gschol ick nit verluren,
   mit willen gschin dein einig wif.«

---

96 B 39ʳ (A 55ᵛ, c 76ʳᵛ = BW 80, Sch 25); *dreistimmig, in B untextierter* Discantus, *dann untextierter* Contratenor, *dann* Tenor *mit unterlegtem Text von 1–4; in A keine Noten aufgezeichnet, aber der Anlage von B entsprechende freie Notensysteme vorhanden, keine Stimmenbezeichnungen. Buchstabengetreu nach B mit reichlicher Notierung von Graphievarianten aus A und c.*
1 *Initiale fehlt A;* lief wor *A.* **2** langen *A.* **3** tu vorn *Bc,* tzu vorn *A.* **4** yo lyt *BAc.* **5** traurñ *c.* **8** gschein *A;* dein] ewr *A;* einig] ewig *c.*

Zum musikalischen Satz vgl. Pelnar, Textband, S. 111f. Niederdeutsch mit niederländischen und oberdeutschen Einsprengseln. Wenn der Wechsel der Anredeformen nicht auf mangelnde Sprachkompetenz zurückzuführen ist, handelt es sich um einen Dialog: Die Frau duzt den Mann (aber vgl. die Lesart von A in Vers 8), er ihrzt sie, der Frau sind dann die Verse 1f., 7f. und 11f. zuzuweisen; anders als in Kl 79 und 82 markieren die Anredeformen aber keinen Standesunterschied. Bei Vernachlässigung der Anredeformen lässt sich das Lied auch als Monolog einer Frau verstehen.
1 grasselick: *Marold stellt das Wort zu mnd.* greselik ›grässlich‹ *(Hofmeister:* ›schlimmer Liebling‹*), A. Quak (in: Amsterdamer Beitr. z. älteren Germanistik 71, 2014, S. 238) überzeugender zu mndl.* gracelijc, graselijc ›*einnehmend, lieblich*‹. **3** gy *(zu sprechen wohl* ji*)* = ir; komt tu vor⟨e⟩n ›*begegnet*‹. **4** yo lyt *der Hss. wohl mndl.* jolijt ›*Freude*‹. **5** geilicken ›*auf fröhliche Weise*‹; all tëlich: alldelik ›*täglich, jeden Tag*‹ *oder* altellik ›*vollzählig*‹. **6** ›*lasst Euch nur durch meine Person erfreuen*‹. **7** verluren *wohl falsche Verfremdung von mhd.* verliesen *(anders Quak).* **8** gschin = sein.

III »Freuntlicker gschat, dat slot můt gschin verbunden
vnd so keiserlick wol verrigelt syr.« 10
»Erst hëf ick freude funden,
vnd welt min hert kain andern myer.«| etc

97. Senlich mit langer zeit und weil vertreib

I   S enlich mit langer zeit und weil vertreib   39ᵛ
    schafft mir ain minnikliches weib,
    wenn ich erwach und vind ir nicht,
    die mein gewaltig ist.
5   Trauren mich besleusset genzlich überal,   5
    und meret sich mein grosser qual,
    so mir an meinem arm gebrist
    ein schatz an argen list.
    Hüglich   tüglich   rüglich   wer ich sicher gail,
10 wurd mir die lieb noch ainst zu tail.   10

II   Ach schaiden, du bittre wurz, verderblich kraut,
    du ferrest mir mein liebste braut,
    der ich vor kaine nie gewan
    so gar an tadel wä⟨c⟩h.

---

96   **9** Freuntlichˢ *c*.   **11** ich *A*.   **12** wellt min kert für dick kein *A*.
97   *B 39ᵛ (A 54ᵛ–55ʳ, c 76ᵛ–77ʳ = BW 81, Sch 72); einstimmig, Text der 1. Strophe den Noten unterlegt B, 1–4 und 9f. unterlegt A.*   **1** Initiale fehlt *A*; vertreib *fehlt c*.   **5** genzlich *fehlt A*.   **7** so] wenn *A*.   Nach **8** etc *A*.

---

96   **9** gschat = schatz.   **10** syr = ser.   **12** myer = mer *oder* mir?
97   **1** ›*Ein sehnsuchtsvolles Totschlagen der langen Zeit und Dauer*‹ (Hofmeister).   **8** an argen list ›vertrauenswürdig‹ (Attribut zu schatz).   **9** hüglich ›erfreulich, freudig‹; tüglich ›tüchtig‹; rüglich = *mhd.* rogel ›locker, beweglich, lebhaft‹.   **10** noch ainst ›noch einmal, wieder‹.   **12** braut ›Braut, junge Frau‹.   **13** der ... vor kaine ›von denen ... vorher keine‹, ›wie ... bisher nie eine‹.   **14** wäch (*mhd.* wæhe) ›glänzend, schön‹.

5   Für war, ich wolt, wer ie schaiden hett erdacht,
    das im hinfür kain liebe nacht
    von kainer frouen wolgetan
    halt nimmer mer beschäch.
    Trauren,   tauren,   lauren   muess ich als ain kind,
10 bis ich die zarten wider vind.

III **G**esell, gelück, freud, wunn, hail und höchstes G!
    nu wend durch got mein senlich we
    vernünftiklich nach weisem rat,
    das ich dich kurzlich an schou,
5   Seid das ich gelouben sol, als du da sprichst,
    dein stäte lieb (und nicht embrichst),
    da mit dein adeliche sat
    nicht frücht ödlichen pau.
    Fanze   glanze   spranze   waideliche Gret,
10 vergiss mein nicht, halt wie es get!

---

15 Furbare *c*; wër *B*; ie *fehlt c*; hiet *c*.   **19** ich als] als ich *A*.   **22** wend durch got] wenda yo *A*.   **26** und] daran *A*; embrist *c*.   **29** fanze] frantze *c (erster Buchstabe korrigiert)*. Nach **30** etc *A*.

---

19 tauren ›warten, standhalten‹; lauren ›lauern, warten‹.   **26** und nicht embrichst *(abhängig von* gelouben*)*: ›dass du [die Liebe] nicht brichst‹ .   **27f.** *metaphorisch:* sat ›Säen‹ *für* ›Wirken, Schenken‹, ödlichen *Adverb* ›eitel, vergeblich‹; pauen *hier* ›wachsen lassen‹ *(Marold hält* frücht *für das Verbum und* pau *für das Objekt)*.   **29** fanz *ein Adjektiv zu mhd.* vanz ›Schalk, Nichtsnutz‹ *würde schlecht passen, vielleicht zu bair.* fänzig ›galant, artig, munter‹ *(Schmeller);* spranz *Adjektiv zu mhd.* spranz ›Sprießen (der Blumen), Glanz, Zierde‹.

98. O wunnikliches Paradis

I   O wunnikliches Paradis,
      wie gar zu Costnitz vind ich dich!
    für alles, das ich hör, sich, lis,
    mit guetem herzen fröust du mich.
5   Inwendig, auss und überal,   5
    zu Münsterling und anderswa
    regniert dein adelicher schal.
    wer möcht da immer werden gra?
        Vil ougen waid   Repeticio
        in mangem klaid   10
        slecht zierlich raid
        sich⟨t⟩ man zu Costnitz brangen
5   von mündlin rot,
        an alle not,
        der mir ains trot   15
        mit röselochten wangen.|

II   Gepärd, wort, weis an tadel spä⟨c⟩h   40ʳ
    schout man durch hügelichen tritt
    von manger stolzen frouen wä⟨c⟩h.
    sant Peter lat michs liegen nit,   20
5   Des lob ich immer breisen sol
    andächtiklich in meim gebett,
    wann er ist aller eren vol,
    und wär mir laid, wer anders redt.

III Vil zarter engelischer weib   25

---

98 B 39ᵛ–40ʳ (A 51ᵛ, c 77ʳ = BW 82, Sch 61); einstimmig, 1–4 und 9–16 den Noten unterlegt, 5–8 dazwischen BA.   **1** Initiale O *fehlt A*.   **2** Zu Costnitz han ich funden dich *A*.   **7** regiert *c*.   **8** graw *BA*, grab *c*.   **9** Repeticio *fehlt A*.   **11** raid] brait *A*.   **18** heüglichen *korrigiert zu* hügelichen *c*.   **20** nit *c*, nicht *BA*.

Zur metrischen Form vgl. Anm. zu Kl 55.   **1** Paradis: *Turnier- und Festplatz vor Konstanz.*   **4** mit guetem herzen: *wird dem Festplatz sogar ein Herz zugeschrieben?*   **6** Münsterling: *Münsterlingen, Ort nahe Konstanz.*   **15** mir trot ›mich bedrängt‹.   **18** durch hügelichen tritt ›gepaart mit fröhlich leichtem Schritt‹ (Hofmeister) *oder* ›bei jedem aufmerksamen Schritt‹?

durchleuchtig schön mit liechtem glanz
besessen haben meinen leib
all inn der Katzen bei dem tanz,
5 Und der ich nicht vergessen wil;
das macht ir minniklich gestalt. 30
mit eren lustlich freuden spil
vindt man zu Costnitz manigvalt.

99. Für allen schimpf, des ich vil sich

1 **F**ür [ ] allen schimpf, des ich vil sich
zu Nüremberg frölich bestellt
mit eren, so tuet fröuen mich
der hader wunniklich gesellt
5 Von manger lieben frouen schön, 5
und der kain tadel nie gefluecht,
die sich dem hader machet hön,
und doch kain hader nie versuecht.
    Wolauff, gesell, Rep(eticio)
10 wer hadren well 10
für ungevell,

---

98 Nach **32** R(epeticio) Vil ougen waid etc A.
99 B 40ʳ (A 51ᵛ–52ʳ, c 77ᵛ = BW 83, Sch 62); einstimmig, 1–4 und 9–17 den Noten unterlegt, 5–8 dazwischen BA. **1** Für] Fwr für B (Fwr unter dem Anfangsmelisma), Initale fehlt A. **2** nürnberg c. **9** Repeticio fehlt A.

---

98 27f. d.h. haben mit mir getanzt; Katze *Geschlechterhaus zur Katz, heute Kulturzentrum.*
99 *Zur metrischen Form vgl. Anm. zu Kl 55.* **4** *u.ö. hader, hadern üblicherweise als ›schäkern‹ erklärt; es muss sich jedoch um eine ritualisierte Form handeln. Horst Brunner vermutet, dass Oswald anlässlich eines Königsbesuchs an einem Tanzfest auf dem Rathaus teilgenommen hat und dass einer der Tänze hader hieß; möglicherweise spielten bei diesem Tanz auch Lumpen eine Rolle, so dass Oswald mit der Mehrdeutigkeit des Wortes hader spielte.* **6** *›die noch nie für tadelnswertes Verhalten beschimpft worden ist‹.* **7** hön *bei Oswald durchweg positiv ›stolz, selbstbewusst, reizvoll‹.* **8** hader *hier ›Streit‹.*

    der vleiss sich freuden ungeswacht
    auff glei⟨c⟩hem dail,
    der mag sein hail
15 wol machen gail
    an alles mail,
    ob er den orden wol betracht.

II **Z**ucht, er, lob, tugent ist ir krei.
    wer sich der regel halten wil,
    der mag dem hader wonen bei
    mit aller hendlin freuden spil
5   Unhäderlich an argen schein,
    frölichen fro; wer das verdacht,
    der möcht wol an im selber sein
    verurtailt in des kaisers acht.

III **W**o solcher scherz an argen wan
    beinander ist, vernempt den sin:
    wer möcht natürlich das gelan,
    er wurf sein hader ouch dorin?
5   Ob jemand das verkeren wolt,
    der tet nach seiner groben art;
    kain frou solt im nit werden hold,
    seid er nit bessers het gelart.   Wol auff gesell etc

---

14 der] dem *A.*   **15** machen] werden *A.*   *Nach* **33** R(epeticio) Wol vff gesell etc *A.*

---

13 auff gleichem dail ›*in ebenbürtigem Verhalten*‹.   **17** orden: *die Verhaltensregeln.*   **19** der regel ›*an die Regeln*‹.   **22** unhäderlich ›*ohne dass es Streit gibt*‹.   **23** verdenken ›*übel auslegen*‹.   **28** natürlich ›*wenn er seiner Natur folgt*‹.   **29** hader *hier wohl* ›*Lumpen*‹.   **30** verkeren ›*falsch auslegen, verdenken*‹.   **33** gelart = gelernt.

100. O wunniklicher, wol gezierter mai

I   O wunniklicher, wol gezierter mai,
    dein süess geschrai
    pringt freuden mangerlai,
    besunderlich wo zwai
5   an ainem schönem rai   5
    sich müetiklich verhendelt han. |

II Grüen ist der wald, perg, ou, gevild und tal.   40ᵛ
    die nachtigal
    und aller voglin schal
    man höret ane zal   10
5   erklingen überal.
    ⟨...⟩

III Seid nu die zeit wendt frölich ungemach,
    so wach, lieb ach!
    zwar mir sol wesen gach
    zu hengen der hinnach,   15
5   der ich lang nie gesach,
    und mich ir ermlin weiss umb*fan*.

---

100 B 40ʳᵛ (A 52ʳ, c 77ᵛ–78ʳ = BW 84, Sch 32); einstimmig, 1. Strophe den Noten unterlegt BA. **1** Initiale O *fehlt A.* **5** schönen *c.* **12** frölich] lieplich *A.* **17** vmbfan *A,* vmbfahen *Bc.*

Die Melodie stimmt mit dem Tenor eines dreistimmigen Rondeaus von Oswalds Zeitgenossen Gilles Binchois überein (Text von Alain Chartier), vgl. R. Böhm in: JOWG 13 (2001/02), S. 269–278. In allen Handschriften fehlt die letzte Zeile der zweiten Strophe mit einem Kornreim auf -an. Dies mag ein Fehler der Überlieferung oder ein Zeichen von Unfertigkeit der Vorlage sein. I. Kraft (in: »Ieglicher sang sein eigen ticht«, hg. v. C. März, L. Welker u. N. Zotz, Wiesbaden 2011, S. 75–97) vermutet allerdings Absicht zu einer rondeauähnlichen Erhöhung der Spannung.
6 müetiklich ›fröhlich‹; sich verhendeln ›einander an den Händen fassen‹.
13 Nach *lieb* Komma? Wenn ja, handelt es sich um ein Weckmotiv im Frühlingslied (wie z.B. 53); der Schmerzensruf *ach* bleibt dann allerdings auffällig. Wenn nein, ist *ach* substantiviert (›geliebter Schmerz‹), und der Ausdruck könnte – ein Sonderfall in Oswalds Musikübernahmen – eine Reminiszenz an die Oxymora im Text des musikalischen Vorbilds sein. **15** hinnach hengen ›nachjagen‹. **17** und ›bis‹.

101. Wach auff, mein hort!

s. S. 354f.

102. Sich manger freut das lange jar

I   Sich manger freut das lange jar
    gen des liechten maien schein,
    und also hab ich ouch getan;
    hört, wie es mir ergie:
5   Ains alten weibes nam ich war,
    von der ich kom in sweren pein,
    und hett si halb, wes ich ir gan,
    si hunk an ainem knie.
    Unruewin ist ir nam.
10 des ward mein rugk wol innen,
    do si mich zue der lieben bracht,
    und ich | nicht mocht entrinnen.   41^r
    unrue gewan mein armer leib,
    ich wesst nicht selber, wie.
15 Fürs grien und für den kram
    ward mir die haut erberet
    von vieren, die des nicht verdross;
    got waiss, was mich erneret.
    erst rau mich ser, das mich ain weib
20 gar alt so dick empfie.

---

102 B 40^v–41^r (A –, c 78^v–79^v = BW 86, Sch 114); einstimmig, 1–14 unter Noten.   **7** sis halbs c.   **13** vnruͦb B, vnrueb c.   **14** ich] ist c.   **15** grien] gries c.   **18** ernërt c.

Icherzählung unter dem Namen Hanns Maler aus Bruneck. Das metrische Schema ist bis auf die Reimfolge identisch mit Kl 104/105, die Melodie ist anders.
2 *Auftakt fehlt.*   **8** hunk *Konj. Prät. zu* hinken.   **9** Unruewin: *eine Kupplerin, bei der der Erzähler schon öfter war (vgl. 20* dick*).*   **15** für *hier* ›gegen‹; grien/griez ›Sand, Kies‹, *hier* ›Blasen- oder Nierenstein‹; kram ›Krampf‹.   **16** erbern ›schlagen, prügeln‹.

II Ich kom geritten für ir haus,
    mit ainem finger winkt si mir;
    ich muesst ie hören, was si wolt,
    das wunder mich ser baiss.
5   Do hueb si auff an allen grauss:
    »Hanns Maler, ich wil sagen dir,
    die Törel ist dir wunder hold
    und gert dein also haiss.«
    Mein herz ward freuden vol
10 und gailt sich diser märe.
    ich sprach zu ir: »wer dem also?«
    erst kant ich, wer ich wäre,
    seid ich den freulin noch geviel,
    und daucht mich des so fraiss.
15 Ir treue die was hol.
    zwar das vernam ich klaine,
    bis das ich ward durch knüttler wald
    gefüeret vast unraine.
    zwar mir gelang so übel niel
20 in kainer sölchen raiss.

III Ains grossen kriegs nam ich mich an
    mit meinem weib auf ainen tag
    und wesst nicht selber wol, warum,
    neur das ich von ir käm.
5   Gen sant Laurenzen solt ich gan,
    und das bedorft nit ander frag.
    der kirchfart nam ich klainen frum

---

27 törl *c*. **39** nÿe *c*. **43** warumb *Bc*.

---

24 wunder *hier ›Neugier‹.* **25** hueb auff = hueb an. **27** wunder hold ›erstaunlich, außerordentlich zugeneigt‹. **30** gailt sich ›freute sich‹. **31** *Klein ließ die direkte Rede bis 34 gehen, die Modi scheinen mir eher für diese Lösung zu sprechen.* **32** ›da wusste ich erst, wer ich bin‹. **34** fraiss ›schrecklich‹, *hier wohl* ›und kam mir ganz toll vor‹. **37** knüttler wald ›ein ganzer Wald von Schlagstöcken‹. **39** niel *(im Reim auf 33 geviel)* ad-hoc-Bildung = nie. **42** auf ainen tag: *wohl zeitlicher Rückgriff auf den Anfang der Episode,* ›eines Tages‹. **45** *St. Lorenzen bei Bruneck.* **46** ›keiner weiteren Fragen‹ *(nämlich der Gattin).*

und ward mir widerzäm.
Als ich eu das bedeut,
10 ich ward gar schon empfangen, 50
man fuert mich in ain kemerlin
so gar an als belangen;
mir stolzt der muet von rechter gier
und grüenet als ein bäm.
15 Man legt mich zue der breut; 55
bett, bolster, weiss leilachen,
das was nach lust gezieret wol.
ain bischof solt ich machen,
darauss so wurden Unger vier,
20 die kind der teufel nem. 60

IV Man sprach: »lebt aller sorgen buess!«
also trost mich der alde hund,
da mit si in die tür auff sloss
und liess si einher gan.
5 »Viegga waniadat« was ir gruess, 65
der teutsch ich nicht vernemen kund,
bis das ain aichin wasser gross
von Ungern mich beran.
Der minn ward mir gelont
10 mit brügeln und mit eisen, 70
das weib und man die beulen sach,
ich torft sein nicht zu weisen.
den maisten schaden ich da nam,
das tet ain ungrisch man.

---

59 vngern *c.*   **64** inher] zu mir *c.*   **74** vngrisch^s *c.*

---

52 belangen *hier wohl ›in die Länge ziehen, Langeweile‹.*   **58** machen *wohl ›zeugen‹ (vgl. nhd. ein Wetter zum Heldenzeugen).*   **60** *›solche Kinder nähme der Teufel gern‹.*   **61** buess *›frei von‹.*   **62** der alde hund: *die Kupplerin.*   **65** viegga waniadat *ungarisch ›er (der Teufel) möge deine Mutter wegtragen‹ (Rudolf Wustmann, AfdA 31, 1908, S. 131), im heutigen Ungarisch* vigye anyádat *– oder (erwogen von Zemplényi [wie zu 23,88], S. 110, bestätigt von Lea Haader über András Vizkelety)* fickd anyádat *›fick deine Mutter‹.*   **67** aichin wasser gross *›eine Flut aus Eichenholz‹.*   **72** *›brauchte davon nichts herzuzeigen‹.*

15 Ich wolt, er wer gedont
vol zwischen flaisch und balge,
das er nicht mer gesprechen möcht;
und ob es tet der galge,
es wär dem reich ain klaine scham,
20 und hiengens alle dran.

V Vil süesser wort mein mund in gab,
wie wol mein herz des nit verjach,
das si gevangen namen mich,
und daucht mich dannocht guet.
5 Si gerten vast der meinen hab;
erst do mert sich mein ungemach,
ie doch so lebt ich sicherlich
gar vast nach irem muet,
Bis das ich von in jat,
10 gebrechen an dem leibe.
do kert ich gen Praunegk hinwider
vast zu meinem weibe.
si sach mich an, als ob ich trüeg
ain blauen eisenhuet,
15 Und gsegnet mir das bad
mit fluechen und mit schelden.
ich bat si vast auff alle treu,
das si es nicht solt melden.
si sprach: »das sein hie alte mär,
20 doch junget sich ir bluet.«

VI Wer alden weiben wolgetraut,
der nimpt den teufel zu der e.
secht, also ist geschehen mir

---

75 gedonet *c.* **90** an] mit *c.* **103** weschehñ *c.*

75f. ›gespannt ganz zwischen Fleisch und Haut‹ – welche Art von Folter ist gemeint? **78** ›wenn es der Galgen erledigen würde‹. **83** ›weil sie mich gefangen / in ihrer Gewalt hatten‹? **87** lebt ich ›verhielt ich mich‹? **89** jeten ›eilen, gehen‹ (*Schweiz. Idiotikon*). **91** Praunegk *Bruneck im Pustertal.* **98** melden ›herumerzählen‹. **99** sein = sind.

und noch vil mangem mer.
5 Man solt si baissen in der haut 105
und darnach werfen in den see,
das wär ain hochzeitliche zier,
der werlt ain köstlich er.
Zoubrei und kuppelspil,
10 das machen si nicht teuer; 110
es wirt offt aine gar versert
mit ainem haissen feuer,
dorumb hab ich gedingen guet,
also beschech ouch der.
15 Wann in ist nicht ze vil, 115
wo si den segel wenden,
das prüefft man an der abenteuer.
wol man solt si blenden
und all ir helfer swach unfruet,
20 das wer meins herzen ger. | etc 120

---

108 köstliche c.   **109** zauberj c.   **111** offt aine gar] doch ye aine c.   **115** nichts c.

---

110 nicht teuer ›ohne viel Geld dafür zu fordern‹ oder ›nicht selten‹? **111f.** ›verbrennt sich an einem Feuer‹ (d.h. ›schadet sich selbst‹) oder ›wird verbrannt‹? **116** ›wohin sie ihren Weg richten‹ (vgl. 123,78). **117** der = diser. **119** unfruet ›töricht, schändlich‹.

103. Wer die ougen wil verschüren mit den brenden

⟨Tenor⟩   Discantus *41ᵛ*

I   **W**er die ougen wil verschüren mit den brenden,
    sein leben enden,   mit gueten zenden
    übel essen, ligen in dem stro,
    der füeg sich in die Lumpard⟨e⟩ie,
5   da vil manger wirt unfro.   5
    tieff ist das kot,   teuer das brot.
    ungötlich reu   mit falscher treu
    sol man da vinden täglichen neu.
    das ist ain speis, der ich nicht keu.

II Wer nach der wage ringe hechten kouffen welle,   10
    – für ungevelle   so fail, geselle! –
    ainen, der ain staine leber trag.
    forsch in des kaisers canzel⟨e⟩ie,
5   wo man solche fisch erjag.
    Gülcher, mach kund,   was galt ain pfund?   15

---

103 B *41ᵛ* (A –, c *80ʳᵛ* = BW 15, Sch 115, Pelnar 32); *zweistimmig, textloser Discantus, dann Tenor ohne Überschrift mit unterlegtem Text der ersten Strophe B.*   **1** well *c.*   **4** lambardie *c.*

Atmosphäre in der königlichen Kanzlei in Piacenza im Winter 1432. Vorbild des musikalischen Satzes ist das dreistimmige Rondeau La plus jolie et la plus belle *von Nicolas Grenon (gest. 1456), vgl. L. Welker in: Early music history 7 (1987), S. 200–207.*
1 mit den brenden ›zusammen mit dem Heizmaterial‹.   **2** Lumpardeie: *Spottname für die Lombardei. Das e ist hier und 13 und 22 wegen des Kornreims in 31 ergänzt.*   **9** der ... nicht ›von der ... nichts‹.   **10** *Anspielung auf Hermann Hecht, Protonotar und Sekretär König Sigmunds.*   **11** failen ›feilschen, nach dem Preis fragen‹.   **12** stain ›schwer‹, *Anspielung auf die Trinkfreudigkeit Hechts?*   **13** kaiser: *Vorgriff auf die erst später erfolgte Kaiserkrönung.*   **14** Gülcher ›Jülicher‹: *Peter Kalde aus Setterich.*

pro zingk soldin et tre zesin.
also galt sich das leberlin vin
von disem sütten hechtigin.

III **H**erman, Marquart: Costnitz, Ulmen wär das leben
uns freud zu geben von mündlin eben, 20
und mein öhein hinder dem ofen wär,
das wär ain besser stampan⟨e⟩ie,
5 wan das uns der peutel ler
wirt zu Placenz. mein conscienz
wirt offt so swach, wie wol ich lach, 25
so das mein schreiber dick gefach
klagt seinen grossen ungemach.

IV **S**ebastian, wärst dus ain oxs zu Florenzola
oder ain caniola und zugst cum dola
täglich misst auff ainem wagen gross, 30
das näm ich für ain süessen breie.
5 für war, ich geb dir auch ain stoss
zu deiner brust, als du mir tust
mit valscher gier, grob als ain stier;
zwar desgeleichen videlt ich dir, 35
und wurd dir mer, das stüend zu mir.

---

18 hechtichin *c*. **20** freud zu] freüden *c*. **28** florenczöla *B*. **29** caniöla *B*.

---

16 *cinque soldi e tre zecchini.* **16** *Anspielung auf das Niederdeutsch des Jülichers.* **19** *Hermann Hecht und der Registrator Marquart Brisacher; Konstanz und Ulm als Orte größeren Vergnügens.* **21** *mein öheim: vielleicht Matthäus Schlick wie in 105,29.* **24** *Placenz ›Piacenza‹; conscienz eigentlich ›Gewissen‹, hier auf Geldvorräte bezogen.* **26** *gefach ›häufig‹.* **28** *Sebastian: nicht identifiziert; Florenzola: ein Ort bei Florenz; dus vgl. Anm. zu 2,8.* **29** *caniola wohl zu* cane *›Hund‹; cum dola =* con doglia *›mit Schmerzen‹.*

104. Von trauren möcht ich werden taub

I Von trauren möcht ich werden taub,
seid das der vorder Winderklaub
herwider hat behauset sich
auff seinen alten sitz.
5 Der ist so nahent bei der tür
gelegen mir durch mangen spür,
des ich mag klain erfröuen mich;
das macht sein grober litz.
Kellt, reiff und grossen snee,
10 den bach verdackt mit eise
bracht er auss des Bösaiers haus,
des nam ich auch nicht breise,
wann raine frucht auss bösem ai
kom nie von vogels hitz. |
15 Gras, bluemen, grüener kle
ganz seider ist verswunden.
verflogen sein die vogelin,
der wald ist loubs beschunden,
der sunn verlos von seim geschrai
20 zu Hauenstain den glitz.

II Nu mir der pauer ist gevar
und auch gen Brixsen nicht wol tar,

---

104 B 41ᵛ–42ʳ (A –, c 80ᵛ–81ᵛ = BW 16, Sch 113); einstimmig, 1–4 und 9–14 unter Noten B.
3 gehauset c.   **7** ich mag] mag ich c.   **19** der] die c.

Ton wie Kl 105.   **2–4** Winderklaub *ist als Hofname in der Nähe von Hauenstein belegt,* der vorder Winterklaub *ist offenbar der Bauer eines Teils oder Ablegers dieses Hofs; möglicherweise ist auch an einen Umzug vom Sommer- ins Winterquartier zu denken. Der Name ist aber zugleich als Personifikation des Winters (›Winterraub‹) eingesetzt.*   **6** durch mangen spür ›mit vielen Spuren‹ *d. h.* ›mit vielem, was ich spüre‹.   **8** litz ›Laune, Eigenart, Tücke‹ (DWb.).   **11** Bösaiers haus: *ein weiterer Hof (der Name* Passayer *oder* Pusaier *ist in der Gegend belegt) oder das etwas weiter westlich gelegene Passeiertal?*   **14** hitz: *die Wärme des Brütens?*   **21–28** ›Da mir nun ..., tut es mir nicht leid, dass ich dem ... ⟨Schlimmes⟩ gönne.‹

dorumb das ich erzürnet han
ain klainen Ungenant
5 Mit ainem smalen widerdriess, 25
den ich bot dem geraden fiess,
so reut mich klain, wes ich dem gan,
der mir den schimpf da wandt.
Der fräveliche schlupf
10 dem risen wer geweret, 30
den er zu seiner metzen tuet,
und alle gassen keret
mit ainem mantel. Gabriel,
des faul dir mer ain zand!
15 Ich näm ain grossen klupf, 35
als der mir Strassburg gäbe,
ob in wurd allen ausgefegt
mit ainem haissen schäbe,
die minn da pflegen sunder hel
20 durch gogeliche schand. 40

III Ich wond, mein sach wär richtig ganz;
neur an der treu so lag der stoss,

---

26 fiess *nicht lesbar B (nach Klein:* füss*),* viess *c.*   **37** wurd allen] allen wurd *c.*
40 schand] schanck *c.*

---

24 ain klainen Ungenant: *Ulrich Putsch, Bischof von Brixen, dem Oswald im Zusammenhang eines Streits mit dem Domkapitel einen kräftigen Stoß versetzt hat.*
26 fiess ›Kerl‹ *(kann positiv oder negativ konnotiert sein:* ›Held‹ *oder* ›Teufel‹*); unklar ist der Sinn des Adjektivs* gerade *(Hofmeister* ›aufrechter Held‹*).*   **28** ›der mir den Scherz verhinderte‹ *(eine dritte Person?) oder Konjunktiv* ›der mir den Spaß zum Guten wenden wollte‹*?*   **30** rise: *wohl ironisch für den Bischof;* gewered *wohl nicht* ›gewährt‹ *(Hofmeister), sondern* ›sonst wäre verwehrt worden‹*.*   **32** *und* ›wobei er‹*.*   **33** Gabriel *unerklärt, Übername des Bischofs?*   **35** klupf ›Schreck‹ *(DWb.); hier müsste eine freudige Überraschung gemeint sein.*   **37** in allen ›bei all denen …‹   **38** schäbe = schaube *(Reim dialektal rein)* ›Reisigbündel, Strohgarbe‹*, hier wohl ein Reisigbesen;* haiss *hier* ›brennend‹*?*   **40** gogelich ›fröhlich, lustvoll‹*.*   **41** wond = *mhd.* wânde*.*   **42** *Bezug unklar, Oswalds Stoß gegen den Bischof oder dessen missliche Folgen?*

das markt ich wol an aim gereun,
das stob auss faulem lufft.
5 Da sweigen was mein besste schanz.
got sei gelobt, wes ich genoss,
do man die rigel und die zeun
so geren hett vermufft.
Noli me tangere.
10 laich mich nicht, perzli Üeli!
was sich nicht wol gelimpfen mag,
das richt man auff ain stüeli,
schon mit der neuen hand beluckt
nach welischer vernufft.
15 Leicht tuen ich mir so we
mit smucken und mit smiegen;
ob ich den bauch noch recken möcht,
leicht hulf ich ainen biegen,
der mir den staffel geren zuckt,
20 tieff in des meres grufft.

IV Ach Cölen, Wienen, Mainz, Paris,
Affian, Costnitz, Nüremberg!

---

43 gerün *Bc*. **47** zeüne *c*. **48** gern *c*. **50** üle *c*. **51** wol *fehlt c*. **52** stüle *c*.
62 nürnberg *c*.

43 gereun ›Geraune, Gerücht‹. **45** schanz ›Chance‹. **45–48** *Bezug unklar;* wes ich genoss ›für das, was mir nützlich war‹; vermuffen *(wohl zu nhd.* Muffe ›Handfessel, Verbindungsstück zwischen zwei Rohren‹) ›verbinden, zusammenschließen‹. **49** *Joh. 20, 17, Rede des Bischofs?* **50** laichen ›betrügen‹; Üeli: *der Bischof Ulrich Putsch;* perzli *unklar, vorgeschlagen wurden: ein zweiter Name (Kurzform von Berthold) oder Verlesung des verkleinerten Familiennamens Putsch (*putzli*) oder Variante von* porzel ›kleiner Mensch‹. **51–54** *Wohl aus der Perspektive des Gegners:* ›was sich nicht fügen will, das bringt man vor ein Richterstühlchen, schön mit der neuen Methode zugedeckt (zu Schmeller* Luck) *mit welschen Argumenten‹. **56** smucken und smiegen ›sich ducken und anpassen‹.
57 den bauch recken ›aufrecht gehen‹? **58** ainen biegen ›einen (anderen) dukken‹. **59** staffel ›Leiter‹; zuckt ›wegrisse‹. **60** *wohl eher auf* biegen *als auf* zuckt *bezogen*. **62** Affian *Avignon*.

was ich ie freuden da gesach,
die gan mir hie nicht in,
5 Dorumb das ich von ebner wis
dick hausen muess auf hohen berg;
das macht ain weib under ainem dach
von Swangou, der ich bin,
Und darzu manig kind,
10 die mir den schimpf zerrütten,
dorumb das ich bedenken muess,
wie ich si müg beschütten,
das in die wolf verzucken nicht
das brötlin und de*n* win.
15 Ain müe die ander vindt,
wers alles wil besorgen.
das tue mein herr von Österreich
umb seinen schatz verborgen.
der tod die leng vil sach richt, slicht
20 und mangen krumpen sin.

105. Es komen neue mär gerant

1 Es komen neue mär gerant
von ainem graven »Süess« genant,
wie sauer der sein gesst empfacht

---

104 66 dick] offt *c;* hohem *c.* 74 dein *Bc.* 75 and^{s}n *c.* 77 von *fehlt c.*
105 B 42^r (A –, c 81^v–82^v = BW 14, Sch 116); einstimmig, eine Notenzeile mit dem Anfang der Melodie von 104 B.

---

104 **64/68/74/80** *irreguläre Reime, in Oswalds Sprache sonst* ei : i. **65** ›weit weg von ebener Wiese‹. **72** beschütten = beschützen. **75f.** ›Eine Plage folgt der anderen, wenn einer sich um alles kümmern will.‹ **77** das: *eine Lösung der Situation zu finden.* **78** schatz verborgen: *der Lohn im Jenseits (Hofmeister)?*
105 *Überfall auf eine königliche Gesandtschaft, die nach Rom unterwegs war, bei Ronciglione (Latium) 1432, stilisiert als Kirchweihprügelei; grundlegend Norbert Mayr, Die Reiselieder und Reisen Oswalds von Wolkenstein, Innsbruck 1961, S. 110–112. – Ton wie Kl 104.*
2 *Ein Conte Dolce (vgl.* **73** conta Dulz) *ist bislang nicht nachgewiesen.*

dort in Runzelian.
5 Hin für den bapst gelangt der schal
zu Rom für mangen cardinal,
daraus so ward ain grosser bracht
von weiben und auch man.
Die kirweich was bestalt
10 von pauern und von knappen;
die herberg si da buchten auff
und lieffen an die trappen
mit keulen, spiessen wolbetracht
auff ainen bösen wan.
15 Sechzehen gesst gezalt
die bischof wolten weihen.
und welcher da kain beulen hett,
der dorft sein nicht zu leihen:
beraiter vier für ain gemacht
20 ettlicher bracht der van.

II Der wiert ward an dem ersten strauss
geworfen zu dem venster auss,
also das im derselben zech
ward sein geleicher tail.
5 Dietrich Fannauer, Janko Knab
neur bei dem har die stiegen ab
geschindert wurden also frech,
das was ir gross unhail.
Mein öheim Matheis Sligk
10 der hueb sich zu den tachen
recht als ain katz zum fenster auss;
er sprach: »es wil sich machen,
ich wolt, und wer ich auff dem Lech

---

6 zu] gen c. 9 kirchweich c. 12 luffen c. 20 der van] dauon c. 30 dem tache c.

---

7 bracht ›Lärm‹. 11 buchen ›pochen, stoßen‹. 12 trappe ›Treppe‹. 16 Die einbrechenden Bauern und Knappen als Weihbischöfe. 19 ›schneller vier als eine, die ihm verpasst wurden‹. 23 zech ›Veranstaltung, Gelage‹. 27 schindern ›schleifen‹. 30 zu den tachen ›über die Dächer‹.

in ainer züllen gail.«
15 Doch ward im auch ain bick
   zu seiner nasen gruschel,
   den er zu Rom wol vierzen tag
   liess sehen für ain muschel.
   German, sein knecht, ain vels gerecht
20 mass hoh an alle sail.

III **H**er Gotschalk und her Mert von Speir,
   ir jeder trueg ain krumpe leir
   von seiner achsel auf den daum
   in ainer binten weiss.
5 Und was in freuntschafft mer beschach,
   si klagten ser den ungemach,
   des hab ich wol genomen ga⟨u⟩m
   an in mit ganzem vleiss.
   Her Hanns von Tenemarkh
10 ward auff ain loch gedrungen
   ab durch ain bün in ainen stall,
   das im die oren klungen,
   als ob er läg in ainem tra⟨u⟩m
   bei ainem feuer heiss.
15 Rigo von Wiene starkh
   ward auch hin nach geschupfet.
   do schrai er laute: »wer ist hie?
   wie bin ich des erklupfet!
   ich wond, du wärst der büne ba⟨u⟩m.
20 in sorgen wierd ich greiss.«

---

52 orn *c*.   **54** feüre *c*.

---

34 zülle ›Kahn‹.   **35** bick ›Stich, Stoß‹.   **36** gruschel (*zu* Grüsch ›Kleie‹?) ›Knorpel‹?   **38** für ain muschel ›wie eine (exotische) Muschel‹?   **39f.** ›maß einen Felsen der Höhe nach genau aus‹, *d.h. er stürzte hinunter*.   **42** ain krumpe leir: *ist damit ein stützendes Gestell für einen verletzten Arm gemeint?*   **43** auf den ›bis zum‹.   **45** freuntschafft mer ›sonst noch an freundlichen Dingen‹.   **47** gaum nemen ›wahrnehmen‹.   **51** bün ›Bretterboden/ -decke‹.   **56** schupfen ›stoßen‹.   **59** *Ist die Bohle oder Hans von Dänemark angesprochen?*

IV Von slegen ward der Steren blau
und schrai: »misericordia!«
das half in lützel umb ain ai,
im ward sein rechter lon.
5 Noch sein ir siben ungenannt, 65
dorumb das ich si nicht erkant,
die all in disem hurlahai
die weih empfiengen schon.
Ir rugk, füess, lend und bain
10 die bischof wol erblauen; 70
und welcher ie was komen dar,
den hett es ser gerauen,
do conta Dulz den firlafai
pfaiff durch ain sauern don.
15 Ettlicher da ergrain, 75
recht als ain alter karren,
der nie kain smer empfangen hett,
und ward zu ainem narren,
do sich empferbt in dem geschrai
20 sein leib durch roten tron. 80

V Der kirchtag was also besatzt,
und welcher nicht drei stiegen platzt,
secht, oder zu dem minsten zwo,
der was nit recht geweicht.
5 Und wer der keulen nicht empfand, 85
die si dar brachten in der hand,
wie wol des manger ward unfro,
der hett nicht wol gebeicht.
Als diser markt passärt,
10 und es begund zu tagen, 90

---

61 pla *c.* **73** canta *c.* **88** wol] recht *c.*

61f. *Reim* bla : misericordia *oder* blau : misericordiau? **70** erblauen *Präteritum zu mhd.* erbliuwen ›durchprügeln‹. **73** firlafei: *ein Tanz.* **75** ergrain ›quietschte auf‹. **79** empferbt ›verfärbte‹. **80** tron = *mhd.* trân ›Saft‹. **81** besatzt ›eingerichtet, veranstaltet‹. **82** platzen ›polternd fallen‹. **84** geweicht ›geweiht‹. **89** markt: *ein weiterer Ausdruck für Kirchweih.*

```
          si sprachen an ainander zue
          mit seniklichem klagen:
          »erheb wir uns auss disem stro,
          ee man uns bas erstreicht.«
    15    Ir kainer auff ain pferd                              95
          mocht sitzen ane kreissten,
          do ward gesehen hend und füess
          verbunden mit den reissten,
          zwar unvergessen sunder dro
    20    in ires herzen seicht.                               100

          Nota diss lied singt sich in der weise Von trauren möcht ich etc|
```

106. Nempt war der schönen plüede früede

```
 I       Nempt war der schönen plüede      früede.             42ᵛ
          müede     ist der kalde winder.
          kinder,   schickt eu zue dem tanz.
          glanz     zieret sich lustlich des maien tenne
    5     Durch manger hendlin farbe       garbe,               5
          marbe     würzlin, grüene gräsli,
          wäsli     mit den plüemlin gel.
          hel       singt die nachtigal weit für die henne.
          Die droschel hat ain wett getan
   10     mit ainem alten rappen                                10
          zu tichten auff des maien pan,
          und gilt ain junge kappen.
```

---

105 91 anenand*ˢ* c. 94 bestreicht c.
106 B 42ᵛ (A –, c 82ᵛ–83ᵛ = BW 87, Sch 28); einstimmig, 1. Strophe unter Noten B.

---

105 96 kreissten ›stöhnen‹. 98 reisste ›Bündel gehechelter Flachs‹, auch ›grobes Tuch‹ (DWb.). 99f. statt eines selbständigen Satzes locker angehängt; seicht ›Untiefe‹.
106 1 früede = fruet ›schön‹. 4 glanz prädikatives Adjektiv. 5 garbe ›aufbereitet, geschmückt‹. 6 marbe ›zart‹. 7 wase ›Rasen‹. 8 für ›besser als‹. 10 rappe ›Rabe‹. 12 kappe ›Kittel mit Kapuze‹, Marold vermutet als Wettpreis einen Kapaun: ain junge⟨n⟩ kappen.

vil stolzer maide wellen dran,
das wisst, ir röschen knappen.

II **D**es wart ich von der schönen   hönen:
   krönen   wolt ich noch ir herze,
   smerze   kan si wenden mir
   schir   und benemen alles trauren bitter,
5 Die mich so ferr unrüebet,   trüebet,
   üebet   durch vil abenteuer.
   getreuer   was ichs ie ir knecht,
   secht,   desgeleichen bin ichs nu ir ritter.
In irem dienst, dieweil ich leb,
10 sol ich mich lassen vinden,
ob sich ain klain ir widerstreb
bedecht güetlich zu linden.
ich trag ain burd swerlicher heb;
wolt si mich der embinden!

III **A**ch wolgemuete klaine   raine,
   saine   ist gen mir dein helfe.
   gelfe   tapferlich gestalt,
   walt   meines leibs unforchtlich deiner eren.
5 Mein ritterlich gesange   lange
   pange   lass, frou ainig, jölich
   frölich   lieb erwecken dich.
   ich   nems für guet, woltst du mich noch geweren,
Dorumb ich in dem achten jar
10 mich dicke hab gewunden
mit seniklichem seufften zwar,

34f. frölich jölich *c.*

---

14 rösch ›munter‹. **15** höne *hier wohl* ›stolz‹; dran: *zum Tanz (3).* **19** unrüebet = unruewet. **21f.** *Zum* s *in* ichs *vgl. Anm. zu 2,8; zu möglichen autobiographischen Hintergründen A. Schwob, Oswald von Wolkenstein, Bozen 1977, S. 78.* **26** linden ›milder werden‹. **27** heb *hier* ›Last‹. **30** saine ›träge, zögerlich‹. **31** gelf ›strahlend‹; tapferlich ›stattlich‹. **32** ›ohne um deine Ehre zu fürchten‹. **33f.** gesange = gesang; lange pange ›lang schon beklommen‹ (Hofmeister); jölich ›jubelnd‹. **36** nems *Konjunktiv.* **38** sich winden ›ringen um‹.

und bin noch unenbunden. 40
tröst mich dein mündli wolgevar,
erst het ich freude funden.

IV **A**uffrüstigkliche wunne, sunne,
brunne meines herzen feuchte,
leuchte deiner öuglin klar 45
gar mich verzucket in der liebi schricke.
5 So mir dein höuptlin naiget, saiget,
zaiget williklichesgrüessen,
süessen wunsch ich da empfach;
nach meines herzen lust beschech es dicke. 50
Dein unvergessen, frau, mich schreib!
10 wie ferr ich bin ellende,
so nahet mir dein stolzer leib,
da von ich nicht enwende.
ach, selten sehen, liebstes weib, 55
wenn hat die not ain ende? |

107. Kom, liebster man

⟨Tenor⟩ Discant 43ʳ

I »**K**om, liebster man,
meins leibs ich dir wol gan
an abelan.
kom, traut gesell,

---

106 46 liebe c.
107 B 43ʳ (A –, c 83ᵛ = BW 88, Sch 73, Pelnar 34); zweistimmig, Discant textlos, Tenor mit unterlegter 1. Strophe B.

---

106 **41** konditional. **43f.** Anreden; auffrüstigklich ›erhebend, aufmunternd‹; feuchte Genitiv, abhängig von brunne. **45** leuchte ›Glanz‹. **46** der liebi schricke ›jähe Liebesempfindungen‹. **47f.** mhd. nîgen : sîgen (›sinken‹) : zeigen. **51** ›schreibe [d. h. sieh] mich als einen, der dein unvergessen ist‹.
107 Vorlage des Satzes ist das anonyme Rondeau Venés oir vrais amoureus, vgl. L. Welker in: JOWG 6 (1990/91), S. 257 und 264.

107. Kom, liebster man

5   glücklich fleuch ungevell.   5
     kom, höchster schatz,   zu tratz
     der falschen zungen latz.
     kom schier, meins herzen laidvertreib,
     und tröst mich vil armes weib.
10 dein mänlich leib   reicht sinn und muet   10
     an mir für aller welde guet.«

II Dein wort, gepär
     ringt all mein swär,
     frau, lieber mär,
     seid mein begerd   15
5   ain stolz weib junk hoch und werd,
     die mir das herz   an smerz
     verjüngt mit liebem scherz
     gar wunniklichen manigvalt.
     ir minniklich schön gestalt   20
10 macht mich nicht alt,   und bin ergetzt
     von klaren öuglin mich benetzt.

III »Schaiden mich nöt,
     dein schaiden mich ertöt,
     mein öuglin röt,   25
     und bin verzuckt,
5   der sinnen blösslich entruckt.
     mein weiplich zucht   die frucht
     fleusst senlich ir genucht.
     ob du mir kurzlich nicht enschreibst   30
     und selb lang von mir beleibst,
10 wie du das treibst,   so fürcht ich ser,   32/33
     oder ich gesech dich nimmer mer.« |

---

7 latz ›Schlinge‹.   **10** reichen ›reich machen‹.   **13** Vers zwei Silben zu kurz, Schatz ergänzt senlich swär.   **14** lieber mär *kausaler Genitiv, anders Marold.*   **22** mich benetzt *fasse ich als Verkürzung eines Relativsatzes auf* ›die mich benetzt haben‹, *anders Marold.*   **28** mein weiplich zucht *Umschreibung für* ›ich‹.   **29** genucht ›Genüge, Freude‹, *wohl als Genitiv abhängig von* **28** frucht.   **34** oder *hier etwa* ›dass‹.

108. Ich klag, ich klag, ich klag

Discantus 43^v
Cont(ratenor)

Tenor

Ich klag, ich klag, ich klag
ain engel, ain engel wunniklich   innerklich.
O tag,   erlös die minniklich.
Verjag   die alden,   die kalden   gewalden,
swiger wunderlich,   gëmelich.

109a. Ave, mater, o Maria

Discantus
Cont(ratenor)

⟨Tenor⟩

1 **A**ve, mater o Maria
pietatis, tota pia,

---

108 B 43^v (A –, c – – = BW –, Sch 124, Pelnar 36); dreistimmiger Satz, Discantus und Cont(ratenor) *textlos, dann* Tenor: *1–2 als Textmarken, 3–5 anschließend ohne Noten* B. **4** geualden B.

109a B 43^v–44^r (A –, c – – = BW S. 531, Sch 125^2, Pelnar 35); dreistimmig, Discantus *textlos*, Cont(ratenor) *textlos*, Tenor *(nicht als solcher bezeichnet) mit unterlegter 1. Strophe. Abkürzungen sind hier nicht markiert, nur die schlimmsten Sinn- und Grammatikfehler verbessert. Weitere Hinweise zu möglichen Besserungen geben die Anmerkungen.*

---

108 *Zum musikalischen Satz vgl. Pelnar, Textband, S. 110f. Die Neutextierung der zweifellos übernommenen Komposition ist offenbar im Entwurf stecken geblieben.*

109a *Der lateinische Text, ein Glossenlied über das Ave Maria, ist nicht von Oswald, obwohl er nirgends so vollständig überliefert ist wie hier; andere Überlieferungen aber sind gleich alt oder älter. Der Satz ist eine aus Italien stammende Lauda des 14. Jahrhunderts, vgl. K. v. Fischer in: Colloquium amicorum. J. Schmidt-Görg zum 70. Geburtstag, Bonn 1967, S. 93–99.*
1f. *Verbinde* mater pietatis.

    sine te non erat via
    deploranti seculo.
5 **Gracia** tu nobis data,   2a p(ar)s   5
    quam fidelis advocata
    celi thronis es prelata
    in eterno solio. |

II O **Maria**, tu solaris   44ʳ
    micans phebus, stella maris,   10
    Christo rege colletaris,
    quem portasti utero.
5 **Plena** dulci medicina
    tu protegens a ruina,
    tu es portus, tu carina   15
    in omni periculo.

III **Dominus** te mundi rosam
    preelegit speciosam,
    te vocari preciosam
    precepit ab angelo.   20
5 **Tecum** dominus incarnatus,
    puer ille nobis natus,
    pro nobis datus
    pro salutis gaudio.

IV **Benedicta** tu sanctarum,   25
    consolatrix animarum,
    per te patet lumen clarum
    deplorantis oculo.
5 **Tu** in valle delictorum
    es occursus peccatorum,   30

---

12 quem] quam *B*.   **13** dulcis *B*.   **24** salute *B*.

5–8 *und* **9–12** *sind zu vertauschen, damit die Stichwörter des Ave Maria stimmen.*
5 Gratia *wohl Ablativ ›aus Gnade‹.*   **6** quam *steigernd ›sehr‹.*   **15** carina ›*Schiff*‹.
21 *Aus metrischen Gründen* deus *statt* dominus?   **23** *Metrisch zu kurz, statt* pro *ursprünglich* puer ille *wiederholt?*   **30** occursus ›*Entgegenkommen, Hilfe*‹.

      tu das animas illorum
      Ihesu Cristo domino.

V **In** exauditu benigna,
    tocius mundi laude digna,
    pia mater et benigna   35
    demonstrans in publico.
5 **Mulieribus** honorem
    prestas et decorem,
    tu das omnibus dulcorem
    pregustando mundulo.   40

VI **Et** es tota amic*ali*s,
     deprecanti liber*ali*s,
     prius te non fuit talis
     nec erit in perpetuo.
5 **Benedictus**, quem portasti,   45
    quem uberibus lactasti,
    tu cum Eva conpensasti
    pregustato pomulo.

VII **Fructus** tuus est cunctorum
      consolacio sanctorum   50
      et est cibus beatorum
      in celi convivio.
5 **Ventris** aula, vas beatum,
    soli Cristo deputatum
    gessit illud occultatum   55
    in tuo sancto flasculo.

VIII **Tui** fructus ventris lavit
       culpam Ade nec peccavit,
       nostra crimina portavit

---

41 amicabilis *B*.   **42** liberabilis *B*.

---

34 *Aus metrischen Gründen wohl ursprünglich Dativ:* toto mundo.   **40** *Schwierig,* mundulus *kann auch ›Schutz‹ bedeuten.*   **47f.** quem *vom vorigen Vers ist wohl noch einzubeziehen:* ›den du mit Eva ausgeglichen (d.h. versöhnt) hast nach dem Apfelbiss‹.   **56** flasculus = vas.

merens ⟨in⟩ patibulo.
5 **Ihesu⟨s⟩**, sacri ventris fructus,
pie matris prece ductus,
sit nobis dux et conductus
ad celestem patriam.

IX **Amen** ultimo cantamus
in signum quod peroptamus
quitquit vite postulamus
in orationibus. Amen.

109b. Ave, muetter, küniginne

I Ave, muetter, küniginne,
miltikait ain milderinne,
an dich kain weg löblicher minne
get in wainender welde.
5 Gnaden vol an uns beginne,
wo sich ruefft gelöublich stimme,
trön der himel, kaiserinne
in ewikleichem velde.

II Ave, muetter, frau, magt und maid,
erenreiche, lobesam beklait,
seid und dir der herre nicht versait,
so hilf uns, edle krone,
5 Das wir nach des todes hinnenschaid
vinden dort ain frölich ougelwaid

109a **60** Merues patibulo *B*.
109b *B 44ʳ (A –, c – – = BW 120, Sch 125¹); nach kleinem Abstand an 109 a anschließend, möglicherweise nicht vom Hauptschreiber.*

109a **60** ›klagend am Strafblock‹ *(am Kreuz).* **64** *o-Reim gestört.* **66** *Frank Bezner schlägt* peroramus *vor.* **68** *o-Reim gestört.*
109b *Oswalds Versuch einer Nachdichtung.* **5** Gnaden vol = gratia plena, *hier aber wohl syntaktisch eingebunden:* gnaden *Objekt zu* beginne, vol *Adverb.* **8** ›*im Bereich der Ewigkeit‹.* **10** beklait = beklaidet. **11** seid und ›da‹.

    und besitzen alle sälikait 15
    bei deinem kindlin schone.

110. Ich hör, sich manger fröuen lat

I   Ich hör, sich manger fröuen lat
    ain jegklich frau geboren hoch,
    auss welchem land, sloss oder stat
    die bürtig sei. das wierf ich roch
5   Ze rugk auss meines herzen grund: 5
    was ich der land ie hab erkunt,
    dafür liebt mir ain rotter mund
    von Swaben her,   wort,   sort,   gepär,
    person, gestalt   gemainiklich.

II Ain stolze Swäbin das bewärt,   10
    an der ich nie kain tadel vand,
    die meinem herzen ist vermärt
    für alle, die ich ie erkant,
5   Ir öuglin, nas, mund, kinn und kel
    formieret schon, darob das fel   15
    rot weiss, ain klain verblichen hel
    ir ermlin, hend,   brüst   lüst   an end,
    hert, weiss vermalt   gar rainiklich.

---

110 *B 44ʳ (A 38ᵛ, c 84ʳ = BW 89, Sch 66); einstimmig, Melodie mit Textmarken und gratis als Markierung textloser Partien BA.* **15** *gformiret c.*

4f. *das wierf ich roch (›roh‹) ze rugk Hofmeister: ›das weise ich brüsk zurück‹ (ähnlich Kl 4,30). Das harte Enjambement wird durch ein textloses Melodiestück zu Beginn des Abgesangs (in den Handschriften: gratis) noch betont.* **8** *sort: Schatz und die älteren Auflagen von Klein lesen fort, können es aber nicht erklären. Ich lese sort, entsprechend it. sorta, frz. sorte ›Art, Qualität‹, vor Oswald allerdings nur niederdeutsch belegt.* **12** *vermärt ›bekannt gemacht, vertraut‹.* **18** *weiss vermalt gar rainiklich Hofmeister: ›makellos weiß getönt‹; möglicherweise ist aber doch an ein gemaltes Bild gedacht: ›weiß wie säuberlich gemalt‹.*

III Klain in der mitt, ain dicken sitz,   20
  keif, rund verwelbt, schon underspreutzt,
  zwai diechlin waidelicher hitz,
  zu tal das bainlin unverscheutzt,
5 Mit ainem füesslin smal und klain,
  klueg undersetzt – ir wandel rain
  unsträfflich ist der welt gemain.   25
  der rechten mass mit sitt, tuen, lass
  hat si gewalt ganz ainiklich. |

111. In oberland

Passio domi(ni) n(ost)ri Jh(es)u Chr(ist)i (com)pleta Anno 36   44ᵛ

I In oberland
  ain hoher küng gewaltikleich gesessen
  vor zeiten ganz sein her verlos,
  baid manne und auch frauen.
5 durch zwo person dasselb beschach,   5
  dorumb das die zerbrachen sein gebot.
  Der ward gesandt
  von seinem vatter vẹrrlich ungemessen
  gen niderland. er in erkos
10 vil abenteuer schauen,   10
  die er versuecht mit ungemach

---

110 **22** das] die *c*. *Am Ende von fremder Hand: zu dinst ich mich erpotten han / dir zu lieb dem herczen dein A.*
111 *B 44ᵛ-[45ʳ] (A 57ʳ–58ʳ, c 84ᵛ–87ʳ = BW 106, Sch 117); einstimmig, erster Stollen und Abgesang der 1. Strophe unter Noten BA. Überschrift fehlt Ac.* **2** künig *c*. **8** vẹrrlich *BA*, verrlich *c*. **9** nidernlād *c*; er *fehlt c*. **11** die er] er da *A*.

110 **19** mitt ›*Taille*‹. **20** keif ›*fest*‹; underspreutzt ›*unterspreizt, von unten gestützt*‹. **21** diechlin waidelicher hitz ›*Schenkelchen von köstlicher Wärme*‹. **22** unverscheutzt *(zu* scheutz ›*Scheusal*‹*)* ›*nicht abstoßend*‹. **25** gemain *hier* ›*bekannt*‹.
111 *Zum metrischen Schema vgl. Kl 1.* **8** verrlich ungemessen ›*unermesslich weit weg*‹. **11** versuechen *hier* ›*auf sich nehmen, bestehen*‹.

    verwegenlich durch mange wilde rott.
    Gross ellend, armuet, frost und hitz
    mit allem hofgesind
15 gedultiklich durch gruntlos witz
    laid seiner muetter kind,
    die in keuschlichen hie gebar
    an we und mail, das sag ich eu für war.

II Sein herrlich krafft
    herscht aller macht volkomenlich allmächtig
    dahaim in seines vatter reich,
    wie wol er hie zu lande
5   sein zeit vast hertiklich verdolt,
    ee das er an dem creutze laid die not.
    Senlich sighaft
    was sein gemüet, an underlass neur trechtig
    zerbrechen schier die vinstern keich
10 mit seiner aigen hande,
    und die gerechten darauss holt,
    die hie nach seinem willen waren tod.
    Gross wunderzaichen süesser ler
    er von im sehen lie,
15 ee in begraiff des todes ser,
    den er menschlichen hie
    laid von seinr aigen creatur,
    die er beschueff in menschlicher figur.

III Kain gueten tag
    er nie betratt in vierdhalb dreissig jaren,
    wie wol sein macht durchleuchtig was,
    die niemand kan durchgründen.

---

12 verwegelich *A*.   **15** gedultiklich] diemütiklich *A*.   **24** ee] bys *A*.   **27** zebrechñ *A*, zu brechen *c*.   **35** sein^s *c*.   **38** nie] hye *A*.   **40** die] das *A*.

---

12 verwegenlich ›kühn, entschlossen‹; durch *bezeichnet wohl die Verursacher des* ungemach.   **15** durch gruntlos witz ›aus unergründlicher Weisheit‹.   **25** senlich ›mit Schmerzen‹.   **26** trechtig ›bestrebt‹.   **27** keich ›Kerker‹, d.h. die Vorhölle. **29** *Die Infinitivkonstruktion geht in den Indikativ über.*   **36** ›die er in Menschengestalt erschaffen hatte‹.

5 löblich an end und anefangk
   so ist des fürsten wesen, ain ewig mass.
   Es ist ain frag,
   warumb uns wolt so hertiklich eraren,
   der himel, erd schueff, laub und gras,
10 all creatur erzünden
   lebentig darin mit aim gedank
   und aller gnaden ist ain volle strass.
   Aquinas Thomas des beschaidt:
   ain kindlin unversert
15 von lieb und durch gerechtikait
   sich gab der marter swert,
   wie wol sein vatter manigvalt
   erlösen mocht den val durch sein gewalt.

IV Dorumb so batt
   der hochgelobte küng vor an dem berge,
   ee im sein junger gab den kuss,
   mit tüfftikleichem trone
5 sein vatter innikleichen suess,
   das er in freite, ob es müglich wär.
   Der forchte wat
   was engestlichen von des todes färge;
   doch gab er seines willen fluss
10 der vätterlichen krone
   ganz in sein hend – sünlicher gruess,
   wie wol im was das herz unmässlich swär,
   Als er ie leiden solt die pein

---

42 wesen *fehlt c;* ain *fehlt A.*   **45** erd schueff] schuff erd *c.*   **47** lebntig *A.*
49 Aquinus *Ac.*

---

42 ewig mass ›ewige Ordnung‹ (Hofmeister).   **43** Das theologische Problem wird in 44 und 53f. genannt, die Antwort des Thomas von Aquin in 51 gegeben.   **44** eraren ›ernten‹, hier ›erretten‹.   **46f.** erzünden lebentig ›mit Lebenskraft versehen‹; zum Infinitiv ist eine finite Form (wolte?) zu ergänzen.   **52** swert ist Dativ.
58 mit tüfftikleichem trone ›mit dampfender Flüssigkeit‹, d.h. ›mit blutigem Schweiß‹.   **61f.** ›Eng war das Kleid der Furcht vor dem Fährmann des Todes‹ (Marold).   **65** sünlich wohl zu sun ›Sohn‹, nicht zu suen ›Versöhnung‹; gruess fasse ich als zusammenfassenden Nominativ auf, anders Marold.

        nach tötlichem geferrt.
15   do kert er zu den jungern sein,
        die slieffen also herrt;   70
        er sprach: »wacht auff, bett mit vernunft,
        wann ir nicht wisst tag, zeit des todes kunft.«

V Indem so kam
    Judas, der seinen herren hett verraten,
    mit ainer rott der Juden, schal   75
    und kusst in an sein wange,
5   dorumb das man in kennen tät,
    wann er aim junger was ain tail gelich.
    Der wierdig nam,
    Jhesus, sprach zue dem volk, die in betratten   80
    mit swerten, spiessen ane zal:
10 »wen suecht ir so gedrange?«
    »das tue wir Jhesum Nazareth.«
    er antwurt tugentlichen: »das bin ich.«
    Als er das wort götlich vermeldt   85
    auss seinem hailgen mund,
15 si vielen in des garten veld
    all rügkling auf den grund.
    da ward geprüefft sein mechtikait,
    und das er williklich die marter laid.   90

VI Sein löblich macht
     darnach verhieng, das si in viengen, stiessen,
     hert bunden, raufften auss den bart,
     in wurf⟨e⟩n auf die erde.
5   hässlich, ellend, mit grossem neit   95
     ward er gefuert in aines richters haus.

---

78 aim] seim *A*. **81** swerten *B*, swertñ *Ac*. **82** wem *BA*, wen *c*. **83** das] da *A*. **86** heyligñ *c*. **87** uiele *c*. **95–107** *Zahlreiche Rasuren, Durchstreichungen und Korrekturen A*. **96** richtes *c*.

---

68 geferrt ›Weg, Art und Weise‹ (des Todes). **75** schal: mit Marold als Verbform von schellen ›Lärm machen‹ aufgefasst. **78** gelich = geleich (Reim!). **92** verhengen ›erlauben‹. **95** hässlich ›mit Hass‹.

Dieselbig nacht,
der vinster [ ] end kain mund nicht mag besliessen,
das leiden von dem herren zart,
10 sant Peter der vil werde   100
verlo⟨u⟩gnot dreimal kurzer zeit
des, der uns losst mit seiner marter graus.
Maria, die vil raine magt,
unsäglich ward betrüebt,
15 als ir die mer ain junger sagt,   105
haiss wainen si da üebt
umb iren seligen lieben schatz,
den si empfieng, gepar durch keuschen latz.

VII Als nu ir will
an im ergieng strenklich durch bös behagen   110
die langen nacht bis an den tag,
si fuerten in mit gahen
5 Caipha, Pilato und darnach
Herode zue als ain schedlichen man.
Von dem noch vil   115
zu singen wär, wes si in tetten fragen.
er antwurt in mit klainer sag,
10 das gund in ser versmahen.
Herodes in im selber sprach:
»er ist unweis, seid er nicht reden kan«,   120
Und legt im an zu ungelimpf

---

98 der vinster am *(oder* ain *B,* ain *c)* end *Bc,* der vinster end *(am Rand für durchgestrichenes* bys auff die Non*) A.* **101** vˢlogneˢt *A.* **102** des, *davor durchgestrichen* jn *A;* mit seiner graws (mit seiner *durchgestrichen, darüber* märterlichen, dann *auch das durchgestrichen und durch* martˢ *ersetzt) A.* **104** unsäglich ward betrübt *(für durchgestrichenes* hort auch von disem moˢt*) A.* **105** ain junger *für durchgestrichenes* Johannes *A.* **106** do haiss wainen si da v̇bt *für Durchgestrichenes:* zuerst vˢstunden ir die wort *dann dieses ersetzt durch* von schrick ward sy betort *A.* **107** vmb, *davor durchgestrichen* von schrick *A;* schatz, *davor durchgestrichen* höchsten *A.* **118** gund] ward *A.*

---

98 der ›deren‹; besliessen ›vollständig beschreiben‹. **99** erläuternde Apposition zu 98 vinster end. **101f.** verlougnen *auch mit Genitiv.* **108** latz: *ein Kleidungsstück, hier wohl für* ›Leib‹. **118** versmahen *m. Dat.* ›einem ärgerlich erscheinen‹.

       ain törlich klaid beruert,
15 auss im so triben si den schimpf.
       widerumb ward er gefuert
       Pilato fürbass ungestillt   125
       durch micheln spot als ainen toren wild. |

VIII Mit grossem sturm   [45']
       und ungefüegem heulen, schauren, brausen
       liess sich der küng, küng aller küng,
       der herr, herr aller herren,   130
5 gedultiklich recht als ain lamp
       Pilato smächlich wider weisen für.
       Derselbig wurm
       krenkt sein gewissen von des kaisers grausen
       haimlich in seines herzen drüng.   135
10 wie wol er wesst den keren
       der Juden hass durch valsche wamp,
       noch volgt er in mit böser willekür.
       Er liess in gaiseln bärmiklich
       an ainer seule bloss.   140
15 von im das bluet gar ärmiklich
       auss seinem leichnam floss.
       man satzt im auf sein hailigs haubt
       ain dürnin kron, mit hertem druck betaubt.

---

124 widrumb *c*. **131** gedultiklich recht] gedultiklichen *A*. **132** smächlich pylato *A*. **138** noch volgt er in] vnd volgt in nach *A*. **139** permklich *c*. **141** ermklich *c*.

---

122 berüeren *bei Oswald negativ konnotiert, zur Bedeutung* ›schädigen‹ *tendierend; genauer Sinn hier unklar.* **123** auss im *wohl auf* klaid *bezogen* ›mit diesem‹. **124–126** *Der im Passiv begonnene Satz wird wie im Aktiv mit Akkusativ abgeschlossen.* **127** sturm ›Tumult‹ *(Hofmeister)*. **134** von des kaisers grausen ›*aus Furcht vor dem Kaiser*‹. **135** drüng *nach Schatz 1930* ›Drang‹ *(allerdings so nicht belegt), nach Marold = mhd.* trünnege ›Trennung, Zwiespalt‹. **136** keren = kern. **137** wamp ›Bauch, Wanst‹. **142** leichnam ›Leib‹. **144** betaubt *auf* haubt *zu beziehen:* ›so dass dieses betäubt, beschädigt werden sollte‹.

IX Auss der ratschrann 145
ward er geweist mit bitterlichem smerzen
den Juden für, Pilatus stimmt:
»den euern küng hie schauet!«
5 si sprachen: »künges hab wir nicht,
neur ainen kaiser, dem wir sein vermannt.« 150
Spöttlichen sann
so knieten si für in mit bösem herzen
und eerten in hämisch vergrimmt
10 mit falschem gruess gebrauet:
»ave, rex iudeorum« spricht 155
»gegrüesst, ain küng der Juden her gesandt.«
Und zugten fälschlich über in
ain schacherlichs gericht.
15 »lat uns den ächter füeren hin
zu seines todes pflicht!« 160
und schrieren hoch da mit gewalt
Pilato an: »creutz, chreutz in, chreutz in bald!«

X Er wuesch sein hend
und sprach: »ich bin an seinem tod unschuldig.«
do namen si den herren guet 165
und legten im mit freuden
5 ain chreutz auf seinen rugken krank,
das er allain da nicht getragen mocht.
Ach, wie ellend
sein liebe mueter nach im trat geduldig, 170
do si an sach ir aigen bluet
10 geen vor den swachen leuden
zu seinem tod durch blöden swank

---

153 hemissch *für durchgestrichenes* willichñ ser *A*. **157** Und] Sy *A*; zeugten *c*.
158 gerich *A*.

---

145 ratschrann: schranne *ist eigentlich die Richterbank, auch der eingefriedete Gerichtsbezirk, hier wohl als Gebäude gedacht.* **147** stimmen ›rufen‹.
150 vermannen ›dienstbar machen‹. **151** sann: Schatz 1930 *denkt an mhd.* sâ(n) ›alsbald, dann‹, Marold *an einen Zusammenhang mit lat.* sanna ›Spottgrimmasse‹.
157 zugten = zuckten. **158** schacherlich ›wie über einen Räuber‹. **159** ächter ›Geächteter‹. **172** leuden = leuten. **173** durch blöden swank ›in schwachem Schwanken‹.

      mit disem chreutz, das swärlich was geblocht.
      Als si in brachten an die stat 175
      und er ie sterben solt,
15 do blossten si den herren mat,
      als das sein vatter wolt,
      und legten in da sunder scham
      ze rugke nider auf des creutzes stamm. 180

XI Drei nagel murr
      ward im geslagen durch sein hend und füesse,
      creutzlich gedännt, gespannt, verzwickt
      von aim jüdischen manni.
5 die hamersleg Maria hort 185
      und drungen da durch ires herzen sel.
      Behender snurr
      ward er gesteckt auf höher gar unsüesse.
      sein mueter er da aneblickt,
10 die er bevalch Johanni, 190
      und pflag da schreien dise wort:
      »heli, heli«, mit lauter stimme hel,
      »Mein got, mein got, wie hastu schier
      verlassen mich in tod,
15 vatter, in dein hend bevilch ich dir 195
      mein gaist in diser not.«
      und starb da an der menschlichait. –
      mir Wolkenstein werd dort sein huld berait.   Confundant(ur) omnes
                                                                        qui nos persecunt(ur)

      Ain blinder Jud Longinus hiess,
      der kom mit ainem sper, 200
      in sein hailig seitten er das stiess,
      bluet, wasser drang im her
      gar an sein augen: er gesach.
      got ewikleich sech uns vor ungemach.| Amen

---

175 Als] Do *A.*   **195** emphilch *A.*   **197** da] hye *A.*   **201** hailge *A.*

---

174 blochen ›aus Bohlen fügen‹.   **181** murr *(zu mhd. mürwe)* ›stumpf‹. **182** ward *statt* wurden.   **183** verzwicken ›befestigen, festnageln‹.   **184** manni = manne *(Reimform).*   **187** behender snurr ›mit schnellem Ruck‹.   **204** sech *(zu* sehen?*)* ›bewahre‹.

112. Mich fragt ain ritter an gevar

Mich fragt ain ritter an gevar, [45ᵛ]
der sich der welde manig jar
zu gueter mass ervaren hett
durch manig küngkreich, lant und stet,
in fürstenhöfen hin und her, 5
ain tail der haidenschaft entwer,
als dann aim ritter zue gebiert:
in ainem so was er veriert,
das ich in des beschaiden solt,
dorumb und er mich fragen wolt: 10
»beschaid mich, lieber brueder mein:
von welchen sachen mag das sein,
das göttliche gerechtikait
geordnet ist an underschait
in aller christenhait gemain 15
aim jeden menschen lauter rain
zu statten komen durch gericht,
und doch gar selten das beschicht,
besunderlichen der gestalt,
da man die leges nicht enhalt 20
nach den gesetzten kaiserleich?
da wirt betrogen arm und reich.«

---

112 B [45ᵛ]–[46ʳ] (A –, c 94ʳ–100ʳ, D 85ʳ–89ᵛ = BW 26, Sch 118); Reimpaargedicht ohne Melodie. Halbfette Anfangsbuchstaben folgen der Strukturierung in den Handschriften: in Bc durch den Versen vorangesetzte Caput-Zeichen, in D durch Initialen. *Überschrift:* Hie vacht an ain hübscher spruch so herr Oswalld von wolkenstain von dem rechten von richtern vorsprechen vñ vrtailern gemacht hat *D, ohne Überschrift Bc.* **1** ongeuare *D.* **2** jare *D.* **3** erfarn *D.* **12** gesein *D.* **20** die] des *D;* enhatt *D.* **21** gesetzen *c.* **22** wirt] werden *D;* arme *D.*

---

1 angevar ›ohne Hinterhalt, aufrichtig‹. **2** der welde ›in der Welt‹ (Genitiv der Relation). **6** entwer ›quer durch‹ (nachgestellt). **7** zue gebiert ›gebührt, angemessen ist‹. **10** dorumb und ›worum‹. **13–17** ›... dazu bestimmt ist, ... jedem Menschen ... zuteil zu werden‹. **19f.** der gestalt, da ›in der Weise, dass‹. **20f.** Mit den schriftlich fixierten leges gemäß kaiserlichen Bestimmungen dürfte konkret der ›Schwabenspiegel‹ gemeint sein, der in den Handschriften oft ›Kaiserrecht‹ oder ähnlich heißt.

Ich sprach: »als ferr ich mich verstan,
da sein vil höupter schuldig an.
wer da regiert nach seinem houbt, 25
wie clueg der ist, er wirt betoubt,
besetzt er nicht ain weisen rat,
dabei frau Ere wol bestat,
und volgt dem nach durch götlich forcht.
in welchem land man das verhorcht, 30
so hat gewalt das recht verhagt;
als wenn der abpt die würfel tragt,
die brüeder spilen all hin nach
zu lieb dem herren wüester sach.
vitztum, ratgeb, pfleger und verg, 35
richter, vorsprech, urtailer, scherg
die tretten all ain valsche pan,
ain jeder zlieb seim überman.
zwar der gewissen wirt so hol,
damit man sich behelfen sol 40
zu göttlicher gerechtikait.
seid das man ins nit undersait,
das niemand kain geleichs beschicht,
das ist ain swäre zueversicht;
und ist aim land ain herte buess, 45
wo man das recht erkouffen muess.
damit so stet des armen schanz

---

26 der] er cD; getaubt D (korrigiert?). **34** dem herren zulieb D. **36** urtailer vorsprech cD; scherg] vnd scherg D. **38** zelieb cD; seinem D; obeman *oder* obeˢman ?c. **44** swer c, pose D. **47** des] der D.

---

25 regieren *hier vor allem ›Gerichtsbarkeit ausüben‹;* nach seinem houbt *›wie es ihm in den Sinn kommt‹.* **30** verhorchen *›überhören‹.* **31** verhagen *›einzäunen‹.* **34** wüester sach *›in wüstem Treiben‹ (Genitiv der Relation).* **35f.** vitztum *›Verwalter‹; genannt sind zuerst Personen außerhalb des Gerichtswesens, die ebenfalls anfällig sind für falsche Willfährigkeit, dann vier Rollen im Gerichtsverfahren: Richter, Anwalt, Geschworene und Büttel.* **39** der *›deren‹.* **40** damit *(bezogen auf* gewissen*) ›aufgrund dessen‹;* man: *der Mensch.* **42** man: *die Vorgesetzten.* **43** geleichs *›gleiches Recht‹.* **44** ain swäre zueversicht *›schlimme Aussichten‹.*

neur allzeit hinden an dem tanz.
Der gebhart hat ain swachen nam,
wie wol er ist natürlich zam, 50
dorumb das er ist ganz durchpaisst
mit grosser gierhait (man das haisst).
da von verlait sich mang gesell
durch in abgrüntlich in die hell.
doch nemen, geben arm und reich. 55
secht aber, es ist ungeleich:
wer nimpt, was man im gern geit,
also das er kain argen neit
well tragen der gerechtikeit,
weder umb lieb, gab oder leit, 60
dem geber welle bei bestan,
neur wes er götlich recht sol han,
es sei mit urtail oder rat,
sein num ist im des minder schad.
tät er es aber gar durch got, 65
das wär vil besser sunder spot;
beschech es dan umb ainen susst,
da bei so wär ain klain verlusst:
im wurd doch so vil er davon,
das im bezalet wer der lon. 70
auch möcht er richten baid partei
und tät sein gueten vleiss da bei,
darinn erwurb er lob und eer
von got und von der welde ger.
sälig wär das recht, wo man es näm, 75
wenn guete freuntschaft da von käm.

---

53 da von] darumb *c;* mang] mang gut*ˢ c,* manig gůt *D;* geselle *D.* **54** durch in *fehlt c;* abgrüntlich in die] in abgrundt der *cD;* helle *D.* **55** doch] es *D.* **56** secht aber] aber secht *D;* ist] ist gar *c.* **57** was] das *cD.* **60** gab lieb noch *c,* lieb noch vmb *D.* **64** des] dester *cD.* **65** gar *fehlt D.* **66** sunder] ane *c,* on *D.* **68** claine *D.* **70** bezallt wurd *D.* **75** es] das *D.*

---

49 der gebhart *meist* ›wer viel gibt‹, *hier wohl* ›wer Gaben liebt, bestechlich ist‹. **50** natürlich ›nach außen‹? **51** durchpaisst ›zerfressen‹. **64** num (*nur hier belegt*) ›Nehmen‹. **67** umb ainen susst ›umsonst‹. **74** ›nach dem Wunsch Gottes und der Welt‹.

was man an recht geslichten mag,
das ist den teufeln grosser slag.
durch recht verloufft sich mange diet
mit urtail, räten, gab und miet. 80
falsch zeugknuss, aid und aufsätz hol,
das füegt dem teufel alles wol.
kain recht kompt selden zue dem zil
an sünde wenig oder vil,
besunderlichen in der hait, 85
da jederman auf seinen aid
ertailen sol nach seinem houbt.
darunder manger ist betoubt,
das er nicht fünfe zellen kan.
wie mag derselb ain recht verstan? 90
und gilt als vil am abelesen,
als wär er Salomon gewesen.
und gärlichen in der gemain
füegt sich das recht gar selten rain.
hat ainer neur ain urtailer 95
und da bei leute nach der swär,
si volgen all dem selben nach,
wie falschlich ist sein anesprach.
Der richter lat auch übergen
und wil das unrecht nicht versten, 100
das jenem tail beschehen ist;

---

78 dem teüfl *c*.   **79** manig *D*.   **80** gab und] vnd auch *c*.   **81** aufsatz *D*.
85 besunderlich *Dc*.   **86** sein *D*.   **90** derselbig *c*.   **93** gerlich *c*, voraus *D*.
94 gar *fehlt D*.   **96** leut *D*.   **98** sein] die *D*.   **101** jenem] dem ain *c*, dem ainen *D*.

---

77 an recht ›ohne den Rechtsweg, außergerichtlich‹.   **81** aufsatz ›Festlegung‹ (z. B. in Urkunden), aber auch ›Betrug‹.   **83f.** ›kaum je ergeht ein Rechtsentscheid ohne ...‹   **85** hait ›Wesen, Stand‹, hier bezogen auf die Geschworenen, die nach ihrem Urteil gefragt werden.   **87** nach seinem houbt ›nach Gutdünken‹ oder ›als ob es um sein Leben ginge‹?   **91** am abelesen ›beim Einsammeln der Urteilsvoten‹.   **94** gemain: niedere Gerichtsbarkeit?   **95** ›hat einer nur einen Geschworenen auf seiner Seite‹.   **96** nach der swär ›je nach dem Gewicht des Falls‹?   **98** anespruch ›Anspruch‹ (einer Partei) oder ›Ausspruch, Urteil‹ (des Geschworenen)?   **99** lat übergen ›lässt das Verfahren weiterlaufen‹?

das tuet als gebhart, wo der ist.
fleisst sich ain fürste swacher rät,
den sel noch eer nicht hoher krät,
so ist das recht in seiner hant.   105
neur wie in lusst, wirt es erkant,
wann si wissen wol als die hund
des herren willen zu aller stund.
da hat das recht kain ander gstalt,
wann trib man frävel und gewalt;   110
und desgeleichen volgt der schein
von allen, die gewaltig sein,
das recht besitzen für und für,
an vorcht, gewissen, als ich spür,
hoch von dem houbt bis auf den fuess,   115
und nimpt doch end mit swerer buess.
Ain redner, der da nimet guet
von ainem, dem er reden tuet,
der ist ain argkwönleicher man,
den solt man nicht ertailen lan.   120
traut man darüber seinem aid,
sündt man daran, das ist mir laid.
das recht hat gar ain wächsin nas,
es lat sich biegen als der has,
so in der hund pringt in den wank,   125
neur hin und her stat sein gedank.
Ich hör, das manger vorsprech nimpt
zu baider seitt, das übel zimpt.
von ainem nimpt er offenlich,
der ander sticht in haimelich.   130
der ainen part redt er das wort,

---

103 furst *D*.   **106** vnt wie ist lust wirt es bekant *D*.   **108** des] irs *cD*. **109** andre gestalt *cD*.   **110** dann treib *D*.   **111** desgleichen *D*.   **113** das] vnd das *D*.   **115** den] die *D*.   **116** ende *D*.   **120** erlaiten *D*.   **123** wëchsin] bäxe *c*, bechsin *D*.   **127** maniger *D*.   **130** haimlich *cD*.   **131** bartey *D*.

---

104 krän ›krähen‹, vielleicht ›denen (die Sorge um) Seelenheil und Ehre nicht lauter ruft‹?   **111** der schein ›das Ansehen, Vorbild‹ der Hochgestellten.   **117** redner = vorsprech ›Anwalt‹.

der ander tail behabt den hort.
mit dem so wirt durch in verhaut
die ain partei, die im getraut.
o Judas, du unselger man, 135
was hastu brüeder hie gelan!
allain nicht, der da vorsprech haisst,
mang hoher, der den wechsel baisst,
gaistlich, weltlich vindt man der,
und die doch wellen haben eer 140
gen diser welt wie halt gen got,
daselben fürcht ich ir mit spot.
Noch ains lass ich nicht unvermeldt,
ain bös gewonhait in der welt:
die gaistlich sein und weltlich recht 145
regieren mer wann ritter und knecht
und wellen nutzen baide swert,
wie habent die so gueten wert?
sant Peter hett neur ains berait,
da er den Juden mit versnaid, 150
und slaunt im da mit nicht gar wol,
do er tät fliehen in das hol.
und get der grund doch dannen her,
von got gesatzt: gaistliche ler.
offt gaistlich vätter sein so zach, 155
sant Petern kainer volget nach.
wo gaistlich herschen leut und lant,
da wirt mer ungeleichs erkant
wann fürsten, den das zue gebiert

---

134 trawtt *D*.   **135** unselig˙s *c*, vnsaliger *D*.   **138** manig *D*.   **140** die doch wellen] wollen dannoch *D*.   **142** daselben] daselb da *D*.   **146** regiern *cD*. **149** ains] ain *D*.   **152** do er tët] vnd tet da *c*; das] die *cD*.   **153** dannen] von im *cD*.   **154** gaistlich *D*.   **156** peter *c*.   **158** vngeleiches *D*.

---

136 was ›wie viele‹.   **138** ›der solchem Wechsel (zwischen zwei Seiten) nachjagt‹. **142** daselben ›dort‹ (d.h. vor Gott); ir ›um sie‹.   **145f.** weltlich recht regieren ›weltliche Gerichtsbarkeit ausüben‹.   **151** slaunen (mhd. sliunen) ›nützen, gelingen‹.   **152** Welche Situation ist gemeint?   **155** zach ›zähe‹, Marold: festhaltend an dem Recht, das weltliche Schwert zu führen.   **157** gaistlich ›Geistliche‹ (Subjekt), herschen *hier transitiv*.

das recht zu halten unverierrt, 160
oder anderm adel gross und klain
in aller christenhait gemain.
got hat drei tail geordent schon,
dorumb er geben wil den lon
dort ewikleichen sunder swär: 165
gaistlich, edel und arbaiter.
der gaistlich ist also bedacht,
das er sol bitten tag und nacht
für die zwen taile gottes kraft;
und streiten sol die ritterschaft 170
hert für die andern vorgenant.
der pauer darzu ist gewant,
das er sein arbeit teglich brauch
umb unser nar, im selber auch.
das hat ain grosse underschaid, 175
besunder an der gaistlichait,
durch ungeleichs in diser welt,
als ich das voran hab vermeldt.
ich wolt, wer gaistlich wer gemuet,
er hielt sein orden in der huet, 180
als er das solt von rechte tuen;
das wär der welt ain grosser suen.
mer unfrid kompt der welde blos
von priesterschaft und ir genoss,
wann susst von allen laien pschicht; 185
das hat doch got beschaffen nicht.
durch si das recht vil mer erkrumpt,
wan das von anders jemand kumpt.
das hab ich mer zu Rom ervaren

---

161 annder *D*. **169** tail *cD*. **172** pawr *D*. **174** narūg *D*. **177** vngeleiches *D*.
178 vor an] vor mals *D*. **179** genŭet *D*. **181** das *fehlt c*. **184** irem *Dc*.
185 von allen laien] vom laien *D*; beschicht *cD*. **187** uil mer das recht *c*.
188 von anders jemand] andˢs sust von yemād *c*, sunst von niemand *D*.
189/190 erfarn : jarn *D*.

---

175 ›davon gibt es viel Abweichung‹. **177** durch ungeleichs *etwa* ›was zu Ungerechtigkeiten führt‹. **187** si: *die Geistlichen*; erkrumpen ›krumm werden‹.

wann anderswo in kurzen jaren. 190
recht zu unrecht, unrecht zu recht
si machen künnen krump und slecht.
aufsätz, trügnuss, loica spil
lernt man zu Rom, wie vil man wil,
an die prälatisch piegkanei, 195
die man da treibt durch simanei.
da unser zueflucht solde sein
zu waschen ab der sünden pein,
das man so böse ler da tragt,
das sei dir, got von himel, klagt, 200
das durch die glerten für und für
zu merken ist ain solche spür,
die unser liechter süllen wesen
zu leren in das ewig gnesen.
es kompt als von den höuptern dar, 205
die sich emblössen offenbar,
und das unrecht machen zam
an götlich vorchte, sunder scham.
gaistlich, weltlich, wer das tuet,
der ist von sünden nicht behuet. 210
wan siecht das houbt durch blöden wankh, |
die glider werd⟨e⟩n alle krankh. [46ʲ]
Der keiser nimpt auch geren guet,
vil fürsten han denselben muet:
si liessen ettwas übergan, 215
wo si die volge mügen han
an räten, landen und auch leut.

---

192 künen machen *c*, machen künden *D*. **193** aufsatz *D*. **194** lert *c*; wie] als *cD*. **195** piekaneÿ *c*, biegkneÿ *D*. **198** sünde *D*. **201/202** *fehlen c*. **203** vnsre *c*; solten *c*. **204** leren] gen *c*, komen *D*; gnesen] leben *D*. **205** es] das *c*. **208** vorchte] vorcht *c*, vorcht vnd *D*. **212** geren] gnˢ *c*. **214** habñ *c*, habent *D*. **216** möchtñ *c*, mochten *D*; gehan *c*. **217** leutñ *D*.

---

193 aufsatz *s. zu 81*; loica ›*Spitzfindigkeit*‹. **195** piegkanei *unerklärt*. **196** *Simonie: Kauf geistlicher Ämter*. **200** *Hauptsatz, davon abhängig zwei das-Sätze 197–199 und 201–204*. **204** ›*um ‹den Weg› zum ewigen Heil zu lehren*‹. **215** liessen übergan ›*ließen unverfolgt durchgehen*‹.

da für ich gsatzte recht wol treut,
wo man die kaiserlichen halt
und ain guete gewonhait alt, 220
die ist zu halten für ain recht.
wer sich des fliss, da wurd vil slecht,
das susst gar langksam krump beleibt.
nach dunken recht, wo man das treibt,
wo kaiserliche recht nicht gan, 225
da wil man nindert hören von,
das man dem keiser icht engunn,
und ist doch aller recht ain brunn,
darauss si fliessen ganz gerecht
in alle land natürlich slecht. 230
und mag kain landsrecht sein erdacht
an kaiserliche recht *vol*bracht,
es muss ain zuesatz da von haben
vil von den kaiserlichen gaben,
als alle wasser habent grund, 235
flüss auss des grossen meres slund,
man well dann felschen gots gesetz
und das gerechte machen letz.
Was von dem reich zu lehen ist,
das mag sich zwar zu kainer frist 240
auss seinem recht enziehen nicht
mit kainer loica geticht.
vil gueter gwonhait ist vergundt
aim jeden lande nach dem grund
zu halten nach des landes schein 245

---

218 geschatzte *D*; wol *fehlt c*.   **220** gbonhait *c*.   **226** man] nit *c*; nindert] nichts nit *D*.   **227** icht] nicht *c*.   **232** uolpracht *cD*, verbracht *B*.   **236** vnd flus *D*; grossen *fehlt cD*.   **237** gotes *D*.   **243** gebonhait *c*.

227 icht engunn ›etwas zubilligen müsse‹.   **228** keiser *ist Subjekt*.   **233** zuesatz ›schriftliche Ergänzung‹; da von *wird im folgenden Vers ausgeführt*.   **234** vil wohl adverbiell, etwa ›unbedingt‹?   **235f.** flüss *Variation von* wasser – *oder ist zu lesen* grund-flüss *(vgl. Konrad von Megenberg, Das Buch der Natur, hg. v. F. Pfeiffer, Stuttgart 1861, S. 102:* auch vleuzt des merwazzers vil in des ertreichs hölr, dâ von dicke die grôzen sê koment und diu stilstenden mer*)?*

täglich zu bessern ane pein.
ain gwonhait bös, wie alt die ist,
die ist zu meiden kurzer frist
und götlich reformieren pald,
das si haiss guet gewonhait alt.   250
wo man desselben nicht entuet,
so gilt si nicht ain helbling guet.
gwonheit neu niemand setzen mag.
pschicht es darüber ane frag
und an gewalt des keisers gunst,   255
peenvellig ist dieselbig kunst;
wann so er leicht, er pstät nicht mer,
neur redlich alte gwonhait her.
Ain jeder sach der ist gesetzt
das recht weislichen unverhetzt.   260
wie mag das ainer gächling haiss
bedenken, der des nicht enwaiss,
so man in fragt auf seinen aid
das recht zu treffen klar gemait?
wie weis er ist, er wirt betört,   265
er hab der recht dann vil gehört,
und dise welt darzue versuecht
nach notdurft, als sich das geruecht,
an enden, wo man recht und rat
vernüftiklichen vor im hat.   270
als manig hiern, als manig houbt.
wie künd aim jeden sein erloubt,
das recht ganz pringen an sein stat,

---

248 kurzer] in kurtzˢ *c*. **249** zu reformiern *cD*. **252** helbling] haller *D*. **253** gewonhait *cD*; gesetzñ *c*. **254** beschicht *D*. **257** leich *D*. **258** gewonheit *D*. **259** ainer yeden *cD*; sache *c*; der *fehlt cD*. **262** der des] des er *D*; wais *D*. **267** dise welt darzu] darzu dise werlt *c*. **270** vᵉnüfftigklich *cD*. **272** ainem *D*. **273** ganz pringen] bringen gantz *D*.

---

249 Das von c und D ergänzte zů liegt syntaktisch nahe, stört aber metrisch. **252** helblinc: *ein halber pfennic*. **254** darüber ›trotzdem‹. **256** peenvellig ›strafbar‹. **257** leihen ›Lehen vergeben‹; pstäten ›bestätigen‹. **260** unverhetzt ›unbeschädigt‹. **261** gächling ›plötzlich‹. **268** nach notdurft ›notwendigerweise‹. **273** wohl ›das Recht ganz auf seine Seite zu bringen‹.

darauf man lang gstudieret hat?
trifft ainer ains, so fält er zwai. 275
bedunken-recht schadt mangerlai,
des man in rechten nicht enhielt,
wo man der keiserlichen wielt.
Ain pauer, der nie schrifft verhört
und mit den oxsen ist betört, 280
der sol nu bas verstan das recht,
wann ain gewandert gueter knecht
oder ain gelarter weiser man?
wo wolt er das erlesen han?
Noch wundert mich ains grossen auch, 285
das man offt setzt ain öden gauch
zu ainem richter, der nicht hat
götliche vorcht noch weisen rat
und was dem rechten zue gehört,
das er des genzlich ist betört. 290
wie sol der straffen weib und man,
und der sich selbs nicht straff⟨e⟩n kan?
als ich eu das noch bas bedeut:
wem man bevilcht lant oder leut,
ampt, pfleg, gericht und desgeleich 295
zu straffen, richten arm und reich,
der sol sich halten in dem schein,
das er unsträflich müg gesein,
und desgeleichen all, die han
herschaft, land, leut undertan, 300
gaistlich, weltlich, wer die sind.
o wie gar selden man das vindt!
Ain fürst in seinem hof und lant

---

274 gestudierett *D*.   **276** manigerley *D*.   **279** paur *cD*; geschrifft *cD*.
282 gwandertˢ gutˢ *c*, gutter gewandert *D*.   **285** Noch] Doch *D*.   **292** und *fehlt cD*; selb *cD*.   **293** das noch bas] noch das *D*.   **295** deßgleich *D*.
299 deßgleichen alle *D*.   **300** undertan] vnd vndertañ *D*.

---

274 gstudieret *schließt Erfahrung und Kenntnis des geschriebenen deutschen Rechts ein.*   **277** ›daran würde man sich in Rechtsfragen nicht halten‹.
278 walten ›gebrauchen, sich halten an‹.   **285** ains grossen ›über etwas Großes‹, hier im Sinne von ›sehr‹.

sol haben räte, die da hand
göttlich gwissen edel und weis, 305
ain gmain guet wort, der eren preis.
wo des ain fürste nicht enhat,
das recht daselben übel gat
baide mit urtail und geding,
so hat das recht ain misseling 310
und darf sich niemand trösten slecht.
wie vil er hat der gueten recht,
im wirt die schrann also bestellt
mit ainer urtail da gevellt
an seinem tail durch klain gewin. 315
da hat das recht ain bösen sin.
Verzickte wort und all gevär
im rechten sein verbotten swär,
man lat sein aber dorumb nicht
und ist ain alts, als man da spricht. 320
Ain weis man, der ratmässig ist,
der tue sein vleiss zu aller frist,
da mit er rat zu gleichem schid
auf baid partei nach guetem frid.
wil ainer sein ain schidlich man, 325
der mag an baide rät wol gan.
wil er aber ainem hilflich sein,
dem andern tail rat nicht darein,
und hör auch seiner rechten nicht,
neur was an offner schrann beschicht, 330

304 sol haben] so habent *D.* **305** göttlich] götlich ee *c.* **306** gemain wort bort *D.* **308** gat] statt *D.* **317** alles *D.* **318** im] jnn *c.* **321** weyser *cD.* **326** an] ain *D.* **327** ainem] ainem tail *D.* **328** So rat (red *D)* dem and⁵n nicht darein *cD.* **329** rechte *c.*

306 ain gmain guet wort ›eine allgemeinverständliche Rede‹ (Marold) oder ›einen guten Ruf in der Allgemeinheit‹? **309** geding ›Zusicherung, Vertrag‹. **312** er = niemand. **313** schrann ›Gerichtsbank, Gericht‹. **315** ›für sein Rechtsanliegen zum Nachteil‹. **317** verzickt ›arglistig, unredlich‹ (vgl. Schmeller); gever ›Hinterhalt‹. **320** ist ain alts ›war schon von Alters her so‹. **323** zu gleichem schid ›zu gerechtem Ausgleich‹. **326** rät ›Beratungen‹. **329** seiner rechten nicht ›nichts von deren Rechtsgründen‹.

damit bleibt er an mailes neit,
liebt im das recht zu baider seit.
kain ratgeb, der sol weib noch man
verfüeren auf ain zweifels wan,
zu dem er nicht gedienen mag 335
mit urtail, kompt es an die frag.
verweist er in darüber susst,
so hat er schuld an seiner flusst.
Du, richter, solt nicht pärtig sein
in der partei vil oder klein, 340
noch niemand das gestatten bist
dem, der desselben leders ist.
wo man ain solch gerichte hat,
und da ain richter des gestatt,
das jede part da setzt ir leut, 345
das recht ich weder lob noch treut.
und wirt das recht hin hinder kert
und durch die aid gröblich versert,
da bistu, richter, schuldig an,
das du die partei lassest gan. 350
wann jeder stat dem seinen bei,
wie wol das recht sol wesen frei,
an argen list, grüntlich verklärt,
wie wol man selden das bewärt.
du solt auch niemand fragen nicht, 355
wo du hast solche zueversicht,

---

331 an *fehlt D.* **334** ain *fehlt c.* **335** dem] weü *c.* **338** vᵉlust *D.* **341** das] des *c.* **343** sölhs *c,* solche *D.* **344** des] das *D.* **345** parteÿ *c,* bartÿ *D;* da *fehlt D.* **350** die *fehlt D.* **351** stat] gstet *c.* **353** erklert *c.* **355** niemand] kainen *c.* **356** wo] zu dem *c.*

---

331 an mailes neit ›*frei vom Vorwurf der Befleckung*‹. **334** zweifels wan ›*Hoffnung in zweifelhafter Angelegenheit*‹. **337** ›*verführt er ihn trotzdem*‹. **339** pärtig ›*parteilich*‹. **342** desselben leders *redensartlich, hier: aus derselben Partei.* **345** setzen *hier wohl* ›*als Schöffen benennen*‹. **350** partei *hier Plural.* **356** zueversicht ›*Erwartung*‹.

der wederm taile sei genaigt
(a⟨i⟩n guet gewissen da verfaigt),
und niemand füdern durch dein frag.
an sach ich dir ditz nicht ensag. 360
man vindt nicht vil derselben land,
da solche krump recht ergand,
und ist den teufeln grosser fluech,
wo man tuet richten nach dem buech,
darinn die recht sein wol bedacht 365
auf jede sach götlich verbracht,
dabei gewonhait guet vergundt
aim jeden land nach seinem grund,
und die man halt baid arm und reich.
das ist aim land ain löblich zeich, 370
besunderlich in welschem land,
durch mang küngkreich mir bekant.
all reichstet haben auch den sitt,
vil ander teutscher land damit,
da man durch zwelf tuet richten rain, 375
bas wann susst durch ganz gemain.
selten durch gemain ain sach ergat
an schand und ettlich missetat.

---

357 wederm] ainem *cD*; tail *c*. **358** da verfaigt *B*] das uˢsaigt *c*, ver da saigt *D*. **359** und] du sollt *D*. **360** an sach] an vrsach *c*, vnd ander sach *D*; dir ditzs] dirs *c*, dir des *D*; ensach *c*. **362** da] darjn *c*; krumpe *Dc*. **363** dem teüfl *c*; grosser] ain grosser *cD*. **365** bedacht] wetracht *c*. **367** vergundt] sind uˢgundt *c*. **370** loblicher *D*. **372** durch mang] vnd in manigem *D*. **373** den] denselben *D*. **374** vil] vnd vil *D*. **376** bas wann] was mā *c*; Bas dann durch sunst ain gantze gemain *D*.

---

357 *der: Relativpronomen, bezogen auf 355* niemand; wederm ›einem der beiden‹. **358** verfaigt ›ist todgeweiht‹. **359** füdern = fürdern, *Infinitiv abhängig von 355* solt. **361–382** *Anderswo wird mehr auf korrektes Gericht geachtet.* **362** krumbe *wäre metrisch besser, vgl. c und D.* **366** ›zu jeder Rechtsfrage nach Gottes Willen ausgeführt‹. **368** nach seinem grund ›gemäß seinen begründeten Ansprüchen‹. **370** zeich (*zu mhd.* zîhen) ›Aussage‹, *öfter zur Beschuldigung, hier zum Ruhm.*

des lob ich nicht, wo man des pfligt
für gschribne recht; wo man die wigt 380
durch solche leut, die es verstan,
da wirt versorgt baid frau und man.
Ain ebenbild ich melden wil:
sicht ainer zwen ob ainem spil,
und die er nie erkante susst, 385
er gunnt dem ainen bas verlusst.
und desgeleich an ainer schrann,
die man besetzt durch mangen man:
bstet aim da neur günstlich gevell,
er hat die volg, gee wie es well. 390
das als an stetten nicht beschäch,
wo man die recht geschriben säch.
offt ains gewissen ist so lom,
si krumpt sich als der weg gen Rom.
dorumb so lob ich sicher klain, 395
das man ain sach auf ain gemain
durch urtail dick erkennen tuet;
ain solch gewonhait ist nicht guet.
wann götlich recht hat kainen twank
zu nöten auf ain hindergangk 400
durch kainer hande urtail frei,
es sei dann gueter will dabei.
noch ist der tadel ane zal,
darinn das recht hat bösen val
zwar wider ditz, das man da halt 405
geschriben nach den büechern alt,

---

379 des lob ich] ich lob sein *D*.   **380** geschribne *D*; bigt *cD* (b *wohl für* w).
381 solche] solle *D*.   **386** gunnt] gan *cD*.   **388** manigen *D*.   **391** als] alles *c*.
393 lam *c*.   **394** si] vnd *cD*.   **396** das] wo *D*; ¹ain *fehlt c*; ²ain *fehlt D*.
405 hollt *D*.

---

389 günstlich gevell ›günstiger Zufall‹.   **393** lom = lam.   **394** si = gewissen
(fem.!).   **396** auf ain gemain ›in einem Gemeindegericht‹.   **397** durch urtail
›zum Zweck der Urteilsfindung‹.   **400** ›auf einen Schleichweg zu nötigen‹.
403 der tadel *(Genitivus partitivus als Subjekt)* ›Tadelnswertes‹.   **405** ›im Gegensatz dazu, dass man einhält‹.

und die man teglich bessern tuet.
darinn ist meniklich behuet,
wo man die füeret lauter rain,
bekenn ich, Oswalt Wolkenstain.«   410

Anno M°CCCC°XXXVIII° hec fabula completa per me Oswaldu(m) milite(m) |

113. Ir babst, ir kaiser, du pauman

I Ir babst, ir kaiser, du pauman, [46ᵛ]
    warumb seit ir nicht geren hailg?
    seit das eu got nicht wil verlan,
    behalt ir neur den orden sälig,
5   der eu von im ist ausserwelt   5
    zu füeren löblichen entwer,
    auss unserm glouben zue gesellt,
    mit namen lauter da gezellt:
    gaistlich, der edel und arbaiter.

II Du hailger vatter, tag und nacht   10
    für alle christenhait gemain,
    und wer da gaistlich ist bedacht,
    andächtiklich solt bitten rain
5   den got, der alle creatur

---

112 **408** behuet] wolbehŭet *D*.   **409** fuert *D*.   **410** Beckenn *B*; Oswalld von wolkenstain *D*.
113 *B* [46ᵛ] (*A* –, *c* 88ᵛ–89ʳ = BW 21, Sch 119); einstimmig, Text der 1. Strophe den Noten unterlegt *B*.   **1** båbst *B*, pabst *c*.   **6** loblich *c*.

---

1 Die Schreibung båbst *in B kann als Singular oder als Plural verstanden werden; wegen des Singulars in Strophe II und III habe ich Singular bevorzugt. Die ir-du-Unterscheidung richtet sich nach dem Rang.*   **4** *Nach dem metrischen Schema wäre einsilbiges* sälg *anzusetzen, ein Melisma erlaubt aber auch zweisilbige Artikulation, und der Reim ist ohnehin nicht ganz rein;* orden *hier die Ständeordnung.*   **6** zu füeren *etwa* ›damit ihr euer Leben danach richtet‹; entwer ›quer durch, vollständig‹.   **7f.** *weiterhin abhängig von 5* der eu ist.   **8** ›jedem einzelnen reinlich zugeordnet‹.

beschaffen hat und uns erlost
mit seines hailgen todes kur,
den er in menschlicher figur
laid an des hailgen creutzes rost.

III O kaiser, schierm mit deinem swert,
und wer zu dem gesegnot ist,
das recht und den gelauben wert
gewaltiklich zu aller frist.
5 die witwen, waisen, arm und reich
beschützt, auch halt euch in der huet,
das man euch selber nicht enzeich,
des icht berüer der eren teich,
ee so vergiesst eur aigen bluet.

IV Wer zue der arbait ist geporn,
der arbait durch getreuen hort;
tuet er des nicht, so wirt verlorn
sein arbait baide hie und dort.
5 und herwidrumb, ist er getreu,
als ainem pauman zue gebiert,
stirbt er also mit gueter reu,
sein freud mag im wol werden neu
dort ewikleichen unverierrt.

V Ach welt, wie hertikleich du trabst
noch alles dort vor gottes schein,
geleich der kaiser als der babst,
ain jeder in dem orden sein,
5 die fürsten, graven, ritter und knecht,
ir burger, pauren, all vermeldt,

---

21 mert *c*. **26** des] das *c*. **28** geporñ *c*.

---

18 rost *(zu mhd.* rôst ›Scheiterhaufen, Feuer‹)*, hier für* ›(Stätte der) Qual‹. **25f.** zeihen *mit Genitiv:* ›dass man euch nicht etwas vorwerfe, was etwa ...‹ **29** durch getreuen hort: hort *wohl nur Reimwort,* ›treulich‹; *anders Hofmeister:* ›um des sicheren Schatzes [im Himmel] willen‹. **38** noch alles ›noch immer‹; dort ›dorthin‹? **42** all vermeldt ›alle seien sie genannt‹ *(Hofmeister).*

    chardnal, pischof, prelaten slecht,
    all gaistlich, weltlich, hört und secht:
    recht tuen wer guet in diser welt.   45

114. Hört zue, was ellentleicher mär

Compassio beate virginis Marie

I   Hört zue, was ellentleicher mär
     ain raine frau keuschlich erfuer,
     wie das ain fürst gevangen wer,
     der himel, erd und alle⟨r⟩ ruer
5   gewaltig was,   des si genas,   5
     magt vor und nach,   von ainer sprach
     »ave« an mail empfieng, gebar.
     Ain knecht und junger, der da floch,
     verkundt der frauen, als man redt,
10 wie man den fuerte groblich roch,   10
     den si lieplich erzogen hett,
     mit grosser smach,   ellender gach,
     durch micheln praus   in Annas haus,
     der richter was der Juden schar.
15 O frau, wie bitter was der smerz,   15
     den da empfieng dein keuschlich herz,
     als es erhort   das senlich mort!
     leib, varb, gestalt   des schricks engalt,
     das du kraftlose nider sankh.

II Unzälich klag und senlich mat   20
     bedächtikleich was, frau, erlaubt,

---

113 **43** cardinal *c*.
114 B [46ᵛ]–[47ʳ] (A –, c 87ᵛ–88ᵛ = BW 107, Sch 120); einstimmig, 1–7 und 15–19 unter Noten B. **4** alleˢ *c*. **17** sënlich *B*. **21** gedächtiklich *c*.

In der 2. Person des Präteritums sind hier öfter irreguläre Formen eingesetzt: du sankh, ward *usw*. **4** ruer ›was sich bewegt‹. **6f.** ›nur von dem Wort / der Anrede Ave‹. **12** gach ›Eile‹. **13** praus ›Lärm, Tumult‹.

als dich vernunft widerumb betrat
und du deins kindes ward beraubt
5 durch solche leut,   der ich nicht treut,
die in välschleich   an ware zeich   25
verklagten vor des richters stab.
O junkfröuleiche raine maid,
mich wundert, das dir nit erbrach
10 dein keuschlich herz von grossem laid,
als du den herren hort und sach   30
dieselbig|nacht   mit grosser bracht   [47′]
peinleichen verch   durch wort und werch
ser fürdren zue des todes grab.
15 Ach got, wie ellend was der schein,
das fliehen von den jungern dein!   35
sant Peter zwar   verlauget gar.
an rue und rast   ellend du wasst
umbgeben in der veinde schrankh.

III Du gots erwelte creatur,
durchleucht verhailgt über alle weib,   40
wie mocht dein adelich natur
erzeugen durch ain zarten leib
5 den grossen schrick   und scharpfen blick
des gaisel slag,   von dem du lag,
geswindlich auf die erden viel?   45
Wol was die barmung michel gross
von menikleich zu sehen an,
10 das man den höchsten fürsten bloss
an ainer seul solt gaiseln lan,
das im das bluet   von solcher ruet   50
den leib verröt,   das man in nöt,
gebunden mit des sailes riel.

---

22 widrüb *c*. **31** grossem *c*. **36** uˢlaugnet *c*. **40** uˢheiligt *c*.

---

24 treut *zu* treuten ›lieb haben‹ *oder zu* trauen? *Zu erwarten wäre im ersten Fall die, im zweiten* den. **25** zeich ›*Bezichtigung*‹. **32** verch ›*ans Leben gehend*‹; werch = werkh: *Augenreim?* **42** erzeugen ›*Zeuge sein, mit ansehen*‹; durch ›*mit, bei*‹. **52** riel *wohl =* bair. Ridel ›*Bündel, Wulst*‹ (vgl. Schmeller).

15 Zart minikliche kaiserin,
    wie was betrübt herz, muet und sinn,
    do man verwundt   des himels grund
    spotleichen schaut!   o edle braut,
    wie was dein lieber sun so krankh!

IV Mit ainem kranz von dornen scharf
    der himel fürste ward verkrönt,
    tiefflich gedruckt, das sich entwarf
    mit bluet sein antlutz, houbt betrönt.
5   swärlich bewegt   man im da legt
    mit grossem valsch   auf seinen hals
    ain khreutz, daran er sterben solt,
    Des er von krankhait nicht enmocht
    allain getragen von der erd,
10 wann es zu swärlich was geblocht.
    und das ersach sein mueter werd,
    in seim ellend   was si behend,
    von rechter gier   im hilflich schier,
    des man ir nicht verhengen wolt.
15 Bedenk ain jede mueter das,
    wenn si ir kind in solcher mass
    säch vor ir steen   und darnach geen
    zu seinem tod   mit solcher not,
    wie ser betrüebt wer ir gedankh.

V   Awe, die ellend wainleich klag,
    der man nicht vil geschriben vindt,
    allain neur als die frau da pflag
    umb ir keuschlich geboren kind,
5   das vor ir haiss   sein bluet und swaiss
    köstleich verrert,   des todes gert,
    mit dem er uns all hat erlost.

---

56 edle] adle *c*.   **59** gekrönt *c*.   **77** o wee *c*.

---

55 des himels grund ›den, der den Himmel stützt‹.   **60** sich entwerfen ›sich bilden, erscheinen‹.   **61** betrönen ›betropfen‹.   **67** blochen ›aus Bohlen fügen‹. **71** verhengen ›erlauben‹.

　　　　Calvarie ain stat genant,
　　　　das chreutz sein rast daselben hett, 85
10　　darauf man in mit fuess und hand
　　　　schamleichen bloss vernageln tet.
　　　　sein leib, gebain　　in ainen stain
　　　　gesteckt an barm,　　so ward der arm,
　　　　da flosst du, Maria, dein trost. 90
15　　Noch was er, frau, zu dir genaigt,
　　　　do er dich seinem junger zaigt.
　　　　die hamer klenk　　und gallen trenkh,
　　　　des speres stich,　　Maria, dich
　　　　verzuckt. helf uns sein chreutzlich hankh!　　Amen 95

115. Wer hie umb diser welde lust

I　　Wer hie umb diser welde lust
　　　　sein ewig freud dort geben wil,
　　　　zwar des gewerb, gewinn noch flust
　　　　ich halden wil auf kainem spil.
5　　secht, der betreugt sich selber zwar 5
　　　　und paut auf ainen zweifel gar,
　　　　das sag ich eu für war.
　　　　Auch wer die sel sein wil bewaren,
　　　　da mit si wol versorget sei,
10　　der lass die glüst hie ierdisch varen 10
　　　　und hüet sich vor den sünden frei.

115　B [47ʳᵛ] (A –, c 89ʳ–90ᵛ = BW 22, Sch 121); einstimmig, 1–9 (bis zum Wort wol) und 22–27 (bis zum Wort vnd) unter Noten, Anfang der zweiten Strophe dann 47ᵛ nochmals wiederholt. **1** Wer] Der c. **8** wër B.

114　95 verzucken hier ›in Ohnmacht fallen lassen‹.
115　Versifizierung einer Handschrift mit Freidank-Sprüchen ohne erkennbaren inneren Zusammenhang, vgl. Schatz 1901, S. 120. – Ungewöhnliche Strophenstruktur: drei Stollen mit gleicher Melodie (je in sich kanzonenförmig mit Differenzierung der Stollenenden), dann eine kurze Schlusspartie; ungewöhnliche Form der Notierung.
　　4 ›will ich nicht als Spieleinsatz wagen‹.

115. Wer hie umb diser welde lust

    wer merken wolt sein missetat,
    der hett der meinen vil guet rat
    zu melden frue und spat.
15 Und wer zwain herren dienen sol,   15
    und die ungü⟨n⟩stlich sein in ain,
    zwar der bedarf gelückes wol,
    das er sein dienst nutzlichen lain.
    von weu ain man hat eren grund,
20 der scham sich des zu kainer stund,   20
    rat Wolkenstainers mund.
    Es ward kain fürste nie so reich,   Repeticio
    gleich   so wer ich im,
    nim   mit gedenken ich das main.

II Wer mit dem fride welle sein   25
    und trachten nach der sele hail,
    mass sich der fürsten brot und | wein,   [47ᵛ]
    wann ir gemüet ist voller mail.
5 ich näm ains weisen mannes muet
    für vier törleicher fürsten guet   30
    und hielt mein sel in huet.
    Man vindt noch vil der toren zal,
10 si gäben nicht ir leben schon
    umb allen schatz, der eren gral,
    noch umb die wierd des kaisers kron.   35
    secht, manger gvellt im selber wol,
    des ist die welt der toren vol,
15 seid man es reden sol.
    Awe dem armen lemblin, das
    ain wolf zu ainem herren hat,   40
    auch ist dem wolf vil lützel bas,

---

16 vngünstlich c.   **22** Repeticio *auch* c.

---

13 hett rat ›würde vermeiden‹.   **16** in ain ›unter einander‹.   **18** lainen ›lehnen‹, hier ›anbringen‹.   **19** von weu ›wovon‹.   **24** main *sonst* ›Unrecht, Falschheit‹, *im Kontext nicht befriedigend erklärt; passen würde* main = magen ›Macht‹ *(sonst mask.); zu erwägen ist auch* mein *(mit ungenauem Kornreim)* ›wenn ich in Gedanken das nehme, was ich haben möchte‹.   **27** sich massen ›sich mäßigen, meiden‹.   **32–35** *Der Sinn ist wohl: Auch Toren schätzen ihr eigenes Leben.*

so auch ain bün über in ergat.
20 vil manger went, er kenne mich,
und der nie recht erkante sich,
gleich als ain ander vich.
Auch wer nie liebes weib gewan, 45
han   maint er die besst, Rep(eticio)
vesst   bleibt er darauf allain.

III Wein, zoren, spil und schöne weib,
die vier betören mangen man. 50
und der vil lobt sein aigen leib,
secht, der hat lützel eer davon.
5 wer mag die bessten aus gelesen,
seid niemand wil der bösste wesen
als klain neur umb ain fesen? 55
Es wirt offt nach dem tod gerüemt
ain man, der lob hie nie gewan.
10 vil red durch warhait niempt entüemt,
gros tugent adelt weib und man.
wes sich die jugent hat gewent, 60
das alder sich darnach versent
und wirt gar hart verklent.
15 Dem wolf zimt nicht wol schaffes wat.
wer guet gewunnen hat mit not,
die geittikait nicht bodems hat, 65
si lat es hart bis an den tod.
sich vindt, das sanft gewunnen guet
20 macht hoffart und üppigen muet

---

vor 45 R(epeticio) *c am Rande nachgetragen.*   **52** sech *c.*   **58** nyemāt tût *c.*
63 schaffes] scheffen *c.*   **65** poden *c.*

---

42 bün ›Strafgericht‹ (= pên, Marold) oder ›Decke auf der Wolfsgrube‹ (Schatz 1930)?   **45** wohl Ergänzung zu 43 mich.   **46–48** Der Sinn des Freidank-Spruchs war: Wer seine Frau liebt, hält sie für die beste Frau. Hier ist der Sinn unklar; Hofmeister zu 48: ›das denkt jedoch gewiss nur er‹.   **55** fese ›Kornhülse, Spreu, Nichtigkeit‹.   **58** entüemen ›entehren‹.   **62** verklenen *vielleicht zu* chlänen ›klagen‹ (Schweiz. Idiotikon): ›und es wird sehr schwer beklagt‹.   **66** lat es hart ›gibt das Gut nicht heraus‹.   **67** sich vindt, das ›es zeigt sich, dass‹.

und dick ain sündigs bluet.
Zwar niemand stet beleiben mag 70
tag   in aim gemüet;
güet,   übel – ain kerleicher schein.

IV Und wer aim laidt sein liebes leben,
von freuden er in schaidet weit.
den armen ist nicht anders geben, 75
wann guet geding und übel zeit.
5 wer ain andächtigs herze trait,
den kümbert weder lieb noch laid
in aller welde brait.
Die sünde, nagel und das har 80
wachst an dem menschen järleich fruet.
10 aim jegklichen, dem liebet zwar,
neur was er aller gernest tuet.
ich main wol, das ain milter man
zu geben nie genueg gewan, 85
als vil er möcht gehan.
15 Wer auf den leib gevangen haiss
leit, dem ist lang ain kurze weil.
und sagt ich alles, das ich waiss,
so müesst ich raumen manig meil. 90
man höret, selten toren rat
20 vil grosser land betwungen hat,
wer sich darauf verstat.
Man sichet selten weissagen
tragen   schon   die kron 95
dahaim, neur in der fremde rain.

V Und füer ain oxs durch alle land,
so hiess man in doch neur ain rind.

---

69 dick] offt *c.*   *vor* **70** Repeticio *c.*   **72** kërleicher *B.*   **75** nichts *c.   vor*
94 Repeticio *c.*

---

72 kerleich *wohl ›veränderlich, wechselhaft‹, anders Schatz 1930* (kärleich).
73 laidt *›verleidet‹.*   **81** fruet *Adverb ›kräftig‹.*   **90** raumen *›Raum schaffen‹
oder ›räumen, fliehen‹ (vgl. Hofmeister, Anm.).*   **93** *Sinn vielleicht ›nur Könner
vermögen Länder zu überwinden‹.*

auch wer sich selber wol erkant,
der hiess von recht ain weises kind.
5 stillen sol man fraidigen hund,
das er nicht grein zu aller stund,
das wär hübsch, wer es kund.
Der mit im selbs zu aller frist
neur vicht, das ist ain herter streit.
10 gedingen fröuet manchen krist,
und der nie herzen lieb gefreit.
guet reiche witz ist sälikait.
der dieb wirt selden ane laid
in aller kristenhait.
15 Und möcht ich freien willen han,
dem kaiser liess ich gar sein reich.
die weisen möchten nicht bestan,
und wären in die toren gleich.
wir wünschen alters alle tag,
20 und wenn es kompt, so ist ain klag,
das ainer nimmer mag.
Ob mich ain freundt verzeihen tät
bet   unerlich,
gerlich   wer die schuld neur mein ein.

116. Zergangen ist meins herzen we

I   Zergangen ist meins herzen we,
seid das nu fliessen wil der snee
ab Seuser alben und aus Flack,

---

115 *vor* **118** Repeticio *c.*
116 B [47ᵛ]–[48ᵣ] (A 48ᵛ–49ʳ, c 91ʳᵛ = BW 90, Sch 83); einstimmig, 1–4 und 5–8 zweizeilig unter Noten, 9–12 und 17–20 einzeilig unter Noten, 13–16 und 21–24 jeweils anschließend ohne Noten B, 1–4, 9–12, 17–20 unter Noten, Rest jeweils anschließend ohne Noten A.

---

115 **101** fraidig ›wild, böse‹.   **108** guet *Adjektiv,* witz *feminin.*   **109** wirt ›bleibt‹.   **118** mich verzeihen ›mir abschlagen‹.   **119** bet unerlich ›eine ehrenrührige Bitte‹.   **120** gerlich = garlich.
116 Zum Ton vgl. Anm. zu Kl 40.   **3** Seiser Alm und (zwischen Eisacktal und Sarntal) Flaggeralm.

hort ich den Mosmair sagen.
5 Erwachet sind der erden tünst, 5
des meren sich die wasser rünst
von Castellrut in den Isack,
das wil mir wol behagen.
Ich hör die voglin gros und klain
10 in meinem wald umb Houenstain 10
die musick brechen in der kel,
durch scharpfe nötlin schellen
Auf von dem ut hoch in das la,
und hrab zu tal schon auf das fa
15 durch manig süesse stimm so hel; 15
des freut eu, guet gesellen.
    Was get die red den Plätscher an? Repeticio
    mein singen mag ich nicht gelan,
    wem das missvall, der lass mich | gan [48ʳ]
    und sei mir heur als verd. 20
5 Ob mir die vaigen sein gevar,
    noch tröst ich mich der frummen zwar,
    wie wol das heuer an dem jar
    valsch böse münz hat werd.

II Verswunden was meins herzen qual, 25
do ich die ersten nachtigal
hort lieplich singen nach dem pflueg
dort enhalb in der Matzen.

---

6 die] des *A*.   **7** eysack *c*.   **11** in der] durch die *c*.   **12** durch scharpfe] die scharffen *c*.   **15** mange *A*.   **17** Repeticio *auch Ac*.   **23** an] nach *A*.   *nach* **24** etc *A*.

---

4 Mosmair *nicht sicher identifizierbar*.   **13f.** ut, la, fa *Solmisationssilben zur Bezeichnung relativer Tonhöhen, z.B. c-a-f*.   **11** musick brechen *wohl die Zergliederung eines rhythmischen Grundmodells in kleinere Einheiten*.   **17** Plätscher *nicht identifizierbarer Eigenname, ein Anklang an bair.* bletzen ›klatschen, schwätzen‹ *mag willkommen gewesen sein*.   **20** heur als verd ›gleichgültig, passé‹ *(wörtlich* ›dieses wie letztes Jahr‹*)*.   **21** vaig ›böse‹.   **28** Matze *Flurname*.

5 Da sach ich vierstund zwai und zwai
     gewetten schon nach ainem rai,   30
     die kunden nach des Mutzen fueg
     wol durch die erden kratzen.
     Wer sich den winder hat gesmuckt
 10 und von der bösen welt verdruckt,
     der freu sich gen der grüenen zeit,   35
     die uns der mai wil pringen.
     Ir armen tier, nu raumt eur hol,
     get, suecht eur waid, gehabt eu wol.
 15 perg, au und tal ist rauch und weit,
     des mag eu wolgelingen.   Rep(eticio) ut sup(ra) 40

III Wol auf, ir frummen, und seit gail!
     wer eren pfligt, der wünscht uns hail.
     kain schand niemand glosieren mag,
     wie scharpf man si betrachtet.
  5 Es ist ain alt gesprochen wort,   45
     recht tuen das sei ain grosser hort,
     wann es kompt alles an den tag.
     oft ainer des nicht achtet.
     Her Christan in der obern pfarr
 10 zwar der ist sicher nicht ain narr,   50
     wer in wil teuschen auf dem stück,
     der muess gar frue erwachen.
     Er beit ain weil und doch nicht lang,
     darnach so fiermt er aim ain wang,
 15 das im vergen sein valsche tück,   55
     des er nicht mag gelachen.   Rep(eticio) Was get etc

---

30 gepeten *c*.   **39** perg] preg *A*.   *nach* **40** R(epetiti)o Was get die red etc *A*.
42 wünsch *c*.   *nach* **56** Repeticio ut supra *A*.

29–32 *Entweder ist* rai *metaphorisch und* kratzen *wörtlich zu verstehen oder umgekehrt: entweder vier Zweierteams von Feldarbeitern, die die Erde aufhacken, oder ein Gruppentanz, zu dem der Bauer* Mutz *aufspielt;* gewetten ›zusammengespannt‹.   **39** rauch ›belaubt‹.   **43** glosieren ›kommentieren‹, *auch* ›schön reden‹.   **49** *gemeint ist Gott.*   **51** auf dem stück *etwa* ›bei seinem Vorhaben‹.
54 fiermen: *gemeint ist der angedeutete Backenstreich, Symbol der Stärkung bei der Firmung, hier eine Ohrfeige.*

117. Und swig ich nu die lenge zwar

I   Und swig ich nu die lenge zwar,
    so würd mein schier vergessen gar,
    durch khurze jar   niemand mein gedächte.
    Dorumb so wil ich heben an
5   zu singen wider, ob ich kan,
    von manchem man,   der sich mit dem geträchte
    Verkeren tuet, so im der wein
    zu nahent kompt und im veriert das hieren sein
    durch sölche schein,   als ich euch noch bedeute,
10 Mit zwelferlaie trunkenhait,
    darnach und jeder ist geschickt mit underschaid
    der sinne brait   nach der nature treute.

II   Oft ainer dunket sich so weis,
    und hab dar inn den höchsten breis,
    so in das reis   der reben hat geschlagen.
    Der ander wänt, er sei so reich,
5   das im der kaiser nicht geleich,
    der sölher zeich   von mir ist wol vertragen.
    Der dritte frässig als ain gaul,
    das im niemand durch speise weder frisch noch faul
    sein weites maul   die zeit nicht mag erfüllen.
10 Der vierd bewaint sein grosse sündt,
    durch michel reu sein herz andächtiklich erzündt
    tämischer gründ,   die niemand kan erhüllen.

---

117 B [48ʳ] (A –, c 91ᵛ–92ᵛ = BW 23, Sch 122); einstimmig, Nachtrag, teilweise schlecht lesbar, ohne Noten, nicht vom Hauptschreiber B.   **9** noch] wol c.   **15** weslagñ c.   **18** zeich] zeit c; ist wol] wol ist c.

Zum Ton vgl. Kl 16, metrisches Schema identisch mit Kl 29 und 30.   **6** geträchte *was getragen wird:* ›Frucht‹ *oder* ›Becher, Krug‹.   **9** schein ›Erscheinungen‹.   **11** darnach und ›je nachdem wie‹.   **12** treute ›Neigung, Anlage‹.   **14** und hab ›und [sagt, er] habe‹.   **18** zeich ›Bezichtigung, Anerkennung‹; vertragen *hier ironisch* ›verschonen‹.   **24** tämischer gründ ›aus törichten Gründen‹; erhüllen = enthüllen.

III Der fünft die unkeusch hoch betracht
 und pfligt derselben tag und nacht,
 so in die macht   des weines hat betretten.
 der segste hat ain kläglich ampt,
5 mit swüeren er die sel verdampt,
 das si erlampt   vor got an allen stetten.
 der sübent kriegt, greint als ain hund
 an ainer lan*n*en, der da billt zu aller stund,
 sein hieren rund   zu vechten ist genaiget.
10 der acht von trinken wirt so gail,
 das im sein er, guet, weib und kind ist alles vail,
 das trunken mail   sich an im da erzaiget.

IV Der neunt unhältig ist betört,
 neur was er wais, sicht oder hört,
 da wirt embört   durch in aus unverborgen.
 der zehent ringet nach dem schlaff.
5 der ainlift singet wüesster zaff
 und schreit an straff   den abent und den morgen.
 der zwelft von sauffen wirt so vol,
 das er es oben greiffet in des goders hol
 und geit den zol   dem wirt an alles aischen.
10 Also hört ir des weines list,
 daran ich nicht vil loben mag, wie guet er ist;
 in kurzer frist   man pessers möcht erf*r*aischen.

V Mich wundert nicht an gmaine houbt,
 die hoher kluegkait sein beroubt,
 ob die betoubt   getrank der swachen witzen.
 Mich müet neur an die weisen gross

---

27 macht] nacht *c*. **29** swerñ *c*. **32** lanmen *(undeutlich) B*, ketten *c*.
48 erfarschen *oder* erfräschen *B*, ervorschen *c*.

---

31 kriegen ›streiten‹; greinen *hier* ›knurren‹. **32** lanne ›Kette‹. **37** unhältig
›haltlos‹. **39** embören … aus ›herauf- und herausholen, offenbaren‹. **41** zaff
wohl zu mhd. zâfen ›ziehen, pflegen, schmücken‹, wüester zaff ›in schlechtem Verhalten‹ *(modaler Genitiv)*. **44** es: *das Getrunkene*; goder ›Gurgel‹. **45** aischen
›fordern‹. **47** wie: *konzessiv*. **48** erfraischen ›vernehmen, erfahren‹.

```
     5  und die den eren sein genoss,
        und die sich bloss     in tauben trank erhitzen,
        das irem leumet, leib und guet,                              55
        den eren, sel, vernunft merklichen schaden tuet;
        ain kranker muet     sich gröblich da beweiset.
    10  Betracht ain jeder mensch genau,
        wie zierlich ist ain stät vernunft durch man und frau.
        darauf so pau,     löblichen hoch gebreiset!                 60
```

Daz lied singt sich in der melodei Der himelfürst mich heut bewar etc|

118. Wol auf und wacht

```
    I   Wol auf und wacht!                                          [48ᵛ]
        wacht,     ser betracht
        den tag, die nacht
        eur fräveleiche sünde,
    5   das sich die selbig nicht erzünde                            5
        tiefflich in der helle gründe.
        ritterlich vecht mit den leuen.
        für ir peissen     und das keuen,
        für ir reissen     scharpfer kleuen
   10   reuen     ser durch nimmer preuen                           10
        las dich pei den gueten treuen
        gen dem alden und dem neuen,
        wo wir die und den erzürnet han.
```

---

117 54 taubem *c*.
118 B [48ᵛ] (A –, *c* 92ᵛ–93ʳ = BW 24, Sch 123); einstimmig, 1. Strophe unter Noten, nicht vom Hauptschreiber, die Initialen der Folgestrophen hervorgehoben, aber nicht farbig B. 5 enzünde *c*. 11 den] dein *c*.

---

117 54 *und die ›wenn die‹;* tauben = taubem. 59 durch *hier ›bei‹*.
118 8f. *Der Binnenreim nur in der 1. Strophe;* für *›gegen‹*. 10 preuen *›brauen, machen‹*. 13 die und den: *die Trinität*.

II Gesell, dich weck,
     reck,   ranslich streck   15
     dich auf und schreck
     den, der uns neur wil verhetzen,
5   unser dienst swachlich ergetzen
     fälschlich pei den snöden smetzen,
     die wir im gelihen haben,   20
     da mit er uns wil pegaben.
     paide frauen und die knaben
10 schaben   aus den engen naben
     süll wir, flüchtikleichen traben,
     das wir uns schön mügen laben   25
     mit der höchsten pluemen lobesan.

III Los, hör mein don!
     schon   dient den lon
     von ainer kron,
     die uns mit scharfen doren   30
5   swärlich erlost von dem zoren
     der ewigen helle horen,
     die uns fraislich het verslunden,
     ser gevangen und gepunden;
     mit den zorniklichen hunden   35
10 funden   trauren het wir unden.
     das hat alles überwunden
     ainer, der da ward geschunden
     und genagelt auf des creutzes pan.

---

14 dich] dick *c*. **19** snöden smetzen *kaum noch lesbar B*. **24** flüchtigklich *c*.
29 ainer *verschmiert B*. **37** hat alles] alles hat *c*.

---

15 ranslich *zu mhd.* ransen/rensen ›die Glieder strecken‹. **19** smatz ›Kuss‹.
21 *gemeint ist wohl die Rückgabe der* ›geliehenen‹ *Küsse*. **22** *Apposition zu 24* wir. **23** schaben ›sich fortscheren‹; nabe: *das hohle Mittelstück des Rads, hier wohl* ›Loch‹. **30–32** doren = dornen, zoren = zorn, horen = horn *(Hölle als gehörntes Untier)*. **39** pan = pam = boum.

118. Wol auf und wacht

IV Ir horcht mich sain. 40
    rain   ich eu main.
    neur ja und nain
    beschaid ich uns der märe
5   getreulichen an geväre.
    unsre wort, werk und gepäre 45
    mich Wolkenstainer verseret,
    dorumb das sich täglich meret
    alles, das die werlt enteret.
10 geret   wert neur, was uneret,
    falscher rat die untreu leret, 50
    pös in pös sich nicht verkeret.
    dorumb fürchtet gotes zorn ergan.

V Vernempt mein schal,
    hal   überal,
    auf perg, in tal, 55
    durch meines herzen schreien.
5   dient dem ainen und den dreien,
    da mit das er uns welle freien
    von des widervalles schiessen,
    also das wir doch geniessen 60
    hoher gnaden, die entspriessen,
10 und das uns nicht well vergriessen
    nach verdienen haisser läne ran.   pran.

---

40 ir horcht] nů hört *c.* **49** wert] beret *c.* **52** zoren *c.* **54** übral *c.* **63** *nach* ran *Reimvirgel.*

---

40 sain ›träge‹. **41** rain *Adverb* ›aufrichtig‹? **49** wert ›wird‹ (bair.) *oder* ›währt‹? **51** *lies* pös in guet *oder* pös in pas? **62** vergriessen ›verschütten‹. **63** läne ›Lawine‹; ran *zu* rinnen. *Die letzte Strophe ist um zwei Zeilen kürzer als die übrigen, und das angehängte Wort* pran *ist wohl Vormerkung für den Kornreim einer weiteren Strophe – Indizien, dass die Arbeit an dem Lied noch nicht abgeschlossen war.*

Lieder, die nur in Handschrift A überliefert sind

119. Bog de primi, was dustu da

1	**B**og de p(ri)mi,	was dustu da?	15ʳ
	gra merci ty	sine cura.	
	Ich fräu mich zwar,	q(uod) video te,	
	cu(m) bon amor	jassem toge.	
5	Dut mi sperancz	na te strvoio,	5
	wan(n) du bist glanz	cu(m) gaudeo.	
	Op(er)a m(e)a	ich dir halt	15ᵛ
	na dobri si slusba	baß calt.	
(I)	Bis willenkum,	was tuestu da?	15ʳ
	an sorg vernumn	dank ich dir ja.	10
	Ich fräu mich zwar,	das ich dich sich,	
	mit lieb⟨e⟩ gar	dein so bin ich.	

---

119 *A 15ʳᵛ (= Sch 27); einstimmig, 1f. der ersten Notenzeile, 5f. der zweiten unterlegt, 3f. und 9–12 dazwischen als Block, dann Seitenwechsel. In die Graphie der fremdsprachigen Brocken habe ich nur durch Worttrennungen eingegriffen, die Auflösung von Abkürzungen wird durch runde Klammern markiert; weiter gehende Eingriffe sind nachgewiesen.*
2 gramersici ty *A*. **3** fraw *A*. **4** aynor *oder* avnor *A*. **10** vˢnamē *A*. **11** fraw *A*.

Zu den fremdsprachlichen Phrasen können nur erste Hinweise gegeben werden; welche regionalen Sprachvarianten Oswald konkret verwendet und wie er und die Schreiber sie möglicherweise umgeformt haben, kann hier nicht diskutiert werden. In einzelnen Fällen ist sogar unsicher, welche Sprachfamilie gemeint ist. Etwas ausführlichere Erklärungen bei Marold, Heinrich Kuen, in: Ladinia 3 (1979), S. 101–124, und B. Wachinger, Lieder und Liederbücher, Berlin, New York 2011, S. 262f.
1 slowenisch bog te sprimi ›Grüß dich Gott‹. **2** altost- und nordfranzösisch grand merci à ti ›großen Dank dir‹, sici *wohl Doppelschreibung;* lateinisch ›ohne Sorge‹. **3** *lat.* ›dass ich dich sehe‹. **4** italienisch con bon' amore ›mit guter Liebe‹; slowen. jaz sem tvoje ›ich bin deins‹. **5** *ital.* tutta mia speranza ›meine ganze Hoffnung‹; slowen. na te strojo ›auf dich baue ich‹. **6** *lat.* cum gaudio ›mit Freude‹. **7** *lat.* ›meine Werke‹. **8** *Reim verschoben; slowen.* na dobrih si službah baš kajti ›in so guten Diensten wie nur was‹.

```
5     Mein geding ganz,    der stat zu dir,              15ᵛ
      wann du bist glanz   mit freuden zir.
      Zwar meine werkh     ich dir doch halt             15
      mit diensten stark   vil manigvalt.
```

II Kacu mores   mich machen mat?
cha ge sum preß,   hoc me mirat.
Bedenk dein gnad   (et) pietas:
negam maluat   ne men dilaß!   20
5 ki ti cum(m)and,   en iaßem dyal,
wo ichs bekant   ab o⟨mn⟩i mal.
Hoc de(be)s me   genissen lan
troge moy G   cu(m) bonwan(n) an.

(II) Wie magstu recht   mat machen mich,   25
dein gefangen knecht?   des wundert mich.
Bedenk dein genad   mit guettikait:
in kainem pfad   thue mir nit lait!
5 Was du verpant,   das thet ich gern,
wo ich bekant,   an übel kern.   30
Des lo mich, frau,   geniessen zwar
auff wolgetraun   zu guetem jar.

III Jo te prosso   dein genad all da,
gesi grando   (et) opti(m)a:
Halt mich nit swer,   h(o)c rogo te,   35
q(uo) p⟨r⟩ope(n)ser   na te troge!

---

32 wol getrewñ *A*; gutñ *A*.   **36** popēsor *A*.

---

17 *slowen.* kako moreš ›wie kannst du‹. **18** *ital.* che io sono preso ›dass ich gefangen bin‹, anders Kuen; *lat.* ›das wundert mich‹. **19** *lat.* ›und Barmherzigkeit‹. **20** *provenzalisch, nordital.* negum ›kein‹, *nordital., ladinisch* malfat ›Missetat‹; *slowen.* ne men dilaš ›nicht mir tust‹. **21** *grödn.* ki ti kumánt ›was auch dein Befehl‹; *slowen.* on jaz sem dial ›das habe ich getan‹. **22** *lat.* ab omni malo ›von allem Bösen‹. **23** *lat.* ›das bist du verpflichtet, mich ...‹. **24** *slowen.* draga moja G ›mein liebes G‹; *grödn.* kum bonaman ›zum neuen Jahr‹. **29** verpannen ›gebieten‹. **30** wo ich bekant ›wenn ich [es] erkenne‹. **33** *altslowen.* ia te proso ›ich bitte dich‹ oder *ital.* io te presso ›ich bitte dich inständig‹. **34** *ital.* che sia grande ›dass [sie] groß sei‹; *lat.* ›und sehr gut‹. **35** *lat.* ›das bitte ich dich‹. **36** *lat.* ›damit ich denke‹; *slowen.* na te draga ›an dich, Geliebte‹.

5   Flor well en piank,   pomag menne,
    das ich dir dank   cu(m) fidele.
    No(n) fac(is) hoc,   so bin ich tod
    sellennem tlok   sit tutel rot.   40
(III)   Dein gnad ich bit   an argen list
    mit guettem sit,   wann die gross ist:
    Halt mich nicht swer,   gedenk an mich,
    als ich an gever   gedenk an dich!
5   Pluem schön und plank,   hilf mir auss pein,   45
    da mit ich dank   der treue dein.
    Tuestus nit pald,   so bin ich tod,
    aus grüenem wald   var ich in not.

120. Fräu dich, du weltlich creatur

I   Fräu dich, du weltlich creatur,   16ʳ
     das dir nach maisterlicher kur
     gemessen ist rain all dein figur,
     verglanzt ze tal nach der mensur,
5   an tadel   adel   krefftiklich dar inn verslossen.   5
     der possen   gossen   ist an mail,
     dem er sich geben | hat zu tail,   16ᵛ
     der mag sich des erfreuen wol von herzen.

II   Ain höubtlin klain des nam ich war,
     dar auff krauss plank krumliert das har,   10

---

119 **42** guttn̄ siten A.   **45–48** *am Kopf der Seite nachgetragen* A.
120 *A 16ʳᵛ (= Sch 4, Pelnar 30); zweistimmig,* Cont(raten)or *textlos, Tenor mit unterlegter 1. Strophe A.*   **9** hôblin A *(zwischen* ô *und* b *ein Buchstabe getilgt)* A; daʒ *zu* deʒ *korrigiert* A.

119 **37** ital. fiore bell' e bianco ›schöne und weiße Blume‹; slowen. pomagaj meni ›hilf mir‹.   **38** lat. cum fide *oder* romauntsch cun fidelte(d) ›mit Treue‹.   **39** lat. ›du tust das nicht‹.   **40** slowen. zeleneg tu logu ›im grünen Wald‹; afrz. sui total rot ›bin ganz gebrochen‹.
120 *Zum musikalischen Satz vgl.* Pelnar, Textband, S. 104–106.   **6** possen ›Bildwerk, Figur‹ (DWb. Bosse, Posse): *die Frau als Kunstwerk.*   **10** krumlieren *wohl* ›ondolieren‹.

zwo smale pra, die euglein clar,
ain mündlein rubein-roslein-var,
5 nass, kinn und kel,   das vell   blaich weis mit wenglin prinnen;
die tinnen   sinnen   volgestakt,
von jungen jaren dar inn verstrakt.
dankh hab ain mann, der es schon wurcht an smerzen.

III Wann ich durch all mein sinn betracht
des bildes form, leib, schön und macht,
wie es der maister hat bedacht
und darnach genzlich wirt volbracht,
5 das kain   so rain   ir geleich auff erd müg simulieren,
regniren,   pulchrieren,   wie man will:
gewalticlich behalt si das spil;
mit eren zwar tar si wol ernsten und scherzen.   Finis istius

121. Nu rue mit sorgen, mein verborgenlicher schacz

I »**N**u rue mit sorgen,   mein verborgen-   licher schacz.
sl*eu*s dein augen schricklich zue
gen des liechten tages hacz,
im ze tracz.
5 herzen lieb, es ist noch frue.

---

120   **22** pulchriẽȝ *A*.

121   *A* 19r (= BW 94, Sch 8, Pelnar 10); zweistimmiger Kanon, in der Handschrift nur angedeutet durch einen Strich durchs Notensystem nach dem 1. Vers = Einsatz der 2. Stimme.   **2** sleius *A*.

---

120   **14** tinnen ›Stirn‹.   **16** ain mann: *Gott*.   **20** *lies* wart?   **21** ir geleich müg simulieren ›ihr gleichkommen könnte‹.   **23** das spil behalten ›den Wettstreit gewinnen‹.

121   Zur (nur durch einen Strich durchs Notensystem nach V. 1 angedeuteten) Kanongestaltung vgl. Pelnar, Textband, S. 63–65. Zu möglichen anderen Rollenverteilungen in Strophe III vgl. Julia Ackerschott, Die Tagelieder Oswalds von Wolkenstein, Trier 2013, S. 161.
3 hacz ›Hetze, Drängen‹.

all dein trauren, lauren las,
freuden hoff und halt die mass.
tuestu das,
so bistu wol mein.«
10 »ach liebe diren, das sol [ ] sein.« 10

II »Frau, thu mich straffen: ich verslaffen hab die stund.
lucifer verswunden ist.
ei, du roselachter mund,
mach gesund.
5 wer dort, hie, wo mir enprisst! 15
dein haubt naig, saig auff mein herz,
ermlein schrenk sunder smerz,
treib den scherz,
der uns, frau, mach gail!«
10 »zart lieber man, das sei mit hail.« 20

III »Der glanz durch greue von der pleue ist entrant;
ich hör voglin döne vil.
tag, wer hat nach dir gesant?
dein gewant
5 unser scham nicht teken wil. 25
zwar dein greis ich preis doch klain.«
»gueten morgen, liebstes ain.
nicht ser wain.
meiner kunft, der wort schir.
10 mit urlaub, frau, hail wünsch ich dir.« Finis J·v· 30

---

10 sey sein *A (eine Note).* **15** ber *A.* **16** naigt *A.* **21** grebe *A;* plebe *A.*

---

15 ber ›trage, bringe‹ *ist vielleicht nicht völlig auszuschließen, zweifellos aber passt* wer ›gewähre‹ *als Aufforderung zur Liebkosung besser in den Kontext.* **16** saigen ›senken‹ *(Objekt weiterhin* haubt*).* **21** glanz *der Sterne?* **25** teken = decken. **26** greis ›Grau, Grauwerden‹. **29** wort = wart.

122. Wol auf, gesellen, an die vart

I   Wol auf, gesellen, an di vart   *33ʳ*
gen Augspurg zue den freulin zart,
und wer da hat ein langen part,
der mag gewinnen preise.
5 Auch wer desselben nit enhat,
der pleib da haim, das ist mein rat,
oder er möcht werden mat
und darzu kurzlich greise.
Sein freud möcht im wol werden ganz,
10 ob er möcht komen an den tanz
all zue den | freulin glanz,   *33ᵛ*
die dunken sich so weiss. |
Des hab ich wol genomen war.   *33ʳ*
do kom ich auf das tanzhauss dar,
15 ich trueg ain part gar | wolgevar,   *33ᵛ*
der geviel in schon mit fleiss.

II Zwar aine sprach, si het den sit
vormals mer gesechen nit
wann von der gaiss, hielt ich es mit.
es deuchte mich geswacht,
5 Das si mich zu der gaisse schaczt;
mich daucht, si wer auch vor gehaczt
und het sich mit den füxsen kraczt,
also hab ichs petracht.
Do wir nach der snuer hin sprungen,

---

122 A 33ʳᵛ (= BW 91, Sch 58); einstimmig, 1–4 und 5–8 zweizeilig unter einem ersten Melodiestück, dann einige Noten mit unlesbarer Anweisung, dann 9–12 und 13–16 zweizeilig unter dem zweiten Melodiestück.

Zum metrischen Schema vgl. Anm. zu Kl 40. Das Lied ist metrisch sorgloser behandelt als die Mehrzahl der Lieder Oswalds: mehrfach Auftaktlosigkeit, Kadenzentausch, doppelte Senkung usw. **11** *gegenüber den Parallelversen (15, 27, 31 – Str. III hat Kadenztausch) um zwei Silben zu kurz, die Zuordnung zur Melodie unklar.* **19** *hielt ich es mit ›falls ich damit einverstanden wäre‹.* **22** *›sie sei früher auch gehetzt worden‹, habe also wie ein wildes Tier gelebt.* **25** *nach der snuer hin sprungen ›in der Reihe tanzten‹.*

10 an dem tanz all umbhin drungen,
mich daucht, mir wer vil pass gelungen,
het ich des barts nit bracht.
Den solt ich haben abgeschaben,
do ich reiten wolt gen Swaben
15 zue den fraun und zue den knaben,
het ich es recht pedacht.

III Di sprach, ich wer ungeschaffen,
und gleicht mich zu ainem affen.
also kan si di gastlin straffen
für all, di da sind
5 Oder di noch künftig werden.
das kan si auch wol umbhin kern
in den sprung hoch von der erden:
nun huzsch, mein liebes kind!
Wie wol si kan, di liebe dock!
10 wenn si hat an den weissen rock,
so fert si umbhin recht als ain bock.
si geswier oder ich wer plind,
Darumb das ich nit wol gesich
zur grechten seitten ungleich.
15 da von so reib sich nit an mich,
ain narren si an mir findt.

---

35 gastlin: *Diminutiv als Koseform (die Gäste, die ihr eigentlich lieb sein sollten)?*
36 für all ›mehr als alle‹ (gemeint sind wohl die Einheimischen). **37–39** *Gemeint ist wohl der im Bairischen mögliche Reim* wern : kern : ern. **38f.** ›das (d.h. solche Unfreundlichkeit) kann sie auch verkehren, wenn sie beim Tanzen hochspringt‹. **40** huzsch *Interjektion zum Tanzsprung.* **41** dock ›Puppe‹. **44** geswier = geswüere (Marold); *zu* oder *als Nebensatzeinleitung vgl. Behaghel, Bd. 3, S. 241, und Kl 107,34.* **46** grechten = rechten; ungleich *undiphthongiert im Reim.* **47** ›deshalb soll sie sich nicht an mich heranmachen‹?

123. Der seines laids ergeczt well sein

I Der seines laids ergeczt well sein
und ungeneczt beschoren fein,
der zieh gen Costnitz an den Rein,
ob im die raiss wol füege.
5 Darinn so wont mang freulin zart,
die künnen grasen in dem part,
ob sich kain har darinn verschart,
daz er nit *geren* trüege.
Mit ainer so traib ich den schimpf,
10 zwar des gewan ich ungelimpf;
des lert si mich ain süessen rimpf,
als der mich wol ersliege:
Ain hand si mir im part vergass,
die langen har si darauss las,
15 diweil der kurzen aines was,
si daucht, es wären kriege.

II »Hör, traut gesell, was ich dir seg:
genesch wil haben allzeit sleg.«
ain andre di zaigt mir den weg
mit ainer feust zum oren,
5 Das mir das besser aug verging,

---

123 *A 33ʳ–34ʳ (= BW 5, Sch 59); einstimmig, trotz gleicher metrischer Form wie 122 mit neuer Melodie; 1–4 und 5–8 unter einander unter dem ersten Melodiestück, dann 9–12 und 13–16 unter dem zweiten.* **8** gnˢ *A.*

Zum metrischen Schema vgl. Anm. zu Kl 40. Die Endreime der Strophenabschnitte (4, 8, 12, 16) sind mehrfach ungenau. **4** *fügen ›angemessen, nützlich sein‹; der Konjunktiv könnte andeuten, dass die Erwartung falsch ist.* **7** *sich verscharn ›sich verlieren, verstecken‹.* **11** *rimpf ›Verziehen des Gesichts‹.* **12** *ersliege = erslüege.* **15** *›solange noch eines von den kurzen da war‹, d. h. sie raufte immer weiter.* **16** *kriege am ehesten das schlecht bezeugte Adjektiv ›widerspenstig‹.* **17** *seg = sag (Schatz 1904 im Lesartenapparat: Anklang an die Konstanzer Mundart).* **18** *genesch ›Naschen, Lüsternheit‹ (Sprichwort).*

wie ich die ertrünk zarg vervieng
und meinen triel vast darumb hieng,
dest e wurd ich zum toren.
Und wer aim leicht, das ist ain gelt.
10 schön Els und Äll gant den zelt
hin gumpen über twerches veld,
des hab wir me verlorn.
Der leib mich da erfreuet ser,
des ward mein armer part entwer
15 gestrouet in die stuben hin und her
recht als der sat das korn.

III Do ich gedacht an Podemsee,
ze stund tet mir der peutel we.
mit schilling ich das abc
muest leren pei der wide.
5 »Zal, gilt, du muest« was ir gesangk,
»dem Stainbrecher von Nesselwangk!«
vil zornikleichen gen mir klank,
wes ich dort haim nit plibe.
In daucht ains wol, ich wär ain flasch,
10 er nam das gelt, liess mir die tasch.
ich wil, das er des klainen gnasch
noch kainem nit verzige.
Ich han gewandelt manig her

---

44 verczig *A*.

22–24 *Da der Hauptsatz im Konjunktiv steht* (wurd)*, dürfte der ganze Satz als Irrealis aufzufassen sein:* ›Wenn ich … hätte, wäre ich nur noch schneller zum Narren geworden.‹   **22** die ertrünk ›diese Art von Ehrentrünken‹ (gemeint ist der Faustschlag); zarg = zu arg.   **23** triel ›Maul‹.   **25** ›Egal, wer einem borgt, es bleibt doch eine Schuld‹ (Hofmeister), d.h. es muss zurückgezahlt werden.   **26** zelt ›Passgang‹.   **27** gumpen ›springen‹.   **28** ›so hatten wir (= hatte ich) das Spiel wieder verloren‹ (weil ich nicht zurückzahlen konnte).   **29** Der leib: *die beiden Frauen*.   **36** pei der wide *Beteuerung* ›beim Henker‹.   **38** *wohl ein Wirt oder Kuppler, vgl. Marold.*   **41** flasch: *nicht im heutigen Sinn* ›Versager‹*, sondern metaphorisch: ein Gefäß, das geleert werden kann.*   **43** ich wil ›ich glaube‹; gnasch ›Naschen, Schmarotzen‹.   **44** verzeihen ›abschlagen, verzichten auf‹ (mit Genitiv).   **45** gewandelt manig her ›manchen Heereszug mitgemacht‹ (Schatz 1930).

gen Preussen, Reussen, über mer,
15 zwar ich gesach nie scherpfer wer
von schinden, schaben *grime*.

IV Ain hoch gepräng von klainem glanz,
vast edel nöttig, swacher swanz 50
was uns nicht [ ] teur an dem tanz
zu Costnicz dort in Swaben. |
5 Und het ich funden in solchem lauf 34ʳ
so wolfail aller hendlin kauf,
der peitel wer mir selten auf- 55
getan meinem gelt ze schaden.
Was ich mein tag ie hab gelert,
10 daz daucht die freulin gar unwert.
si sprach, ich wer ir heur als verd,
die ab mir wand den kragen. 60
Ich sait: »junkfrau, pleibt inn der heut.
ja seit ir auch als ander leut.
15 oder ist euer leib von gold gedreut?
das möcht ir uns doch sagen.«

V Zwar mir sait ainst ein weise mugg, 65
geleiche purd prech niemd den rugg
und slechte gwin ein edle brugg,
die möcht man gen und reiten.

---

48 g̃me *A*. **51** was vns nicht *zweimal A*.

---

47 wer *hier etwa* ›Waffe, Bedrohung‹. **48** schaben ›kratzen‹. **50** edel nöttig ›vornehm-kümmerlich‹; swanz ›Zier‹. **51** was uns nicht teur ›fehlten uns nicht‹ *oder* ›kosteten uns nicht viel‹? **53** in solchem lauf ›bei dieser‹ *oder* ›bei ähnlicher Gelegenheit‹? **54** aller hendlin kauf ›alles, was ich kaufen wollte‹. **57** gelert = gelernt. **58** die freulin: *wegen der Fortsetzung in 59 wohl Singular mit natürlichem Geschlecht.* **59** heur als verd ›gleichgültig‹. **60** ›die den Hals von mir wegwandte‹. **61** heut ›Haut‹. **63** gedreut: *wohl nicht zu mhd.* triuten ›liebkosen‹, *sondern zu mhd.* dræjen ›drechseln‹. **65ff.** *Sprichwort- und Sentenzenfolge mit witziger Einleitung; Sinn der beiden ersten im Kontext unklar.* **67** slechte gwin ›einfache, geringe Gewinne‹ (*ergänze* seien).

5   Wer überwell, der überwalzt.
    vil manig went, si sei gepfalzt,   70
    und die gar höchlichen kalzt,
    si möcht der leut noch peitten.
    Ain jegklichs gevelt im selber wol,
10 des ist die welt der toren vol.
    wenn ich von Costnitz schaiden sol,   75
    des empfind ich an der seitten.
    Ich preiss den edlen Guldin Schlegel,
    zu dem so ker ich meinen segel,
15 ett wo ich in der welt hin ker,
    des lob ich selden meide.   80

124. Ain ellend schid durch zahers flins

I   Ain ellend schid   durch zahers flins   37ʳ
    mir bei der wid   verlegt den zins
    der freuden.   geuden   ich wol mag.
    von klag   sag,   trag   ich baide nacht und tag.

II Ir öuglin mir   ain wang begoss,   5
    der ermlin zier   mich da besloss

---

124 *A 37ʳ (= BW 93, Sch 23); einstimmig, Melodiezeile mit Textmarken, unter dem Anfangsmelisma g(ra)tis (›ohne Text‹) A.*

123 69 wer überwell *(zu* wellen ›rollen‹ *oder* wellen ›wollen‹*)* ›wer zu hoch hinaus will‹; walzen ›sich drehen, torkeln‹.   70 pfalzen ›stützen‹ *(Schmeller 1, 427), der Anklang an* pfalz *als Königs- oder Fürstensitz ist vielleicht beabsichtigt.*   71 kalzen ›prahlen‹.   72 peitten *m. Gen.* ›warten auf‹.   76 an der seitten: *wo der Geldbeutel hängt.*   77 Guldin Slegel: *ein heimisches Wirtshaus, in dem das Lied vorgetragen wurde?*   79 *reimlos, ein Überlieferungsfehler wegen eines dem Schreiber nicht vertrauten Worts ist nicht auszuschließen; mit ungenauem Reim wäre* wedel *(›schweife‹) denkbar.*

124 1 schid ›Abschied‹; flins ›Schimmer‹.   2 bei der wid *Beteuerung* ›beim Henkersstrang‹.   3 geuden *eigentlich* ›groß tun, vergeuden‹, *oft* ›jubeln‹, *hier* ›laut klagen‹.   4 *konstruiere von* klag sag ich, klag trag ich.

    mit drucken,   smucken   an den leib.
    »ach weib,   nicht treib,   schreib   mich von dir. ich bleib.«

III Urlob so nam   die minniklich
     mit lieber zam,   des fröu ich mich   10
     vernünftig   künftigk-   leicher beit.
     »an neid,   leid   meid   mich, frau, ain klaine zeit.«

125. Ain eren schacz an tadels ort

I   Ain eren schacz an tadels ort
     mort   sinn und muet in senlich rick.
     dick   schrick   durchgeen mir sel und leib,
     ach weib,   seid ich mich schaiden sol
5   von dir   so schier; ich bier   dein, frau, nicht wol.   5

II   Dein leib der sol mich reuen ie.
     wie   wol dein zoren mich betrat,
     wat   (mat   ward alles mein gemüet),
     dein güet   die klag an mir ersach,
5   da ward   verkart   unhart   mein ungemach.   10

III O schaiden, ich dich klagen muess.
     suess   was gen mir ir straff, zucht, er,
     mer   ler.   ir lieb mich nie begab.
     ich hab   verloren meinen trost
5   auff erd,   die werd,   versert   und unerlost. | 15

---

125 A 37ʳ (= BW 92, Sch 24); einstimmig, Melodie mit Textmarken, unter dem Anfangsmelisma und einem Melisma nach 3 g(ra)tis ›ohne Text‹ A.

---

124 8 schreiben *hier* ›verbannen‹.   **10** zam ›Freundlichkeit‹.   **11** beit ›Warten, Erwartung‹.
125 1 ort ›Spitze, Punkt‹.   **2** mort = mordet; rick ›Fessel, Schlinge‹.   **5** bier = entbir.
7 wie wol ›obwohl‹.   **8** wat *zu* weten ›binden‹ (syntaktisch parallel zu betrat).
13 mer ler ›und mehr noch, was ich von ihr lernte‹; begeben *hier* ›verlassen‹.
15 die werd ›die Teure‹ (Explikation von trost).

126. Freu dich, durchläuchtig junkfrau zart

I   Freu dich, durchläuchtig junkfrau zart,
    das khäuschlich heut geporen wardt
    von dir ain schöner jüngling
    an we und unverhauen,
5 In ainer stat, ist mir bekhannt,
    und haisset Betlehem genant,
    da solich wunderleiche ding
    beschach von diser frauen.
    Verswunden was ir ungemach,
10 do si den herren vor ir sach,
    der alles wesen ain urspring
    ie was an endes schauen.
    Wol macht ir herz des fröleich sein,
    do si das raine kindelein,
15 das mächtig was der welde ring,
    druckt an ires leibes auen.

II Gelobt sei heut und ewikhleich
    auf erd und in dem himelreich
    der wünnikhleiche werde tag
    (sein lob hat lob besessen),
5 Dar an der ware got erschain
    durch di vil zarten junkfrauen rain
    menschleichen mitten auf dem wag
    der erd und der weld gemessen,
    Dar inn er laid vil mange not
10 umb unser hail dar zue den tod,

---

126 *A 56ᵛ (= Sch 126); einstimmig, eine Notenzeile als Andeutung des Melodieanfangs A. Die als* kh *wiedergegebenen Laute erscheinen in der Handschrift als* ch. **11** vrsprunck *A*.

Zum Ton vgl. Anm. zu Kl 40.   **12** an endes schauen ›*ohne ein erkennbares Ende*‹ *(Hofmeister).*   **13** macht = mochte.   **20** ›*ihn zu loben verdient Lob*‹? **23f.** mitten ... gemessen: *Bethlehem als Mittelpunkt der Welt?* wag ›*Meer, Gewoge*‹, ›*wogendes Leben*‹ *(Marold) oder auf den die Erde umschließenden Oceanus zu beziehen?*

```
              das im khain mensch voldanken mag.
              des süll wir nit vergessen
              Tägleich in unsers herzen grundt
              mit wort und werkhen zu aller stund                    30
         15   denkleich seiner marter klag,
              das uns di feint nicht fressen.

         III  Got, got, almächtiger got,
              gros was dein väterleich gepot,
              do er so verr dich von im sannt                        35
              in sorgleich abenteure,
          5   Als du durch menschleich creatur,
              mensch wider gotleiche natur,
              geporen wardt in unser lannt
              der kristenhait zu steure.                             40
              Was tet dein vater aber mer?
         10   er gab dich an des todes sper,
              der dir dein götlich herz durch rannt;
              do lasch der helle feure
              Gein allen, di den willen dein                         45
              ie teten und noch khünftig sein
              lobleich zu tuen, den wirt gehannt
              des himelreiches scheure.
```

Nota das lied singt sich in der melodei erwach an schrick vil schönes weib sine repetici(on)e |

---

48 Das hym̃elseich scheine *A*.

---

31 denkleich ›*eingedenk, meditierend*‹.   **47** henden *hier wohl* ›*geben*‹.
48 scheure ›*Scheune, Schutzhütte*‹.

Lieder außerhalb der Haupthandschriften

127. Mein traut gesell

gestrichen

128. Si hat mein herz getroffen

s. S. 356

129. Der werlde verneuung lauter klar

Ain ander mundi renouatio

Ia	Der werlde verneuung lauter klar	L 143ʳ
	pirt neu fräud aller creatur. │	
	nu got erstanden ist füerwar,	143ᵛ
	mit im erstent all creatur.	
5	di element im diennen ser,	5
	si versten nach süesser ler	
	di machtikait ires vater reich.	

---

129 *L 143ʳ–144bᵛ (w 32ʳ–33ʳ, x 145ᵛ–149ʳ, y 156ʳ); einstimmig, in Lwx vollständig unter Noten.* Überschriften: *Ain ander Mundi renouacio Lwx; vgl.* Ein ander Mundi renouacio des wolkchenstainer *L Register 3ʳ;* It(em) se(quitur) ead(em) sequencia s(ecundu)m textu(m) wolkenstainer mundy r(e)nouacio *y.*
2 pirt] prod *y.* **3** nu] seit nu *x,* seind nū *y.* **7** vater] schepher *wx,* schopfferz *y.*

---

127 *Das breit überlieferte Lied ist in keiner Handschrift Oswald zugeschrieben, vgl. zuletzt Christoph März, Die weltlichen Lieder des Mönchs von Salzburg. Texte und Melodien, Tübingen 1999 (MTU 114), Lied W 6.*
129 *Übersetzung der Ostersequenz (vgl. Analecta hymnica 54, S. 224–227), überliefert in einigen Handschriften des Mönchs von Salzburg. Die Versikelzählung ist zur Verdeutlichung der musikalischen Struktur verändert.* **7** *lies* rich *im Reim auf* 14*?*

Ib Das feuer her scheinper gleste schrät,
    das luft süeß flocket unde wät, |
    das wasser fleust in leichtikait,   144aʳ 10
    das erdreich beleibet stät.
5 di leichtikait gert hohen swal,
    di swär sich naiget hin zu tal,
    alle dingk verneuen sich.

IIa Der himmel stet polirter klar,   15
    das mer gestillet ist füerwar,
    gewitter | reichsent linder gar.   144aᵛ
    unnser tal beginnet grüenen hie,
5 vnfruchtpar grüent und früchte pirt.
    kalt natur in hiczig wirt,   20
    do lebentig süeß sich ane fie.

IIb Tödleichen frost löst ewigs wort.
    der werlde fürst hat an ein ort
    und wirt | auch gänzleich da zusträt   144bʳ
    in uns sein gewalt, herschen gros,   25
5 den er im zu halden gedacht,
    an dem er nich⟨t⟩s gehaben macht.
    sein aigenschaft er do verlie.

IIIa Der weg pfligt nu vil linder wag,
    des cherubin vor scherfer | pflag,   144bᵛ 30

---

9 der luft *wx*, der windt *y*.   **11** vnd das *x*.   **12** swal] snal *x*.   **12f.** Dy swär sych nayget hin zu tal Vnd das ring swingt sich mit wall (*V. 13 am Ende der Seite nachgetragen, Auslassungszeichen nach* tal) *y*.   **19** grüent und] grunt vns *y*.   **22** ⟨T⟩ödleicher *x*.   **26** halden hat gedacht *x*.   **27** an dem] daran *wy*; nicht *x*.   **29** der weg] ⟨D⟩y wag *y*; nu fehlt *y*.   **30** des *wy*, der L*x*.

---

8 schrät *zu mhd.* schræjen ›sprühen‹.   **9** flocken ›schwingen, flattern‹.   **12** *Lat.* alta petunt levia; swal ›Schwellen, Bewegung‹ *oder mit Hs.* x snal ›Schnellen‹?   **20** in hiczig wirt ›verwandelt sich in heiße‹.   **23** *Lat.* princeps mundi fallitur, *lies* stat an eim ort ›steht am Ende‹?   **24** zusträt = zerstreut, *lies* zerstort?   **26** den: *das Maskulinum ist auffällig.*   **28** aigenschaft ›Besitz‹.   **29** ›der Weg [ins Paradies] bedeutet jetzt weniger Wagnis‹? *Vgl. lat.* viam praebet facilem cherubin.

als im got gepoten het,
   do er sein feurein swert verkart.

IIIb Der tot das leben überwant,
   der mensch gar snell es widerfant,
   was er vor verloren het: 35
   paradises wunn und fräuden gart.

130. Von got so wart gesannt

Ain ander Mittit ad virgine(m)

Ia **V**on got so wart gesannt   L 150ᵛ
   der jungkfraun her zu lant
   ein engel wol erkannt,
   Gabriel was er genannt,
5 de*m*|starke potschaft zam.   151ʳ 5

Ib Der pot der was so stark:
   nature iren sark
   zerbrach er und verpargk
   der junkfraun allen ark.
5 magt, mueter was ir nam.   10

---

129 **32** er] jn *y*. **34** Der mensch es gar schnel her widˢ vannd *y*. **35** vor] do *y*.
130 *L 150ᵛ–153ᵛ (w 26ʳ–27ᵛ, x 139ʳ–142ᵛ, y 154ᵛ–155ʳ); einstimmig, in Lwx vollständig unter Noten. Überschriften:* Ain ander Mittit ad virginem *Lx;* Ein ander Mittit ad virginem hat der Oswald wolckenstainer gemacht *L Register 2r;* Ain ander mittit ad virginem nach dem text *w;* Se(quitur) sequ(e)ncia mittit ad v(ir)gi(n)em s(ecundu)m textu(m) wolckenstein(er) *y.*
3 vnerchannt *y.* **5** dem] der *L*; Dem gotes stercke czam *wxy.* **7** naturñ *y.*

---

130 Übersetzung der Adventssequenz (vgl. Analecta hymnica 54, S. 296–298), überliefert in einigen Handschriften des Mönchs von Salzburg. Die Versikelzählung ist zur Verdeutlichung der musikalischen Struktur verändert.
9f. verpargk ... ark: *bezieht sich das auf die späteren Schmerzen Marias?*

IIa Über all creatur trat
der künig jungk geporn.
sein reich, sein zepter | hat
all sünd gar ab geschorn.
5 des sei im lob und eer.

IIb Den trak, den feint er stach,
di hat er gar gemacht.
ir hochfart er zebrach
und hat in nicht gestat,
5 das si im herschten mer.

IIIa Weicht höher, tret hindan,
ir fürsten helle kind,
seit wir | Mariam han,
domit wir worden sint
5 tailhaft des vater reich.

IIIb Tret herfüer, enngel klar,
werbet schon eure wort!
macht di geschrift offenbar,
di vor nie wart gehort
5 von kainem poten geleich.

IVa Her enngel, werbet schon:
»Ave, das sag | ich dir,
jungkfrau genaden vol.«
werbet »Got sei mit dir
5 und went dir alle vorcht.

---

11 creatur] natur *wx*. **12** geporn̄ *y*. **14** geschorn̄ *y*. **15** sei im] hat er *wxy*.
16 den veint den tracken *x*. **21** tret] trit *Lwxy*.

---

16 *Drache und Feind werden in den folgenden Versen als Mehrzahl gefasst.*
17 *gar machen ›vernichten, den Garaus machen‹ (wenig gebräuchlich, aber vgl. DWb. gar II.4c).* **22** *›Kinder des Höllenfürsten‹.* **29** *theologisch nicht ganz korrekt, vgl. lat. revela veteris velamen literae.*

IVb Jungkfrau, enpfahet got,
der wil vermenschen sich.
ir laistet sein gepot,
das gelaubt sicherlich.
5 sein geist die sach e worcht.« 40

Va Ge|laubig was die maid 153ʳ
und west an allen wankch:
was ir der engel sagt,
das was ir alles dankch.
5 domit si got enpfie. 45

Vb Der uns beschaffen hat
und als menschleich geslecht
von seiner hanntgetat,
er was ie und iee gerecht, |
5 der uns auch nie verlie. 153ᵛ 50

Vc Der uns geholfen ist
und went uns sünden slamm,
der süess herr Jhesus krist
füer uns ad patriam,
5 do er wont iee und iee. 55

---

39 gelaubt das *w.* **40** sache worcht *wx.* **41** was] wart *w.* **47** als] alles *x.*
51 beholffen *x.* **54** uns] vnd *w.*

---

44 dankch *hier* ›Wille, Einverständnis‹? **49.55** iee *ist trotz der auffälligen Graphie wegen des Schlussreims der letzten Versikel* íe *und nicht* je *zu sprechen.*
51 geholfen ›behilflich‹ (DWb).

131. Mir dringet, zwinget, frau, dein güet

I   Mir dringet,   zwinget,   frau, dein güet   *p S. 135*
   mein gemüet,   traut liebstes ain
   an er⟨e⟩n reich.
   gleich   so mues ich loben, frau, deinn guet gestalt.
5 »Deins herzen   scherzen   mich ser wund*ert*,
   sundert   von dir, traut geselle rain.
   dein höflich schimpf
   glimpf   mit freuden mich be*t*raget manigfalt.«
   Mein schallen, frau, zu diser frist   R(epeticio)
10 ainfaltig ist.   für war du pist,
   der ich meins herzen gan.
   darumb gepeut an underschaid,
   traut liebste maid,
   in lieb und laid   pin ich berait
15 ze diennen di*er*.   nit lieber mir
   brächt grösser zier,   wenn dasstu schier
   gepeutest *hein*t mir tuen und lan.

II »Dein senen   wenen   ich nitt püessen
   kan, volsüessen   deiner ger.
   mein weiplich zucht,
   frucht   mag klain erfreuen dich zu kainer stund.«
5 Me*i*n willen   stillen   du wol kündest

---

131 *p, S. 135. Überschrift:* Den Techst vb[s] das geleÿemors Wolkenstain[s]. **5** wundt⁻ *oder* wund⁻t *p.* **8** behaget *p.* **15** diē *p.* **17** heint] mūtt *oder* nimt *p.* **22** meim̄ *p.*

Die Überschrift geleÿemors *bezieht sich auf die dreistimmige Chanson* Je loe amours ma dame Mercye *von Gilles Binchois (um 1400–1460), die der Verfasser des Liedes, wahrscheinlich Oswald von Wolkenstein, ohne Textbezug zum Vorbild neu textiert hat. Mein Textverständnis habe ich ausführlicher begründet in: Vom Mittelalter zur Neuzeit. Festschrift für Horst Brunner, Wiesbaden 2000, S. 408–414 (dort auch Literatur zum Verhältnis zu Binchois).*
4 gleich *hier vielleicht* ›gleichwohl‹. **8** betragen ›befremden‹. **10** ainfaltig *hier* ›aufrichtig‹. **15** ›nichts [wäre mir] lieber, [nichts] brächte mir größeren Schmuck‹. **19** ›deinem Verlangen ganz süß werden‹.

und enpündest   all mein schwär.
dein wort und weis
leis   lieblich erküchken möcht meins herzen grunt.   25
»Geselschafft tu solt abelan   R(epeticio)
10 dein gueter wan   nach mei̅m verstan
an mir nitt freuden vint.
davon dein leiden wurd entricht.
wie mir geschicht,   30
so kan ich nicht   mit k⟨ainer⟩ pflicht
15 dir wünschen hail,   davon an mail
mein leib s⟨o⟩ gail   dir wurd ze tail.
schweig still, di lieb⟨e⟩ di ist plint.«

III Dein hannd⟨e⟩l   wand⟨e⟩l   mich enzündet   35
und durchgründet   hi⟨e⟩ und tort.
darumb gedengk,
sennk   mich, frau, beleiben stät in deiner huld.
5 »Mein munde   kunde   dir mues helen
sunder quelen,   traut liebst⟨er⟩ hort.   40
gannz stäte treue
neue   von dir nitt weich umb kainerlai hännd⟨e⟩ll schuld.«
Mitt freuden ich das wider gilt   R(epeticio)
10 dein eren mild.   von mir n⟨u⟩ hilt
gein dir kain ungewin,   45
davon dein er dir wurd ⟨ver⟩sert.
mein herz begert
dich unverkert,   des gleich mich nert
15 dein stolzer leib,   traut sendlich weib.
mein laidvertreib,   dein aigenn bleib   50
ich immer auff di gnade dein.   etc

---

27 mei̅m p.   **31** k⟨ainer⟩] *Textverlust durch Beschneiden des Blatts, Ansatz des* a *noch erkennbar.*   **33** s⟨o⟩] *beschnitten, Ansatz des* o *noch erkennbar.*   **36** hi⟨e⟩] *beschnitten.*   **40** liebst⟨er⟩] *beschnitten.*   **42** weicht p.   **44** n⟨u⟩] *beschnitten.*
46 ⟨ver⟩sert] *beschnitten, Anfang des* v *noch erkennbar.*

---

25 erküchken = erquicken.   **29** entrichten ›in Ordnung bringen, heilen‹.
38 sennk mich ›schließ mich tief ein‹; beleiben stät ›um immer zu bleiben‹.
39 munde: *epithetisches* e.   **44** hilt *zu* hellen *stv.* ›laut werden‹.   **49** sendlich = senlich ›geliebt, ersehnt‹.

132. Medlin zart stein

I Medlin, zart stein,
   stecz umb dich sein,
   west ich auf erd nitt grosser frä⟨u⟩d;
   auch wünschen wold,
5 dass mich so hold,
   als ich dich hab, an underscheid
   und du des weist,
   her wider leist.
   dich treulich pitt:
10 Ju ⟨ju⟩, swarz meidlin, ⟨murr⟩ mir nitt!

II Wo das geschech,
    hin für ich sprech,
    das meins geleich auf erd nitt wer,
    der höchern muett.
5   ich mir kein guett
    ze haben stett für dich beger.
    an underlaß
    ich mich stecz maß,
    wies gschech mitt sitt.
10 Ju ju, swarz meidlin, ⟨murr⟩ mir nitt.

III Umb alles das
     und, was fürbas
     müglich ist, zehant mich fleissen will
     ze dienenn dir.
5   nimps auf vonn mir!

---

132 *q (Einzelblatt).* **5** dacz *q.* **6** *über der Zeile* jch, *davor ein Klecks q.*
14 höcherñ *q.* **23** zeheñ *gestrichen, aber über der Zeile wiederholt q.*

Mein Textverständnis habe ich ausführlicher begründet in: Vom Mittelalter zur Neuzeit. Festschrift für Horst Brunner, Wiesbaden 2000, S. 414–420. **1** stein *wohl Ersatzprägung für gimme ›Edelstein‹.* **5** *Subjekt und Prädikat sind nach V. 6 zu ergänzen:* das du mich so hold hast. **8** leist = leistest. **10** *Die Konjektur stützt sich auf eine Parallele in Peter Schöffers Liederbuch von 1513.* **14** *elliptisch, ergänze* hette. **18** maßen ›beschränken, prüfen‹. **19** ›wie es [die Liebe] mit Anstand zu realisieren wäre‹. **23** *Vers überfüllt, ist* streichen?

es soll mir nichz nitt sein ze fill,
sunder mitt lust
– nichz weiß ich sust –
so wurd ganz quit.
10 Ju ju, swarz meidlin, ⟨murr⟩ mir nit.   30

133. Wilt du haben

gestrichen

134. Got mues für uns vechten

Nach cristi gepurt vierzehen hundert jar und ainsunddreissig jar an sand   s 1ʳ
ypoliti tag geschach ein erlose flucht aus Peham und wart da verneuet der
alde spruch Danielis am dreizehenden underschaid »A seniorib(us) q(ui) vi-
debant(ur) reg(er)e p(o)p(u)l(u)m egressa e(st) iniq(ui)tas«. Von dem selben
aufpruch hat geticht mit klag der edle Wolkenstainer mit sulhem anfang:

Got mues für uns vechten,
sulln di Hussen vergan;
von herren, rittern und von knechten
ist es ungetan.
5 si können nur vil trachten,
da ist gar lücz⟨e⟩l an.
das macht den slechten herzen
gar argen pösen wan.

---

132 29 ›würde [ich] ganz frei [von Leid]‹.
133 *Vgl. S. XXIII, Nr. 8.*
134 *Eine metrisch glattere Fassung mit durchgehenden Zäsurreimen habe ich herzustellen versucht in: Vom Mittelalter zur Neuzeit. Festschrift für Horst Brunner, Wiesbaden 2000, S. 421f.*

Synoptisch dargebotene Lieder

21a. Ir alten weib, nu freut eu mit den jungen

1	**I**r alten weib, nu freut eu mit den jungen.	[9ᵛ Forts.]
	was uns der kalte winter hat betwungen,	
	das wil der meie mit geschraie dungen	
	mit süesser krafft, den würzlin geben safft.	
5	Des kalden snees mag er nit lenger tauren;	5
	was sich versmogen hat in krumbes lauren,	
	das wil er wecken, recken schir aus trauren,	
	laub, plüemlin plüed, gras, würmli, tierli müed.	
	Ir voglin, smierbt eur rauhe kel,	
10	trett auff höher, singet hel.	10
	ir wilden tier, verneut eur fel,	
	hart welgt euch in den plüemlin gel.	
	ir freulin, gailt eu sunder quel.	
	gepauer, r*ei*t ein ander mel,	
15	das du den herbst wilt bachen. |	15
	Perg, ou und tal, forscht, das gevild	10ʳ
	sich schön erzaigt aus grundes mild;	
	all creatuer, zam und wild,	

21a B 9ᵛ–10ʳ (A 12ʳᵛ, c 24ʳ–25ᵛ, F = BW 30, Sch 36); einstimmig, 1–4, 9–15, 23–30 unter Noten, die Wiederholungen jeweils anschließend ohne Noten.   **5** snehes A.   **10** Vnd tret A.   **11** fel *oder* sel? c.   **14** Gebawr A, Pauer c; rewt Bc, rudt A.   **16** vnd auch tal A.   **17** schon BAc, Schatz; grundes] gramdes A.   **18** All catur (*mit* e *über* c *und* 2 *über* u, *aufzulösen also* creaturur) zam vnd auch wild A.

Mein Verständnis habe ich ZfdPh 131 (2012), S. 321–341 ausführlicher dargelegt.
3 dungen ›erfrischen‹.   **5** tauren ›ertragen‹, hier mit partitivem Genitiv ›nichts von dem Schnee‹.   **14** reuten ›roden‹ passt nicht, reiten ›vorbereiten‹ passt nur notdürftig; vgl. die Version F.

21b. Ir alten weib, nu freut eu mit den jungen – Fassung F

I   Ir alten weib, nun frŏet eüch mit den jungen!   *S. 150*
    was eüch der kalte winter hat bezwungen,
    das will der may⟨e⟩   mit geschraie   tu*n*gen
    mit siesser kraft,   gebenn | den wurczen den iren saft.   *S. 151*
(5) Des kaltenn winters wŏll wir nymer laurenn,   5
    was sich verschmogen hat in kumers m⟨a⟩üren,
    das wil der may⟨e⟩ wider rŏcken,   wŏcken   gar auß trawr⟨e⟩n
    laub, plůmen pliet,   wůrcz, graß vnd kraut da mit.
    Ir fogel schmirbt ewr rauche k*el*,
(10) fliegt hŏcherr auff vnd singet hell.   10
    jr wilden tier, vernewet ewr fel,
    welget vmbe in den plůmen gel.
    jr frŏlich, gailt eüch sonder quel,
    berait eüch zŭ ainn ander *mel*
(15) *den* winter eüch ze *b*achen.   15
    Perg, aw, auch tale, das gefild
    sich schon erzaigt auß grvndes mild,
    all creatur zam vnde wild

21b *F S. 150–156: Ohne Noten unter Neidhart-Liedern. Abkürzungen sind aufgelöst, nicht vollständig gedruckte Buchstaben sind ergänzt, wenn kein Zweifel besteht. Die durchgehende Zählung rechts, auf die sich Lesartenapparat und Anmerkungen beziehen, richtet sich nach dem tatsächlichen Versbestand des Drucks, die stropheninterne Zählung links soll den Vergleich mit den Haupthandschriften erleichtern. Die späteren Drucke sind nicht berücksichtigt, zu ihnen vgl. Mück 1980, Bd. 2, S. 25–51.* Überschrift: Hie sagt Neythart wie er mit seiner schönen frawen gen pareyß kam vnd ir zewen schůch frimbt; *danach Holzschnitt: Schuhkauf.* **3** taugen. **9** kle. **14** melden *zusammengeschrieben;* hochen.

Eine vielfach entstellte spät überlieferte Fassung, für die zu erwägen ist, ob sie auf Oswald selbst zurückgeht. Wegen der Plusverse, die die übliche Strophenform sprengen, könnte man auch an eine Entwurfs- oder Arbeitsaufzeichnung als Vorstufe denken. Erläuterungen nur zu den Abweichungen von der B-Fassung.
13–15 frölich = freulein; *zu* backen *als Sexualmetapher vgl. 83, 39 Lesart A und unten Vers 106.*

nach junger frucht senlichen quillt,
20 jetz seim geleichen nach gepildt;
mein örsch schreit gen des maien schilt,
des tuet der esel lachen.
Raien, springen,
louffen, ringen,
25 geigen, singen,
lat her bringen,
klumpern, klingen,
mündli zwingen,
frölich dringen
30 gen den freulin zart.
An verlangen
well wir brangen
in den sangen
mit verhangen
35 laub die wangen,
mit ermlin umbfangen,
zünglin zangen,
des freut sich mein bart.

---

19 quelt *A*.   **21** ros *c*.

---

19 queln *stv. ›sich quälen, plagen‹.*   **20** jetz = jedes.   **21** örsch = ors; *des maien schilt wohl das Wappen des personifizierten Mai.*   **23–30** *Die Infinitive sind von 26* lat her bringen *abhängig, die beiden letzten übernehmen aber die Funktion von Imperativen.*   **27** klumpern = klimpern.   **33** sangen ›Garben‹, *hier wohl Blumen- und Laubbüschel.*   **36** *Vers überfüllt.*   **37** zangen *(mhd. zanegen)* ›mit den Zähnen halten‹, *hier für* ›züngeln‹.

nach iunger art senlichen qwĩlt,
(20) yedes seinen geleichen nach gepil*dt*. 20
frisch frŏ ich mich des mayen schilt,
des tũt der essel lachen.
La reiten, springen,
geigen, singen.
(25) la her pringen 25
trumfieren, klingen.
mŭ*nd*lein zwingen,
mit armen dringen!
ich han | gedingen S. 152
(30) gen ainem weiblin zart. 30
On verlangen
wŏl wir prangen
jn den sangen
vmbefangen.
(35) kuß an wangen, 35
zinglin zangen!
jch han belangen
zũ jr alle fart.
(–) Mein feines frãwlin,
mein maisenkrelin, 40
mein fincklin, plelin,
mein nachtigãlli⟨n⟩,
zuck das schnelin,
kũm ins stellin.
ich schlaich dirs pellin 45

---

19 qwelt. **20** gepildet. **27** mũtdlein.

---

26 trumfieren *vielleicht Variante von* trumpen ›*ein Zupfinstrument spielen*‹ *(DWb.).* **39–45** *Die Deutung der Reimwörter ist schwierig, vermutlich reimen mhd. öu : æ : ẹ. In Oswalds gesicherten Texten sind solche Reimbindungen nicht belegt; das muss nicht von vornherein gegen Oswalds Autorschaft sprechen, da es bei ihm mehrfach ungenaue Reime gibt.* **40** maisenkrelin: *wohl zu mhd.* kræjen ›*krähen, rufen*‹ *oder* kreien ›*schreien*‹; *ein piepsendes Meisenjunges fungiert als Kosewort.* **41** plelin: *Blaudrossel oder* blâvuoz *(eine Falkenart)?* **43f.** *Vielleicht Vogelfangmotive als Sexualmetaphern wie in 83;* schnellin *zu mhd.* snal ›*Klappfalle*‹, stellin *wäre dann das Laubgestell, in dem der Vogelsteller wartet, bis sein Opfer an der Falle zupft.* **45f.** ›*ich lasse dir das Bällchen (?) unter dein Gewand schlupfen.*‹

II Wie wol der gauch von hals nit schon quientieret
und der franzoisch hoflich discantieret, 40
»gug gugk,   lieb ruck«   der hal mir bas sonieret
und freut mich vil   für Jöstlins saitenspil.
5 Hetz jagen, baissen, biersen, schiessen tauben,
vor grüenem wald nach pfifferlingen klauben
mit ainer mait   beklait   von ainer stauden 45
den lust ich breis   für alle hofeweis.
Mai, dein gezellt gevellt mir wol,
10 wo man gräslin waden sol;
ein jegklich wild besuecht sein hol,
da es die jungen birgt vor dol. 50
»trink-trank, Katalon, Spaniol«
dasselb gesangk und »paga den zol«
15 der troschel nicht geleichet.
In demselben land so nam ich war
(und secht ir mir icht graue har, 55

---

41 ruk *kaum noch lesbar A.*   **42** für] vor *A.*   **43** baissen *nicht mehr lesbar A.*
48 Wan man gresñ *A;* baden *B,* wadñ *A,* paden *c.*   **50** das es sein *A,* do es die *c.*
51 gatalon spaneol *A.*   **52** paga] pog *A.*   **53** droschlein *A.*   **54** all in dem land
A.

39f. quintieren *ursprünglich ›im Quintabstand mitsingen‹, hier wohl wie* discantieren *auf die kunstvolle Mehrstimmigkeit bezogen.*   **42** Jöstlin *Eindeutschung eines fremdländisch-höfischen Künstlernamens, nach Marold wohl Leonardo Giustiniani.*   **47** gezellt ›Zeltlager‹ *oder* ›Passgang‹?   **48** greslin waden ›durchs hohe Gras gehen‹ *scheint mir die plausibelste Deutung der schwierigen Stelle.*
50 dol ›Leiden‹.   **51–53** *Die katalanisch-spanische Zollforderung ist ein passender Gegensatz zum heimischen Drosselgesang;* trink-trank *aber ist im Zusammenhang unverständlich.*

vnder dein gewand.
Mein liebes Endlin,
ich pin dein mendlin,
kis mir die zendlin,
greyff vnders gwendlin,   50
zeüich das penndlin,
nyms ins henndlin,
treib ain schen⟨d⟩lin,
das fröt vns baide sant.

II Wie woll der ga⟨u⟩ch von hals nit wol quintiert,   55
und der Franczoß gar hofflich discandtiert,
»gug guk,   reib, ruk!«   vnd wen die zart soniert,
das fre⟨i⟩t mich fil   für alles saitenspill.
(5) Hócz jagen, baissenn, | pirschen, schiessen taubenn,   S. 153
vor yenem wald nach pfifferlingen klauben   60
mitt ainer maid   beklait   jn ainer schauben
denn lust ich preyß   für alle hoffeweis.
May, dein gezelt gefelt mir woll,
(10) wa man in greßlin padenn sol.
ain yidlich gwilde sůcht sein hol,   65
da es sein junnge pirgt vor dol.
jn Katoloni, Yspaniol
das ir gesang »paga denn zol«
(15) der troßel nit geleichet.
In dem selbenn land da nam ich war   70
(vnd secht jr mir *icht* grawe har,

---

56 distandtiert. **57** gug gak. **59** jahen. **66** verdol. **71** icht] nit.

---

47 Endlin *Ännchen?* **48** mendlin = menlein. **51** pendlin: *Bändchen am Untergewand?*

die trüeg ich von den freulin zwar)
die weissen bainlin wolgevar
20 verdackt mit roten hosen gar
und ire liechte öuglin klar
mit swarzer farb bestreichet. 60
Der mich aine,
die ich maine,
25 freut allaine.
leib, gebaine
wer nicht saine, 65
mein trauren klaine,
ach, die raine,
30 mitt sis hosen tuech.
Mit den gebunden
snüeren unden, 70
gar verswunden
wär mein wunden,
35 und hett funden
all mein kunden.
in Paris, Lunden 75
frumt ich ir zwen schuech.

---

56 trůg *B*, trag *A*, trug *c*; von] vor *A*.   **58** verdeck *A*; rotter *A*.   **59** ir liechtñ *A*.
68 Myed (*e radiert?*) sie newr (*auf Rasur*) hosñ duch *A*.   **75** pyß (*d.h. peryß*) *A*.
76 fremt *A*.

---

64 leib, gebaine *d.h.* ›ich‹.   **65** saine ›träge, langsam‹.   **68** mitt ›wenn sie vermiede, ablegte‹.   **74** kunden = erkunden ›alles, was ich wissen will‹?
76 frumen ›verschaffen, schenken‹.

die trag ich von meinem weiblin zwar)
ir weise painlach wol gefar
(20) vmblegtt mit rotten hosen gar
ir liechte augenn waren clar, 75
die man sich vmb sy streichet.
Der mich aine

----

(25) frey⟨t⟩ allaine.
lieb hennd, peine
sta⟨n⟩tt ir scheine. 80
die zart, die rain⟨e⟩
macht trawren klain⟨e⟩,
(30) ir gwand vnd vndertůch,
Gar fein gepunden
mit schnieren vnde⟨n⟩. 85
gar verschwunden
was all | mein wunden, S. 154
(35) da ich het funden
liebes kinde.
zů Pareiß gunde 90
ich frumen irr zwen schůch.
(–) Mein trautes Ketterlin,
mein morgensterlin,
jch pin dein nerlin.
nun las mein ferlin 95
jn dein perlin.
ain gwirlin-gwerlin,
ain newes merlin
wirst du inenn zwar.
Mein zartes Gredlin, 100
mein schönes medlin,

---

80 schryne. **91** frimen.

---

73 painlach = beinlein. **76** ›die man (d.h. die Damenwelt) sich um sie (um die Augen herum) anmalt‹; ursprünglich vielleicht die man sicht umbestreicht ›die man angemalt sieht‹. **89** lies liebe kunde? **90** gunde = begunde. **94** nerlin ›Närrlein‹. **95** ferlin: zu var ›Stier‹ oder zu var ›Fähre‹? **96** perlin: zu bar ›Blöße‹ oder zu bar ›Schranke‹? **97** gwirlin-gwerlin: zu quirlen (intransitiv), ›ein Driehchen, Drehchen‹ (Hofmeister).

III Gar waidenlich tritt si den firlifanzen,
   ir hohe sprüng unweiplich sind zu tanzen,
   ouch hat si pflicht,   des angesicht   zu verglanzen,
   dieselbig mait,   die ring in oren trait.   80
5 Mein langer bart, der hat mir dick verschroten
   vil manchen schmutz von zarten mündlin roten,
   die schöne wenglin   für die hendlin   botten,
   wenn si die leut   empfiengen mit gedreut.
   Ir neglin rot mich machen krank,   85
10 die *seum* gewunden krump zu lank,
   nider auff die erden ist ir swank,
   sitzen pfligt si sunder *b*ank;
   ouch lob ich den umbehank
   bei den betten vor den klank   90
15 zu †ainlitz† von der gloggen.
   Ispania, Preussen, Soldans lant,
   Tenmark, Reussen, Eifen strant,
   Afferen, Frankreich, Engelant,

---

78 hohen sprüge *A*.   **80** dy^e selbige *A;* ringñ *A*.   **81** dick] oft *c*.   **83** für die] vor den *A*.   **84** emphahñ *A*.   **86** seum] sein *oder* sem *B*, sein *Ac;* zu] vnd *c;* Die sein ir ain michel tail ze lank *A*.   **88** phlegñ sy *A auf Rasur;* wanck *Bc*, pankh *A*. **89** vmbhankh *A*.   **90** vor dem *A*.   **91** von] vor *c;* ainlitz *oder* amlitz *B?* **92** prussñ *A*.   **94** Afern *A*.

---

77 firlifanz *Tanzbezeichnung*.   **78** unweiplich *höher, als man sie einer Frau zutraut.*   **79** pflicht han = pflegen; des = das; verglanzen ›*glänzend machen, schminken*‹.   **81** verschroten ›*abschneiden*‹, hier etwa ›*wegstacheln*‹. **82** schmutz ›*Kuss*‹.   **84** gedreut = mhd. getriute.   **86** seum ›*Rocksäume*‹ *(zur Begründung der Konjektur vgl. 19,49–52 und ZfdPh 131, S. 137).*   **90f.** *nicht befriedigend erklärt.*   **92** Preussen: *Land der Prussen, vorwiegend das ehemalige Ostpreußen;* Soldans lant: *Länder am südöstlichen Mittelmeer.*   **93** Reussen: *Land der Reußen/Russen;* Eifen strant: *Estland.*   **94** Afferen: *Navarra.*

mach mir ain fredlin,
kum jn das ste*d*lin,
ich schliuff dir ins schedlin.
darnach ins pedlin! 105
gang, pach vns fledlin.
ich zall dir es alles gar.

III *G*ar waidenlich trat sy den fulafanczen,
ir lugge spring stand seiberleichen zů tanczen.
auch hatt sy pflicht   ir angesicht   zu *g*lanczen, 110
die feinne maid.   ain ring in oren sy träit.
(5) Mein grawer part hat mir vil dick verschroten
vil mangen schmucz von mangem mündlin rotten,
so ander mendlin   ir die hend*lin*   poten
vnd sy die leüt   enpfien|genn mit getreit. S. 155 115
Ir lieplich pert mich machet kranck.
(10) sy ist nit groß, kurcz, klain noch langk,
(12) siczen pfligt sy sunderr wanck.
*g*ar seiberlichen ist ir *g*anck
zů dem bette vmb *d*ie banck. 120
sy pirgt sich hindern vmbhangk.
(13) ich lob den iren vmbeschwanck
(15) ze Speyre für die glogken.
Yspanie, Preisen, Soldan gnant,
Denmarck, Eyssen, Ryssen strant, 125
Flandern, Franckreich, Engenland,

---

103 stedelin.   **108** Bar; fulafāczen *oder* fulsfāczen?   **110** pflanczenn.
114 hendel.   **119** Bar; nack.   **120** die] dē.

---

102 fredlin = freudlein.   **104** schedlin = scheidelein?   **105** pedlin = bädlein.
106 *vgl. oben zu 13–15.*   **109** lugge ›locker‹.   **116** pert = mhd. bærde ›*Aussehen, Benehmen*‹.

Flandern, Bickardi, Prabant, 95
20 Cippern, Nappel, Romani, Duscant,
Reinstram – wer dich hat erkant,
bistus der freude tocken.
Da zisslimüssli
⌜fissli füssli,⌝ 100
25 henne, klüssli
kompt ins hüssli
werfen ain tüssli.
sussa süssli,
niena grüssli 105
30 wel wir sicher han.
Clärli, Metzli,
Elli, Ketzli,
tuent ein setzli,
richt eur lätzli, 110
35 vach⟨t⟩ das rätzli.
tula hätzli,
trutza trätzli,
der uns freud vergan.

---

95 bückardÿ prafant *A*. **98** bistu *A*; frewdñ *A*. **99** zeyßly mußly *A*.
100 Fůßli fißli *Bc*, Fyßly fußly *A*. **108** Endly beczly *A*. **109** dont *A*. **111** vach
BA, vacht *c*. **111** *hinter* 113 *c*. *Nachschrift*: (et) finis (est) *A*.

---

96 Romani: *Byzanz?* Duscant: *Toscana*. **97** dich *bezieht sich auf alle Länder*.
98 bistus: *dieses ›du‹ muss sich wohl auf ein Mädchen beziehen; zum überschüssigen* s *vgl. Anm. zu 2,8*. **99–105** *Die nicht diphthongierten ü-Laute dürften Teil des erotischen Sprachspiels sein*. **99** zisslimüssli ›*Zieselmäuschen‹ (vgl. DWb. s.v. Ziesel; hier Kosewort)*. **100** fissli, füssli: *wohl Varianten zu* fisel ›*Penis‹ (Schmeller)*. **101** henne ›*Heini‹ oder (als Kosewort) ›Henne‹? Klüssli wohl zu* Klaus, *vgl. 73,9f*. **103** tüssli *zu mhd.* tûs ›*zwei Augen beim Würfelspiel‹*.
104 sussa süssli: *Varianten zur Interjektion* sûsa ›*heißa‹*. **105** grüssli: *zu mhd.* grûs ›*Grausen, Schrecken‹*. **108** Ketzli: *Kurzform von Katharina oder Kosewort* ›*Kätzchen‹*. **110** lätzli: *ein Tuch vor der Brust*. **111** rätzli: *Metapher für das männliche Glied, vgl. 75,39*. **112** tula: *Imperativ zu* tullen ›*einen Kreisel durch Schlagen antreiben‹, hier als Aufforderung zu lebhaftem erotischem Spiel*; hätzli *Diminutiv zu* hatz. **113** trutza trätzli ›*trotze ein Trötzchen dem* ...‹

	Portigal, Pritani, Prafant,	
(20)	Zippern, Naplas, Ram, Duschgand,	
(–)	Unger, Beham, Osterlant,	
(21)	o Reinstram – wer dich hatt erkant,	130
	du pist der frôdenn *tocken*.	
(–)	»Mein liebes Frenczlin,	
	mein schônes glenczlin,	
	gug in [ ] ⌜mein schenczlin,⌝	
	da fin⟨d⟩st ain krenczlin,	135
	prings zů de*m* tenczlin!«	
	mein allefenczlin,	
	greiff an mein schwenczlin	
	vnd mach vns fre⟨i⟩den reich!	
	»Mein liebes Friczlin,	140
	mein klůges schüczlin,	
	triff│mir das kiczlin.	S. 156
	dein zinglinspiczlin	
	g*e*b ain schmiczlin	
	in mein riczlin.«	145
	ich schliuff dir ins schliczlin.	
	wa find man vnser geleich?	
(23)	Da zeißlin, meißly,	
(25)	hendlin, Kleisly,	
	kum in des heüslin,	150
	wirff ainn teysly.	
(28)	sußa-seyßly,	
(–)	flusa fleysly,	
	ich k*a*u dir das spei⟨s⟩lin	
	in de*m* mu⟨n⟩de dein.	155
(31)	O Klerlin, Elly, keczlin,	
	mach ain seczlin,	

---

131 tale. **134** Gug in das schenczlī mein. **136** dein. **144** gib. **154** kwy. **155** indenn.

---

134 schenczlin: *wohl zu* schanz ›Kittel‹. **137** allefenczlin: *Kosewort zu* alevanz ›Possen, Betrug‹. **142** kiczlin ›Zicklein‹, *hier wohl* ›kitzlige Stelle‹. **144** schmiczlin *zu* smitze ›Hieb‹ *oder zu* smutz ›Kuss‹. **153** flusa *Imperativ zu mhd.* vliesen ›verlieren‹? fleysly *zu* vlîz ›Eifer, Sorgfalt‹?

48a. Stand auff, Maredel / Frou, ich enmag

Tenor 20^v

Stand auff, Maredel,   liebes Gredel,
zeuch die rueben auss.
zünt ein, setz zu flaisch und kraut, eil, bis klueg. 2
get, ir faule tasch.   die schüssel wasch.
5 wer wett, Khüenzel knecht   der dieren flecht?
auss dem haus, ir verleuchter dieb! 5
Gret, louff gen stadel,   suech die nadel, 14
nim den rechen mit.
gabel, drischel, reitter, sichel vindstu dort. 15
10 Jans, Kathrei nim mit dir,   der Cuenz bleib mir.
sweig, du faige haut,   und schrei nicht laut.
dein schand werd brait und er sicherlichen smal.   etc 18
Pfäch dein,   Gredlein,   spinn, ker,   dich ner.   27/28

48a B 20^v (A 14^v–15^r, c 50^r = BW 39, Sch 46, Pelnar 23); B ist sehr schlecht lesbar, Text teilweise nach alten Lesungen. Zweistimmig, zuerst Discantus dann Tenor, jeweils 1–6 und 13–17 den Noten unterlegt, 7–12 dazwischen ohne Noten B; vierstimmig, ähnliche Aufzeichnung, aber zusätzlich textlos Contratenor und Triplum A. **3** zünt] kent A. **4** gee du c. **5** wett] bett B, wet A, pëtt c; slecht oder flecht c. **7–12** fehlt A. **10** ab Cuenz kaum lesbar B. **12** schand werd brait nicht mehr lesbar B.

Vorlage des Satzes ist das anonyme Rondeau aus dem 14. Jahrhundert Jour a jour la vie, vgl. zuletzt Lorenz Welker in: JOWG 6 (1990/91), S. 260.
4 tasch Scheltwort für Frauen. **5** wer wett ›wer wettet mit mir, dass …‹; flechten auch ›umarmen‹; andere Deutungsversuche bei Marold, Schatz 1930, Okken/Mück und Hofmeister. **6** verleucht wohl ›offenkundig‹ (Okken/Mück, S. 123). **7** nadel Nadel im Heuhaufen? reitter ›(Korn-)Sieb‹. **13** pfäch dein ›pfui über dich‹.

richt dein leczlin,
fach mein reczlin!
trucza treczlin, 160
(36) tull*a* heczlin!
(–) spr*i*ch: mein gschweczlin
solt ich lassen sein.

48b. Stand auff, Maredel / Frou, ich enmag

Discantus 20ᵛ

Frou, ich enmag, wann es ist ferre gen dem tag. 6
nu wol, wenn sol ich vol
slaffen mir genueg?
zue, lat euch der weil! ja trag wir ouch ein peil. 9/10
5 bleib hie, nicht eil.
mein trauter Khüenzel- Süenzel ist mir werlich lieb. 12/13
Wer kompt hernach, der mir wennt meinen ungemach, 19
so schain un*d* *r*ain allain?
arbait ist ein mort.
10 [ ] Kathrei ist unnutz, Jenslins pin ich urdrutz. 22/23
mit liebem smutz
pin ich ⌈genzlich⌉ Khüenzlis⌉ aus dem edlen Zilerstal. 25/26
Frou, eur straffen ist enwicht. 33

21b 161 tullin. **162** sprach; gschweezlin.
48b 6 Süenzel] smŭczel *A*. **7–12** *erst am Ende des Discantus A.* **8** vnrain *BAc*.
10 Chuncz kathry *Bc*. **11** liebñ *A*. **12** pin ich Chüntzlis gentzlich *B*, bin ich
genczleich des Chunczleins *A*, pin ich künczlins pin ich genczlich *c*.

Die synoptische Darbietung hat eine Umordnung der Zeilen erfordert. Lesartenapparat und Anmerkungen beziehen sich auf die neue Zählung links. Zum Auffinden von Zitaten dient die unverändert gebliebene Zählung am rechten Rand.
4 peil *wohl Sexualmetapher (vgl.* häcklin *76,14) für Künzels Penis als gemeinsamen Besitz (anders Okken/Mück, S. 124f.).* **6** Süenzel *Spielform des Namens, anklingend an* süenen ›versöhnen‹, *besser wohl in Anlehnung an A* Smüenzel, *anklingend an* smutz ›Kuss‹ *(wie 11).* **8** schain ›strahlend, schön‹; *Deutungsversuche, die ohne Eingriff auskommen möchten, bei Marold und Hofmeister.*

nicht verzer   deinen rock,
15 *b*ock,   so wirstu ain *l*ock.   30
dock,   vir schock
gib ich dir zu ainem manne vil schier.

49a. Los, frou / Sag an, herzlieb

Tenor   21ʳ

Los, frou, und hör des hornes schal,
berg und tal   überal   ane qual,
ouch hör ich die nachtigal;   15
des liechten morgen rötte
5 sich vor der ple*u* her dringt. blas schon,

48a **15** *kaum noch lesbar B;* lock ... bock *B(?)c,* pok ... lok *A.* **16** dock vir *nicht mehr lesbar B.*

49a *B 21ʳ (A 17ᵛ–18ʳ, c 50 ᵛ = BW 40, Sch 10, Pelnar 25); B ist sehr schlecht lesbar, Text teilweise nach alten Lesungen. Diskant vor dem Tenor geschrieben, hier aus inhaltlichen Gründen umgestellt; zweistimmig* Discantus *und* Tenor *unter Noten, der zweite Stollen ohne Noten B; dreistimmig, zuerst der erste Stollen von* Discantus *und* Tenor *(der zweite Stollen jeweils ohne Noten), dann die* (secund)a p(ar)s *von* Disca(n)t(us) *und* Tenor, Triplum *textlos A.* **1** schall *Ac, in B nur* s *lesbar.* **2** v ane quall v berall *A.* **3** nachtigal *Ac, in B nur* gal *lesbar.* **5** sich ... dringt *in B kaum lesbar;* pleb *BAc.*

48a **14** verzer *wohl zu* verzerren ›ausbeulen‹ *(durch Schwangerschaft).* **15** *Die Lesart von B verstehe ich nicht, Okken/Mück, S. 130, überzeugt mich nicht;* bocken ›bockig, widerspenstig sein‹ *oder (von Schafen und Ziegen)* ›nach dem Bock verlangen‹; lock ›Lockspeise, Luder, liederliche Person‹. **16** dock ›Puppe, Mädchen‹; schock ›sechzig Stück‹ (wohl Geldstücke). **17** zu ainem manne *wohl* ›wenn du heiratest‹.

49a *Die synoptische Darbietung hat eine Umordnung der Zeilen erfordert; Lesartenapparat und Anmerkungen beziehen sich auf die neue Zählung links, zum Auffinden von Zitaten dient die unverändert gebliebene Zählung am rechten Rand. Zur Diskussion um mögliche Rollenverteilungen vgl. Julia Ackerschott, Die Tagelieder Oswalds von Wolkenstein, Trier 2013, S. 137–139; die hier versuchte Rollenzuweisung geht davon aus, dass, anders als im Tagelied üblich, die Frau den Mann besucht hat (vgl. zu Diskant 13 und 124,9); dann spricht im Tenor nur der Mann. – Zum musikalischen Satz vgl. Pelnar, Textband, S. 97–99.*

spinnen, keren mag ich nicht,
15 pflicht   trag ich zu dem Khüenzelein, 35
wann er ist wol mein.
sein leib pringt freuden vil, darnach sich sennt mein gier.

49b. Los, frou / Sag an, herzlieb

Discantus 21ʳ

Sag an, herzlieb, 1
nu was beteutet uns so gar schricklicher hal 1a
5 mit seinem don? 2

48b 14 kern *A*. **17** pringt] geit *A*.
49b 3 vns *kaum lesbar B*.

Im Diskant sprechen nach der hier versuchten Rollenzuweisung Frau und Wächter.
In den Zeilen 1f. und 7f. erklingen textlose Quinten (Hornsignale).

                    wachter! ich spür dein zoren michel gross.
                    Mich rüert ain wind von orient,
                    der entrennt   ouch blennt   das firmament,   20
                    und der uns die freud hie wennt.
            10   zart minnikliche dieren,
                    das horen polret grimmiklich.
                    ich hör dich wol, du trüebst die froue mein.«
                    Los,   2a pars   25
                    los, los, los   25a
            15   sennliche klag!   mordlicher tag,
                    wie lang sol unser not mit dir bestan?
                    hab urlob, höchster schatz, kürzlich herwider ruckh!   etc

56a. Tröstlicher hort, wer tröstet mich / Frölich das tuen ich

Discantus   24ᵛ

Tröstlicher hort, wer tröstet mich?
herzlieb, wie lang sol ich dein wesen an?
dein fremdikait mir pringet pein
und betrüebet ser.   ich ger
5   gnad mit hilf und rat   5

49a **7** *ab* ain *kaum lesbar B*.   **8** *der und* firmament *kaum lesbar B*.   **9** freud *und* wennt *kaum lesbar B*.   **10** zart *kaum lesbar B*.   **11** grÿklich *c*.   **12** *fehlt c;* du trüebst die *kaum lesbar B*.   **15** mordlicher tag *kaum lesbar B*.   **17** kurczliche *A*.

56a   *B 24ᵛ (A 18ᵛ–19ʳ, c 52ᵛ–53ʳ = BW 46, Sch 13, Pelnar 26); zweistimmig mit verschiedenen Texten, jeweils der erste Stollen der prima und der secunda pars unter Noten (d.h. 1–6, 13–19, 27–32, 39–44), der zweite Stollen anschließend ohne Noten, die clausula beider Teile textlos BA. Zu einem Echo der Verse 20–22 in Eoα s. S. XXII, Nr. 4.*   **2** sol] seh *A*.

49a **8** entrennen ›*entfernen*‹; blennt = blendet.

56a *Zweistimmiger Dialog in einer Großstrophe. Dem (musikalisch höher liegenden) Diskant ist die werbende Männerrolle, dem (tieferen) Tenor die antwortende Frauenrolle gegeben. – Vorlage des Satzes ist ein anonymer Satz (Virelais oder Ballade) Tonat agmen / Musica frawein, vgl. H. Brunner, H. Ganser, K. G. Hartmann in: JOWG 1 (1980/1981), S. 185–222, und zuletzt L. Welker in: JOWG 6 (1990/91), S. 261.*

›aahü, aahü, wol auf, die nacken bloss!‹

	Ainiger man,	4
10	sol uns der gast erstören hie so ach ellend?	4a
	wem lastu mich?	5
	›aahü, aahü, her gat des tages schein.	6
	Pald ab dem weg, die geren läg!‹	2a pars 7
	hör, hör, hör, gesell, klüeglichen geschell!	8
15	›stand upp, risch upp, snell upp!	9
	die voglin klingen in dem hard,	10
	amsel, droschel, der vink und ein zeiselin, das nennet sich guggukh.‹	11/12

56b. Tröstlicher hort, wer tröstet mich / Frölich das tuen ich

Tenor   24ᵛ

Frölich das tuen ich,
mein ausserwelter man,
so bis gewaltig mein;
ie lenger ie mer   30
5 ich dein frue und spat,

49b **12** aahü aahü *fehlt A.* **16** fogel *A,* vogelein *c.*
56b **28** austerwelts *A.*

---

6 nacken bloss *nach Schatz zwei Wörter (*›entblößt die Nacken‹*), nach Marold zusammenzuschreiben (*›alle, die nackt und bloß sind‹*).* **10** gast *der Wind oder der Wächter?* **11** *Kritik am Wächter, der die Frau wegbringen soll?* **13** ab dem weg ›hinweg‹; *der Vers kann kaum anders verstanden werden, als dass die Frau aufbrechen muss.* **14** geschell ›Lärm, Töne‹; klüeglichen *wohl Adverb* ›mit Bedacht‹. **15** risch ›hurtig‹; upp: *niederdeutsche Formen zur Charakterisierung des Wächters?* **16** hard ›Wald‹.
56b **31** *In Anlehnung an 29 bis ist als Verb* bin *zu ergänzen.*

in kurzer frist.
Gesell, gelück, freud, wunn und hail,
begierlich zeit vertreib ich ⌜tag und nacht⌝.
vil manger herter seufftenstoss
mein herz ser bekrenkt,   nicht wenkt   10
unzweifenlichen gar,
stätiklich in guet.   claus(ula)
Dein poschotz mündlin freuden pringt,   2a pars
dein zendlin zwingt;   wem da gelingt,
15 derselb müglich singt.   15
mein herz das wil und mag
    an dich nicht genesen zu gevallen dir.
dorumb bistus mir erwellt,
minnikliches weib, in eren gunst.
20 Mein herz, das prüefft vil offt und dick,   20
das selzam blick   pringt freuntlich schrick,
in der lieben strick.
frou, deine dreuch und netz
    haben mich umbfangen und vergernet ganz.
25 niemand kan erlösen mich,   25
neur dein stolzer leib an tadel frei.   claus(ula)

---

7 wunn und] vnd wünn *c*.   **8** nacht vnd tag *BAc*.   **9** herter *fehlt A;* sennfftn̄ stos *A*.   **11** vnczeweifelichn̄ *A*.   **12** statiglichn̄ *A*.   **15** müglich *A*, muglicher *Bc*.
21 pringet freuntlichn̄ *A*.   **23** dein *A*.

---

10 wenken *hier transitiv ›zum Wanken bringen‹*.   **13** poschot, *sonst meist* poschelocht, *als Attribut des Mundes der Geliebten, wohl zu mhd.* bûsch *›Bausch‹:* ›*mit vollen Lippen‹?*   **15** müglich ›*billig, mit Recht‹; die Lesart Bc versucht wohl den üblichen Auftakt herzustellen (der aber auch im Parallelvers 22 fehlt), ist aber syntaktisch schwierig.*   **17** zu gevallen dir *wohl noch auf* an *zu beziehen: ›ohne dich und ohne dir zu gefallen‹.*   **18** bistus *zum* s *vgl. Anmerkung zu 2,8.*
23 drauch ›*Fessel, Falle‹*.   **24** vergernen ›*mit Fäden fangen, umspinnen‹*.

wann du es wärlich bist.
Freuntlich ane mail
ich dir wünschlich betracht.
an freuden sei es bloss, 35
10 der uns verdenk;
das sol werden war.
vor arg werst dus behuet. cla⟨u⟩s(ula)
Neur dein allain 2a pars
ich main,   mein ain, 40
15 all freuntschafft gross und klain.
billich sol ich ganzer treue dir
16a   danken schir. 42a
fro gezellt
ich pflig täglich stäter minne runst.
Von rechter gier 45
20 ist mir   als dir
in grosser freuden zier.
treulich soltu von mir warten
22a   lieber schanz. 48a
wunniklich
mich, dich ⟨freuen⟩ halt der eren krei. | claus(ula) 50

---

33 ane] an *A*. **38** dus] du *A*. **39** dein] dir *A*. **42** sol] so *A*; trewen *A*; dir fehlt *A*. **47** grosser] mingliche^s *A*. **48** schantze *c*. **50** frewñ *A, fehlt Bc*.

---

34 dir *statt* dich: *der Dativ dürfte durch Assoziation von* wünschen *eingedrungen sein*. **35f.** *Inkongruenz:* es ... der ›derjenige, der‹. **36** verdenken ›missgönnen‹. **38** dus: *das* s *könnte einen kausativen Genitiv andeuten:* ›darum‹; *aber vgl. auch Anmerkung zu 2,8*. **39–41** ›Nur dir gehörig ... denke ich (d.h. widme ich) alle Freundschaft ...‹; *deutlicher wäre die Lesart A*. **43** ›als eine, die sich als froh betrachtet‹. **44** runst ›Quelle, Strömen‹. **46** ist mir ›ist mir zumute‹. **48** schanz ›Glücksfall‹. **50** *Die Ergänzung aus Handschrift A ist metrisch und semantisch notwendig:* ›mich und dich freuen eben köstlich die Zurufe/Losungsworte der Ehre‹.

62a. Von rechter lieb krafft / Sag an gesellschafft

Discantus [26ᵛ Forts.]

I »**V**on rechter lieb krafft
lant mich gedenk nicht frei.
ain weiplich bild
hat betwungen mich.
5 lass, frou, genad 5
an mir beschehen!
Des gib mir dein treu, 2a pars
ich sei dein liebster man!
den schatz niemand pärlich
10 von uns wissen sol.« 10

II ›**M**ein freudenmacher, 21
meins herzen zuckernar,
dein aigen weib
ich wil dorumb sein.
5 ach traut gesell, 25
neur lieb und nimmer laid.
So bis allzeit stät
und zweifel nicht an mir
und halt dich gar taugen
10 vor falscher merker sag.‹ 30

62a B 26ᵛ–27ʳ (A 23ᵛ–24ʳ, c 56ʳᵛ = BW 51, Sch 14, Pelnar 27); zweistimmig mit verschiedenen Texten, 1. Strophe textierter Discantus B / Huga (?) discant(us) A, danach textierter Tenor BA. Die Kennzeichnung 2a pars nur in B. Die Strophen II und III jeweils als Block, zuerst Diskant, dann Tenor.   **9** parleich A, pärlichen Bc.

Duett mit wechselnder Rollenverteilung bei gleichem Tonumfang: Str. I und III Mann im Diskant, Frau im Tenor, Str. II Frau im Diskant, Mann im Tenor. In I werden je zwei Verse des Diskant simultan im Tenor beantwortet; in II und III kommen auch zeitlich versetzte Antworten vor, s. u. Vorlage des musikalischen Satzes ist ein anonymes zweitextiges Rondeau Alé vous en de moy merancolie / Je pren congé, vgl. D. Fallows, Two equal voices, in: Early music history 7 (1987), S. 227–241, und L. Welker in: JOWG 6 (1990/91), S. 261.
3f. Antwort auf Tenor 11f.   **9** pärlich ›offen, sichtbar‹.   **24** dorumb Antwort auf Tenor 41f.   **26** Antwort auf Tenor 45.

62b. Von rechter lieb krafft / Sag an gesellschafft

Tenor [26ᵛ Forts.]

I ›Sag an, gesellschafft, 11
   was deinem herzen sei!
   mit gerner mild
   ich das hör und sich.
5 den eren an schad 15
   so wil ich jehen.
   Mein höchster hort, an reu 2a pars
   muesst du mich han.
   so bis verswigen gerlich,
10 daran so tuestu wol.‹ 20

II »Du hast all mein swär 41
   benomen sunder gar,
   euer stolzer leib
   pringt mir freud und pein.
5 was dein gnad well, 45
   dorzue bin ich berait.
   Wie geren ich das tät
   von rechter gier.
   mein herzen lieb, an | laugen 27ʳ
10 das tuen ich nacht und tag.« 50

62b **11** geselleschafft *A*. **15** den *A*, dein *Bc*. **17** Mein] Nain *(?) c*. **19** garlich *A*. **45** genad *A*.

---

11 gesellschaft = gesell. **13** gern *hier Adjektiv* ›bereitwillig‹. **15** *simultane Antwort auf Diskant 5f.; die Lesart von A ist im Mund der Frau vorzuziehen:* ›ohne dass es der (nicht nur: deiner) Ehre schadet, will ich das zusagen‹. **19f.** *simultane Antwort auf Diskant 9f.;* gerlich ›freudig, gern‹. **43** *vorübergehender Wechsel in die Höflichkeitsanrede.* **47–50** *simultane Antworten auf Diskant 27–30.*

III »In hertem slaff, frau,   31
vertreib ich lange zeit.
traun nain ich zwar,
ausserweltes ain.
5 das machen neur   35
der melder lügenspil.
Ir verdenken falsch
in argk das tuet mir we.
gib urlob meinem herzen,
10 wann es wil werden spat.«   40

71a. Mit günstlichem herzen / Dein schallen und scherzen

Fuga

Ia ›**M**it günstlichem herzen   *[30ʳ Forts.]*
wünsch ich dir
ein vil guet jar
zu disem neu,
5 und was auff erd   5
dein herz begeret.

71a *B 30ʳ (A 32ʳ, c 63ᵛ = BW 59, Sch 74, Pelnar 12); zweistimmiger Kanon mit zwei Texten, in A beide Texte der ersten Strophe unter Noten, in B nur der Text der ersten Stimme. Einsatz der zweiten Stimme nach den ersten drei Silben durch 2₉ (= secundus) in B, durch 2₉ ab inicio in A markiert. Die Strophen II und III sind in B jeweils zusammenhängend in der Folge erste-zweite Stimme, in A zeilenweise zwischen den Stimmen wechselnd eingetragen.*   *Überschrift* fuga *auch A.*

62a 33 *Antwort auf Tenor 51.*   **35f.** *Antwort auf Tenor 53f.*   **37f.** ›*deren böswillig falsches Argwöhnen*‹ *(Hofmeister).*   **39f.** *Abschied mit Andeutung einer Rahmensituation. Üblicherweise würde allerdings das Herz bei der Dame bleiben.*

71a *Die Zählung ist in der Synopse unverändert geblieben. Die im Kanon beginnende Stimme steht links; die Rollen wechseln, in Strophe I und III beginnt die Frau (Margarete), in Strophe II der Mann (Oswald). Mehrfach antwortet die zweite Stimme auf die erste fast simultan, die erste antwortet auf die zweite nur gelegentlich im folgenden Verspaar. – In den ersten Zeilen von II und III ist die Zeilengrenze gegenüber I verschoben.*

III	›Hastu kain missetreu?	51
	das sag mir sunder neid!	
	warumb so gar	
	lastu mich allain?	
5	durch abenteuer	55
	muess man wagen vil.	
	Die red auss irem hals	
	nit lang beste.	
	ich wünsch dir hail an smerzen,	
10	lieb, kom herwider drat!‹	etc 60

71b. Mit günstlichem herzen / Dein schallen und scherzen

Ib	»Dein schallen und scherzen	2, [30ʳ Forts.] 11
	liebet mir.	
	das nim ich zwar,	
	dir lon mein treu.	
5	der wunsch, lieb, werd	15
	an uns gemeret.	

62b **55** abentewrñ *A*. **58** bësste *c*. **59** dir] die *c*. **60** erwid*ˢ A*. *Nach* **60** Finis istius *A*.

71b **11** schallen und scherzen] schallen scherczen vnd *A*.

62b **51** *der Reim setzt die mitteldeutsche Form* missetrau *voraus.* **55f.** *simultane Antwort auf Diskant 35f.; Reim wohl* neur : abenteur. **57** irem *bezieht sich auf* melder *Diskant 36.*

71b **13–17** *Antwort auf 1–6.*

       amen, mein hort,
       zwar das ist recht.
       gedenk an mich,
10   geselle mein.‹   10

IIa   »Mich freuet, traut weib,
       dein rotter mund,
       ich dein allain
       mit stetikait.
5   dein züchtlich er   25
       mich tiefflich senet.
       des pin ich fro
       unzweifel gar.
       das hör ich gern,
10   zart, liebe Grett.«   30

IIIa   ›Vergiss mein, schatz, nicht
       durch all dein güet!
       wer ist mein hail,
       wer tröstet mich?
5   des wol mich ward   45
       der grossen freuden.
       du wendst mir we,
       du wendst mir pein,
       du wendst mir laid
10   und ungemach.‹   50

---

28 anzbeifl *c*.   **46** der] des *A*.

---

7 *Antwort auf 15f.*   **23** *ergänze* bin.   **26** senen *hier transitiv ›in Sehnsucht versetzen‹.*   **28** unzweifel *ungewöhnlich für* an zweifel.   **29** *Antwort auf 35f.*
45 *Antwort auf 53f.*

dank hab das wort,
ich bin dein knecht.
neur freut es dich,
10 zwar das sol sein.«   20

IIb ›Dein manlicher leib
mich hat erzunt,
dasselb ich main,
ich dir berait.
5 dein tugent mer   35
höchlich mich zenet.
dem ist also,
ich sag dir war.
nach deim begern,
10 Os, wie es get.‹   40

IIIb »Dein schärpflich gesicht
mein herz durchplüet.
neur ich an mail,
frou, das tuen ich.
5 zwar unverkart   55
sol ich dich geuden.
ouch du vil me,
lieb, das sol sein.
zart frou gemait,
10 dem kom ich nach.«   etc 60

---

19 Nür freüet dich *c*. **20** sol sein *fehlt c*. *Nachschrift:* etc Amen *A*.

---

19 *Antwort auf 9f.* **33** *Antwort auf 23f.* **34** *ergänze* bin. **36** zenen ›reizen, locken‹. **53f.** *Antwort auf 43f.* **56** geuden *hier transitiv* ›preisen‹. **57–60** *Antwort auf 47–50.*

90a. Ach got, wär ich ain bilgerein

I **A**ch [ ] got, wär ich ain bilgerein, [37ʳ Forts.]
als ich vor zeitten ainer was,
So walt ich zu den swestern mein
gar brüederlichen ane hass.
5 Vil aben|teuer neuer mär 37ᵛ 5
wolt ich in losen,
scharpf in das örichin an gevär
freuntlichen kosen.
    Zwai stäbichin hett ich pald genät Repeticio
    auff ainen höuggen, wie ich tät, 10
    darunder klösterlich verdrät
    schon als ein brueder,
5   der seine swestern lieber suechte wann die mueder.

II **W**o herzenlieb beinander ist,
da d⟨a⟩urt die nacht ain ougen blick. 15
Wie kund ich mich der kurzen frist
benüegen, der ich nicht erschrick?
5 Und die mein herz besessen hat
scharpf mit gewalte,
ich kan ir nimmer werden sat, 20
die weil ich alde.

III **S**enliches schaiden mich ermart,
mit grosser klag ich das verdol.
Ie doch mich teglich panget hart,
das ich mich selden schaiden sol 25

90a B 37ʳᵛ (A 55ᵛ–56ʳ [s. rechts], c 73ʳ = BW 75, Sch 26); einstimmig, 1. Strophe unter Noten B, unter leeren Notenlinien A.   **1** Ach ach (unter Anfangsmelisma) B.   **10** höggen B, mantl c.   **13** mueder c, mủdern B.   **15** durt B, werd c.   Nach **21** Repeticio ut s(upra) c.

---

6 losen ›schmeicheln, schön tun‹ (hier durch Erzählungen).   **8** kosen ›plaudern‹.   **10** högge ›Überwurf, Kotze‹ (vgl. Hoike DWb.).   **11** verdrät ›verstellt‹?   **17** ›in der ich nicht aufschrecken muss‹.   **22** ermart = ermordet.   **24** pangen ›ängstigen‹.   **25** selde ›Glück, Heil‹.

90b. Ach got, wer eck ein belgerin (nach Handschrift A)

I   ⟨A⟩ch got, wer eck ein belgerin,   [55ᵛ Forts.]
    als ick vor tyten eine was,
    so [ ] walt ick tu den söstern min
    gar brůderlicken ane haß.
5   Vil aventuwer nuwer mër   5
    wolt eck in losen
    gscharp in dat ŏrigin an gevår
    freuntlicken kosen. |
        Tway ståbickin hiet ick pald genåt   R(epeticio) 56ʳ
        up einen hŏggen, wier ick tåt,   10
        darunder klösterlick verdråt
        gschon als ein brůder,
5   der seine sôstern liefer sůckte wann die můdern.

II   Wo herten lif bynander ist,
    da durt die nacht ein ougen plick.   15
    wie kund ick mick der kurtten frist
    benůgen, der ich nicht ergschrick;
5   und die mein hert beseden hat
    gscharp mit gewalde,
    ick kan ir nymmer werden sat,   20
    die weyl ick alde.   R(epeticio) ut sup(ra)

III   Senlickes gscheiden mick ermart,
    mit groter klag ick dat verdol.
    ye doch mich dar nach panget hart,
    dat ick mick selden gscheiden sol   25

90b *Die Abkürzungen sind aufgelöst, u/v und i/j sind geregelt, alle übrigen Eingriffe sind nachgewiesen.* **1** *Initiale fehlt A.* **3** *so So A; mein A.*

Versuch einer niederdeutsch stilisierten Dichtung. Dass Oswald diese Sprache nicht wirklich beherrschte, zeigt bereits der Reim was : hass *(mnd.* was : hat*). Wie weit die übrigen oberdeutschen Formen und Graphien auf den Autor zurückgehen oder erst von Schreibern eingeführt wurden, muss allerdings offen bleiben.*

5 Und mir undicke wonet bei,
die mich tuet fröuen
vor aller werlde stampanei;
das muess mich reuen.   Rep(eticio) ut sup(ra)

101a. Wach auff, mein hort

Discantus [40ᵛ Forts.]

Tenor

I **W**ach auff, mein hort,   es leucht dort her
von orient der liechte tag.
blick durch die brau,   vernim den glanz,
wie gar vein blau   des himels kranz
5 sich mengt durch grau   von rechter schanz.
ich fürcht ain kurzlich tagen.

II »Ich klag das mort,   des ich nicht ger,
man hört die voglin in dem hag
mit hellem hal   erklingen schon.
o nachtigal,   dein späher don
5 mir pringet qual,   des ich nicht lon.
unweiplich muess ich klagen.«

90a *Nach* 29 Repeticio om(n)imodo ut s(upra) *c.*
101a *B 40ᵛ (A 56ʳᵛ, c 78ʳ, J, N, vgl. auch S. XXII, Nr. 7 = BW 85, Sch 9, Pelnar 18); zweistimmig, Discantus (unbezeichnet A) textlos, Tenor (unbezeichnet A) mit unterlegtem Text der ersten Strophe BA.* **1** *Initiale fehlt A;* es] euch *c.* **3** plickt *c.*
4 vein] ain *c.*   **9** hal] schal *A.*

90a **28** stampanei ›Zeitvertreib, Unterhaltung‹.
101a *Zum musikalischen Satz vgl. Pelnar, Textband, S. 72–75. Zu den Rezeptionszeugnissen s. zuletzt F.-J. Holznagel und H. Möller, in: ZfdPh 122 (2003), Sonderheft S. 102–133; S. 110 erwägen sie, Strophe III als Dialog zu fassen.*
5 von rechter schanz ›vorteilhaft‹ (bezogen auf grau) oder ›in richtigem Wechsel‹?
12 unweiplich ›mehr, als einer Frau zukommt‹.

5   und mir undecke wonet by
    die mick tůt frowen
    für aller werlde stampany.
    dat mut mick rowen.

101b. Wach auff, mein hort – Fassung J und N

Wach auf, mein hort, der leucht dort her   Wach [ ] uff, myn hort, er lucht dort her,
von oriennt, der liechte tag.   von oriennt der lichte tag
plick durch dy brö, vernym den glancz,   all dorch dy wolken dringen mag.
by vein plob ist dës hymels glancz   wye fyn blaw ist des himmels glantcz,
gemenget schon mit rechter substancz.   5   er kompt do her mit rechter schantz,
Jch fürcht, kürczlich es taget here.   ich frucht, das kortczlich tage.

Jch klag das mort, das ich nit mag.   ⟨...
jch hör dy vogell vor der hag   ...[hor] . [dye vogellyn yn dem hag
mit heler stymm erklingen schon,   mit he]ller stim erklingen schon
fraw nachtigall mit irem süssen don.   10   fraw nachtigal mit yrem sussen don
mich twingt gewallt, das ich sy mueß lon.   mich czuinget gewalt, das ich mus lon,
darvmb ich dick jn sorgen stan.   das mus ich ⟨...⟩end clagen.

90b   **28** stampaney *A*.   **29** ruwen *A*.
101b *Fassung J und N: Links J S. 2, rechts N 19ʳ; in J nur* Tenor *mit Textmarken* (wach auf
      ... vō oriēt ... plick ... vein schön ... jch fürcht), *in N Tenor mit unterlegtem Text
      der ersten Strophe. Die für Ranke noch »sicher« aus Unterlängen rekonstruierba-
      ren, heute verlorenen Stücke von N in eckigen Klammern.*   **1** Wach *zweimal, ein-
      mal unter einem Anfangsmelisma N.*   **11** mit *J.*

III Mit urlob fort!   deins herzen sper
   mich wunt, seid ich nicht bleiben mag.
   schidliche not   mir trauren pringt,   15
   dein mündlin rot   mich senlich zwingt,
5 der bitter tod   mich minder dringt.
   mich schaiden macht verzagen.

128a. Si hat mein herz getroffen

I Si hat mein herz getroffen,   G 119ᵛ
   die schön, die wolgemuet.
   zu ir so wil ich hoffen,
   es würt noch alles guet.
5 So frei ich mich der rainen   5
   woll in dem herze mein.
   ich waiß woll, wenn ich maine,
   der aigen wil ich sein.

101a **16** twingt *A*.   **18** mich scheiden macht] dorumb můss ich *A*.
128a *G 119ᵛ–120ʳ (G¹ Nr. XLVIII S. 272, t 131ʳ, u 9ʳ, v S. 49–50)* Überschriften: Wolckē-
   staiñer, *am Rand nochmals* Walckēstaineˢ *G*; Eyn ander suberlich lytlin *G¹*; Ein
   anndters lied *t*; Ein ander *uv*. Lesarten *GG¹*:   **1** Si] Die *G¹*.   **2** schön] rein *G¹*.
   4 wird *G¹*.   **5** so freuwet mich die reyne *G¹*.   **6** woll fehlt *G¹*.   **7** mainē *G*.

101a **15** schidliche not ›Schmerz der Trennung‹.
128a **4** würt: *wohl gerundeter Indikativ.*

Mit vrlaub, fraw, meins herczen ein sper.	Mit orlaub, fraw, myns iungen hertczen spil,
mich wundert, das ich nit bleiben mag.	ich clage, nu ich nicht lenger bliben wil.
schaiden, lieb, mir trawren pringt. 15	scheden not myr trawren bringet,
jr mündlein rot mich darzw twingt.	ir mundelin rot mich daczu czuinnget.
der pitter tod mich von ir dringt.	der bitter tod mich von ir dringet.
dar vmb muß ich verczagen.	hir vmm müß ich verczagen.

Jch sings der allerliebsten, so ichs han,
mit willen so gar on argen wan   20
noch hewr czu disem newen jar.
was ich dir wünsch, das werd dir war.
jch wünsch dir tawsent gute jar,
dy lass ich dir, fraw, czu lecze.

128b. Si hat mein herz getroffen

t | Sý hat mir mein hertz getroffen / die Raine wolgemuet / zue jr so will ich hoffen / mein sach soll werden guet / Noch liebet mir die eine / wol iñ dem hertzen mein / als ich sie maine / jr diener wil jch sein

u | Sie hatt mein hertz getroffen / die reine ist wolgemueth / zu jhr so will jch hoffen / eß wirt noch allzeitt gudt / sie liebet mir die reine / woll jn dem hertze mein / sie ißet vnd die jch meine / jhr diener ich will sein

v | Sie hatt mein hertze getroffen / die reine ist wolgemoet / Zu ihr ßo will jch hoffen / eß wird noch wol einß guet / Sie gliebet mihr de Reine / woll jn dem hertzen mein / Sie ist woll die jch meine / jr diener ßo will ich sein

z | Se haidt meine hertze getraiffen / die reine ist woll gmoit / uff ehr will ich haiffen / idt sall woll werden guidt / se gelevet mich die reine / im jungen hertzen mein / se isset und dei ich meine / er egen will ich sein

---

128b *t, u, v, z buchstabengetreu ohne Interpunktion.*

II Wölt si sich noch bedenken,
die hübsch, die seiberlich,
von ir wolt ich nicht wenken
imer und ewigklich
5 gar stät bis an mein ende
on alles abelon.
sust muess ich sein ellende,
weill ich das lieben han.

III Ob ich mit schimpfen [ ] scherze
an anderem ende fro,
bei ir bin ich in herzen
und anderst ⟨n⟩inderßwo.
in rechter lieb und treu⟨e⟩
ich ir doch nie vergaß.
es müest ⟨m⟩ich immer | reue⟨n⟩,
trüeg si mir dar umb haß.

IV Würd mir ⟨versagt⟩ ir hulde,
eß wär mir imer laid.
eß geschäch an all mein schulde,
schwer ich auff meinen aid,
5 das ich bei meinen tagen
ir liebe nie verdroß.
so müest ich aber clagen
und wer mein unmuet groß.

V Doch will ich von ir nit setzen,
si ist mein hochste gimm.
an si so will ich hetzen
herz, muet und all mein sinn,
5 ob es si wolt erparmen,
mein trauren, das ich trag.
schlüß si mich an ir arme,
vergangen wer mein clag.

---

9 noch] nun *G¹*. **10** hübschs *G*, reyn *G¹*; danach brach die Aufzeichnung ab, Rest des Blattes unbeschrieben *G¹*. **15** ellēdē *G*. **17** schimpfÿ mit schertze *G*. **27** geschůch *G*. **35** herßē *G*?

t II Wer mir vrkhunt jr hulde / das wer mir sichˢ laid / Red jch vf all mein schulde / vnd schwer bey meinem aid / das ich bey allen meinen tagen / jrs dienens nie verdros / das thue ich vil armer Clagen / Mein vnmuth vnd der ist gros

u II Wehr mich vnkundt jhr hulde / daß wher mich warlich leidt / daß red jch woll auf mein schulde / und redes bey meinem Eidt / daß mich doch alle meine thage / jhres dienstes nie vordroeth / deß muß jch armer heltt klagen / meinen kummer vnd große nodt

v II Wer my vnkhundt erholde / das wehr mir warlich leedt / daß redde jch auß meiner treuwe / vnnd schweres bei mir ein eidt / das jch doch alle mein dage / jhres dienstes nicht verdroeß / daß mueß jch armer heldt klagenn / mein demoeth der iß groeß

z III Der mich das dede vergunnen / das werre mich werlich laeth / das redde ich bie meyner trowen / und swere eß uff meyne Eth / das mir voin alle meyne dage / ehr denst nhu verdroiß / das moiß armer klagen / mein unfall ist tzu groidt

u III Noch will jch tzu jhr setzen / hertz mueth vnd alle mein Syn / jch hoffe sie wirt mich deß ergetzen / muchte jch stedes bey jhr sein / stedigleichen bey jhr zu bleiben / vnd nummer von jhr gelan / mein vnmueth muß sich wenden / mein trorent muß sich lhan

v III Zu ihr so will jch setzen / hertz moet vnnd all mein sinn / jch khann jrer nicht vergeßenn / eß wirt noch woll eins guedt / och mocht ich bei jhr sin / stetigk bei jhr zu pleiben / vnnd nummer von ihr zu laen / daß moeß ich armer heldt klagen / mein trauren das ist groeß

z II Uff ehr will ich setzen / hertz moit und alle meyne synn / ich kain ehr nit vergessen / och mochte ich bie ehr sein / Sedichlich bie ehr tho bliven / Numer voin ehr tho lain / mein ungefall soll sich wenden / mein trouren wolde ich lain

VI Der hoffnung will ich leben,
    si hett mich dick ernert.
    würd mir kain trost gegeben,
    so han ich gar verzert
5   zwar all mein freud auff erde⟨n⟩,   45
    dar an hat si ein tail.
    doch wünsch ich ir ie bei der weillen
    gelück und alles hail.

---

47 *ursprünglich vielleicht* Doch wünsch ich, dass ir werde.

t III Der hoffnung der jch lebe / sie hat mich offt ernört / will sie mir kein trost mer geben / vor leid werd jch verzert / vor alle freüd vf erden / vil glückh vnd alles heil

u IV Der hoffnungh der jch liebe / die hat mich offt ernert / wirt sie mich keinen trost nicht geben / so werd jch bald vortzertt / vnd alle mein trost auf erden / darā hatt sie den theill / daß wunsch jch der aller schonesten / viell gluckes vnd alles heill

v IV Der hoffnungh der jch lebe / die hatt mich offt ernert / well sie mihr kainen troest mehr geben / ßo wehre Ich lange verzert / vnd all mein freuwde vff erdenn / daranne hatt sie einen deel / des wünsche jch der allerschonnesten / viel Glück vnnd alles heill

z IV Der haiffeninge der ich leve / der have ich mir offt ernert / woll sie mir kein troist geven / so bien ich balde vertzert / bie alle meyne frouden uff erden / daer bie have ich gein deill / Noch wunsche ich der hertze alderleveste / geluck und alles heill

Konkordanz der Liednummern

in den Ausgaben von Josef Schatz (1902, ²1904) = *Sch*,
Beda Weber (1847) = *BW*, Oswald Koller (1902) = *Ko*,
Karl Kurt Klein (1962) = *Kl*

I

Kl	Sch	Ko	BW	Kl	Sch	Ko	BW
1	84	2	108	36	104	83	103
2	85	71	109	37	35	88	33
3	88	72	110	38	53	99	104
4	89	32	111	39	106	46	105
5	93	35	112	40	11	18	34
6	92	37	113	41	100	70	12
7	108	44	114	42	37	68	35
8	94	14	115	43	20	86	36
9	95	55	116	44	107	17	3
10	97	73	117	45	60	76	4
11	96	54	118	46	31	90	37
12	65	38	95	47	16	26	38
13	50	75	96	48	46	106	39
14	51	29ᴬ	97	49	10	105	40
15	52	29ᴮ	98	50	45	87	41
16	7	36	27	51	18	84	42
17	17	67	28	52	44	113	43
18	64	19	1	53	12	94	44
19	63	20	6	54	47	93	45
20	6	24	29	55	101	77	8
21	36	41	30	56	13	107	46
22	79	12	17	57	1	5	47
23	111	78	2	58	2	45	48
24	91	58	119	59	87	62	7
25	112	3	31	60	86	23	49
26	109	16	13	61	3	28	50
27	110	34	18	62	14	109	51
28	57	47	123	63	5	81	52
29	105	9	99	64	33	95	53
30	102	43	19	65	29	101	54
31	90	10	100	66	30	111	55
32	98	15	25	67	56	–	121/122
33	71	7	32	68	69	102	56
34	54	22	101	69	77	13	57
35	55	40	102	70	43	97	58

Konkordanz der Liednummern

Kl	Sch	Ko	BW
71	74	104	59
72	41	89	60
73	38	51	61
74	39	64	62
75	75	115	63
76	49	85	64
77	76	123	65
78	68	103	66
79	80	120	67
80	67	6	68
81	82	63	69
82	81	30	70
83	48	4	71
84	42	114	9
85	78	49	10
86	99	52	11
87	70	59	72
88	19	108	73
89	34	31	74
90	26[1,2]	1	75
91	15	92	76
92	40	65	77
93	22	121	78
94	21	122	79
95	103	53	20
96	25	96	80
97	72	60	81
98	61	57	82
99	62	27	83
100	32	56	84
101	9	110	85
102	114	61	86
103	115	112	15
104	113	69	16
105	116	21	14
106	28	48	87
107	73	100	88
108	124	98	–
109	125[1,2]	116	S.531
110	66	119	89
111	117	39	106
112	118	–	26
113	119	42	21
114	120	33	107
115	121	74	22
116	83	82	90

Kl	Sch	Ko	BW
117	122	66	23
118	123	80	24
119	27	8	–
120	4	91	–
121	8	50	94
122	58	79	91
123	59	11	5
124	23	117	93
125	24	118	92
126	126	25	–
127	–	–	–
128	–	–	–
129	–	–	–
130	–	–	–
131	127 (nur 1902)		
132	–	–	–

II

Sch	BW	Ko	Kl
1	47	5	57
2	48	45	58
3	50	28	61
4	–	91	120
5	52	81	63
6	29	24	20
7	27	36	16
8	94	50	121
9	85	110	101
10	40	105	49
11	34	18	40
12	44	94	53
13	46	107	56
14	51	109	62
15	76	92	91
16	38	26	47
17	28	67	17
18	42	84	51
19	73	108	88
20	36	86	43
21	79	122	94
22	78	121	93
23	93	117	124
24	92	118	125

Sch	BW	Ko	Kl	Sch	BW	Ko	Kl
25	80	96	96	71	32	7	33
26[1,2]	75	1	90	72	81	60	97
27	–	8	119	73	88	100	107
28	87	48	106	74	59	104	71
29	54	101	65	75	63	115	75
30	55	111	66	76	65	123	77
31	37	90	46	77	57	13	69
32	84	56	100	78	10	49	85
33	53	95	64	79	17	12	22
34	74	31	89	80	67	120	79
35	33	88	37	81	70	30	82
36	30	41	21	82	69	63	81
37	35	68	42	83	90	82	116
38	61	51	73	84	108	2	1
39	62	64	74	85	109	71	2
40	77	65	92	86	49	23	60
41	60	89	72	87	7	62	59
42	9	114	84	88	110	72	3
43	58	97	70	89	111	32	4
44	43	113	52	90	100	10	31
45	41	87	50	91	119	58	24
46	39	106	48	92	113	37	6
47	45	93	54	93	112	35	5
48	71	4	83	94	115	14	8
49	64	85	76	95	116	55	9
50	96	75	13	96	118	54	11
51	97	29[A]	14	97	117	73	10
52	98	29[B]	15	98	25	15	32
53	104	99	38	99	11	52	86
54	101	22	34	100	12	70	41
55	102	40	35	101	8	77	55
56	121/122	–	67	102	19	43	30
57	123	47	28	103	20	53	95
58	91	79	122	104	103	83	36
59	5	11	123	105	99	9	29
60	4	76	45	106	105	46	39
61	82	57	98	107	3	17	44
62	83	27	99	108	114	44	7
63	6	20	19	109	13	16	26
64	1	19	18	110	18	34	27
65	95	38	12	111	2	78	23
66	89	119	110	112	31	3	25
67	68	6	80	113	16	69	104
68	66	103	78	114	86	61	102
69	56	102	68	115	15	112	103
70	72	59	87	116	14	21	105

Sch	BW	Ko	Kl
117	106	39	111
118	26	–	112
119	21	42	113
120	107	33	114
121	22	74	115
122	23	66	117
123	24	80	118
124	–	98	108
125[1,2]	S.531	116	109*
126	–	25	126

---

* Der lateinische Text fehlt in der Textausgabe von 1904

Reihenfolge der Lieder in der Hs. A

(Die im Ersteintrag des Registers von 1425 eingetragenen Lieder sind mit * bezeichnet, die Schreiber sind nach Delbono als Indices vermerkt)

A	B	A	B
*1_1	1	*41_1	63
*2_1	2	*42_2	64
*3_1	3	*43_3	28
*4_1	4	44_5	32
*5_1	8	*45_3	67
*6_1	9	$46_{5/6}$	23
*7_1	11	*47_3	22
*8_1	13	48_5	65
*9_1	10	49_5	68
*10_1	14	50_5	33
*11_1	15	51_5	69
*12_1	16	52_5	70
*13_1	12	53_5	71
*14_1	17	54_5	53
*15_1	57	55_5	72
*16_1	58	56_5	– (Kl 122)
*17_1	18	57_5	– (Kl 123)
*18_1	19	58_5	34
*19_1	20	59_5	37
*20_1	21	60_5	75
21_4	5	61_5	76
*22_1	46	62_5	77
*23_1	48	63_5	35
*24_1	– (Kl 119)	$64_{5/6}$	31
*25_1	52	65_8	– (Kl 124)
*26_1	– (Kl 120)	66_8	– (Kl 125)
*27_1	47	67_5	6
*28_1	49	68_5	29
29_6	94	69_8	110
*30	56	70_6	79
*31_1	– (Kl 121)	71_6	78
*32_1	50	72_6	80
*33_1	51	73_6	81
34_5	93	74_6	82
*35_1	54	75_6	24
*36_1	55	76_6	7
*37_1	59	77_6	36
*38_1	60	78_6	26
*39_1	61	79_6	83
*40_1	62	80_6	42

A	B	A	B
81_6	27	95_7	99
82_6	84	96_7	100
83_6	25	97_7	88
84_6	30	98_7	45
85_6	38	99_7	91
86_6	41	100_7	89
87_6	86	101_7	74
88_6	43	102_7	97
89_6	39	103_7	92
90_6	95	104_7	96
91_6	116	105_7	90
92_6	44	106_7	101
93_7	40	107_9	– (Kl 126)
94_7	98	108_8	111

Die Liedanfänge in alphabetischer Ordnung

	Nr.	Seite
Ach got wär ich ain bilgerein	90 a	352
Ach got wer eck ein belgerin	90 b	353
Ach senliches leiden	51	152
Ain anefangk	1	1
Ain burger und ein hofman	25	82
Ain ellend schid durch zahers flins	124	313
Ain eren schacz an tadels ort	125	314
Ain graserin durch küelen tou	76	195
Ain guet geboren edel man	43	135
Ain jetterin junk frisch frei fruet	83	209
Ain mentsch von achzehen jaren klueg	57	163
Ain rainklich weib durch jugent schön	80	203
Ain tunkle farb von occident	33	110
Ave mater o Maria	109 a	258
Ave muetter küniginne	109 b	261
Bog de primi was dustu da	119	303
Dein schallen und scherzen	71 b	349
Der himel fürst uns heut bewar	29	102
Der mai mit lieber zal	50	149
Der oben swebt und niden hebt	31	105
Der seines laids ergeczt well sein	123	310
Der werlde verneuung lauter klar	129	317
Des grossen herren wunder	22	67
Des himels trone	37	116
Die minne füeget niemand	72	188
Do frayg amors	69	181
Du armer mentsch las dich dein sünd hie reuen ser	8	19
Du ausserweltes schöns mein herz	46	146
Durch abenteuer tal und perg	26	86
Durch Barbarei Arabia	44	138
Durch toren weis so wird ich greis	32	107
Erwach an schrick vil schönes weib	40	126
Es fuegt sich do ich was von zehen jaren alt	18	47
Es ist ein alt gesprochner rat	19	52
Es komen neue mär gerant	105	250
Es leucht durch grau die vein lasur	34	111
Es nahet gen der vasennacht	60	168
Es seusst dor her von orient	20	61
Fräu dich du weltlich creatur	120	305
Freu dich durchläuchtig junkfrau zart	126	315
Freuntlicher blick	91	221
Fröleichen so well wir	47	147
Frölich das tuen ich	56 b	343

Die Liedanfänge in alphabetischer Ordnung — 369

	Nr.	Seite
Frölich geschrai so well wir machen	54	159
Frölich so will ich aber singen	79	201
Frölich zärtlich lieplich und klärlich	53	157
Frou ich enmag wann es ist ferre gen dem tag	48 b	339
Für allen schimpf des ich vil sich	99	237
Gar wunniklich hat si mein herz besessen	64	173
Gelück und hail ein michel schar	61	169
Genner beschnaid Crist wirdikleich	67	176
Gesegnet sei die frucht	14	40
Got geb eu einen gueten morgen	82	206
Got mues für uns vechten	134	325
Grasselick lif war h:f ick dick verloren	96	233
Her wiert uns dürstet also sere	70	186
Herz muet leib sel und was ich han	89	220
Herz prich rich sich	93	228
Hör kristenhait	4	11
Hört zue was ellentleicher mär	114	288
Ich hab gehört durch mangen granns	27	93
Ich hör sich manger fröuen lat	110	262
Ich klag ich klag ich klag	108	258
Ich sich und hör	5	13
Ich spür ain tier	6	15
Ich spür ein lufft aus küelem tufft	16	42
In Frankereich	12	34
In oberland	111	263
In Suria ein braiten hal	35	113
Ir alten weib nu freut eu mit den jungen	21 a/b	326
Ir babst ir kaiser du pauman	113	286
Kain ellend tet mir nie so and	30	103
Kain freud mit klarem herzen	24	79
Keuschlich geboren	38	119
Kom liebster man	107	256
Lieb dein verlangen	94	229
Loblicher got	7	17
Los frou und hör des hornes schal	49 a	340
Medlin zart stein	132	324
Mein buel laisst mir gesellschafft zwar	58	164
Mein herz das ist versert	65	174
Mein herz jüngt sich in hoher gail	68	180
Mein sünd und schuld eu priester klag	39	123
Mentschlichen got beschnitten schon	28	97
Mich fragt ain ritter an gevar	112	271
Mich tröst ein adeliche mait	78	200
Mir dringet zwinget frau dein güet	131	322
Mit günstlichem herzen	71a	348
Nempt war der schönen plüede früede	106	254

	Nr.	Seite
Nu huss sprach der Michel von Wolkenstain	85	213
Nu rue mit sorgen mein verborgenlicher schacz	121	306
O herzen lieber Nickel mein	73	190
O pfalzgraf Ludeweig	86	215
O rainer got	95	230
O snöde werlt	11	30
O welt o welt ein freud der kranken mauer	9	22
O wunniklicher wol gezierter mai	100	239
O wunnikliches Paradis	98	236
Rot weiss ain frölich angesicht	87	217
Sag an gesellschafft	62 b	347
Sag an herzlieb nu was beteutet uns	49 b	341
Senlich mit langer zeit und weil vertreib	97	234
Si hat mein herz getroffen	128 a/b	356
Sich manger freut das lange jar	102	240
Simm Gredlin Gret mein Gredelein	77	198
Solt ich von sorgen werden greis	59	166
Stand auff Maredel liebes Gredel	48 a	338
Sweig guet gesell schimpflichen lach	81	204
Sweig still gesell dem ding ist recht	74	191
Treib her treib überher du trautes Berbelin das mein	92	225
Tröstlicher hort wer tröstet mich	56 a	342
Und swig ich nu die lenge zwar	117	298
Var heng und lass halt in der mass	17	44
Vier hundert jar auff erd die gelten neur ainen tag	88	219
Vil lieber grüesse süesse	42	131
Von got so wart gesannt	130	319
Von rechter lieb krafft	62 a	346
Von trauren möchte ich werden taub	104	247
Von Wolkenstein wolt ich zu Cölen guetter laun	41	128
Wach auff mein hort es leucht dort her	101 a/b	354
Wach mentschlich tier	2	6
Weiss rot mit braun verleucht	66	175
Wenn ich betracht	3	9
Wenn ich mein krank vernunft närlichen sunder	10	25
Wer die ougen will verschüren mit den brenden	103	245
Wer hie umb diser welde lust	115	291
Wer ist die da durchleuchtet	13	38
Wer machen well sein peutel ring	45	142
Wes mich mein buel ie hat erfreut	55	160
Wie vil ich sing und tichte	23	73
Wol auf als das zu himel sei	15	41
Wol auf gesellen an di vart	122	308
Wol auf gesell wer jagen well	52	154
Wol auf und wacht	118	300
Wol auf wir wellen slaffen	84	211

	Nr.	Seite
Wol auf wol an	75	193
Wol mich an we der lieben stund	63	171
Zergangen ist meins herzen we	116	295
Zwar alte sünd pringt neues laid	36	114

www.ingramcontent.com/pod-product-compliance
Lightning Source LLC
Chambersburg PA
CBHW071810230426
43670CB00013B/2410